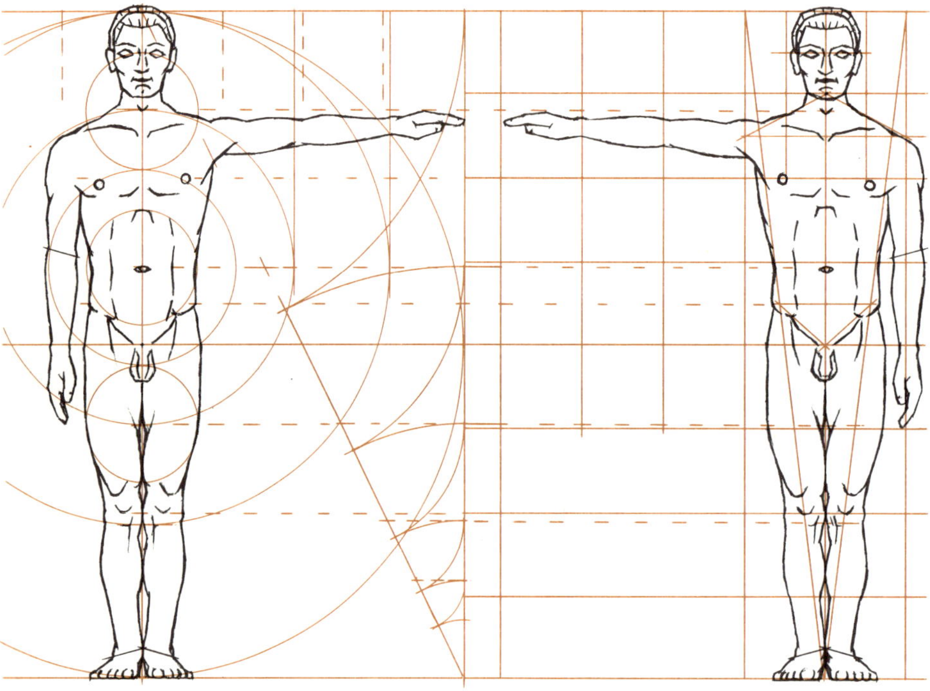

Knaurs Zeichenbuch

Bodo W. Jaxtheimer

Künstlerisches und technisches Zeichnen

Mit 470 meist farbigen Abbildungen

Droemer Knaur

1. bis 30. Tausend

Einbandgestaltung: Atelier Blaumeiser
Reproduktion: Repromaas, Ottobrunn, Findl, Baumann & Semmler, Martinsried
Satz und Druck: Appl, Wemding
Aufbindung: Großbuchbinderei Sigloch, Künzelsau
Printed in Germany
ISBN 3-426-26003-4

Inhaltsverzeichnis

Dieses Buch

bietet Ihnen eine umfassende Grundlage im technischen wie künstlerischen Zeichnen. Beides in einem Band zu behandeln, war längst fällig: Ein Bastler oder Heimwerker wird ebenso wie ein Ingenieur seine Idee erst mit freier Hand skizzieren, ehe er mit Lineal und Zirkel den maß- und formgerechten Werkplan ausarbeitet. Andererseits ist kaum ein künstlerisches Vorhaben ohne einige Kenntnisse und Hilfen zu verwirklichen, die mit technischem Zeichnen zusammenhängen. Bereits seit dem frühen Altertum bestehen weitreichende Wechselbeziehungen zwischen der freien und der an exakte Hilfsmittel gebundenen bildlichen Darstellung.

In erster Linie richtet sich dieses Buch an Laien und Anfänger, aber auch an Zeichner, die mit ihrem bisherigen Können nichts Rechtes anzufangen wissen. Gedacht ist ferner an junge Leute mit Berufszielen, die zeichnerische Fähigkeiten voraussetzen, und von denen manch einer resigniert, weil er meint, er habe »nicht das geringste Talent«. Diese Meinung ist in jedem Fall unbegründet: Zeichnen gehört im Prinzip zu den jedem Menschen angeborenen Fähigkeiten.

Am augenfälligsten beweisen das Kinder, noch ehe sie halbwegs richtig sprechen können – mögen wir auch oftmals herumrätseln, was die mit dem Finger in den Sand oder mit Stiften auf jede erreichbare Fläche gekritzelten Liniengebilde bedeuten sollen. Bald darauf entstehen schon Darstellungen klar erkennbarer Gegenstände und zwar geradezu künstlerisch vereinfacht: Ein Kind gibt immer nur das wieder, was ihm am eindrucksvollsten in der Erinnerung blieb. Nie kommt es von selbst darauf, »abzuzeichnen«.

Erst mit dem Abzeichnen aber beginnt die bewußte Entwicklung der natürlichen zeichnerischen Veranlagung. In der Schule wird sie kaum nennenswert gefördert, und bald hält das bruchstückhaft Erlernte nicht mehr Schritt mit dem wachsenden Verständnis für die Erscheinungen der Umwelt. Um diese wiederzugeben – nicht nur in Flächenumrissen, sondern gegebenenfalls auch mit allen plastisch-räumlichen Wirkungen – bedarf es einer vielseitigen Anleitung und ständigen Übens. Würde beides ausreichend in der Schule vermittelt, könnte jeder alsbald ebensogut zeichnen wie schreiben, das im Grunde genommen auch nichts weiter ist als eine Art Zeichnen und obendrein eine recht schwierige!

Beim Zeichnen handelt es sich also um ein Handwerk wie jedes andere – von jedem mehr oder weniger vollkommen erlernbar als Grundlage für unendlich viele Liebhabereien, Berufe und die gesamte bildende Kunst. Die Lehre läßt sich jederzeit nachholen, auch noch im weit vorgeschrittenen Alter und durchaus auch anhand eines Buches, das sich bemüht, die möglichen Anfangswege »neutral« aufzuzeigen. Wer schließlich die verschiedenen Arten des Beginnens erprobt hat, sollte freilich keine Gelegenheit auslassen, einem Könner bei dessen Arbeit über die Schulter zu schauen. Manchmal ergibt sich daraus eine entscheidende Korrektur des eigenen Weges, und das gilt ebenso für das zunehmend verständnisvollere Studieren meisterhafter Blätter. Aber ohne eigenen Wagemut bleibt es oft genug beim ebenso bewundernden wie entmutigenden Betrachten, denn »du weißt nie, was du kannst, bevor du es versuchst«.

Wie gesagt, hängen zeichnerische Fortschritte schließlich vom Übungseifer ab: »Kein Tag ohne Strich!« – Apelles soll es einst gesagt haben, der berühmteste Maler der griechischen Antike. Die Beherzigung dieser Devise braucht nicht gleich in »eiserne Disziplin« auszuarten, aber ein paar Muße-Minuten hat doch jeder täglich übrig für die Skizzierung einer Blume, eines Gebrauchsgegenstandes, eines Blikkes in den Wohnraum oder ins Freie oder für die Fixierung einer Idee, einer Vision; und immer entsteht etwas Bleibendes. Wenn Sie jedes, auch das im Augenblick noch so mißraten erscheinende Blättchen aufbewahren und nach geraumer Zeit wieder betrachten, stellt sich, öfter als geglaubt, plötzlich heraus, daß dies oder jenes gar nicht so übel und etwas Reizvolles daraus zu machen ist...

Unverbindlich-zufällige Skizzen oder Studien bilden eine kaum zu überschätzende Grundlage für eigenes Finden und Erfinden, für »Kreativität«, wie man heut so gern sagt, um nicht das allzu hochtrabend klingende Wort »Schöpfung« zu gebrauchen. Solche Blätter müssen jedoch in der Regel einem bestimmten Material und der damit zusammenhängenden Ausführungstechnik entsprechend umgearbeitet werden. Ganz besonders gilt das für kunsthandwerkliche Arbeiten. Sie haben ihre eigenen »Gesetze« und Wirkungsmöglichkeiten. Diesen auf die Spur zu kommen und sie fachgerecht anzuwenden, ist ein weiteres und nicht minder reizvolles Anliegen dieses Buches. Zwar werden Hobbybüchern immer häufiger gedruckte Vorzeichnungen zum Abpausen beigegeben – sicher nicht zu verachten, will man auf Anhieb etwas ausführen, dessen Ansehen jedenfalls nicht an der Zeichnung scheitern soll. Aber wer ärgert sich nicht, bei nächsten Nachbarn oder Freunden das haargenau gleiche Klischee-Motiv wiederzusehen? Auch wenn es anfangs noch etwas unbeholfen ausfallen sollte: Das Eigene bleibt doch stets das unnachahmlich Beste! Ihnen dabei auf vielseitige Weise zu helfen, ist das eigentliche Ziel dieses Buches.

Stapellauf eines Tankers. Wandtafel-Kreidezeichnung aus dem Gedächtnis (etwa 1/10 der Originalgröße, Wiedergabe in Schwarz), von Bernd Rieck, 4 Jahre. Unter dem Schiffsrumpf schlagen Werftarbeiter gerade die Halteklötze weg, die im Vordergrund aufgestellte Blaskapelle plazierte der Bub über dem Rumpf, »weil's doch nicht anders geht« ...

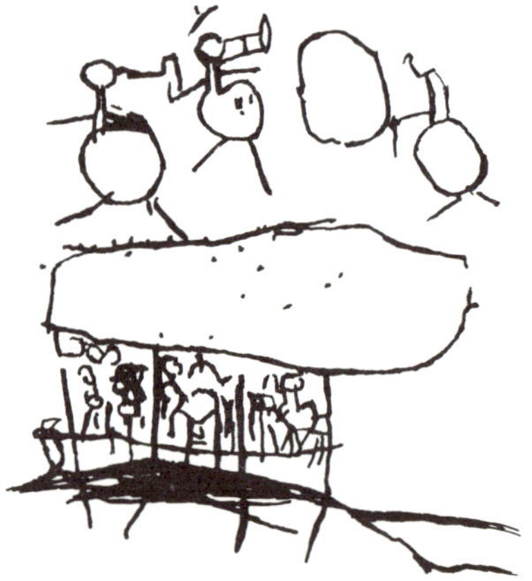

Zeichnung – Ursprünge und Begriffe

Nicht nur kindliche Kritzeleien beweisen die uns angeborene Fähigkeit zum Zeichnen, sondern eher noch überzeugender die vor 15- bis 20000 Jahren oder gar früher entstandenen Höhlenbilder. Fast durchweg sind es kaum zu übertreffende Meisterwerke zeichnerischen Könnens. Die meisten Höhlenforscher behaupten, sie seien im Zusammenhang mit Kult und Zauberei entstanden. Dafür gibt es nicht den geringsten Anhalt, denn seit jeher und in aller Welt wurden kultische Darstellungen mehr oder weniger streng stilisiert und feierlich geordnet. Die Höhlenbilder zeigen das nirgends, sie wirken allesamt wie gekonnte, den Naturformen minuziös nachspürende Studien, wahllos und zum Teil sogar übereinander auf den Felswänden verstreut – wie in einem Skizzenbuch. Wer selbst viel gezeichnet hat, kommt nach häufiger, intensiver Betrachtung an Ort und Stelle zu der Überzeugung, daß die faszinierende Entdeckung der nur dem Menschen gegebenen Fähigkeit zum Zeichnen der eigentliche Anlaß war, sich mit jagdbaren Tieren auch bildlich auseinanderzusetzen. Zudem sind häufig Markierungen der tödlich verwundbaren Körperstellen angebracht, vielleicht, um jungen Jägern Anschauungsunterricht zu geben. Merkwürdig bleibt vor allem aber, daß der »homo sapiens« von Anfang an imstande war, zweidimensionale Liniengebilde mit der Wirklichkeit zu identifizieren, die doch stets plastisch und räumlich ist. Insofern bedeutet jede Konturzeichnung bereits eine weitgehende Abstraktion.

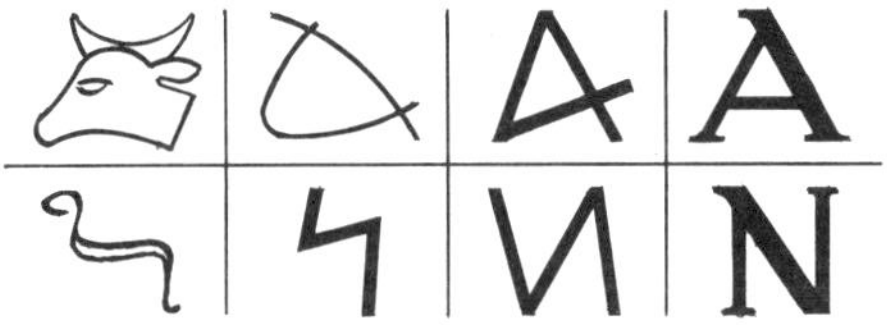

Entwicklung von Buchstaben. Von links nach rechts: Altägyptische Bildsymbole (Hieroglyphen) / Kanaanitische Vereinfachungen (um 1200 v. Chr.) / Altgriechische Formen um 800 v. Chr. / »Antiqua« – abgeleitet von der römischen »Capitale«. Obere Reihe: Den Anfang macht der Kopf eines Ochsen »aleph«. Untere Reihe: Zuerst die Zeichnung einer Schlange »nahas«.

Noch mehr gilt das für Buchstaben. Sie entwickelten sich in frühgeschichtlicher Zeit aus bildhaften Begriffssymbolen. Im Zusammenhang mit dem zunehmenden internationalen Verkehr und Sport greifen wir häufig wieder auf solche Symbole zurück. An keine Sprache gebunden, deutet sie dennoch jeder richtig, sogar der Analphabet. Als Vorläufer der gegenwärtigen, grafisch oft sehr treffend stilisierten Hinweise kann man die »Zinken« wandernder Gauner und Zigeuner ansehen, mit denen sie nachfolgende Kumpane warnten oder ihnen Erfolgstips gaben.

Das Dingwort Zeichen wie das Tätigkeitswort zeichnen erwecken nach wie vor unwillkürlich die Vorstellung von Strichgebilden. In der Kunstbetrachtung bezieht sich der Begriff Zeichnung aber noch auf zahlreiche andere Darstellungsarten und meint vor allem eine Abgrenzung gegenüber dem Begriff Malerei. Manchmal ist das gar nicht recht möglich – belanglos für die Praxis, aber um so ergiebiger für spitzfindige Kunstgelehrte. Verwirrender wirkt sich indessen das gedankenlose Durcheinander aus, das im Volksmund, oft sogar in der herkömmlichen Kunstwissenschaft und Archäologie beim Gebrauch der Worte Zeichnung, Grafik und Malerei herrscht. Viele meinen überdies, eine Zeichnung entstehe ausschließlich mit Stiften und Federn, während Pinsel alleinige Instrumente der Malerei seien. Von der Tatsache abgesehen, daß in Ostasien heute noch der Pinsel das »klassische« Schreibinstrument ist und mit Tusch-, Sepia- oder Deckschwarzpinseln auch in der westlichen Welt die vielleicht eindrucksvollsten Grafiken zustande kamen, werden beispielsweise zur Pastellmalerei nur Stifte verwendet, wenn auch Strichlagen oftmals nicht erkennbar sind. Absolute Malereien setzen sich durchweg aus verlaufenden oder anderweitig nuancierten Farbaufträgen zusammen. Für alle übrigen Gebilde der zweidimensionalen Kunst, also auch für farbige Darstellungen, jedoch mit glatten, scharf gegeneinander abgesetzten Flächen oder mit einzelnen, lediglich durch Spritzverfahren erzeugten Farbtonverläufen gilt die Sammelbezeichnung Grafik. Sie bürgerte sich erst im 19. Jahrhundert ein und hängt – durchaus treffend – mit dem griechischen Wort für Schreibkunst (graphikē technē) zusammen und wird meistens mit einem Zusatz gebraucht:

1. Wandgrafik = ein- oder mehrfarbige, aber eben nicht »malerisch« behandelte Darstellung auf Wänden, Fußböden und Decken. Dazu rechnen neben Stift- und Pinselaufträgen das Sgraffito, das Mosaik und Inkrustationen.
2. Druckgrafik = ein- oder mehrfarbige Abzüge von Druckplatten, die der Künstler selbst geschnitten, gestochen oder mit einer unmittelbar abzugsfähigen Zeichnung versehen hat.
3. Gebrauchsgrafik = ein- oder mehrfarbige Darstellungen zur Vervielfältigung durch mechanische Reproduktions- und Druckverfahren (Buchillustrationen, Plakate und andere Reklame). In gewisser Weise zählt dazu auch die historische Buchgrafik zur Illustration von Handschriften vor Erfindung des Buchdrucks. Bei solchen Abbildungen handelt es sich jedoch um einmalige, zuweilen auch mehrmals von Hand kopierte Zeichnungen, die man häufig noch »kolorierte«, also farbig anlegte. Sie sind charakteristisch für farbige Grafiken im strengsten Sinn: Alle bunten, manchmal sogar im Ton verlaufenden Flächen sind durch schwarze Linien voneinander getrennt.

Wie gesagt, gilt der Sammelbegriff Grafik eigentlich auch für die »Handzeichnung«, womit jedes einmalige Blatt gemeint ist, das nicht malerisch ausgeführt wurde. Diese Einordnung bürgerte sich jedoch kaum ein, sonst müßte auch die einmalige Konstruktionszeichnung als Grafik gelten. Im Bereich der Technik und Wissenschaft versteht man unter »Grafik« lediglich schematische Übersichten in Form von Linienverläufen sowie Vergleiche von Flächengrößen oder gegenständlichen Symbolen.

Abzeichnen – Ziele und Praxis

Wie gesagt, setzen sowohl künstlerische wie technische Darstellungen die von jedem erlernbare Fähigkeit voraus, die Umwelt form- und proportionsgetreu abzuzeichnen. Beginnend mit einzelnen Gegenständen, dehnt sich das Studium alsbald auf die Gruppierung mehrerer Objekte aus, und schließlich ist sogar diese oder jene umfangreiche Szenerie mit all ihrer sinnenhaften Ausstrahlung einzufangen. Bei fortgesetztem Üben wird einmal Ihre Hand immer sicherer, zum andern gewinnen Sie ein ständig zunehmendes Repertoire an jederzeit aus dem Gedächtnis wiederzugebenden Formen. Wer zu wenige der vorhandenen studierte und zudem nicht recht weiß, wie sie zeichnerisch aufzubauen sind, hat es schwer, ganz neue oder auch nur individuelle Abwandlungen zu finden.

Das zeichnerische Erfassen gegebener Vorbilder oder die Wiedergabe von zunächst lediglich in der Vorstellung Existierendem gelingt kaum ohne ein sicheres System. So mancher Anfänger sitzt erst hilflos vor seinem Zeichenblatt, beginnt dann zaghaft ein wahllos herausgegriffenes Formdetail nachzustricheln, setzt das nächste daran und erkennt schließlich, daß alles zunehmend schiefer und verzerrter gerät, die Maßverhältnisse nicht stimmen, auf dem Bogen einerseits zu wenig, andererseits zu viel Platz ist. Nach ein paar derart mißglückten Versuchen vermutet er mangelndes Talent und gibt auf. Wer jedoch systematisch beginnt und so fortfährt, kommt bald zu ansehnlichen Ergebnissen und besonders, wenn er dabei allmählich das seiner Einstellung zur Umwelt entsprechende Verfahren findet und auf seine persönliche Art ausbaut. Dieser Vorgang läßt sich nicht nur bei fast allen großen Künstlern verfolgen, auch die Zeichnungen bedeutender Techniker verraten oft, wie eingehend sie sich mit den Bauformen der Natur auseinandergesetzt und daraus eigentlich erst ihre uns genial erscheinenden Konstruktionen abgeleitet haben.

Wir wissen nicht recht, wie man in früheren Zeiten vorging. Anfangs, wie bei den Höhlenzeichnern, mag sich alles aus unablässigen Detailstudien entwickelt haben, und so war es offenbar auch bei der vor über 1000 Jahren üblichen Zeichenlehre in Ostasien. Sie begann bei einem Schreiblehrer mit einer geradezu rituell gehandhabten Vortragstechnik, beruhend auf einer in der westlichen Welt niemals gebräuchlichen Pinselhaltung, die im Prinzip auf lediglich acht charakteristische Punkt- und Stricharten abzielte. Daraus setzte sich nicht nur die damals etwa 50000 Wortbilder umfassende Schrift zusammen, sie reichten auch aus, alle Gebilde der Natur zeichnerisch wiederzugeben – geübt an Detailstudien unmittelbar vor dem Objekt. Das kostete gewiß unendlich viel Zeit, und mit Gesamtbildern ging es zwar auch nicht rasch, aber

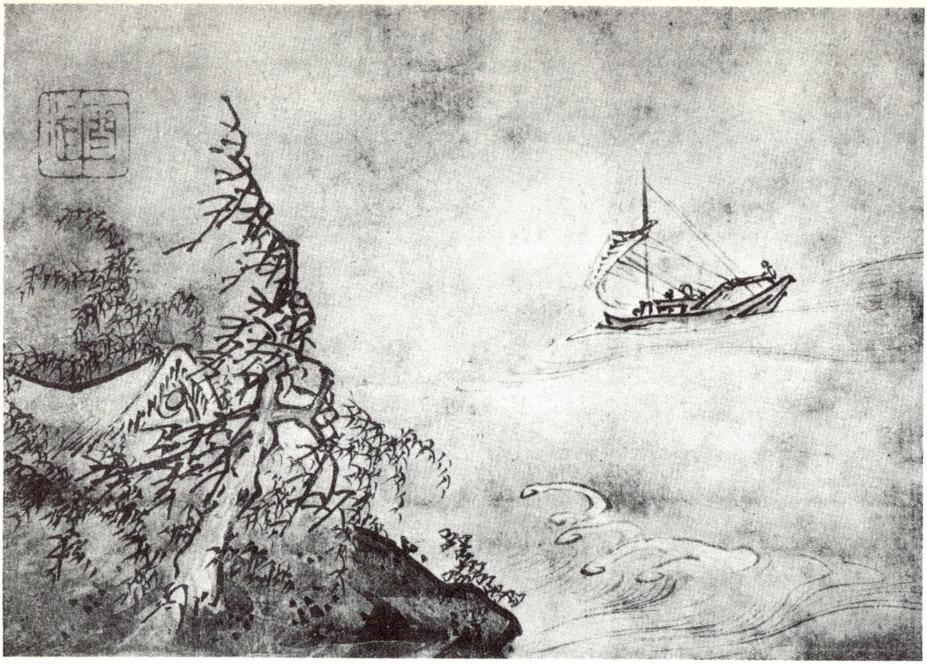

»Sturm« von Sesson (1480 bis 1560), Japan. Tusche und leichte Farben auf Papier, 41 × 34,5 cm. Die »Stimmung« entsteht durch die Leere und Weite der See, das gefährliche Dahinjagen des Bootes und die im Wind sich biegenden Zweige. Im übrigen ist bei der Pinselführung deutlich die enge Verwandtschaft mit der Schreib-Strichtechnik zu spüren.

um so sicherer. Die Zeichnungen entstanden übrigens nie im Freien, sondern daheim aus der Erinnerung, nach langen Spaziergängen, zu den verschiedensten Tages- und Jahreszeiten – ein wahrhaft künstlerisches Vorgehen. Wer von uns kann oder will es schon nachvollziehen, so wünschenswert es auch wäre.

Wir brauchen etwas, das nicht nur schneller, sondern – für unsere Auffassungen und Zwecke und deshalb auf andere Weise – ähnlich sicher, vor allem aber vielseitiger und individueller zum Erfolg führt. (Altostasiatische Pinselzeichnungen sehen für uns auf den ersten Blick fast sämtlich »gleich« aus, die jeweils persönliche Handschrift entdeckt man erst bei näherem Zusehen.) Außerdem spielten in Europa und dem Orient seit dem Altertum Lineal, Winkel und Zirkel als Zeichenhilfen auch bei künstlerischen Darstellungen eine gewisse Rolle. Ende des 15. Jahrhunderts kamen die ebenfalls nur mit diesen Instrumenten exakt realisierbaren Erkenntnisse perspektivischer Gesetze hinzu. Demzufolge lassen sich unseren heutigen Praktiken beim Abzeichnen zwei entgegengesetzte Auffassungen zugrunde legen: eine konstruktive und – seit etwa dem letzten Viertel des 19. Jahrhunderts – eine impressionistische. Beide Verfahren können zum gleichen Ergebnis führen, wenn eine detailgetreue Umrißzeichnung angestrebt wird. Die jeweils vorausgehenden Zwischenstufen sehen freilich recht verschieden aus.

Für Ihre praktischen Versuche brauchen Sie geeignete Zeichenmaterialien. Ab

Seite 209 finden Sie eine umfassende Zusammenstellung. Wählen Sie aus, was Ihnen fürs erste zusagt, empfehlen möchte ich zunächst einen Spiralzeichenblock mit griffigem Papier, mindestens vom Format DIN A 4, sowie einen Universal-Druckstift nebst Bleiminen der Härtegrade 4H, HB und 4B.

Impressionistische Verfahren

Der Begriff Impressionismus entstand 1874 durch den französischen Kunstkritiker Leroy angesichts einer lediglich »Impression« genannten Landschaft von Claude Monet (Vorbild war ein Sonnenuntergang an der Seine-Mündung). Leroy fand die neuartige Auffassung abscheulich und nannte alle die Umwelt ähnlich wie Monet wiedergebenden Maler »Impressionisten«. Praktisch nahmen sie ihre Eindrücke mittels einer keineswegs neuen, nun aber nicht nur gelegentlich, sondern sozusagen von Anfang bis zu Ende beibehaltenen Seh-Technik auf, dem »Blinzeln«.

Betrachten Sie die Umwelt als Ganzes oder einen einzelnen Gegenstand durch halb oder noch enger geschlossene Lider, so erkennen Sie zunehmend weniger Einzelheiten an Farben wie Formen, der Eindruck wird geschlossener, großzügiger. Außerdem wirken die Gegensätze zwischen Hell und Dunkel krasser, die Konturen pauschaler und mehr oder weniger unscharf wie beim Fotografieren mit ungenauer Entfernungseinstellung. Gleichzeitig erscheinen Plastik und Raum flacher, und wenn Sie überdies ein Auge ganz schließen, sieht das andere nur noch ein Flächenmosaik (bekanntlich brauchen wir zum plastisch-räumlichen Sehen beide Augen). Den Unterschied nehmen Sie jedoch aufgrund Ihrer alltäglichen Sehgewohnheit nicht ohne weiteres wahr. So ist es Ihnen beispielsweise von Kindheit an geläufig, daß eine konisch zulaufend erscheinende Straßenfläche in Wirklichkeit ihre Anfangsbreite beibehält, und Sie denken nicht darüber nach, daß der Augenschein auf perspektivischer Umwandlung beruht. Es erfordert ein wenig Training, solch unwillkürliches Umdeuten auszuschalten und das tatsächliche optische Bild ebenso unbefangen aufzunehmen wie eine fotografische Mattscheibe. (Manch italienischer »Vedutenmaler« des 18. Jahrhunderts benutzte tatsächlich eine unserer primitiven Lochkamera gleichende, jedoch wesentlich größere »camera obscura«, um vielfältige

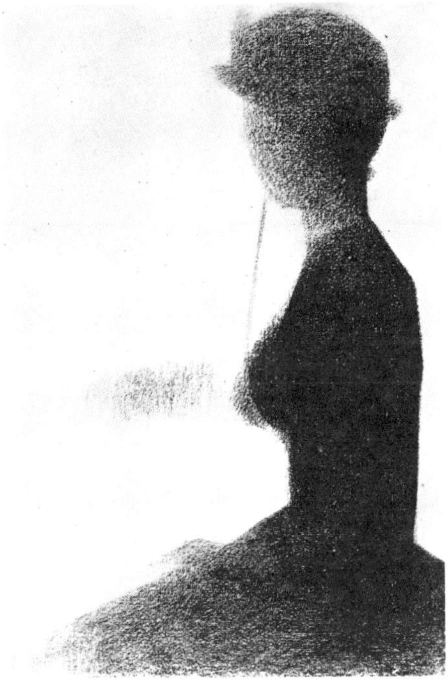

Georges Seurat (1859 bis 1891): »Mädchen mit Sonnenschirm«, Blei auf rauhem Papier, 31,5 × 48 cm. Typisches Beispiel für die flächenhafte Auffassung der Impressionisten; unmittelbar zu erreichen durch »Blinzeln«.

und perspektivisch komplizierte Stadtansichten direkt auf der Mattscheibe – damals eine sehr feine, lichtdurchlässige Gaze – einfach nachzuzeichnen und die Konturen dann mittels Quadratnetz auf die Leinwand zu übertragen.) Je weiter Sie nun mit Ihrem auf unbefangenes Sehen abzielenden Training vorankommen, um so leichter fällt es, die Umwelt als lükkenloses Flächenmosaik auf eine Zeichenebene zu bannen. Versuchen Sie es zunächst auf folgende Weise:

Zuerst bestimmen Sie mit hauchdünnen Linien provisorisch den Bildausschnitt, die Darstellungsbegrenzung (das geschieht grundsätzlich auch bei allen anderen Verfahren). Lassen Sie jedoch jenseits der Grenzlinien auf Ihrem Block noch etwas Raum, denn erfahrungsgemäß stellt sich oft erst während der Arbeit heraus, daß der Bildausschnitt oder die etwas veränderte Anordnung der Darstellungsobjekte – dann Komposition genannt – gewinnt, wenn man die Grenzen als Ganzes oder einseitig verschiebt.

Meist wird der Ausschnitt ein Rechteck sein, seltener ein Quadrat, und von diesen einfachen Figuren gehen Sie auch aus, wenn als Begrenzung eine Ellipse oder ein Kreis beabsichtigt ist. Denn ohne Anhalt an waagerechte und senkrechte Linien – nach Augenmaß parallel zu den Blockkanten gezogen – hängen Sie gewissermaßen richtungslos »in der Luft«. Aus gleichem Grund sollten Sie beim Abzeichnen das Blatt unter keinen Umständen drehen! Sonst gerät damit auch die ganze Darstellung alsbald aus dem Lot, zumal beim Eintrag von Schrägen und Rundungen – mögen sie auch noch so sehr zum Drehen verlocken. Notwendig wird das erst bei manchen Ausführungstechniken nach bereits genau festliegender Vorzeichnung, etwa beim Schneiden in Linoleum oder Holz.

Als nächstes umreißen Sie innerhalb der provisorischen Eingrenzung die einzelnen Bildgegenstände mit weiteren Rechtecken unter ständiger Kontrolle der jeweiligen Maßverhältnisse zum Gesamtformat. Dabei, wie eventuell auch schon beim vorläufigen Festlegen der Außengrenzen, kann ein Sucher wesentlich helfen, ebenso waagerechtes und senkrechtes Maßvisieren. Es führt – zusammen mit einäugigem Blinzeln – am unmittelbarsten zum Flächensehen, desgleichen das Neigungsvisieren. Es dient nicht nur zum Erfassen glatter Schrägen, sondern ebenso zur Fixierung gerader Tangenten an gekrümmten Linien, um für deren Verlauf hernach einen zuverlässigen Anhalt zu bekommen. Das alles läßt sich beliebig weit fortsetzen – etwa so, als nähmen Sie mit der Schere immer kleinere Abschnitte und Winkelstücke weg. Auf diese Weise fangen Sie sämtliche Bildobjekte so sicher ein, daß schließlich auch der Eintrag gekrümmter Konturen einwandfrei gelingt. Indessen kann es zuweilen recht reizvoll wirken, die Herbheit gradliniger Strichführung weitestgehend beizubehalten oder gar noch zu betonen.

Bei gleichbleibender Grundauffassung läßt sich nach flüchtiger Eingrenzung mit allseitig genügend Reserveraum auch so beginnen: Sie umfahren die Bildobjekte mit großzügigen Bogenstrichen – erst die Hauptmassen als Ganzes, dann stetig mehr ins Einzelne gehend. Schließlich markieren Sie auch die geraden Linien. Denken Sie zunächst an Handgesten, die Formen in der Luft beschreiben, nur geschieht das jetzt mit äußerst zart geführtem Stift auf dem Papier. Während des ganzen Vorganges bleibt das Zeichengerät ständig und kaum einmal absetzend in Bewegung. Es tastet sich von ungefähren pauschalen Umschreibungen immer enger an Formgenauigkeiten heran. Dabei ergibt sich allmählich eine Verdichtung des Liniennetzes im Bereich der endgültigen Konturen, die am Ende durch kräftigere Stiftführung oder die Wahl einer weicheren, dunkler abfärbenden Mine hervorgehoben werden. Der Sucher soll bei all dem ebensowenig in Aktion treten wie das Maßvisieren. Das Verfahren ist in letzter Konsequenz eine Sache des freien Augenmaßes und braucht eigentlich keine weiteren Hilfen. Deshalb kann man sich auch kaum an ein festliegendes Bildformat halten, sondern sieht besser zu, wie es sich zum Schluß beim Abdecken mit dunklen Kartonstreifen am günstigsten ergibt.

Bei Versuchen mit beiden impressionistischen Verfahren entdecken Sie bald, ob Sie eines konsequent beibehalten oder besser mit Kombinationen zurechtkommen, also freier vorgehen. Jedenfalls werden Sie mit wachsender Sicherheit auf ein bis zu den geringsten Einzelheiten vordringendes Liniennetz verzichten können. Sollte es anfangs ohnehin zu kräftig geraten und ein klarer Kontrast zwischen den tastenden und endgültigen Linien nicht mehr erzielbar sein, legen Sie ein Transparentblatt auf und pausen mit dem Filzschreiber oder der Tuschfeder die erwünschten Konturen durch und übertragen sie auf einen neuen Zeichenbogen oder anderes Ausführungsmaterial.

Studiengerechter und reizvoller wäre es freilich, wenn das ursprüngliche Blatt schon als endgültige Arbeit gelten könnte und womöglich nur mit einer einzigen weichen Bleimine zustande käme, etwa 4B. Das verlangt natürlich bis zum Betonen der Konturen eine besonders zarte Stiftführung. Gelingt Ihnen auf diese Weise eine absolut klare Darstellung, in der die Tastlinien zum Schluß nur noch als feine silbrige Struktur zutage treten, haben Sie bereits einen hohen Grad handwerklichen Könnens erreicht.

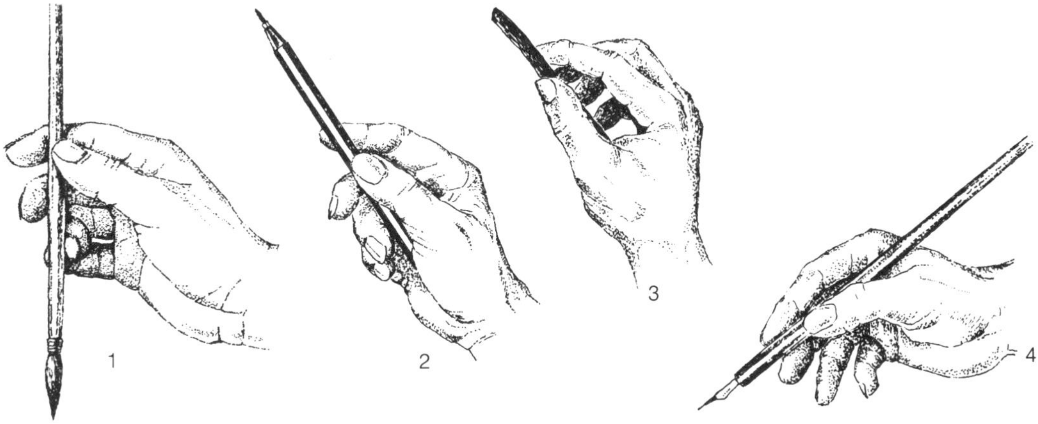

Handhabungen von Zeichengeräten. 1. Ostasiatische Haltung des Schreib- und Zeichenpinsels: Daumen, Zeige- und Mittelfinger halten den Pinselstiel, zudem ist er eingeklemmt zwischen der Nagelfläche des Ringfingers und der Kuppe des kleinen Fingers, die minuziös die Bewegungen der senkrecht auf das Papier stoßenden Pinselspitze steuern. Erst beim Ziehen längerer Striche tritt auch das Handgelenk in Aktion, das stets frei schwebt; aufgestützt wird nur der Ellenbogen. Diese Pinselführung bringt fast zwangsläufig Punkt- und Stricharten hervor, die ostasiatischer Vortragsweise nahekommen und dennoch der eigenen »Handschrift« weiten Spielraum lassen.

2. Haltung üblicher Zeichenstifte beim flotten, leichten Skizzieren: Der Stift liegt lang und locker zwischen Daumen, Zeige- und Mittelfinger und endet in der Hohlhand. Die Führung geschieht – je nach Blattformat und Großzügigkeit der Arbeitsweise – vom Handgelenk aus bis zur Beteiligung des ganzen Armes, der nirgends aufgestützt wird.

3. Haltung von Zeichenkohle und dicken Stiften (Pastell, Rötel) beim Auftrag gröberer Striche, flotter Schraffuren und von Tonflächen: Die Stifte werden zwischen Daumen und den übrigen vier Fingern gehalten – besonders leicht bei so zerbrechlichem, schon bei geringem Aufdrücken kräftig abfärbenden Material wie Kohle oder weichstem Pastell. Die Führung erfolgt ebenso wie bei 2., zur Anlage von Tonflächen wird ein Teilstück des dicken Stiftes nicht mit der Spitze, sondern seine Längsseite aufgesetzt.

4. Häufigste Haltung von Federn, feinen Stiften und Pinseln – ähnlich wie beim Schreiben: Den Halt geben nur Daumen, Zeige- und Mittelfinger, die beiden anderen sind unbeteiligt. Die über den Zeigefinger hinausragende Länge des Geräts richtet sich nach der Arbeitsweise: je detaillierter die Ausführung und je stärker der auszuübende Druck, um so kürzer der »Griff« – und umgekehrt. Die Distanz zwischen der Spitze des Geräts und der des Zeigefingers soll aber wenigstens etwa 4 cm betragen, so daß die verkrampfte, bei Kindern oft zu beobachtende knappe »Kritzelhaltung« gar nicht aufkommen kann und genügend Überblick für den Zeichenvorgang bleibt. Hinsichtlich der Führung gilt zunächst das gleiche wie bei 2., mit zunehmenden Feinheiten ist jedoch der Unterarm oder gar die Handkante aufzustützen, zum Beispiel auf einen Malstock, so daß sich schließlich nur noch die Finger bewegen.

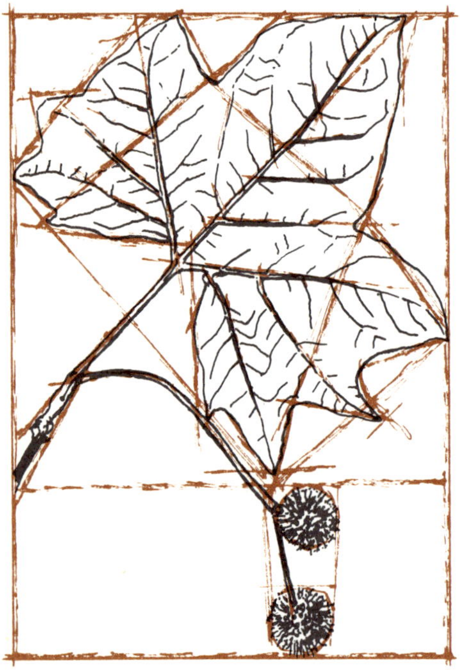

Platanenblatt mit Fruchtstand. Die Umwelt als Mosaik aus ebenen Flächen aufzufassen, gelingt natürlich ohne weiteres, wenn das Objekt – wie hier – kaum Plastik zeigt und zudem flach aufliegt. Im einspannenden Rechteck ziehen Sie zunächst kantenparallele Unterteilungen, anschließend die wichtigsten schrägen Verbindungen und prüfen, ob mit den dabei entstandenen Flächen – meist Dreiecke und Trapeze – die Hauptproportionen richtig getroffen sind. Dann tasten Sie sich auch weiterhin mit geraden Strichen an kleinere Vor- und Rücksprünge heran, bis das Gerüst genügend Anhalt gibt, um die einzelnen Individualformen ohne nochmalige Proportions- und Richtungskontrollen einzutragen.

Rechte Seite oben: Basteln eines Suchers: Aus steifer Pappe (1 bis 2 mm stark) schneiden Sie winkelrecht das U-förmige Rahmenstück, auf das ein beweglicher Schieber gesteckt wird. Neben der Draufsicht der Querschnitt des Suchers, rechts davon die Einzelteile des Schiebers: Streifen gleicher Pappe und dünner Karton als Zwi-

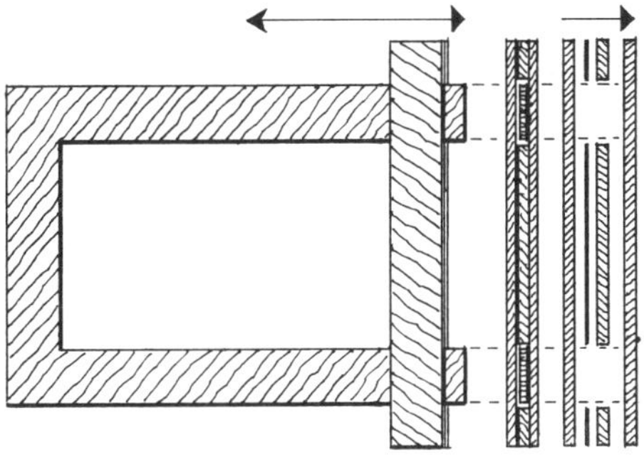

schenlage beim Verleimen, damit der Schieber etwas »Luft« beim Gleiten hat. Nehmen Sie alle Längen und Breiten der Abbildung mindestens vierfach, denn der Sucher soll immer mit ausgestrecktem Arm gehalten werden, damit die Entfernung vom Auge und die Grenzen des Bildausschnittes konstant bleiben.

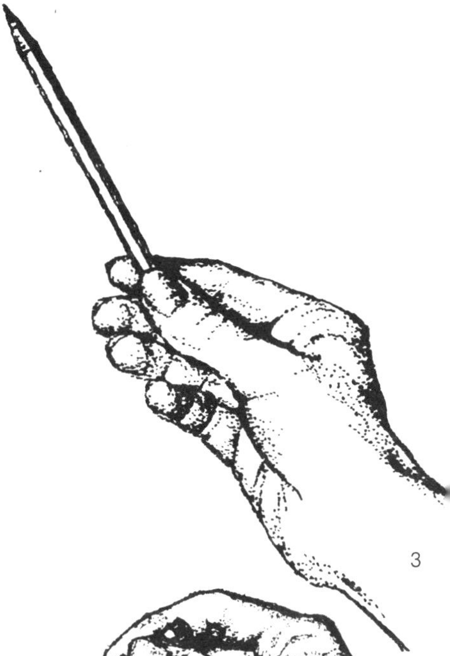

3

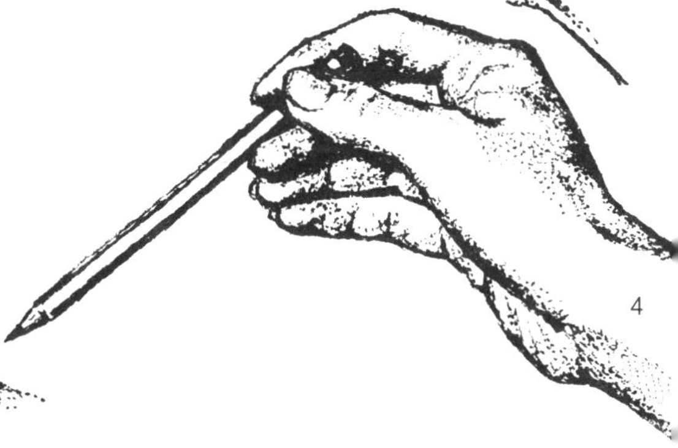

4

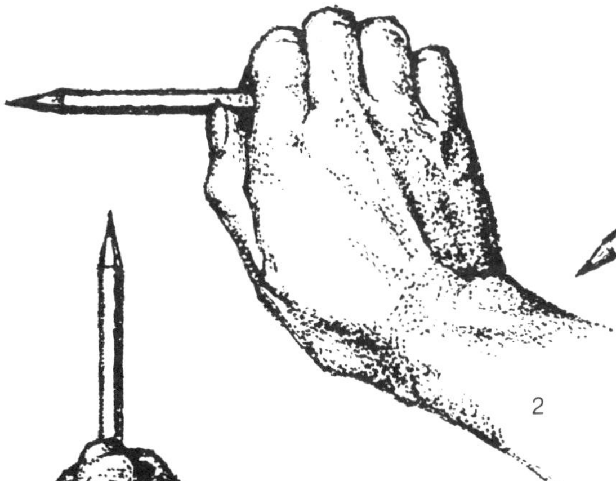

2

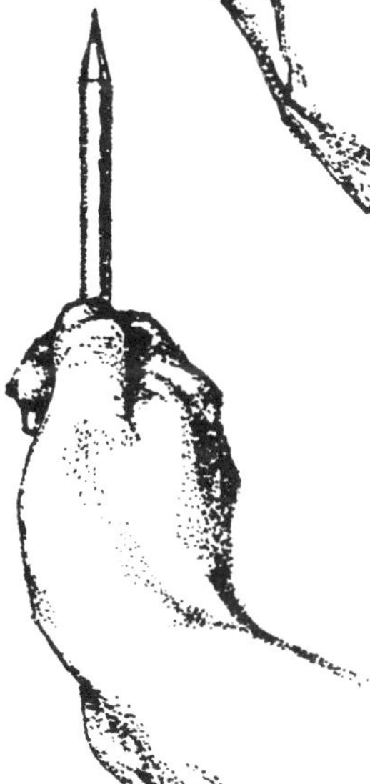

1

Handhaltungen: 1 und 2 beim Maßvisieren, 3 und 4 beim Neigungsvisieren. Beides verlangt – wie das Hantieren mit dem Sucher – stets den ausgestreckten Arm, vor allem das Maßvisieren, um nicht mit den Abmessungsverhältnissen durcheinander zu geraten. Wählen Sie zuerst eine augenfällige Distanz als Längeneinheit, mit der Sie alle anderen Größen vergleichen und nach der Sie auch das Bildformat im wesentlichen festlegen. Das heißt, Sie bestimmen für die anvisierte Einheit eine dem Bildformat angemessene Länge auf dem Zeichenblatt und nehmen diese als »Maßstab« für alle weiteren Übertragungen.

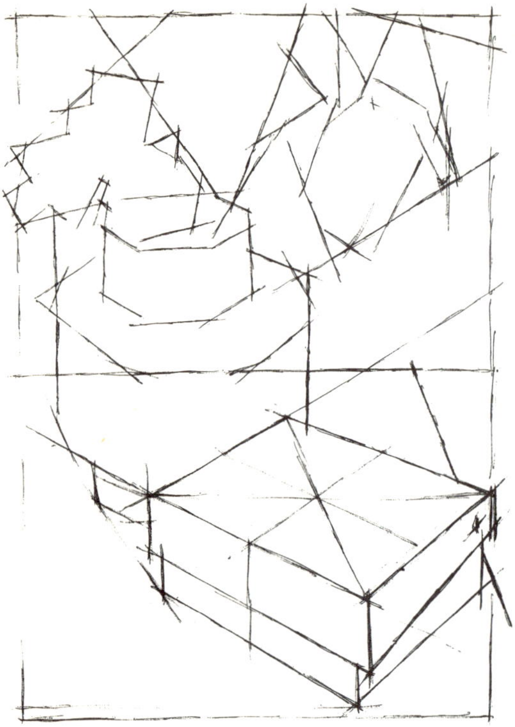

Einfaches Stilleben: Die Plastik der Gegenstände tritt wegen der Nähe zum Zeichner ebenso stark in Erscheinung wie die räumliche Staffelung (mit wachsender Entfernung würde beides zunehmend flacher wirken!). Infolgedessen erfordert die Übertragung des Ganzen ins Zweidimensionale der Zeichenebene zunächst ständiges »Blinzeln«, um eine ähnlich konsequente Flächenaufteilung zu erreichen wie beim Platanenblatt Seite 16. Außerdem muß der Blickpunkt absolut konstant bleiben. Die Abbildung oben zeigt das Anfangsergebnis – zur Verdeutlichung des Vorgangs hier mit übertrieben kräftigen Linien.
Unten: Die fertige Studie mit Blei HB und 4B auf übergelegtem Transparentblatt. Einige der ursprünglichen Einteilungslinien habe ich zum Vergleich nochmals angedeutet, normalerweise würden sie natürlich nicht durchgezeichnet oder – bei anderem Pausverfahren (Seite 26) – nicht durchgedrückt. Im übrigen zeigt die Studie, daß man sie trotz konsequent flächenhaft-impressionistischem Beginn bis zur naturalistischen Wiedergabe weiterentwickeln kann, wenn dies auch nicht das eigentliche Ziel impressionistischer Auffassung war und ist.

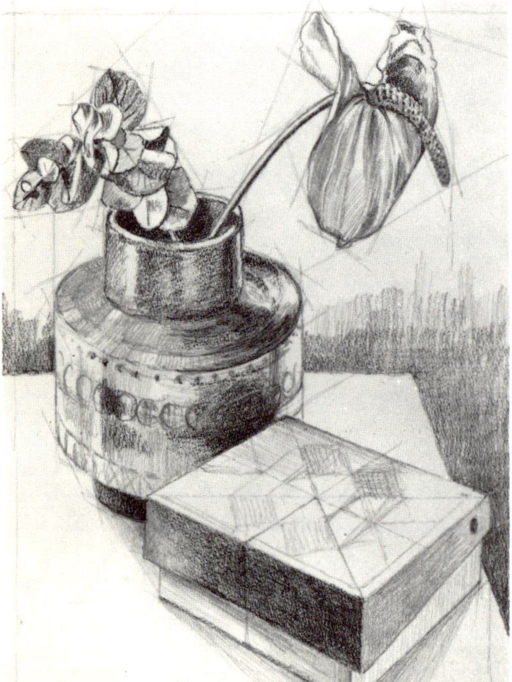

Rechte Seite: Dieses Motiv (Kloster Seeon, Kr. Traunstein/Obb.) regte dazu an, auch bei einer späteren Ausführung als Tonzeichnung oder Malerei stark in der Fläche zu bleiben – aufgrund der relativ großen Distanz zwischen dem Standpunkt und den Bildobjekten mit ihren klar begrenzten, im Tonwert recht einheitlichen Schattenpartien. Bei der Anfangseinteilung kam es darauf an, zunächst die senkrechten Gebäudekanten samt deren Wasserspiegelungen auch lotrecht aufs Papier zu bringen sowie genau waagerechte Verbindungen anzuvisieren – als Anhalt für die hier nur gering von der Waagerechten abweichenden Neigungen perspektivischer Fluchten, erkennbar hauptsächlich an den Dachkanten. Das Ergebnis war die Vorzeichnung oben, ausgeführt mit der Tuschfeder über flüchtigen Andeutungen mit hartem Blei (später ausradiert).
Rechts unten: Studie mit Blei 4B auf übergelegtem Transparentblatt, wie zuvor ²/₃ des Originals. Ein so kleines Format empfiehlt sich auch als Vorentwurf für ähnlich aufgefaßte Ausführungen in

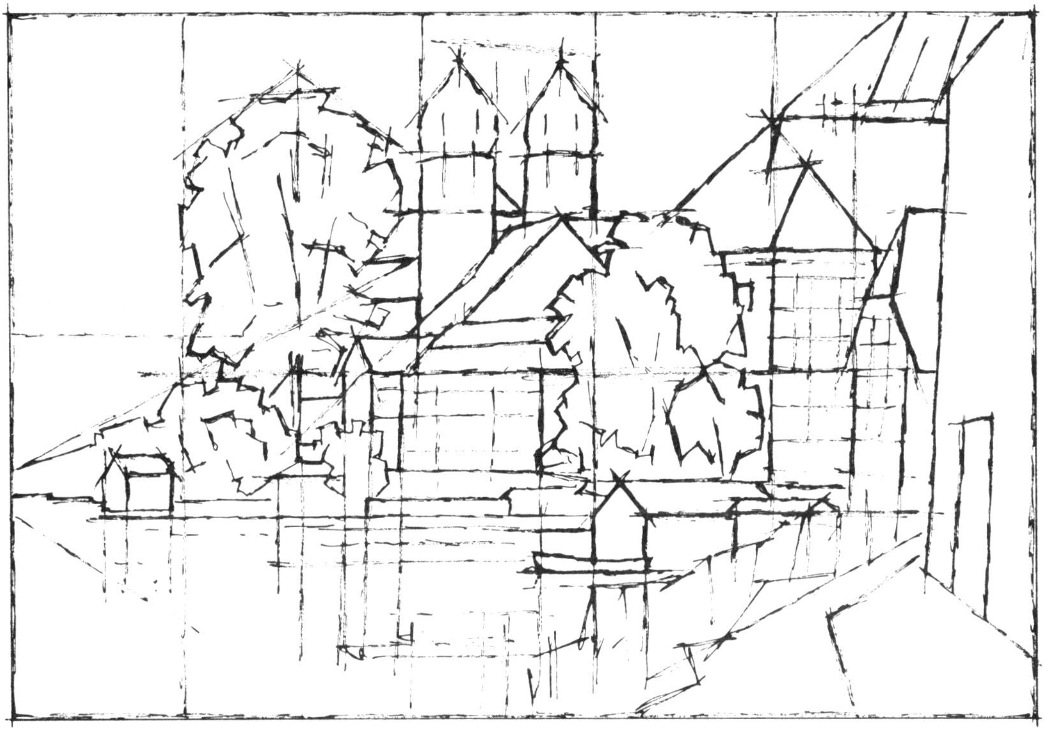

größeren Dimensionen, um nicht zu genau zu werden. Die ursprüngliche Vorzeichnung wäre dann zu Haus mittels Quadratnetz auf die Mal- oder Zeichentafel proportionsgetreu zu übertragen, um sich anschließend wieder an Ort und Stelle zu begeben und dort weiterzuarbeiten.

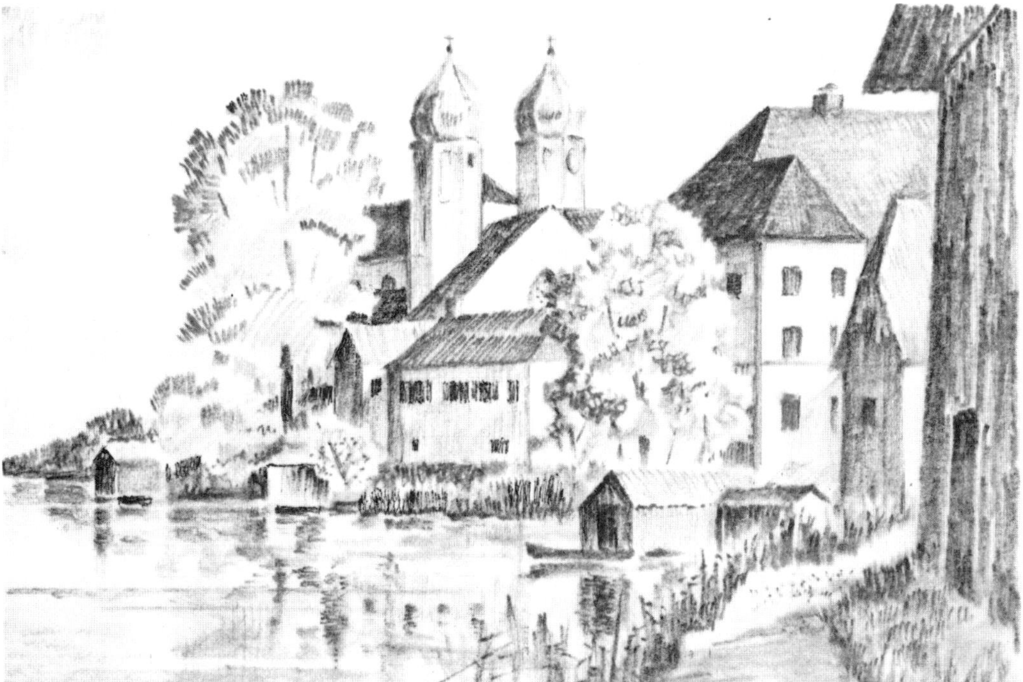

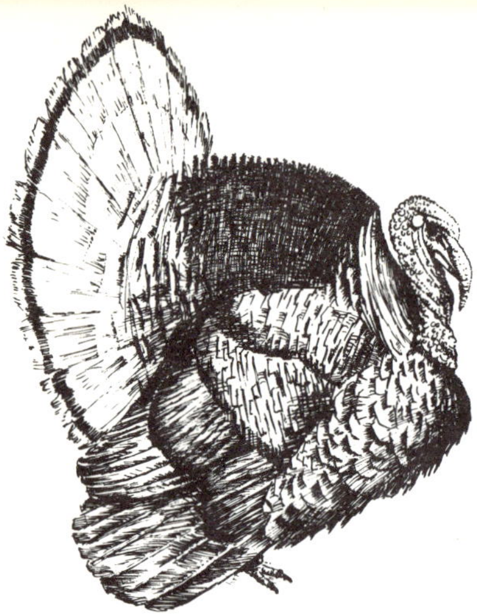
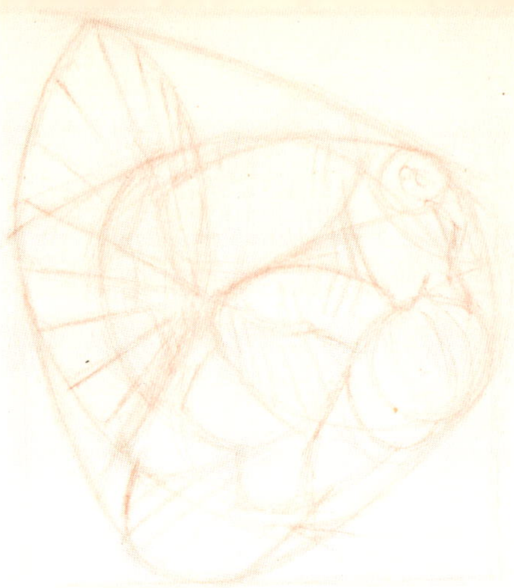
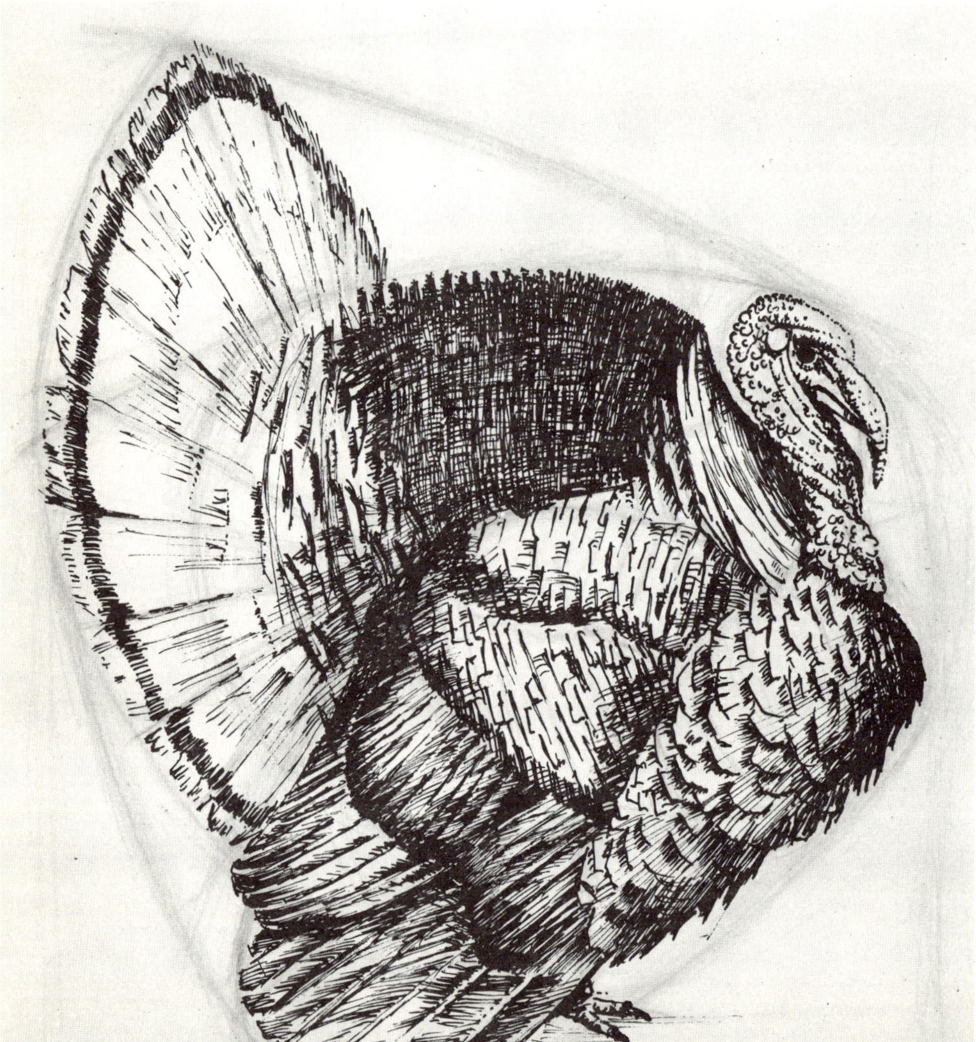

Truthahn-Studie: Begonnen wurde nach dem zweiten impressionistischen Verfahren mit Blei HB, der Stift führt also – fast ohne abzusetzen – flotte dünne Kurvenstriche aus und tastet sich dabei sowohl an den Gesamtumriß wie an alle inneren Hauptformen und den Verlauf der Federnstrukturen heran. Die eigentliche Zeichnung geschah dann mit Feinstrichfilzschreiber auf übergelegtem Transparentblatt, um die beiden Entstehungsphasen getrennt zu zeigen (diese auf die Hälfte verkleinert). Normalerweise würde man natürlich nur einen einzigen Bogen benutzen und die Vorzeichnung hernach ausradieren – falls die (hauchdünnen) Linien nicht stehenbleiben müssen, zum Beispiel bei durchgehender Ausführung in Blei.

Ein kollernder Truthahn ist eines der wenigen Tiere, das längere Zeit in gleicher Haltung »posiert« und sich infolgedessen relativ geruhsam abzeichnen läßt – etwa auf einem Bauernhof. Sind erst Haltung und Hauptformen sicher eingefangen, kann man die einzelnen Gefiederfelder und andere Details auch dann noch bis ins kleinste studieren, wenn der Vogel seinen Stand verändert – schrilles Pfeifen reizt ihn immer wieder zu seiner aggressiven Pose.

Übernächste Seite: Die fertige Studie. Sobald die wichtigsten Linien mit einer Trichterfüllfeder 0,2 mm und wasserlöslicher Tusche nachgezogen waren (die Vorzeichnung unten zeigt nur den Anfang), wurden die Bleistriche ausradiert, dann schon einige Details eingesetzt und mit dem Wasserpinsel (halbtrocken bis naß) ein wenig verwaschen. Diese Vorgänge wiederholten sich wechselweise so lange, bis allenthalben die gewünschte Detaillierung und Tontiefe erreicht schien. Die Vorteile dieser Technik: Beim behutsamen, stufenweisen Lavieren bleiben die Striche als präzises Gerüst und Ausdruck der »Handschrift« durchaus noch erkennbar. Außerdem erreicht man Tönungen oder flächenhafte Dunkelheiten wesentlich rascher als durch Schraffuren. Vorzeichnung = $^1/_3$, Studie = $^2/_3$ der Originalgröße.

»Malerwinkel« in Tegernau (Kr. Ebersberg/Obb.). Die Vorzeichnung (rechts) entstand nach dem konstruktiven Verfahren mit Blei HB. Als erstes war die lotrechte Achse durch die Turmspitze und deren Spiegelung zu fixieren sowie der Augenhorizont (AH), er liegt knapp über der halbierten Lotverbindung zwischen beiden Turmknaufen. Der AH dient hier lediglich als waagerechte Richtschnur und als Grenze zwischen den Unter- und Draufsichten, denn alle Gebäudefluchten verlaufen so flach geneigt, daß ihre Verschwindepunkte auf dem AH sehr weit außerhalb des Zeichenblattes liegen. Die wichtigsten Punkte, Höhen- und Seitenabstände (Giebelspitzen, Dachkanten, Fenster- und Zaunachsen, Baumwipfel) werden durch Maßvisieren gefunden – ausgehend vom Hauptlot und dem AH. Anschließend sind die Schrägen neigungsvisierend einzutragen – zum Teil verlängert, um die proportionsgerechte Flächenaufteilung zu kontrollieren. Andeutungen einiger markanter Dunkelheiten (überwischte Bleischraffuren) erleichtern den Überblick bei der Ausführung als lavierte Federzeichnung.

Konstruktive Verfahren

Wer seinem Wesen nach dazu neigt, die Umwelt nicht als äußere Erscheinung hinzunehmen, sondern sie gewissermaßen von innen her zu begreifen, ist oft gar nicht interessiert oder fähig, sie im Sinn eines Flächenmosaiks zeichnerisch zu erfassen. Er kommt vom plastisch-räumlichen Sehen nicht los, verfolgt perspektivische Zusammenhänge und spürt Wachstums- oder Konstruktionsprinzipien nach. Bei ihm spielen zwangsläufig Wissen und Nachdenken eine sehr aktive Rolle – im Gegensatz zum Impressionisten mit seinem Bemühen, alles Gedankliche zur Steigerung der visuellen Aufnahmebereitschaft auszuschalten.

Konstruktives Abzeichnen verlangt also die Auseinandersetzung mit dem Wesen natürlicher und künstlicher Bauformen, desgleichen mit den Gesetzen der Linienperspektive. Diese Themen werden nachfolgend im einzelnen behandelt (ab Seite 45 und 130). Verschaffen Sie sich dort zunächst einen Überblick, ehe Sie ans Zeichnen gehen und von Fall zu Fall eingehendere Informationen suchen.

Den Anfang machen wieder die provisorischen Bildgrenzen mit Spielraum, diesmal aber unbedingt kantenparallel zu den Blockrändern. Messen Sie mit dem ebenso wie beim Maßvisieren gehandhabten Stift ab oder benutzen Sie eventuell ein Lineal, wenn Sie Ihrem Augenmaß nicht trauen. Dieses ist tatsächlich eine Sache der Veranlagung, und manchen bringt selbst intensives Üben nicht weiter. Dennoch besteht kein Grund zur Resignation, wenn Sie die genannten Hilfen anwenden. Nicht wenige berühmte Künstler blieben zeitlebens darauf angewiesen. Genau waagerecht-lotrechte Bildgrenzen sind also die erste Voraussetzung für das konstruktive Hilfsgerüst, das im weiteren nicht mit umrißtangierenden Figuren beginnt, sondern mit dem Augenhorizont, mit Achsen und Fluchtlinien.

Im Augenhorizont enden die Fluchten, das heißt die Verlängerungen aller in Wahrheit waagerechten Linien unseres Gesichtsfeldes, außerdem bildet er die Grenze zwischen perspektivischen Unter- und Draufsichten.

Als Achsen bezeichnet man Mittellinien von Flächen oder Körpern, ebenso asymmetrische Teilungslinien sowie Lote durch maßgebliche Punkte.

Fluchten geben den Verlauf perspektivischer Verjüngungen an. Bei anderen als in Wirklichkeit waagerechten Kanten enden deren Fluchten in Nebenhorizonten, die man jedoch selten als Abzeichenhilfen braucht – es ginge bald ins Uferlose. Denn auch die Achsen bewegter Figuren mit ihren Gliedern können als Fluchtlinien mit Richtung auf zahllose Nebenhorizonte aufgefaßt werden (Seite 27 und 147).

Zugleich mit den waagerecht-senkrechten provisorischen Bildgrenzen ist der auch auf dem Zeichenblatt waagerechte Augenhorizont festzulegen – ganz gleich, ob er beim Motiv eine augenfällige Rolle spielt oder nicht. In jedem Fall fungiert er als erste Meßstrecke, auf der maßvisierend die Schnittpunkte mit den wichtigsten senkrechten Achsen oder sonstigen Loten abgetragen werden. Auf den von diesen Schnittpunkten ausgehenden Senkrechten fixieren Sie, abermals maßvisierend, alle wichtigen Höhen- und Tiefenpunkte, ferner die Ansätze von Flucht- und anderen Schräglinien. Deren Verläufe schätzen Sie neigungsvisierend ab und kontrollieren dabei, ob zusammengehörende Fluchten auch wirklich im gleichen

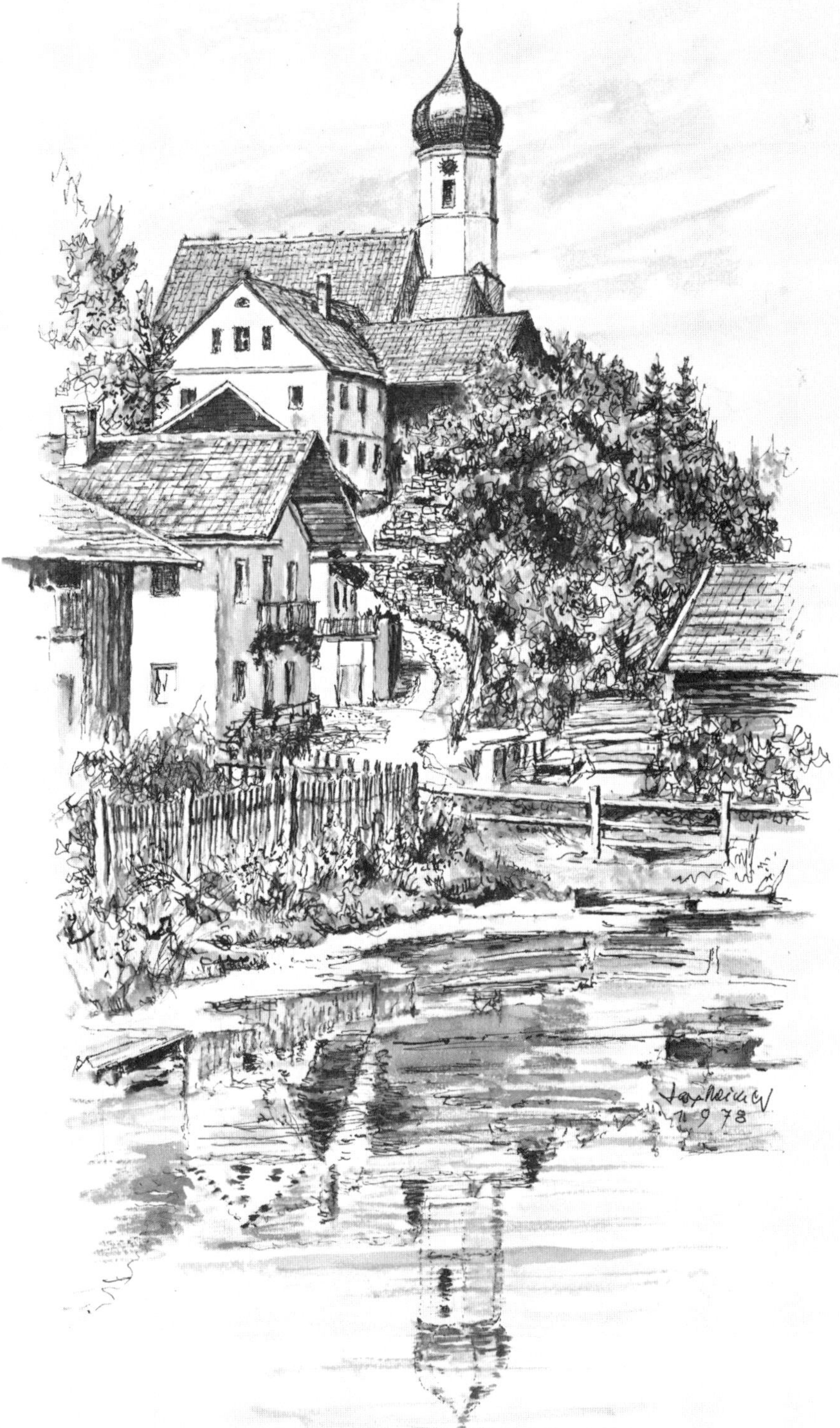
1978

Horizontpunkt enden. Liegen Fluchtpunkte außerhalb Ihres Zeichenblattes, müssen Sie sich mit dem Abschätzen der Neigungen begnügen.
Treiben Sie es mit dem entstehenden Liniengerüst jedoch nicht gleich so weit, daß der Überblick verlorengeht, sondern umreißen Sie im Gerüst baldmöglichst die Hauptformen endgültig mit kräftigeren Strichen – erst ungefähr, dann zur eventuellen Kontrolle nochmals maßvisierend. Auf diese Weise vermeiden Sie, daß weitere Hilfslinien für den Eintrag kleiner und kleinster Formdetails verwirren.
Im Zusammenhang mit vorwiegend an perspektivische Fluchten gebundene Wiedergaben können Sie Ihr Augenmaß nachprüfen und schulen: Heften Sie die Freihandstudie kantenparallel auf ein möglichst großes Reißbrett und darüber ein bis zu dessen Rändern reichendes Transparentblatt. Dann ziehen Sie längs der angelegten Reißschiene den Horizont über die ganze Breite nach und pausen mittels Lineal alle wesentlichen Fluchten durch. Sogleich erkennen Sie, ob alle zusammengehörenden tatsächlich im gleichen Horizontpunkt enden oder wie weit sie davon abweichen, besonders solche Fluchtlinien, die zuvor außerhalb Ihres Studienblattes lagen – falls das Zeichenbrett dafür ausreicht. Eines aber ist immer möglich: die Nachprüfung der Senkrechten. Das geschieht mit einem an der Reißschiene angelegten Winkel. Wie gesagt, dienen diese Vorgänge einstweilen nur der Augenmaßprüfung, beim Ausarbeiten perspektivisch einwandfreier Entwürfe bilden sie die unabdingbare Grundlage.

Kombinationen

Selbst wenn Sie von vornherein überzeugt sind, daß Ihnen beim Abzeichnen nur ein impressionistisches oder allein das konstruktive Verfahren liegt, sollten Sie mehrmals sämtliche Methoden durchexerzieren. Denn sicher beurteilen kann man nur das praktisch Erprobte, und zuweilen kommt man sogar besser als ursprünglich gedacht mit dem zurecht, was einem zunächst »gegen den Strich« ging. Davon abgesehen, liegt es oft nahe, die zeichnerische Auffassung dem Motiv anzupassen und Kombinationen der Grundverfahren anzuwenden. Viele Abbildungen in diesem Buch zeigen Beispiele für solches Vorgehen. Schließlich kann das Arbeitsziel für den zeichnerischen Beginn bestimmend sein: Eine die Ebene betonende Ausführungsart, wie das Sgraffito oder Mosaik, die Emailarbeit oder Intarsie, der Teppich, wird am ehesten über eine flächenhafte Auffassung schon bei den Studien bewältigt. Im Gegensatz dazu stehen räumlich-plastische Illusionen bei Tonzeichnungen und Malereien, die manchmal konstruktive Hilfen der Linearperspektive verlangen, um überhaupt verständlich zu sein.
Das starre Festhalten an nur einer Schulmethode bedeutet häufig nichts weiter als eine banausenhafte Einengung, nicht zuletzt bei der Entwicklung einer ganz persönlichen Art des Sehens und Darstellens. Dafür gibt es keine Vorschriften oder den Begriff »unfair« wie bei bestimmten Regeln unterliegenden Sportarten. Entscheidend bleibt allein das Ergebnis. Wie es erreicht wird, ist dagegen völlig gleichgültig. Warnen möchte ich nur nochmals vor dem Drehen des Zeichenblattes während der Studien- und Entwurfsarbeit, und nur in Ausnahmefällen gewinnen Sie etwas beim Abzeichnen von Fotos, die bereits fertige, in die Ebene transponierte Abbilder der Wirklichkeit sind. Wenn Sie

diese kopieren, lernen Sie ebensowenig zeichnen wie jemand rechnen lernt, der lediglich die Lösung einer Aufgabe abschreibt. Sehr förderlich ist dagegen das gelegentliche Kopieren (nicht etwa Abpausen!) meisterhafter Zeichnungen, besonders von Studien, die noch den ganzen Werdegang erkennen lassen. So begreifen Sie die Sehweise und Auffassung beispielhafter Könner viel eindringlicher als beim bloßen Betrachten. Sind Ihnen Originale nicht zugänglich, genügen durchaus gute Reproduktionen als Vorlage, die dem ursprünglichen Format nahekommen.

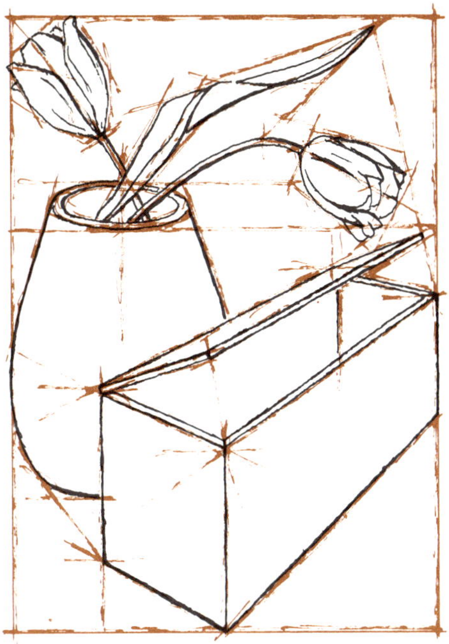

Kombination I: Das kleine Stilleben – in der Anordnung ähnlich dem auf Seite 18 – entstand sowohl mit den impressionistischen Hilfen der Flächenaufteilung als auch mit konstruktiven Linien: den Mittelachsen durch Stengel, Blüten und Vase, sowie den anvisierten perspektivischen Fluchten der Schachtel. Die Verbindung beider Verfahren, ist immer dann empfehlenswert, wenn der Bildeindruck sowohl von der formgerechten Perspektive als auch einer möglichst engen Zusammenfassung des Motivs abhängt. Diese ist am besten über eine zunächst nur flächenhafte Sehweise zu erreichen.

Optische Täuschungen und weitere Zeichenhilfen

Wie schon bemerkt, können allein mit Sucher, Maß- und Neigungsvisieren objektiv vorbildgetreue Wiedergaben erreicht werden. Indessen ergeben sich insbesondere beim konstruktiven Abzeichnen und allgemein bei schwierigen Motiven oft Probleme, die mit den genannten Hilfen nur mühsam zu bewältigen sind, wenn es um möglichst genaue Abbilder geht. Zum großen Teil beruhen die Schwierigkeiten auf »optischen Täuschungen«, weil unsere Augen stets ausgleichend reagieren und infolgedessen nur subjektive, sachlich häufig »falsche« Eindrücke vermitteln. So sind wir niemals imstande, Farben »neutral« aufzunehmen wie ein Meßgerät, und der Maler setzt diese »Unfähigkeit« bewußt ein, indem er beispielsweise die Wirkung eines gegebenen Farbtones durch danebengesetzte Kontraste steigert oder dämpft. Im Bereich der Linien und Flächen und damit beim Zeichnen liegen die Dinge ähnlich, wie einige hier wiedergegebene Beispiele zeigen. Man kann also unabänderliche Gegebenheiten zuweilen anders wirken lassen oder zunächst unverständlichen Erscheinungen auf die Spur kommen und dem Augenmaß beim Freihandzeichnen ohne Meßgerät, Zirkel oder dergleichen nachhelfen. Verhältnismäßig einfach ist das bei Darstellungen im Sinne von Planzeichnungen. Im Bereich des Plastisch-Räumlichen können letztlich nur linearperspektivische Hilfen den Tücken optischer Täuschungen begegnen und dazu gehört mit allen sich daraus ergebenden zeichnerischen Konsequenzen meist die Vorstellung, die einzelnen Objekte seien durchsichtig oder nur Drahtgestelle. Über alldem sollte man aber nicht vergessen, daß jede zweidimensionale Darstellung – ob Malerei oder Zeichnung – eine Illusion bleibt, die nur der Mensch als eine »Wirklichkeit« anzusehen vermag, von der sich Tiere offenbar niemals »täuschen« lassen. Das ständige Bewußtsein und die Bejahung dieser Tatsache kann entscheidend dazu beitragen, es mit der Illusion von Plastik und Raum nicht zu übertreiben, sondern sie mit möglichst einfachen, eher nur andeutenden Mitteln hervorzuzaubern. So bleibt unsere Vorstellungsgabe auch weiterhin wach – wie das gemeint ist, merken Sie am ehesten beim Betrachten flotter Skizzen: Oft wirken sie viel reizvoller und anregender als die womöglich pedantische Vollendung mit allen grafischen Raffinessen. Sich nur auf das unbedingt Notwendige zu beschränken, gilt beim Freihandzeichnen sowohl für die hier wie ab Seite 130 noch eingehender demonstrierten perspektivischen Hilfen oder Kontrollen. Man sollte sie nur insoweit anwenden, wie auf andere Weise absolut nicht mehr weiterzukommen ist. Außerdem stören konstruktive Hilfslinien in der endgültigen Zeichnung, und wenn es das verwendete Material nicht erlaubt, die überflüssig gewordenen Striche auszuradieren, bleibt nur der Ausweg über ein Pausverfahren.

Im Prinzip ist jegliches Radieren und Pausen ein Behelf mit dem Risiko, daß der Reiz des Ursprünglichen leidet. Andererseits sind vollendete Leistungen, denen man anfängliche Irrtümer und Fehlschläge nicht mehr ansieht, nur durch Pausen zu erreichen. Viele meisterhafte Zeichnungen, insbesondere aus früheren Zeiten, können nur so entstanden sein, und von einigen weiß man es mit Sicherheit, wenn auch Zwischenstufen kaum erhalten blieben. Vor der Erfindung des Transparentpapiers, Mitte des 19. Jahrhunderts, mußte man die Rückseite der Zeichnung mit weicher Kreide überreiben, sie auf ein neues Blatt heften und die scheinbar gelungenen Linien mit einem Griffel durchdrücken. Dabei verliert man leicht den Überblick, muß hernach korrigieren oder eine weitere Pause versuchen. Mit Transparentpapier ist das Verfahren wesentlich sicherer: Sie heften das Blatt auf die Zeichnung und ziehen die Ihnen richtig erscheinenden Linien mit der Tuschfeder oder dem Feinstrich-Filzschreiber nach, reiben die Rückseite mit weichem Blei oder Kreide ein und drücken, wie eben geschildert, auf den neuen Zeichenbogen durch. Der Vorteil: Sie haben nun drei Zeichnungen vor sich und können vergleichend abwägen, ob das gewünschte Resultat erreicht ist oder Korrekturen nötig sind – eventuell mittels weiterer Pausen. Um die Kontrolle beim Durchdrücken zu behalten, zumal bei wiederholtem, verwenden Sie als Griffel jedesmal einen andersfarbigen Kugelschreiber. Zum Einreiben nehmen Sie das gleiche Material, mit dem Sie an der aufgepausten Zeichnung weiterarbeiten. Ist dafür Tusche oder Wasserfarbe vorgesehen, verwenden Sie am besten weiches, später auszuradierendes Blei. Die Transparentpause mit Tuschfeder oder Filzschreiber bietet noch weitere Vorteile: Umgewendet zeigt sie alle Linien ebenso deutlich wie auf der

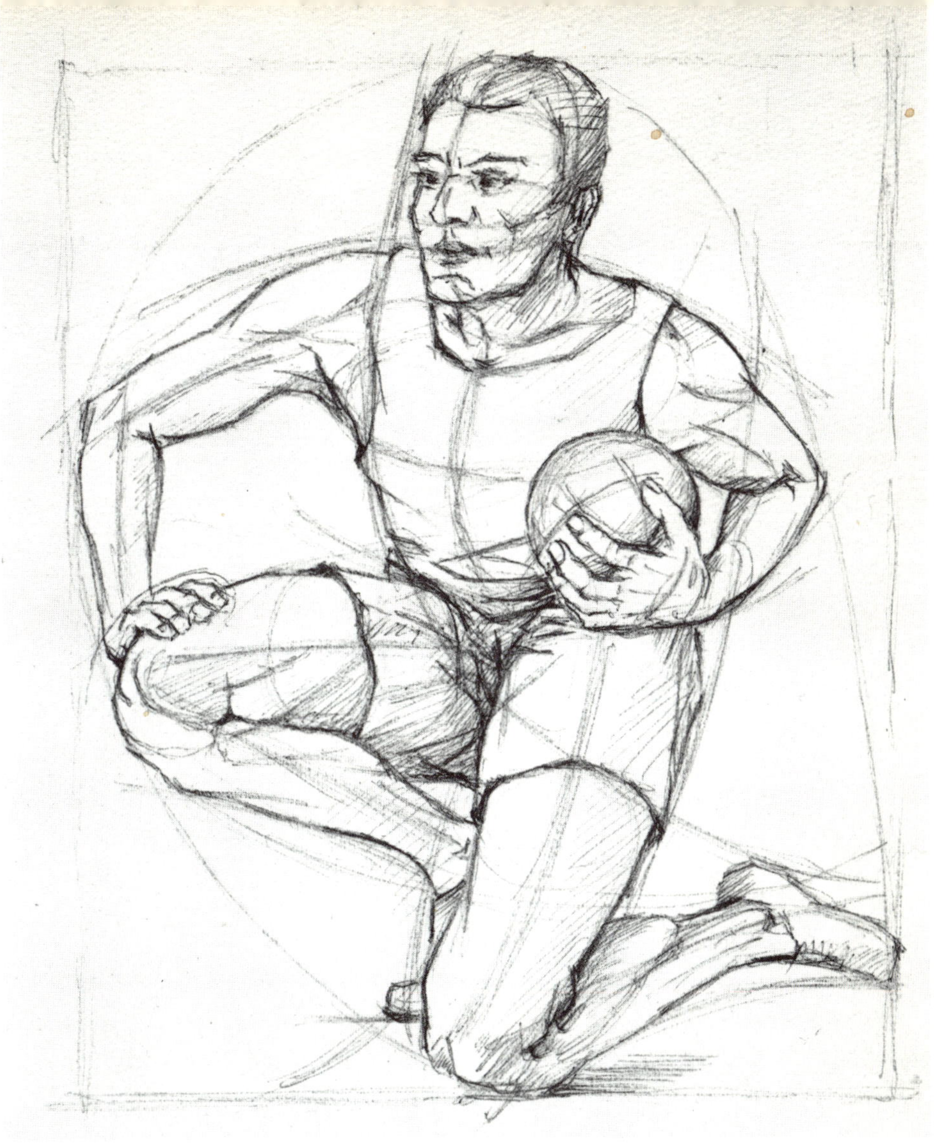

Oben: Kombination II. Haltungsstudie vom Trainingsplatz (Kugelschreiber). Die Gesamtheit derart geduckter Posen erfaßt man zunächst wohl am sichersten impressionistisch mit tastenden Bogenlinien – zumal, wenn es rasch gehen und womöglich aus dem Gedächtnis weitergearbeitet werden muß. In diesem Fall verharrte der Sportler allerdings auf meinen Wunsch etwa eine Viertelstunde in seiner zufälligen Haltung. So war es möglich, nach der flüchtigen Flächenaufteilung auch gleich die Achsen und Rundungen der einzelnen Körperpartien in ihren perspektivischen Verläufen und Verkürzungen zu fixieren. Denn solch komplizierten Posen ist mit konsequent flächenhafter Auffassung weder beizukommen, noch wären sie als Mosaik aus glatten Ton- oder Farbflächen verständlich. Das Gegebene sind unter solchen Umständen Schattierungen oder wenigstens – wie aus der Zeichnung ersichtlich – entsprechend an- und abschwellende Konturen.

Vorderseite, und seitenverkehrt betrachtet stellen sich zuweilen Fehler oder Verzerrungen heraus, die einem zunächst gar nicht auffielen. Unerläßlich ist das Umkehren der Zeichnung zur Ausführung als Kupferstich oder Radierung, Holz- oder Linolschnitt. Diese druckgrafischen Techniken verlangen seitenverkehrtes Aufpausen des Entwurfs auf die Druckplatte, um seitenrichtige Abzüge zu erhalten.
Schließlich erspart die Umkehrpause viel Arbeit und das Risiko von Ungenauigkeiten, wenn es um absolut symmetrische Spiegelungen geht wie bei vielen Ornamenten. So wie beispielsweise einst die »Palmetten«, sind auch fast durchweg Einzelmotive von »Bauernmalereien« an der lotrechten Mittelachse gespiegelt, »Mauresken« sogar zweifach an dem von der Motivmitte ausgehenden Achsenkreuz. Gleiche Effekte kann man selbstverständlich bei Scherenschnitten mit einfach beziehungsweise doppelt gefaltetem Papier erhalten.

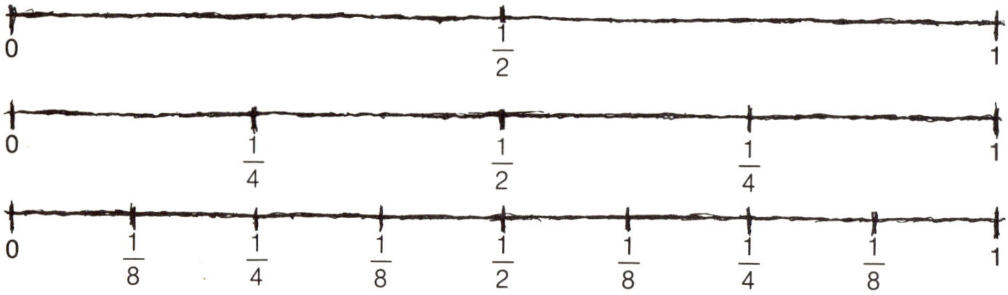

Streckenteilung durch fortlaufendes Halbieren: Mißlingt das nur nach Augenmaß, messen Sie mit dem Zeichenstift von beiden Enden ab – erst die ganze Strecke, dann von den Teilpunkten jeweils annähernd zur Mitte, um die verbleibende winzige Differenz nach Augenmaß zu halbieren. Auf diese Weise entstehen allerdings nur weitere Halbierungen, sie spielen u. a. hauptsächlich beim Zeichnen menschlicher Figuren eine grundlegende Rolle. Brauchbare Augenmaßhilfen für Teilungen, in denen eine ungerade Zahl aufgeht, gibt es nicht, es bleibt dann nur der Meßstab.

Rechte Seite: Hilfen beim Freihandzeichnen regelmäßiger Flächenfiguren. 1. Rechteck und Quadrat: Die Proportion eines Rechtecks läßt sich optisch am sichersten beurteilen durch Einzeichnen des größtmöglichen Quadrats (Abmessen mit dem Stift!), die schmale Restfläche zeigt dann deutlich, um wieviel das Rechteck vom Quadrat abweicht.
2. Gleichschenklige Dreiecke (z. B. Dachgiebel): Deren Spitzen liegen stets auf der Halbierungslinie eines offenen Rechtecks. Ist ein gleichseitiges Dreieck zu zeichnen (z. B. als Grundfigur des »klassischen« Spitzbogens), mißt man mit dem Stift die Grundkante ab und sieht zu, wo sie – von einem Basisendpunkt ausgehend – die Halbierungslinie schneidet. Zur optischen Kontrolle wäre das Zeichenblatt ausnahmsweise in verschiedene Richtungen zu drehen.
3. Kreise. Das Quadrat ist die zuverlässigste Grundlage zum relativ genauen Aufbau eines Kreises vom Durchmesser der Quadratkanten: Zuerst zieht man die Quadrat-Diagonalen und Halbierungen. Dann wird ein Viertelkreis eingestrichelt und – wenn er gelungen scheint – das einbeschreibbare Quadrat markiert, um die drei übrigen Schnittpunkte der Peripherie mit den Diagonalen zu erhalten. Vor dem endgültigen Ausziehen der Kreislinie sind notfalls noch kleine

Korrekturen vorzunehmen, bis die Flächen zwischen der Peripherie und den Kanten nebst Diagonalen und Halbierungslinien beider Quadrate übereinstimmen.

4. Mondsichel: Sie zeichnen den Kreis im Quadrat wie bei 3. und bestimmen die Sichelbreite nach Maßgabe des entsprechenden Rechtecks, um Anhaltspunkte für die Halbellipse zu gewinnen.

5. Ellipsen: Deren Achsen sind gleich den Kanten des einspannenden Rechtecks, das zuerst zu zeichnen ist – nebst Diagonalen, Halbierungen und der Innenraute. Danach versuchen Sie den Eintrag einer Viertel-Ellipse und vergleichen – ähnlich wie beim Kreis mit den beiden Quadraten –, ob die Flächen zwischen Peripherie, Rechteck und Raute bei Vervollständigung der Ellipse allseits übereinstimmen. Tangenten durch die Schnittpunkte der Peripherie mit den Diagonalen würden parallel zu den Kanten der Innenraute verlaufen.

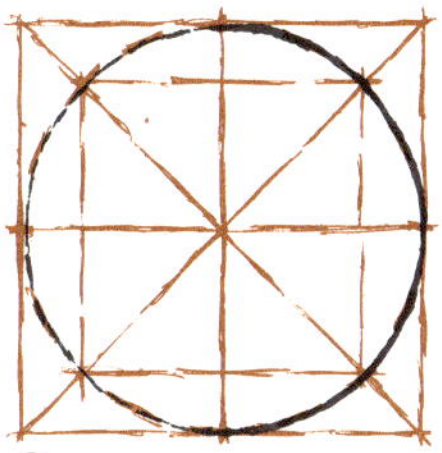
3

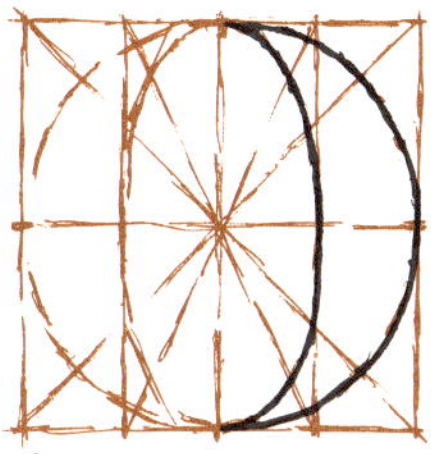
4

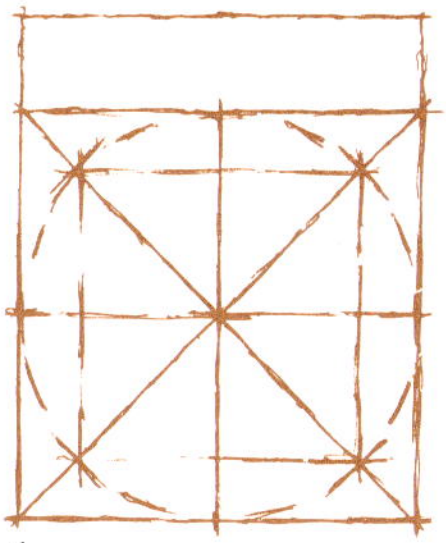
1

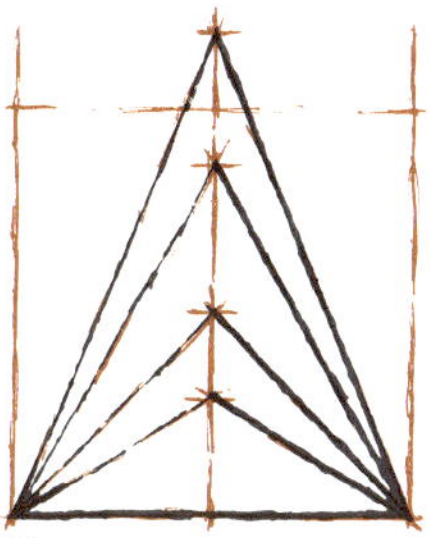
2

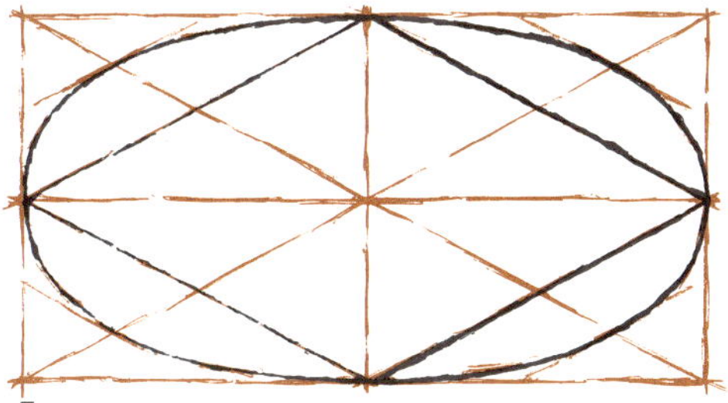
5

Optische Täuschungen I: Unten: Die weißen Flächen in schwarzen Feldern wirken größer als umgekehrt, obwohl sie jeweils deckungsgleich sind. Noch krasser wird die Täuschung bei gleichstarken Linien – einmal schwarz auf weißem, zum andern weiß auf schwarzem Grund. Im übrigen heißt es durchaus treffend: »Weiß macht dick, Dunkel macht schlank.«

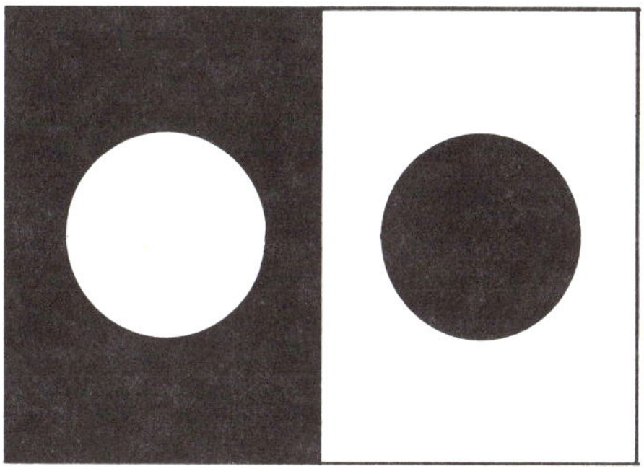

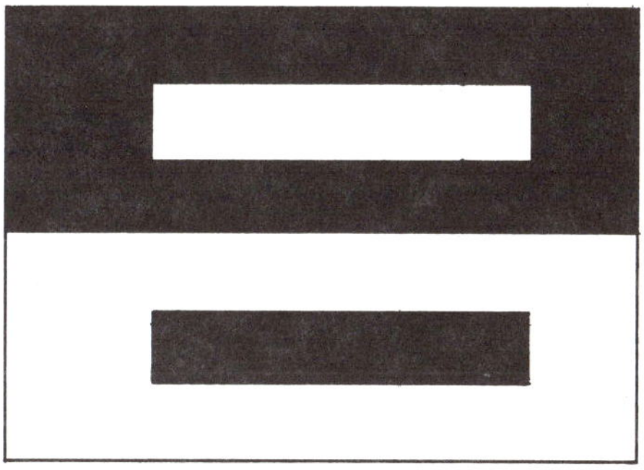

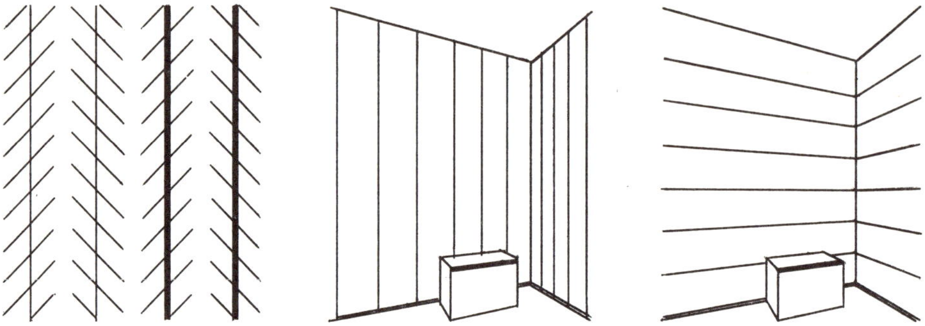

Optische Täuschungen II: Die beiden Linienpaare (links) scheinen nach oben auseinanderzustreben – das dünne Paar deutlicher als das dikker ausgezogene. Daß es sich in beiden Fällen um Parallelen handelt, sehen Sie sogleich bei blinzelnder Betrachtung. Ein Vergleich der beiden folgenden Darstellungen zeigt, daß senkrecht gestreifte Wände einen Raum enger und höher erscheinen lassen, bei waagerechter Streifung wirkt er niedriger und weiter.

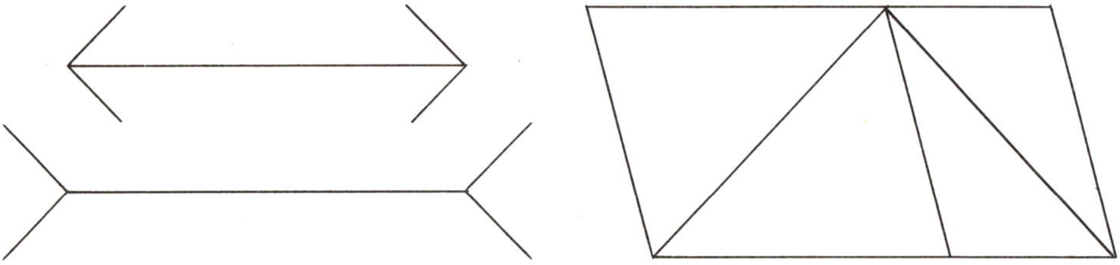

Optische Täuschungen III: Von den beiden gleichlangen Strecken (links) erscheint die obere kürzer als die untere. Dem Außenparallelogramm (rechts) wurde ein gleichschenkliges Dreieck einbeschrieben und von dessen Spitze aus die Seitenparallele gezogen, so daß zwei weitere Parallelogramme entstanden. Im größeren wirkt nun der linke Dreiecksschenkel länger als der rechte.

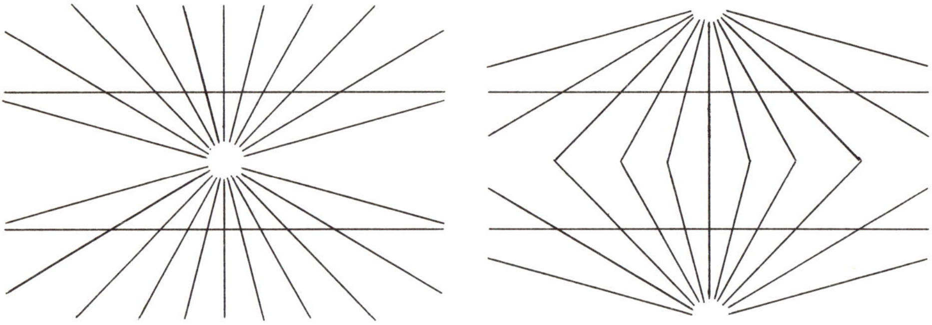

Optische Täuschungen IV: Je zwei waagerechte Parallelen werden von Strahlenbündeln geschnitten – die Waagerechten scheinen den Strahlenzentren auszuweichen.

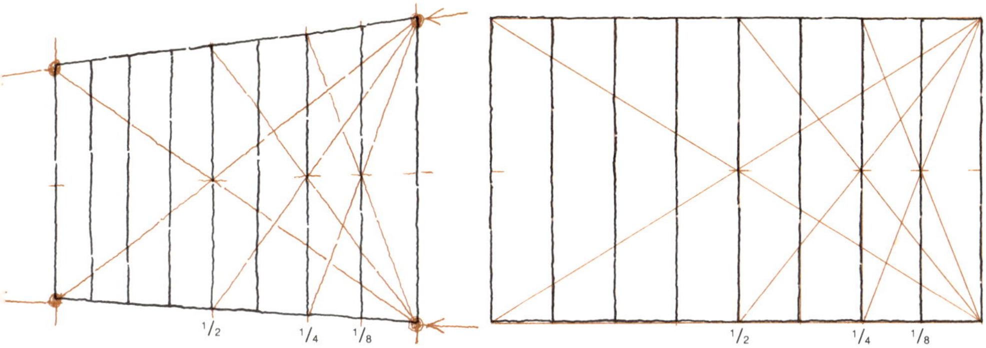

Hilfen bei der Wiedergabe von Perspektiven. Oben: Die acht gleichen Streifen der als Planzeichnung dargestellten Fläche (rechts) erscheinen in der Perspektive (links) zunehmend schmaler. Um diese Staffelung richtig wiederzugeben, gehen Sie ähnlich vor wie bei der Streckenteilung, das heißt, Sie ermitteln – diesmal durch Diagonalen – erst die Halbierung, dann die Viertel- und Achtelteilung (in der Planzeichnung mit dem Lineal und nur teilweise ausgeführt). Bei der Perspektive fixieren Sie zunächst die Form der Gesamtfläche durch Maßvisieren der Breiten und Höhen sowie durch Neigungsvisieren der Längskantenfluchten, hier angedeutet durch Punkte und Pfeile. Danach ziehen Sie die Diagonalen und durch deren Schnittpunkte die Lotrechten. Häufig genügt es, sich bei ähnlichen Aufgaben nur mit genauen Viertelungen zu begnügen und die Achtel nach Augenmaß einzutragen. Wie bei der Streckenteilung versagt das Verfahren, wenn ungerade Zahlen im Spiel sind, jedoch ist auch dann meist schon viel gewonnen, wenn man wenigstens die perspektivische Mitte von Flächen oder Linien »konstruiert«.

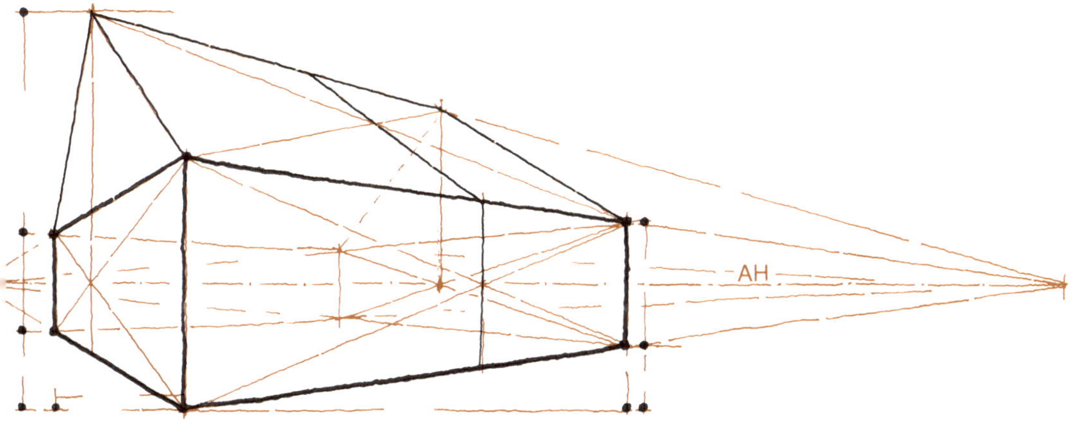

Perspektive eines Doppelhauses (Schema). Beim Abzeichnen können nur der Augenhorizont (AH), die Fluchten des Mauernquaders, dessen Erscheinungsbreiten und -höhen sowie die Höhe der vorderen Giebelspitze durch Visieren ermittelt werden (hier angedeutet durch Punkte und dickere Linien). Davon ausgehend versuchen Sie zunächst, den Quader zu ergänzen als sei er durchsichtig. Das ist notwendig, um mit Hilfe der Rückwanddiagonalen die Lotlinie der hinteren Giebelspitze ebenso zu finden wie die der vorderen. Beide können nur mitten durch die Quaderschmalseiten gehen. Auf entsprechende Weise ist auch die Haushalbierungslinie zu fixieren; für die auf der Dachschräge gibt ebenfalls der Diagonalschnittpunkt einen Anhalt.

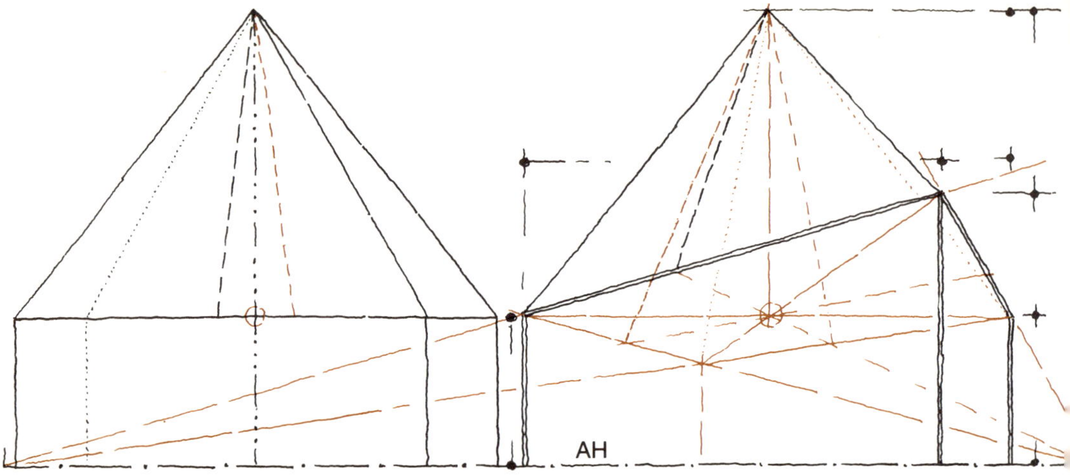

Perspektive eines Pyramidendaches, gleichseitig, übereck stehend (Schema). Links daneben der entsprechende Planaufriß aus gleicher Blickrichtung, der nur aufgrund von Vermessungen zustande kommen kann. Der tatsächliche Anblick plastischer Objekte zeigt stets perspektivische Veränderungen. Bei der Darstellung rechts erscheinen die Kanten des Daches und dieses selbst in Untersicht, seine Flächen alle als schief stehende Dreiecke (beim Aufriß basieren sie auf waagerechten Grundlinien), und es ist auch nur eine Fläche zu sehen, die Kanten der übrigen deuten Punktierungen an. Grundlage der Perspektive bilden die Fluchtverläufe der sichtbaren Dachtraufen und ihre waagerecht anvisierten Breiten, ferner die Höhen der Ecken und der Dachspitze (durch Doppellinien und Punkte markiert). Aus ihrer Position auf dem Mittellot ergibt sich der Dachkantenverlauf. Um den Lotansatz zu finden, ist die – unsichtbare – Grundfläche zu zeichnen, indem Sie – ähnlich wie zuvor beim Doppelhaus – von den sichtbaren Eckpunkten Fluchten zu den Verschwindepunkten auf dem AH ziehen sowie die Flächendiagonalen. Weitere Fluchten durch den Diagonalschnittpunkt markieren die Traufenansätze für Dachflächenhalbierungen (Strichellinien, diese nur zum Vergleich der aus perspektivischer Sicht ungleich breiten Dachhälften). Regelrechte Linealkonstruktionen ähnlicher Art auf Seite 168.

Rechts oben: Ein Kreis wird in perspektivischer Sicht stets zur exakten Ellipse. Deren Lage und Proportion ergibt sich aus der Perspektive beider Tangentenquadrate mit ihren Diagonalen. Sie fixieren acht Punkte der Ellipsenperipherie, die dann nach Augenmaß zu ziehen ist. Meist muß man sich jedoch mit nur einem Tangentenquadrat und vier Punkten begnügen, wobei die Lage des Quadrats beliebig angenommen werden kann. Wie die Perspektive zeigt, ist das Ellipsenzentrum (Kreuz, Achsenrichtungen markiert!) niemals identisch mit der perspektivischen Kreismitte, diese bleibt jedoch stets der Fußpunkt des Lotes durch die Spitze eines Kegels, etwa das Dach eines kreisrunden Turmes – sowohl in Draufsicht wie Untersicht: Das Konturenbild bleibt bei vertikaler Umkehr der Konstruktion gleich.

Rechts unten: Perspektive eines Halbkreises (»Rundbogen«, zusammengesetzt aus fünf gleichen Steinen). Tangentenfigur mit drei Berührungspunkten ist ein halbes Quadrat. Die übrigen farbigen Linien geben weitere Orientierungshilfen für den Verlauf beider Kreisbogen und die stets zur Kreismitte weisenden Steinfugen. Bei der Perspektive sind erst in üblicher Weise die Fluchten, Breiten- und Höhenabstände anzuvisieren (Punkte und Pfeilrichtungen), sodann die gleichen Hilfen zu ziehen wie bei der Planzeichnung – notwendig sind in jedem Fall die beiden Diagonalen des Halbquadrates, um wenigstens die genaue Lage des Bogenscheitels zu finden.

Weitere Hinweise und Erklärungen ab Seite 165

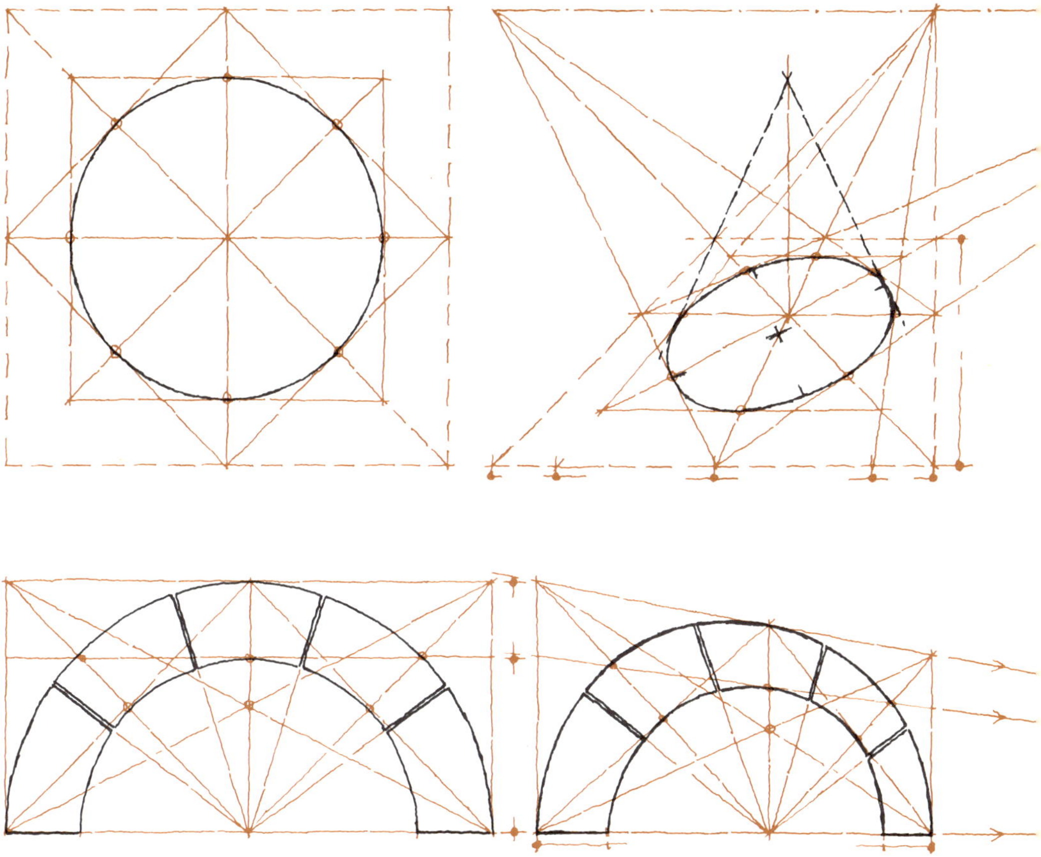

Zeichnerische und andere grafische Ausdrucksmittel

Das Grundelement der Zeichnung ist die Linie. Dabei handelt es sich in Wahrheit um eine Fiktion, die Flächengrenzen markiert oder als sehr schmale Flächen erscheinende Dinge wie Ranken, Haare und dergleichen mit einem einzigen Strich entsprechender Dicke wiedergibt. Infolgedessen vermittelt eine lediglich aus Linien bestehende Zeichnung nur dann eine klare Vorstellung, wenn die umrissenen Formen keinen Zweifel aufkommen lassen, ob Leere oder Substanz gemeint ist wie mit den Konturen eines Blattes oder einer natürlichen Figur. Dagegen kann ein Kreis sowohl als Ball, Scheibe oder Loch aufgefaßt werden. Eindeutig informieren in ähnlichen Fällen erst zusätzliche Striche wie Schraffuren, die eine Materialstruktur darstellen oder schattierend die Plastik von Formen verdeutlichen. Der gleiche Effekt ist meist auch mit verlaufenden Tönungen mittels Weichzeichnern oder Pinselaufträgen zu erreichen.

Von rechtwinkligen Kreuzschraffuren abgesehen, verbindet sich mit jeder einfachen Strichlage der Eindruck einer bestimmten Richtung. Dadurch läßt sich vor allem die Perspektive ebener Flächen verdeutlichen, indem die Striche auf die jeweiligen Fluchtpunkte zielen. Tun sie das nicht, entsteht ein widersinnig-verschrobenes Bild. Schwieriger ist die Interpretation von Rundungen, denn jeder beschreibende Strich müßte je nach seiner Höhenlage zum Augenhorizont der perspektivischen Drauf- oder Untersicht entsprechend ausgerichtet werden – ein Unding beim flotten Freihandzeichnen. Bei zylindrischen oder gleichmäßig konischen Gegenständen kann man sich durch senkrecht, beziehungsweise konisch verlaufende Strichlagen helfen. Bei allseitig gekrümmten Rundungen wie der Kugel, Eiform oder dergleichen bleibt als Ausweg entweder die richtungslose Schattierung durch Punkte oder die verlaufende Tönung, die zuweilen auch durch eine indifferente Struktur zu erreichen ist.

Indessen lassen sich Plastik oder Unterschiede zwischen Substanz und Leere sogar ohne Schraffuren oder Tönungen interpretieren. Das geschieht auf sehr subtile und an die Vorstellungsgabe höhere Ansprüche stellende Weise allein durch an- und abschwellende Konturen: Sie werden im Schattenbereich, meist auch im Vordergrund stärker, im Licht und in der Ferne zunehmend dünner, eventuell bis zu einer Auflösung, die den weiteren Verlauf eben noch ahnen läßt. Die geeignetsten Zeicheninstrumente für solche, insbesondere flotte Darstellungsarten sind die weiche Feder und mehr noch der dicke, nadelspitz auslaufende Haar-Rundpinsel. Kugel- und Filzschreiber erlauben höchstens geringfügige Schwellungen, die Trichterfeder überhaupt keine. Man kann sie mit diesen Instrumenten jedoch durch mehrfaches Übergehen der betreffenden Stellen hervorrufen. Ähnlich verhält es sich mit den Weichzeichnern Kohle, Kreide und Blei der B-Reihe, oder man läßt sie entsprechend stumpf werden, was zugleich stärkeres Aufdrücken erlaubt.

Halbtöne der verschiedensten Helldunkelstufen werden entweder durch dichte, zarte bis druckstarke Schraffuren mit Weichzeichnern erzielt oder durch verlaufende Pinselaufträge. Alle Weichzeichner verführen Anfänger zum Verwischen mit Fingerspitzen, Kork- oder Waschledergriffeln. Gegen diese Technik ist an sich nichts einzuwenden, wenn ein erfahrener Könner sie wohldosiert anwendet. Der Anfänger läßt sich aber allzu leicht von der frappierenden Wirkung durchgehenden Wischens blenden und merkt zunächst gar nicht, welch süßliches Geschmier er da fabriziert hat. Die Richtung von Strichlagen verschwindet bei Weichzeichnern auch weitestgehend durch die Verwendung rauhen Papieres. Behutsam übergangen, kommt nur noch dessen meist amorphe Oberflächenstruktur zeichnerisch zur Geltung, und das führt zu einer lockeren Wirkung von besonderem Reiz. Was im übrigen aus Weichzeichnern, insbesondere Rötel und schwarzer Kreide herauszuholen ist, erfahren Sie unter anderem im Zusammenhang mit den Abbildungen auf den Seiten 69 und 199.

Herber und weit weniger riskant als Wischungen sind verlaufende Pinselaufträge oder Verwaschungen von wasserlöslich bleibenden Tuschestrichen. Dieses Verfahren eignet sich besonders für rasche Reiseskizzen, weil es die wenigsten Umstände macht. Ähnlich reizvoll ist es, eine

flüchtige Kugelschreiber-Skizze anschließend mit wäßrigem Aquarellschwarz oder dem noch feiner abstufbaren Paynesgrau zu übergehen.
Auf regelrecht zeichnerischen Vorgängen beruhen sowohl die Schabtechnik wie einige druckgrafische Verfahren. Der einzige Unterschied zur Zeichnung besteht darin, daß nun nicht mehr mit Stiften oder Federn hantiert wird, sondern mit nadelspitzen Stahlgriffeln, Sticheln oder einer Art kleiner Schnitzeisen. Die Schabzeichnung erfordert speziellen Karton, der unter dünner schwarzer Deckschicht eine dicke weiße Grundierung besitzt. Zeichnet man mit der Nadel in die Schwärze, erscheinen die Linien weiß und bei zartestem Druck geradezu spinnwebfein. Nur glatte Flächen werden mit einem Radier- oder Bastlermesser ausgeschabt. Es gibt übrigens auch Schabkarton mit weißer Deckschicht über schwarzem Grund.
Recht ähnlich sind die Arbeitsvorgänge bei der Radierung. Voraussetzung ist eine spiegelglatte, dünn mit Asphaltlack überzogene Kupferplatte, in die der spitze Griffel ohne besonderen Druck seitenverkehrt zeichnet und dabei das Kupfer bloßlegt. Anschließend ätzt Salpetersäure die blanken Linien vertieft und ein wenig in die Breite gehend ein – je nach Dauer der Einwirkung. Der Vorgang läßt sich partienweise wiederholen, um Striche verschiedener Stärke zu erzielen. Nach totaler Entfernung des Lackes wird die mit Drukkerschwärze eingeriebene und oberflächig wieder blank gewischte Platte auf einer Walzenpresse im »Tiefdruckverfahren« abgezogen, wobei das aufgelegte Papier die Schwärze gewissermaßen aufsaugt. Die Linien erscheinen nun seitenrichtig und ähnlich denen einer Federzeichnung. Kupfer- und Holzstiche führt man mit Instrumenten aus, die auch der Graveur benutzt. Die scharfe Dreikantspitze der Stichel setzt – im Gegensatz zur wie ein Stift geführten Nadel – relativ flach an, und dabei ergeben sich mühelos an- und abschwellende Vertiefungen. Der Kupferstich geschieht in die gleichen, jedoch nicht wie für die Radierung mit Lack überzogenen Platten. Sie werden ebenfalls im Tiefdruckverfahren abgezogen und zeigen die Zeichnung mit härteren, schärferen Strichen als die Radierung.
Der Holzstich erfordert eine quer aus dem Stamm gesägte, spiegelblank geschliffene »Hirnholzplatte« und erlaubt nicht ganz die mögliche Feinheit des Kupferstichs. Außerdem wird der Holzstich wie der Holz- und Linolschnitt im »Hochdruckverfahren« abgezogen, das heißt, es drucken nur die unberührt gebliebenen Partien der Plattenoberfläche, nicht die Vertiefungen. Überdies braucht man zum Abziehen nicht unbedingt eine Presse, sondern kann das Papier auch mit der Hand oder einer Gummiwalze aufdrücken.
Der Begriff »Schnitt« in Verbindung mit Holz und Linoleum bezieht sich auf die meistverwendeten Instrumente »Geißfuß« und »Hohleisen«, die auch der Schnitzer benutzt, nur erheblich größer. Der Holzschnitt erfolgt grundsätzlich in Langholz, also in ein glattgehobeltes Brettstück. Das erschwert wegen der nie gleichmäßig horizontal laufenden Holzfasern unterschiedlicher Härte die Arbeit, sie setzt infolgedessen eine wesentlich gröbere Zeichnung mit möglichst viel Fläche voraus. In Linol schneidet es sich bequemer, weil die Masse aus einem feinkörnigen Gemisch von Kreide, Holz- und Korkmehl, Leinöl und Mineralstoffen besteht. Deshalb kann man Linoleum auch

mit dem Stichel bearbeiten, der Feinheit sind jedoch engere Grenzen gesetzt als beim Holzstich mit seinem widerstandsfähigeren Material.
Wollen Sie von einer Federzeichnung mehrere bis Hunderte von Exemplaren direkt abziehen, arbeiten Sie auf einer dünnen Aluminiumfolie mit Spezialtusche, und zwar seitenrichtig. Allerdings können Sie die Abzüge nicht selbst herstellen, sondern müssen das einer darauf eingerichteten Werkstatt überlassen, die auch Folie und Tusche liefert. Noch mehr Aufwand an Einrichtung und wohlerlerntem handwerklichen Können erfordert der echte Steindruck (Lithografie) und schließlich der Siebdruck, wenn auch in beiden Fällen die Zeichnung die unmittelbare Voraussetzung bleibt.
Ganz anders verhält es sich mit Zeichnungen, die fotomechanisch reproduziert werden und dann keinesfalls als »Originale« gelten wie die zuvor geschilderten Druckgrafiken, die in der Regel vom Urheber selbst abgezogen werden. Bei der Reproduktion lassen sich die Originale beliebig verkleinern und in gewissem Rahmen auch vergrößern. Von nur aus schwarzen Linien bestehenden Zeichnungen nimmt man in der Reproanstalt »Strichätzungen«. Dagegen müssen Tonzeichnungen (ebenso Fotos) durch Raster in einzelne winzige Punkte zerlegt werden, die zwar alle tiefschwarz im Druck erscheinen, jedoch je nach Dichte den Eindruck zartester Tönungen bis zur flächigen Schwärze hervorrufen. Betrachten Sie daraufhin gelegentlich verschiedene Repros mit der Lupe: Die in Tageszeitungen erfordern wegen des minderwertigen Papieres die gröbste, besonders gut zu erkennende Zerlegung in Punkte.
Vorlagen für zweifarbige Strichätzungen, wie sie für dieses Buch häufig notwendig waren, müssen getrennt gezeichnet werden, weil bei der Reproduktion die Farbtrennung schwierig, beziehungsweise zu kostspielig wäre. Praktisch geht das so vor sich: Man arbeitet beispielsweise erst die Vorzeichnung aus, legt ein Transparentblatt auf und zieht darauf nur die das angestrebte Ergebnis wiedergebenden Linien nach. Beide Blätter werden in Schwarz gezeichnet, eines druckt die Maschine in einem vorauslaufenden Arbeitsgang nach Wunsch farbig. Das wichtigste bei diesem Verfahren: Damit beide Zeichnungen im Druck ebenso genau übereinanderpassen wie bei der Ausarbeitung, benötigt der Drucker zur Montage der Druckstöcke jeweils mindestens drei sich haargenau deckende sogenannte »Passerkreuze« auf beiden Zeichnungen, die er erst löscht, wenn beim Probedruck alles seine Richtigkeit hat. Hierzu ein Beispiel auf Seite 42.

Rechte Seite: Striche und Schraffuren mit Filzschreiber, Trichterfeder oder Kugelschreiber. Oben: 1 = Linealstrich. 2 = Flotter Freihandstrich in einem Zug: je rascher der Stift über das Papier fährt, um so glatter der Strich. Er gelingt jedoch nie ganz linealgerade und selten absolut treffsicher – selbst bei sonst zuverlässigem Augenmaß. 3 = Langsamer Strich nach dünner Vorzeichnung (Blei), wobei die aufliegende Handkante gleichmäßig über das Papier fährt. Trotzdem gerät der Strich meist mehr oder weniger »verzittert« und zuweilen wird das der lockeren Wirkung wegen noch übertrieben, zum Beispiel bei mit dem Lineal vorgezeichneten Entwürfen. 4 = Ähnlich wie 3, jedoch setzt der Stift nach winzigen Lücken immer wieder neu an, weil die Handkante beim Ziehen eines Teilstückes ruhig aufliegt und erst nach Abheben des Stiftes weiterrückt. Durch

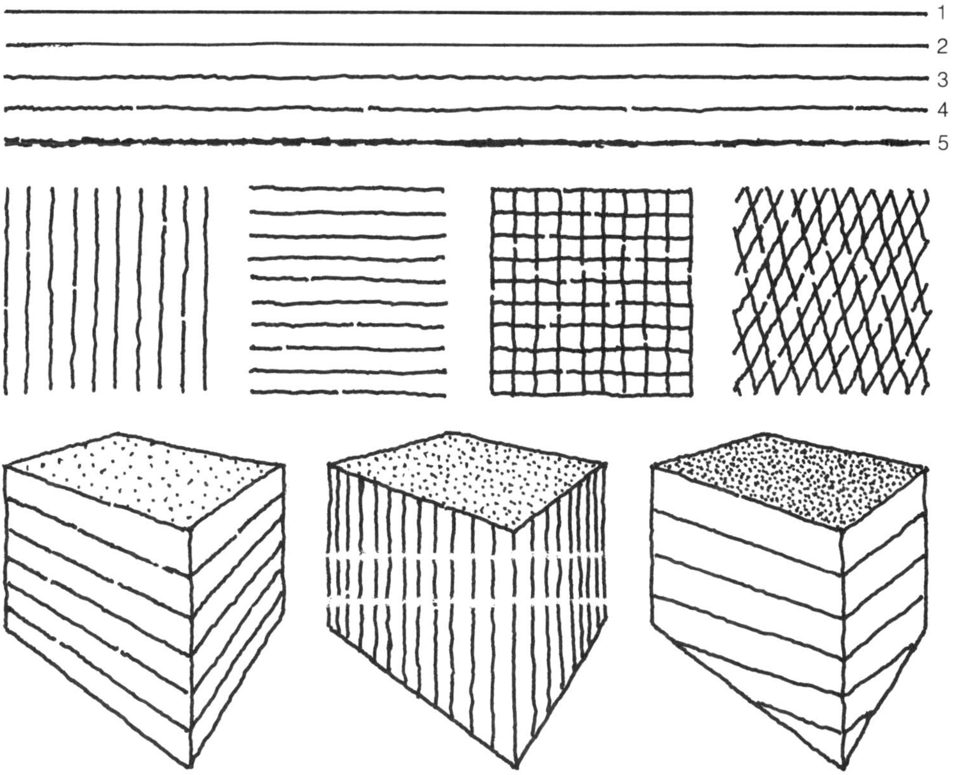

die kleinen Pausen können sich Auge und Hand präziser auf die einzuschlagende Richtung konzentrieren, auch ohne Vorzeichnung. Es ist also durchaus arbeitsgerecht, die Ansatzlücken nicht zu »vertuschen«. 5 = Kritzellinie, zusammengesetzt aus kurzen Taststrichen – besonders geeignet zum Vorzeichnen von Rundungsverläufen, um danach gewissermaßen den Mittelweg dünn und glatt nachzuziehen. Man kann die Strichelungen aber auch als Struktur einsetzen, etwa bei Studien von Bäumen (Stamm und Geäst).

Mittlere Reihe: Während Umrisse zuweilen auch eine Leere umgrenzen, verdeutlichen Schraffuren immer eine greifbare Fläche, verbunden mit einer Richtung. Absolut richtungslos ist allenfalls die rechtwinklige Kreuzschraffur, die Rautenschraffur läßt bereits wieder eine Richtungstendenz erkennen.

Untere Reihe: Perspektivische Schraffuren. Links zielen die Striche folgerichtig auf die Seitenflächen-Fluchtpunkte und vermitteln ein völlig klares plastisches Bild selbst dann noch, wenn die Konturen wegfallen. Beim mittleren Kasten läuft die Schraffur senkrecht und gibt trotz perspektivischer Staffelung (Seite 31) die Plastik nicht so sinnfällig wieder wie links. Fallen die Konturen weg, entsteht der Eindruck einer Rundung. Sie erkennen das sofort, wenn Sie nur das Stück zwischen den ausgesparten Waagerechten betrachten. Beim rechten Kasten laufen die Schraffurstriche parallel zu den Oberkanten, die Perspektive ist daher falsch und wäre allenfalls dann halbwegs verständlich, wenn die Deckfläche wegfiele und es sich nur um zwei Wände auf ansteigendem Boden handelte.

Indifferente Flächenwirkungen entstehen durch Punktstrukturen. Man »sät« die Punkte erst dünn aus und füllt die Lücken stufenweise möglichst gleichmäßig, bis der gewünschte Tonwert allmählich erreicht wird.

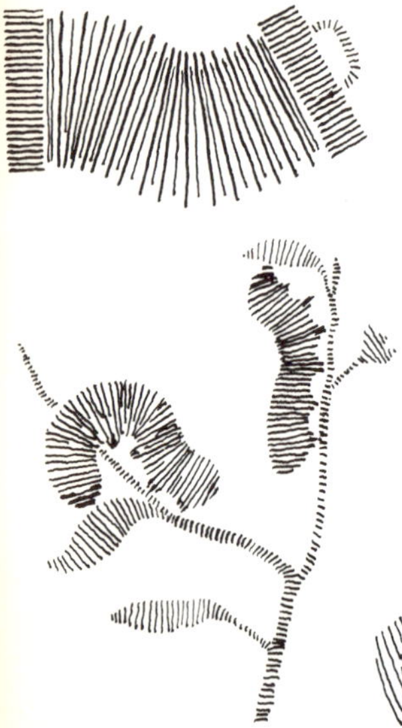

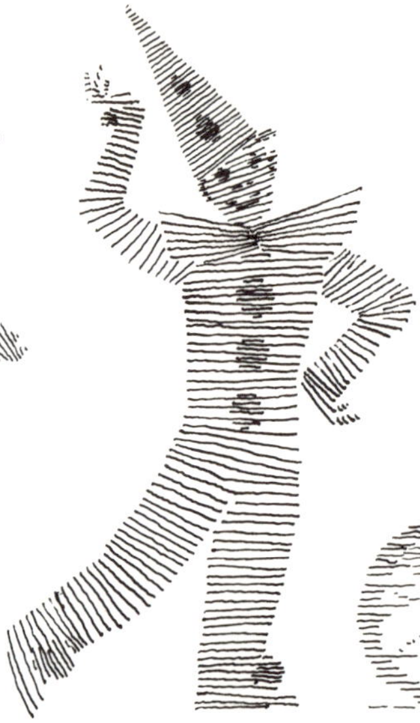

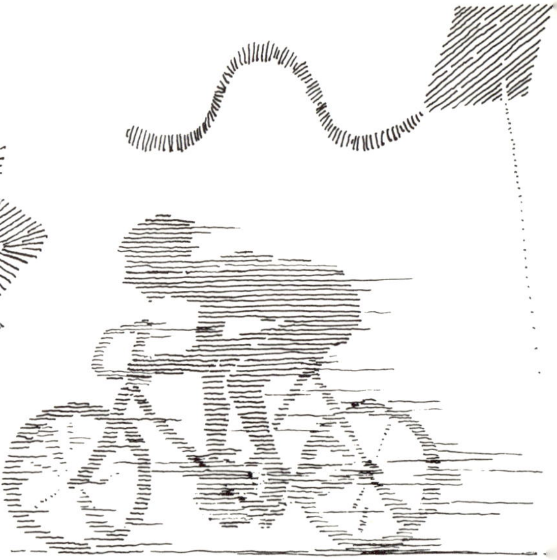

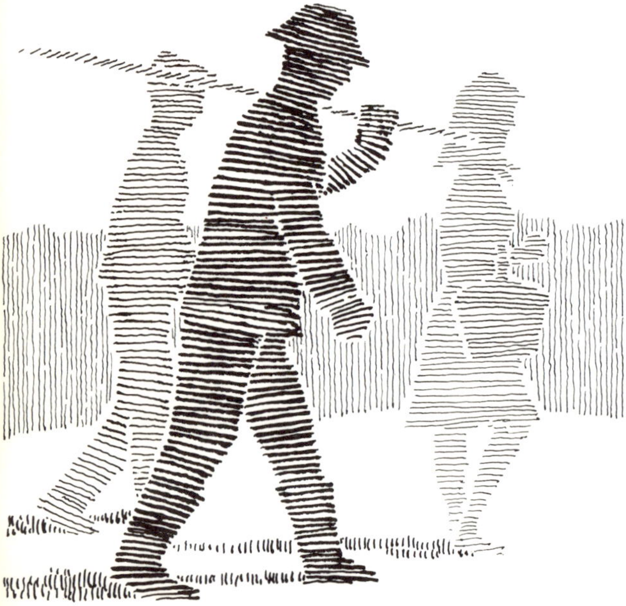

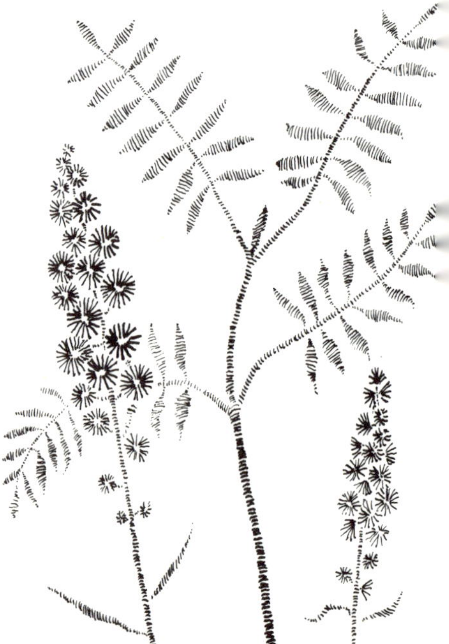

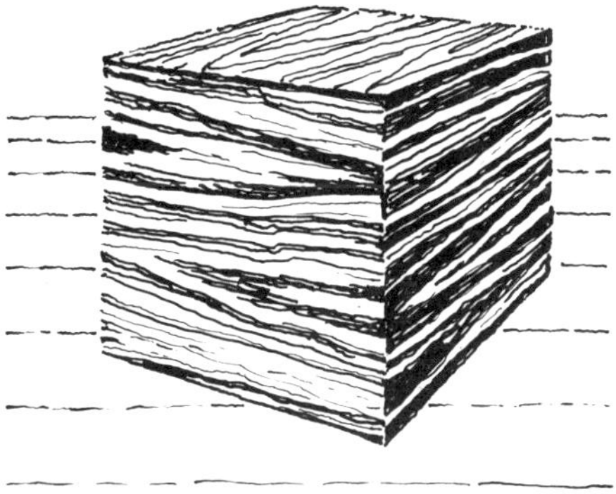

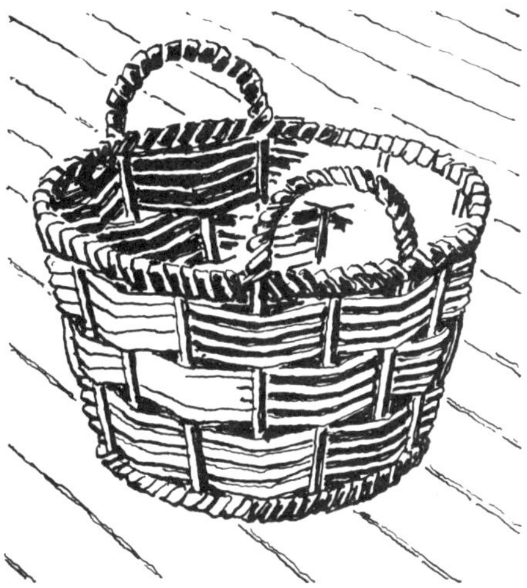

Studienblatt mit »dekorativ« angewendeten Schraffuren – ein Versuch, silhouettenhafte Flächenwirkungen zu erzielen und zum Teil gleichzeitig bestimmte Bewegungsvorgänge anzudeuten. Bei allen Darstellungen wurden zunächst die Umrisse und die Richtungen der Strichlagen mit Blei vorgezeichnet. Die Ausführung geschah mit der spitzen Tuschfeder und – bei den dickeren Strichen – mit einem Filzschreiber. Die reizvolle Wirkung entsteht geradezu überraschend erst nach dem Ausradieren der Bleistriche. Beim Radrennfahrer wurde der bekannte Illustrationstrick versucht, eine rasche Bewegung durch einzelne nach rückwärts überschießende Linien zu verdeutlichen.
Das Ganze ist eigentlich als Vorstufe oder Entwurf für andere Ausführungsarten aufzufassen, etwa als Intarsie, Applikation, Hinterglas-Ritzzeichnung (»Eglomisé«), Batik und noch manch andere die Fläche betonende Technik.

Formbeschreibende oder schattierende Schraffur. Sie ist eine Vorstufe zur in gleicher Weise die Plastik eines Gegenstandes wiedergebenden Materialstruktur. Oben: mit streifigem Furnier oder ähnlicher Folie beklebter Kasten. Unten: unvollendete Studie eines Korbes. Sie zeigt, wie die Rundungen und Schattierungskontraste des Flechtwerks interpretiert werden können. Dafür gibt es freilich auch andere Lösungen – versuchen Sie es auf Ihre Weise!

Nächste Seite: Ausdrucksmöglichkeiten mit Feder, Pinsel und weichen Stiften. 1 = Die feine, extra weiche Zeichenfeder läßt an- und abschwellende Striche zu, die nicht nur mehr »Handschrift« oder »Charakter« zeigen als Linien gleichbleibender Stärke, sondern auch bei reinen Konturzeichnungen einen Anflug von Perspektive oder Schattierung vermitteln können.
2 = Ähnlich wie die weiche Feder, jedoch weit ausdrucksvoller verhält sich ein guter, immer möglichst dicker Haarrundpinsel (am besten »Rotmarder«) mit nadelfeiner Spitze: Die Schwellungen entstehen entweder durch stärkeres Aufdrücken oder entsprechende Querdrehung des Quastes. (Es sei schon hier darauf hingewiesen, daß Tuschen und Tinten die kostbaren Haare bald verderben, nicht dagegen wasserlöslich bleibende Deck- und Aquarellfarben [Seite 218]).
3 = Kreidemine im Druckstift – ähnlich verhalten sich alle übrigen »Weichzeichner«, also Bleiminen der B-Reihe, echte Pastellkreiden, Kohle und einzelne holzgefaßte Spezialstifte. Die Tontiefe entsteht je nach Aufdrücken oder durch mehrfaches Übergehen, feine Linien erfordern entsprechenden Zuschliff mit Glaspapier. Wichtig bei der Anwendung von Weichzeichnern ist die Wahl der Papierkörnung. Als ungeeignet erweisen sich meist glatte, aber auch allzu rauhe Sorten. Die Oberflächenstruktur wird man dem beabsichtigten Darstellungscharakter anpassen und demzufolge ausprobieren. Nicht selten entsteht

1

2
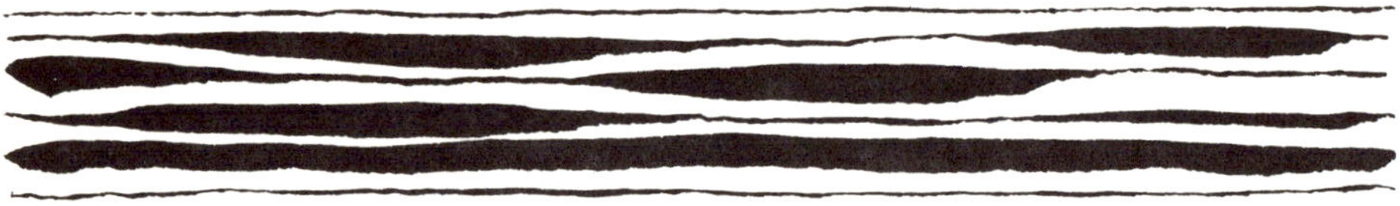

3
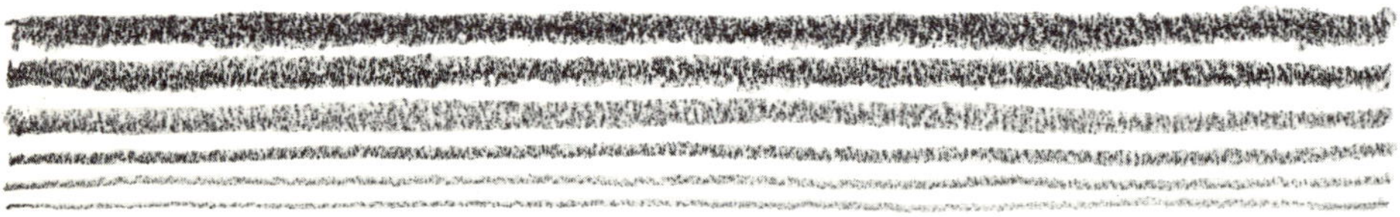

4
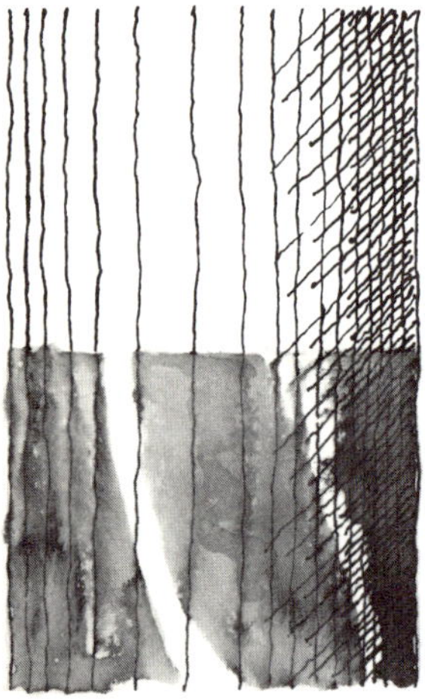

5
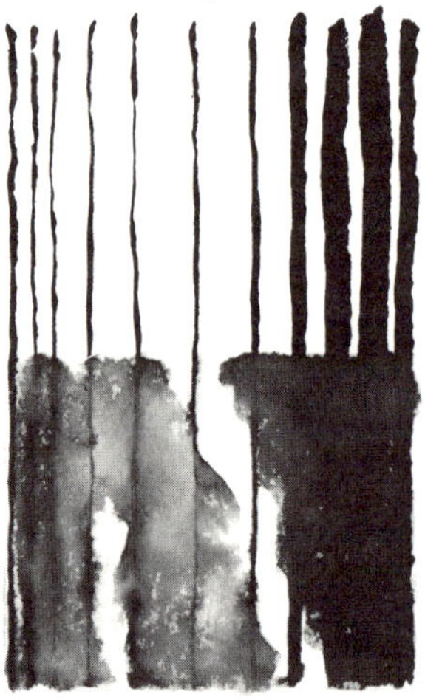

6
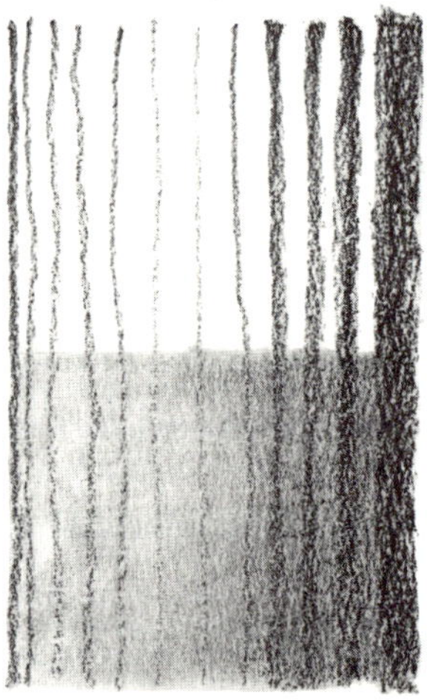

die Materialstruktur des wiederzugebenden Objekts ohne weiteres Zutun durch die Wahl geeigneten Papieres! Hier wurde durchgehend eine mittlere Körnung verwendet, die noch glatte Feder- und Pinselstriche zuläßt.

4 = Feder mit wasserlöslich bleibender Tusche (schwarze »Füllhaltertinte« für Trichterfedern). Die untere Hälfte der Strichlagen wurde mit dem wasserbenetzten Haarpinsel »laviert«: je dichter die Schraffur, um so dunkler der erzielbare Ton. (Weiteres über das Verfahren Seite 21.)

5 = Pinselstriche mit wasserlöslich bleibendem Deckschwarz, Vorgang wie bei 4.

6 = Striche mit schwarzer Kreidemine, die untere Hälfte von rechts nach links mit dem Wischer (oder Finger) verrieben. Je weicher das Material, um so mehr verschwindet der Strichauftrag, bei Kohle bis zur totalen Auflösung.

Dürre Gräser und Bärenlauch. Linolschnitt, Handdruck auf Japanpapier mit Strohhadern, Original 11×32 cm. Die im Dezember vom Wegrand mitgenommenen Stengel »posierten« daheim im Lampenlicht vor dem Dunkeln als silbriges Filigran, von dem ich nur den ungefähren Verlauf einiger Hauptlinien mit weißem Stift auf der geschwärzten Linolplatte andeutete. Dann griff ich gleich zum Stichel als eigentlichem Zeicheninstrument und verstärkte erst zum Schluß einige Partien mit dem schmalsten Geißfuß. Die beim Ausheben relativ hell zutage tretende Linolmasse ließ dabei sogleich den späteren Bildeindruck entstehen, den der Abzug lediglich seitenverkehrt wiedergibt. Aber das ist bei solchen und fast allen anderen Pflanzenmotiven belanglos. Der besondere Reiz liegt in der unmittelbaren Arbeitsweise mit dem Stichel und seiner eigentümlich charakteristischen Linienspur, die nur voll zum Ausdruck kommt, wenn man das Instrument nicht lediglich zum getreuen Nachvollzug eines Entwurfs mit Stift oder Feder einsetzt. Das bescheidene Motiv gewann noch durch die Verwendung eines Papieres, dessen Strohhadern beim Druck dunkler erscheinen und ohne weiteres Zutun mit all ihren Zufälligkeiten einen naturnahen Hintergrund abgeben.

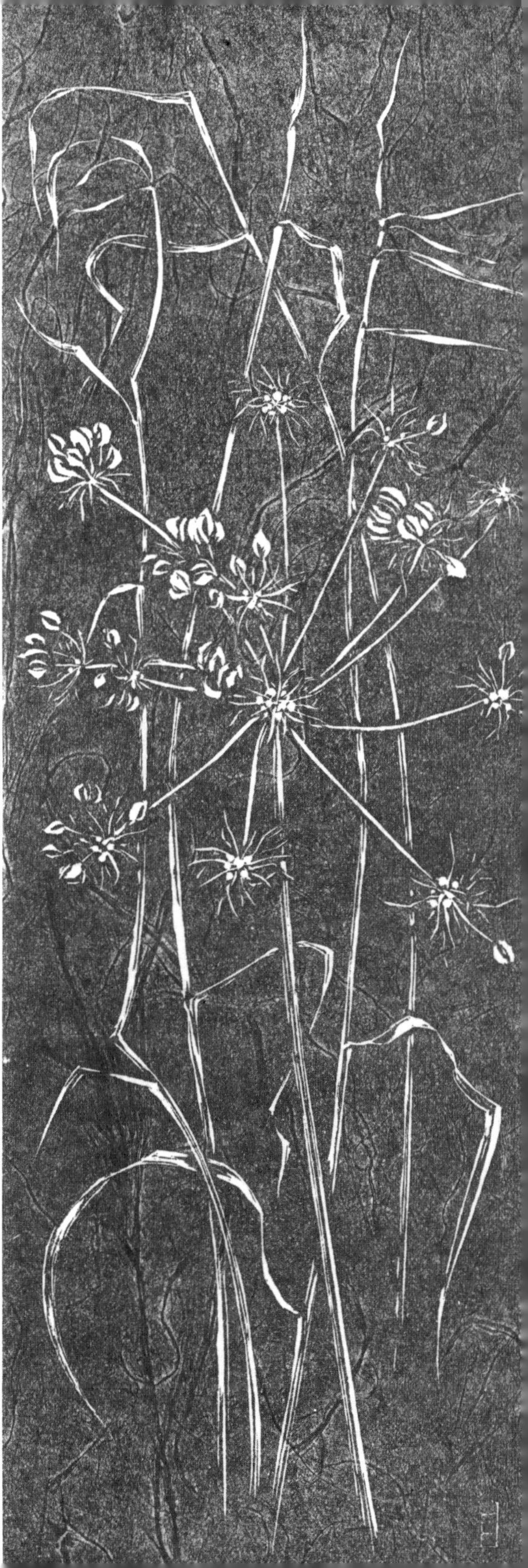

Nächste Seite: Neptunbrunnen auf dem Marktplatz in Hirschberg/Riesengebirge. Linolstich, Originalgröße 18×24 cm (Beispiel für perspektivische Strukturen). Als Vorlage diente eine früher an Ort und Stelle entstandene Tuschezeichnung mit Feder und Pinsel. Danach wurde der Entwurf mit allen Details ausgearbeitet, und zwar zunächst auf einem großen Reißbrett, um sowohl die Senkrechten wie die perspektivischen Fluchten genau einzuhalten. Nach der seitenverkehrten Pause auf die Linolplatte wurde nahezu die gesamte Ausführung allein mit dem Stichel vorgenommen, was mehrere Tage in Anspruch nahm, um sich ganz allmählich an die verschiedenen Helldunkelwerte heranzutasten, ohne dabei die vorgezeichneten Strukturrichtungen zu verlieren. Sicher beurteilen ließ sich der Werdegang nur an mehreren Zwischen- oder »Zustandsdrucken«. Denn was beim Linolschnitt und ähnlichen druckgrafischen Techniken einmal weggenommen ist, kann nicht mehr ersetzt werden.

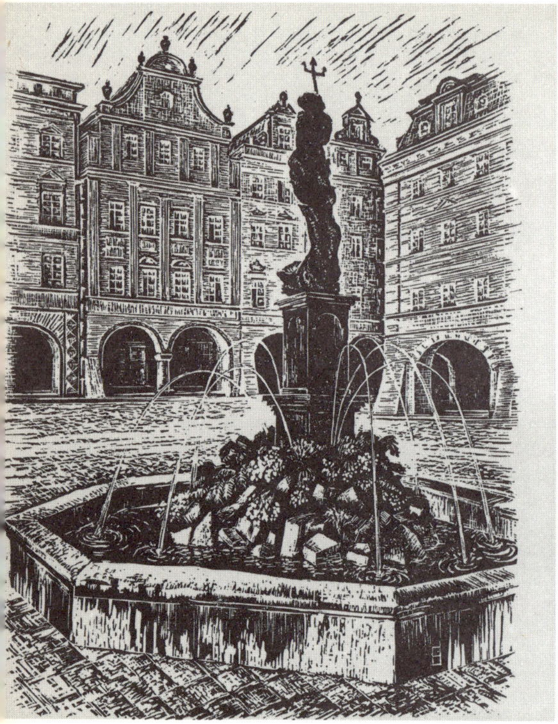

Unten: Werdegang einer Strichzeichnung in zwei Farben zur fotomechanischen Wiedergabe, einzufügen in ein Buch bestimmten Formats mit durchgehend gleichem Satzspiegel für Texte und Abbildungslegenden. Voraussetzung ist ein Entwurf, sowohl mit den notwendigen Hilfslinien wie den endgültigen Konturen. A: die auf ein Transparentblatt durchgezeichneten Hilfslinien mit gleichzeitigem Eintrag der »Passerkreuze« (mindestens 3). B: auf einem zweiten übergehefteten Transparentblatt die Durchzeichnung nur der endgültigen Konturen, wiederum mit Passerkreuzen – deckungsgleich mit den vorangehenden. Gleichzeitig ist das Repro-Verkleinerungsmaß zu vermerken (Prozentangabe oder die gewünschte Breite, aus der sich dann zwangsläufig das Höhenmaß ergibt). C: der provisorische Zusammendruck beider Zeichnungen, wobei die erste vorauslaufend farbig wiedergegeben wird. Vor der endgültigen Drucklegung löscht man die Passerkreuze wie auf Seite 25. Die verschiedenen Phasen der dortigen Zeichnung wurden hier auf 60% verkleinert.

Rechte Seite: Holzschnitt in ein mit der Maschine grob gehobeltes Ahornbrett. Daher die rasterähnliche Oberflächenstruktur – hier als willkommene Auflockerung der Schwarzflächen benutzt. Originalformat 17×23,5 cm. Als Vorlage diente eine gleichgroße Filzschreiberstudie auf Transparentpapier (Porträt des Chirurgen Adam Gruca), die, mit Ölpastellweiß eingerieben, umgewendet (seitenverkehrt also) auf die geschwärzte Holzplatte durchgezeichnet wurde. Schneideinstrumente waren ein Geißfuß und ein schmales Hohleisen. Der Abzug geschah auf angefeuchtetem Japanpapier in einer »Stockpresse« (Instrument des Buchbinderhandwerks) mit Filzeinlage zum Ausgleich der fast unvermeidlichen kleinen Unebenheiten des Brettes.

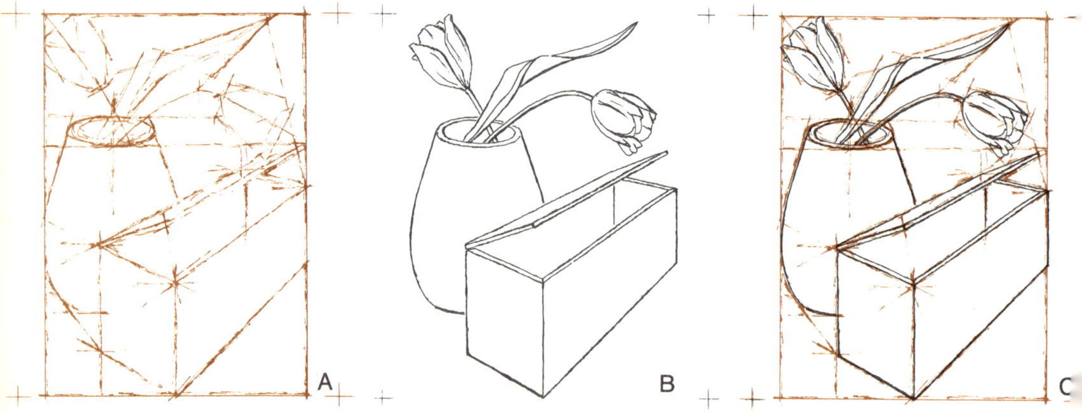

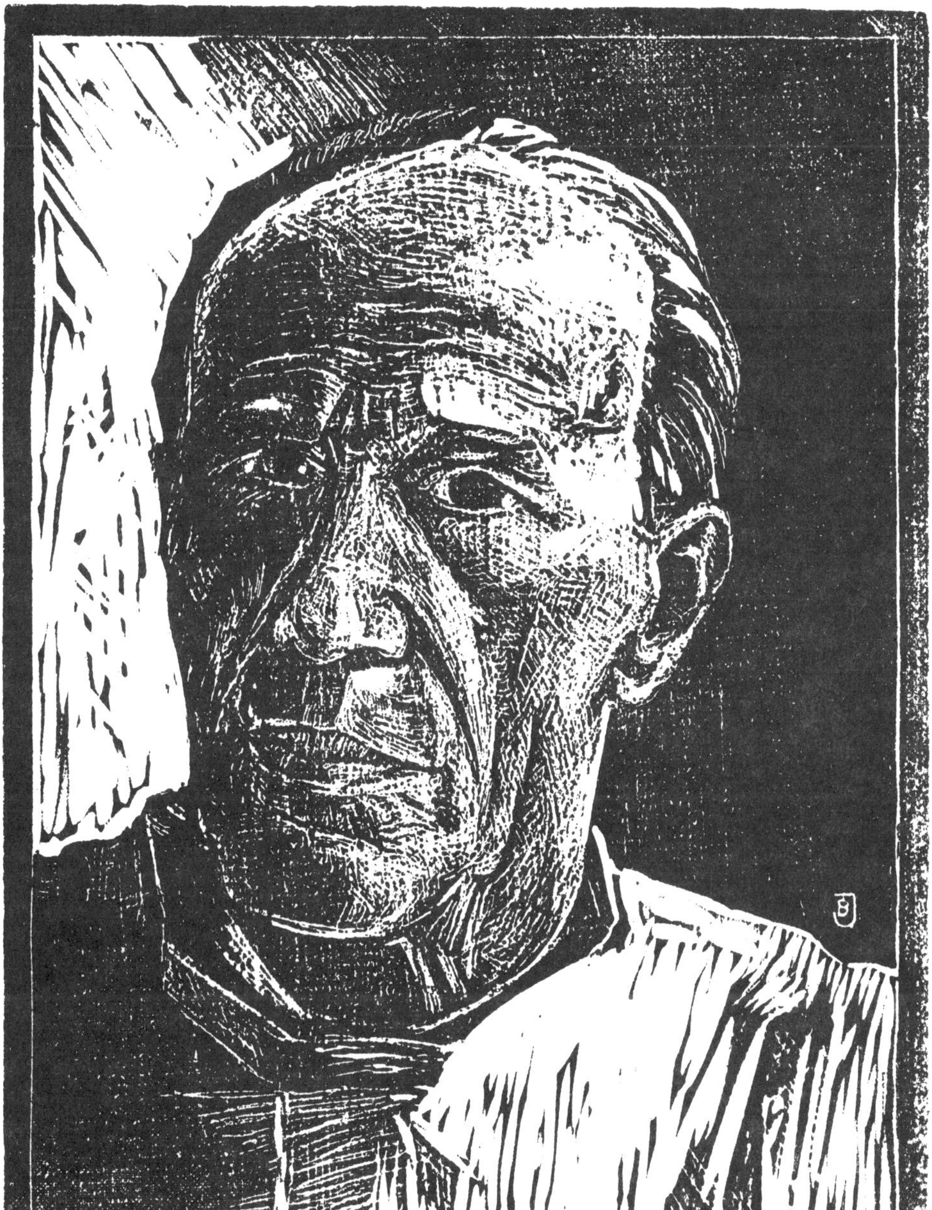

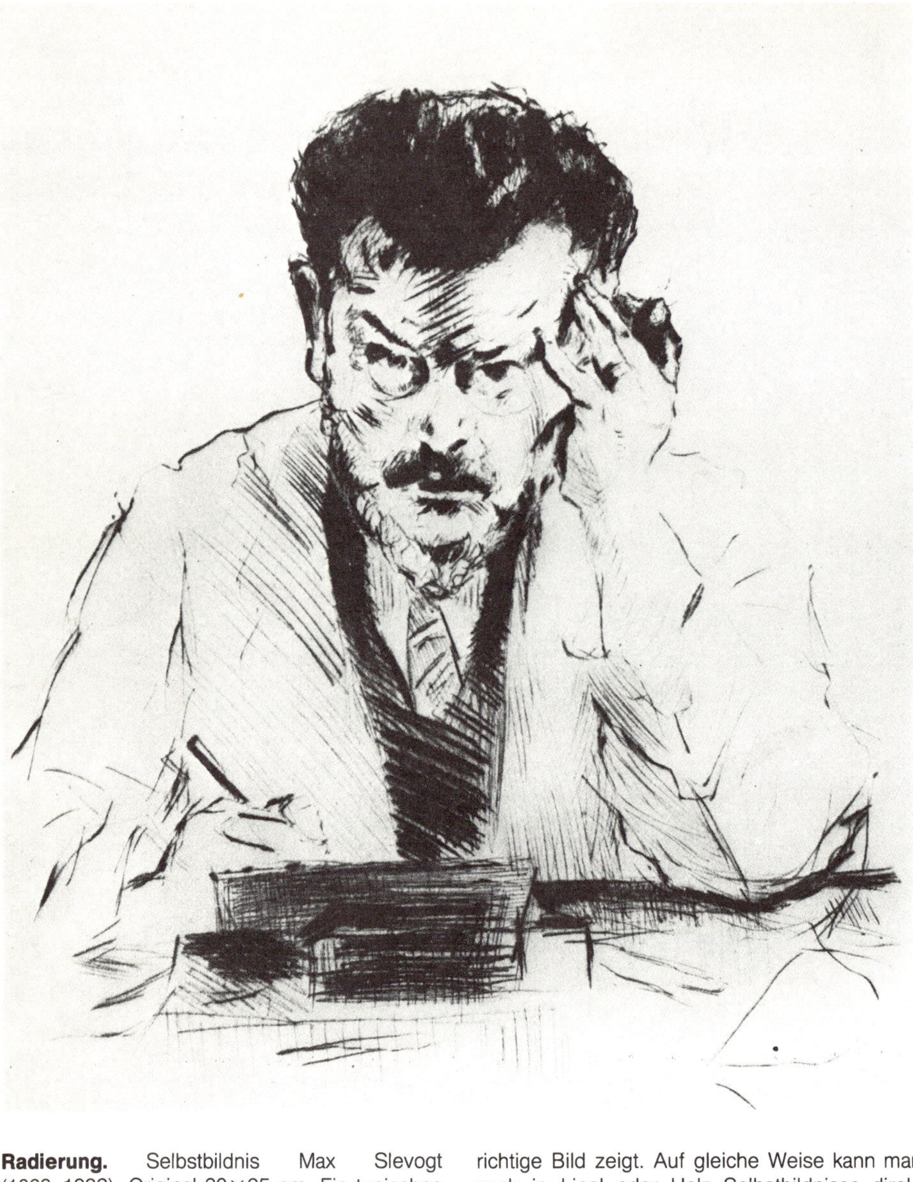

Radierung. Selbstbildnis Max Slevogt (1868–1932), Original 20×25 cm. Ein typisches Beispiel für die weiche Strichwirkung der Radierung. Sie entstand, vor dem Spiegel sitzend, mit der Nadel direkt in die präparierte Kupferplatte, also gleich seitenverkehrt, so daß der Abzug das dem natürlichen Anblick entsprechende, seitenrichtige Bild zeigt. Auf gleiche Weise kann man auch in Linol oder Holz Selbstbildnisse direkt schneiden, während druckgrafische Porträts von anderen Personen stets eine Zeichnung auf Papier mit nachfolgender Umkehrpause auf den Druckstock verlangen, so daß der Reiz unmittelbarer Arbeitsweise nicht mehr gegeben ist.

Zeichenmotive

Der Mensch

Die Maße des menschlichen Körpers bestimmen die Größen und Formen aller von uns geschaffenen Dinge. Andererseits beurteilen wir die Abmessungen der gesamten Umwelt am sichersten durch Vergleiche mit durchschnittlichen Körpergrößen. Infolgedessen setzen beispielsweise Landschaftszeichner und -maler häufig Figuren ins Bild, um einen untrüglichen Anhalt für nah und fern oder die Ausmaße einzelner Objekte zu geben. Ebenso geschieht es manchmal bei technischen Entwürfen wie den »Schaubildern« von großen Bauplanungen.

Obwohl die Wuchshöhen der verschiedenen Menschenrassen erheblich variieren, geht man bei internationalen Einrichtungen der Zivilisation von Durchschnittsgrößen aus und nimmt für Männer etwa 176 cm, für Frauen um 168 cm an. Proportional zur Wuchshöhe bleiben die Breitenmaße und Längen der einzelnen Körperteile – wiederum im Durchschnitt – relativ konstant. Diese Tatsache und den sich daraus ergebenden »Kanon« entdeckte man schon vor ungefähr 3000 Jahren, im 19. Jahrhundert bürgerte sich dafür die Bezeichnung »Goldener Schnitt« (GS) ein. Er bildet bei menschlichen Figuren die einzig sichere Grundlage zur Beurteilung der bei allem natürlich Gewachsenen vorkommenden individuellen Abweichungen von der Durchschnittsnorm. An ihr sind auch die Formunterschiede zwischen dem männlichen und weiblichen Körper zu ermessen. Abweichungen von den Proportionen Erwachsener zeigen am deutlichsten Kinder: Die einzelnen Körperpartien nehmen einen derart unterschiedlichen Wachstumsverlauf, daß wir aus den Maßverhältnissen zumindest annähernd auf das Alter eines Kindes schließen können. Andererseits haben naive oder bewußte Unter- oder Übertreibungen in der bildenden Kunst im Zusammenhang mit bestimmten Ausdrucksabsichten eine wesentliche Rolle gespielt, zumal im frühen Mittelalter.

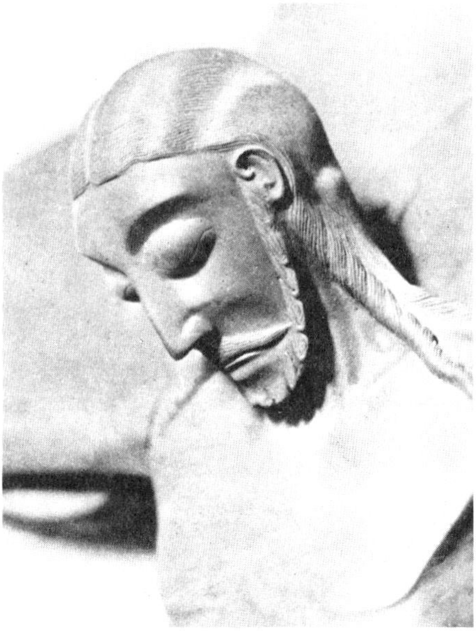

▷

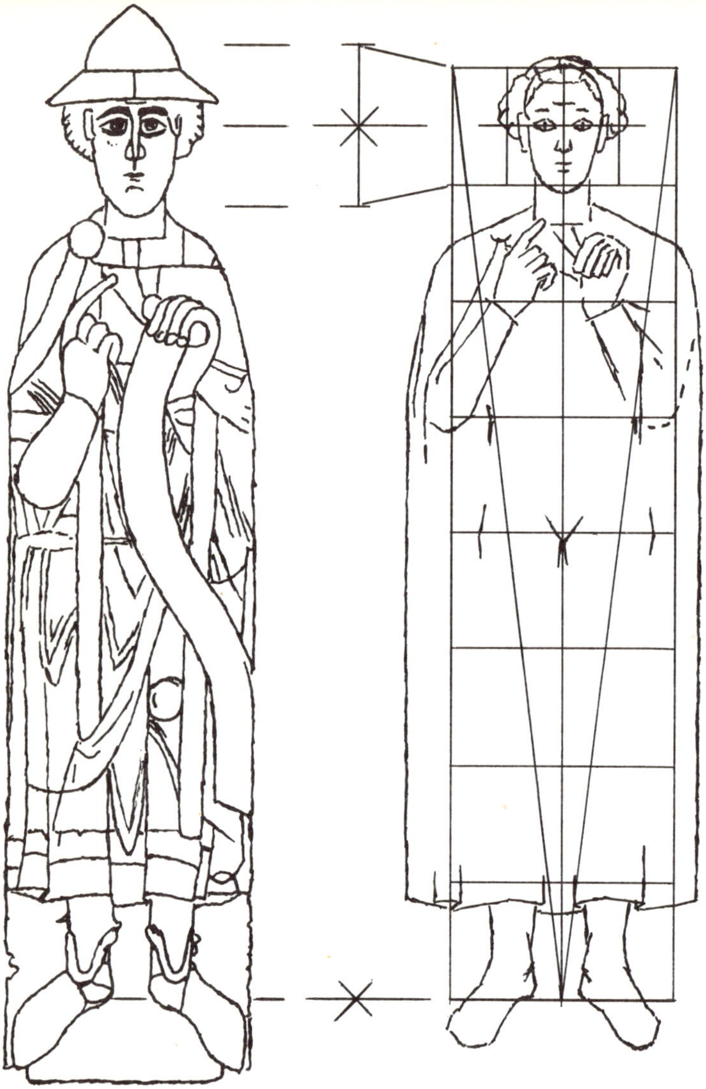

Vorherige Seite: Christuskopf vom Kruzifix in Essen-Werden. Bronze, 11. Jahrhundert. Die Übertreibung des Gesichts, ganz besonders aber der Augenpartie im Vergleich zum Kopf als Ganzes gibt im Zusammenwirken mit der großartigen Vereinfachung die geistige Verklärung derart eindrucksvoll wieder, daß einem die proportionalen Unstimmigkeiten zunächst gar nicht bewußt werden.

Oben: Proportionale Übertreibungen mit dem Ziel, den geistigen Ausdruck einer Gestalt zu betonen, die nach biblischer Überlieferung eine bestimmte seelische Haltung verkörpert. Links: vereinfachte Nachzeichnung eines Bildfensters im Augsburger Dom mit der Figur des »Daniel«, Anfang des 12. Jahrhunderts. Rechts daneben der Vergleich mit »normalen« Proportionen. Er stützt sich auf die Fersen-Grundlinie und die Halbierungslinie der Kopfhöhe des »Daniel«. Danach ergeben sich für die Vergleichsfigur nicht nur ein wesentlich kleinerer Kopf, sondern auch kleinere Hände und Füße, der Körper ist massiver, die Arme liegen naturgemäß höher und sind kürzer, die

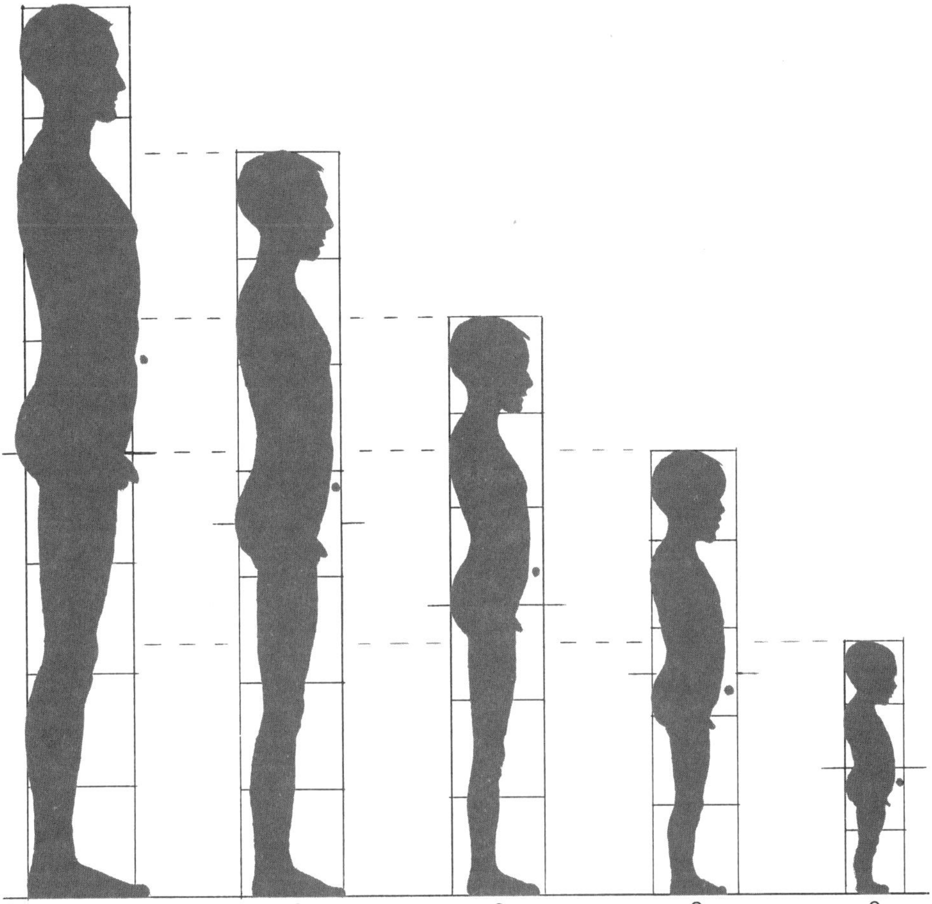

Taille ist ebenfalls höher anzusetzen. Mögen auch die disharmonischen Proportionen nicht in allen Teilen »logisch« verständlich sein, muß man doch zugeben, daß die Darstellung des Bildfensters gegenüber der konstruierten Vergleichsfigur wesentlich eindrucksvoller wirkt. Das aber allein zählt, in der »modernen« Kunst ist es nicht anders – falls nicht eine gekünstelte Mache im Spiel ist, wie nur allzu oft ...

Oben: Wandlungen der Körperproportionen während der Entwicklung vom Säugling zum Erwachsenen. Maßstab 1:15 (1 mm = 1,5 cm). Durchschnittliche Körperlängen (L) und die Anzahl der jeweils darin aufgehenden Kopfhöhen (AK). 0 Jahre: L = 51 cm, AK = 4× / 2 Jahre: L = 88 cm, AK = 5× / 6 Jahre: L = 117 cm, AK = 6× / 12 Jahre: L = 151 cm, AK = 7× / 18 Jahre: L = 176 cm, AK = 8×. Die Kopfhöhen (wie üblich gemessen von der Kinnspitze bis zum Kopfhautscheitel) bestimmen die unterschiedliche Größe und Anzahl der Quadrate der einzelnen Proportionsgerüste. Entsprechend den gezeigten Profilansichten erreichen auch die Frontalansichten erst allmählich die Gerüstbreite und mehr – je nach Veranlagung und Konstitution. Zudem wechselt während des Wachstums die Neigung zur Fülle, beziehungsweise Schlankheit, und da das Höhenwachstum ebenfalls nicht gleichmäßig verläuft, sondern sehr individuell, bleibt man schließlich doch immer auf Einzelbeobachtungen angewiesen. Vergleichen Sie jeweils die Mitte der Gerüsthöhe (Striche) mit der Lage des Nabels (Punkte).

Genaue Maßverhältnisse nach dem GS lassen sich nur durch exakte geometrische Konstruktionen gewinnen. Für den Freihandzeichner wären sie natürlich viel zu umständlich, und so leitete man aus den konstruktiven Ergebnissen ein vereinfachtes, praktisch jedoch völlig ausreichendes Proportionsgerüst ab. Es entsteht zunächst durch fortlaufendes Halbieren der Wuchshöhe bis zur Achtelteilung, was wohl jedem nach Augenmaß gelingt. Daraus ergibt sich für in der Fläche bleibende Darstellungen aufrechter Figuren ein Rechteck aus 2 × 8 Quadraten, für plastische, beziehungsweise perspektivische Wiedergaben ein Quader aus 2 × 8 Würfeln. Seitliche Fortsetzungen beider Gerüste dienen bis zu gewissem Grad auch bei stärker bewegten oder gekrümmten Posen zum Einhalten richtiger Proportionen. Doch zunächst das Wesentlichste über den GS selbst und die vereinfachten Ableitungen:

Eine gegebene Strecke oder Länge (L) ist nach dem GS »stetig« geteilt, wenn sich das größere Teilstück (T) zum kleineren (t) verhält wie L:T. Umgekehrt ist dann t:T = T:L oder t:T = T: (T+t). Unterteilt man wiederum T durch t, bleibt die Proportion gleich, und das gilt ebenso für alle weiteren, unendlich fortsetzbaren Teilungen dieser Art. Exakt gelingen sie nur mit Lineal und Zirkel, annähernd lassen sie sich auch durch folgende Zahlenreihe ausdrücken: 3:5, 5:8 (= 5 : (3+5)), 8:13, 13:21, 21:34 und so unendlich fort. Dabei erweist sich: je höher der Zahlenwert, um so größer die Annäherung an das genaue Teilungsverhältnis. Aus der planimetrischen Konstruktion ergibt sich für T aus L der Multiplikator $\frac{\sqrt{5}-1}{2}$ = 0,618. Er führt schon bei kleineren Zahlenwerten der Reihe zu höherer Genauigkeit: 8 × 0,618 = 4,944 (statt 5). Derart geringfügige Differenzen sind beim Abzeichnen und Entwerfen leicht auszugleichen, wenn Sie sich die augenfälligsten Abweichungen angesichts der vergleichenden Darstellungen auf Seite 52 ein für allemal einprägen. Darüber hinaus bleiben sowohl beim Abzeichnen wie freien Gestalten individuelle Abweichungen je nach Alter, Typ oder Rasse und Konstitution zu berücksichtigen.

Beim Wiedergeben menschlicher Figuren nach impressionistischer Methode können zwar durchaus proportionsgerechte Abbilder gelingen. Zuverlässiger ist es aber in jedem Fall, vom Proportionsgerüst mit einigen weiteren Hilfslinien auszugehen oder – bei starken Bewegungen und Szenen mit mehreren Gestalten – von einem seitlich weiterlaufenden, nur in der Höhe achtteilig bleibenden Quadratnetz. Dessen Kantenlängen sollten bei ersten Studien mindestens 2, besser 3 oder 4 cm messen, auszuführen mit Lineal, Winkel und Kugelschreiber auf weißem Karton. Die Figurenzeichnung geschieht dann auf einem darübergehefteten Transparentblatt. So ersparen Sie sich immer neues Karieren, und die rasch auszuwechselnden Blätter zeigen hernach das Ergebnis ohne störende Karos. Oder Sie legen das Karoblatt in einen Transparentblock und sichern es gegen Verrutschen. Um bei der fertigen Zeichnung stets die waagerecht-senkrechte Orientierung zu behalten, markieren Sie auf ihr einige äußere Quadratnetz-Ecken. Wollen Sie später eine derartige Studie maßstäblich umwandeln, kann sie wieder paßgenau auf das ursprüngliche Karoblatt geheftet und in ein Netz mit größeren oder kleineren Karos übertragen werden (Seite 178f.).

Die Darstellung menschlicher Figuren verlangt je nach den Arbeitszielen eine mehr oder weniger intensive Auseinandersetzung mit der »plastischen Anatomie« des Körpers, das heißt mit dem Skelett und der es bewegenden Muskulatur sowie mit den Funktionen der Gelenke. Mit diesem Studium wird allenthalben im Unterricht für figürliches und Aktzeichnen begonnen. Ich halte das insofern für verfehlt, weil dabei auf den Anfänger eine Fülle von Wissen einstürmt, das er nicht behält, denn praktisch kann er damit einstweilen wenig anfangen. Es gibt ihm keinerlei Hilfe beim Erfassen einfachster Haltungs- oder Bewegungsposen, und auf die kommt es schließlich unentwegt an: Aufrechte Grundhaltungen wird kaum jemand wiedergeben wollen. Versuchen Sie also zunächst, in sich ruhende und allmählich auch stärkere Bewegungen ohne jede Detaillierung proportionsgetreu zu erfassen. Anfangs genügt allein die Silhouette, Einzelheiten ergeben sich bald von selbst, und erst damit erwacht das gezielte Interesse für anatomische Gegebenheiten, die man nun mühelos im Gedächtnis behält.

Abgesehen von kleinen Gesten der Hände oder des Kopfes gibt es kaum separate Gliederbewegungen, die meisten bewirken sogleich eine Kette von Verlagerungen weiterer Körperteile zum Gewichts- beziehungsweise Balance-Ausgleich: am auffallendsten bei Stand- und Laufposen, spürbar aber auch noch beim Sitzen oder Kauern. In der Bewegungsfähigkeit gibt es erhebliche Unterschiede – etwa zwischen phlegmatischen Stubenhockern, Sportlern oder gar speziell trainierten Tänzern oder Artisten. Extreme Bewegungen, zu denen auch mitten aus dem raschen Lauf gegriffene Augenblicksposen zählen, wirken zeichnerisch meist unnatürlich und auf die Dauer unerträglich. Falls jedoch die Szenerie solche Wiedergaben verlangt, wählen Sie möglichst den »Totpunkt«, den Augenblick der Ruhe zwischen einem Hin und Her, Auf und Ab – vergleichbar mit dem Umkehrmoment eines hochgeworfenen Balles. Menschlich am ausdrucksstärksten wirken erfahrungsgemäß zurückhaltende, in sich verharrende Bewegungen oder Gesten, die zuweilen mehr sagen als Worte und oft sogar von Tieren »verstanden« werden.

Wie meine Versuche zeigen, lassen sich sowohl Gesten wie starke Bewegungen vom Körperlichen trennen und allein durch »innere Linien« wiedergeben. Dabei handelt es sich um Abstraktionen insofern, weil diese, man könnte fast sagen magischen Linienverläufe, durchaus nichts mit den bereits erläuterten Achsen oder Konstruktionshilfen zu tun haben. Infolgedessen gibt es dafür auch kein »Rezept«, jeder wird die inneren Spannungen auf seine persönliche Weise empfinden, denn eigentlich sichtbar sind sie ja nicht wie etwa die gelegentlich heranzuziehenden Schulter-, Taillen- und Hüftlinien. Entscheidend bleibt schließlich eine allgemeinverständliche Interpretation dessen, was die Figur tut oder ihr Gemüt bewegt. Wenn Ihnen das überzeugend gelingt, ist es ein leichtes, die Körperlichkeit hernach gewissermaßen um die Linien herumzubauen und über abwechselnde Transparentpausen ausdrucksstärkste Bewegungsnuancen zu erreichen. Erst im weiteren lohnt sich dann auch die Beschäftigung mit plastischer Anatomie, denn schließlich sollte selbst unter dicker Gewandung das Körperliche immer noch spürbar bleiben.

Zum Skelett: Der Zeichner kann die einzelnen Knochen sowie eine Reihe von kaum nachgiebigen bis verzahnten Verbindungen als starre Formen auffassen – trotz ihrer mehr oder weniger ausgeprägten Elastizität. Dazu zählen der Schädel, das Becken, die Hand- und Fußwurzeln, bis zu gewissem Grad auch der Brustkorb, obwohl bei ihm – ähnlich einem lokker geflochtenen Korb – allseitig Dehnungen und Stauchungen möglich sind. Unter den Gelenken gibt es, unter mechanischen Gesichtspunkten betrachtet, im Prinzip zwei Arten: 1. Die nach allen Seiten drehbaren Kugelgelenke. Innerhalb dieser Gruppe bestehen allerdings nur das Schulter- und Hüftgelenk aus regelrechten »Pfannen« und darin gleitenden Kugelsegmenten, während die zahlreichen anderen (Hand-, Fuß- und Fingerwurzeln, Schlüsselbeinansatz am Brustbein, die Glieder der Wirbelsäule) keine so präzise Führung und nur geringere Drehfähigkeit besitzen. Die Teile stoßen mit verschieden geformten Knorpel-Gleitschichten eher »stumpf« zusammen, gehalten von festen Bandkapseln. Die Beweglichkeit hängt weitgehend von der Stärke der elastischen Knorpel ab, am auffallendsten zu beobachten an der Wirbelsäule mit ihren dicken Bandscheiben zwischen den einzelnen Knochenteilen: Mit dem natürlichen Altersschwund der Scheiben nimmt die Biege- und Drehfähigkeit der Wirbelsäule als Ganzes ab. 2. Die Scharniergelenke (Ellenbogen, Knie, äußere Finger- und Zehenglieder), die sich nur in einer Ebene bewegen können. Schließlich gibt es noch Funktionen, die sich aus mehreren Gelenken zusammensetzen: der Schultergürtel aus dem Schlüsselbein und dem gelenkig mit ihm verbundenen, sonst nur an Muskeln und Sehnen aufgehängten Schulterblatt sowie die Verwindungsfähigkeit von Elle und Speiche des Unterarmes. In gebeugtem Zustand kann sich auch der Unterschenkel im Kniegelenk geringfügig um seine Achse drehen.

Zur Muskulatur: Ein Muskel kann durch Verkürzung seiner Fasern nur ziehen, deren Dehnung ist passiv und entwickelt keine Kraft. Infolgedessen hat praktisch jeder Muskel einen Gegenspieler (Antagonist), von denen der eine als »Beuger«, der andere als »Strecker« fungiert. Möglich ist aber auch die Anspannung beider zugleich, zum Beispiel zur Arretierung zweier Glieder in einem bestimmten Winkel. Wirken mehrere parallele Muskeln im allgemeinen gleichzeitig, bezeichnet man sie als mehrköpfig. So beugt zum Beispiel der zweiköpfige Oberarmmuskel (biceps) den Unterarm, den der dreiköpfige (triceps) der Oberarmrückseite streckt. An der Tätigkeit dieser beiden Muskelgruppen können Sie auch am einfachsten erkennen, daß sowohl Ziehen wie Drükken nur durch Verkürzung mit dementsprechender Schwellung der Gegenspieler zustande kommt. Andere Muskelgruppen liegen und wirken wiederum übereinander in verschiedenen Richtungen und ergeben je nach Tätigkeit ein manchmal nicht ohne weiteres deutbares plastisches Bild – etwa das der Bauchmuskulatur im Gesamtbereich der Taille, das des Rükkens, der Oberschenkel-Vorderseiten.

Je nach Konstitution läßt manchmal das Oberhautfettgewebe wenig Muskulatur erkennen, am häufigsten zu beobachten bei Frauen und Jugendlichen. Die im ästhetischen Sinne wohlgebildetste Muskulatur sehen Sie im allgemeinen bei Sportlern zwischen 30 und 40, Protze mit überzüchteten Muskelpaketen haben

noch nie einen Künstler zur Darstellung angeregt. Wollen Sie sich näher mit der Skelettmuskulatur und der plastischen Anatomie insgesamt befassen, helfen Ihnen am besten entsprechende Atlanten für Mediziner. Da sie nur griechisch-lateinische Bezeichnungen enthalten, habe ich diese den anatomischen Übersichten auf Seite 160/161 hinzugefügt.
Bevor Sie schließlich beginnen, nackte Körper, »Akte«, zu zeichnen und jemanden bitten, regelrecht Modell zu stehen, versuchen Sie es erst einmal mit Teilstudien nach Ihrem eigenen Spiegelbild, um zu erproben, wie Sie mit den weichen Konturen und inneren Formübergängen fertig werden, die selbst ausgeprägte Muskulaturen aufweisen. Das nächste wären Studien nach Gestalten in knapper Turnkleidung, denn deren Ränder (kurze Ärmel), Taillenbund, kurze Beinlinge) verdeutlichen sowohl Rundungen als auch Verlagerungen. Bei solchen Studien wie regelrechten Aktzeichnungen ist von vornherein auf die Gesamtverfassung des jeweiligen Modells zu achten, seine allgemeine Muskelspannung, den »Tonus« – in ruhiger Position vergleichbar mit dem aktionsbereiten Leerlauf aller Muskel-»Motoren«. Bei alten oder kränklichen Menschen ist er nur teilweise zu erkennen, im tiefen Schlaf hört er ganz auf. Und noch etwas: Jedes Modell ist beim Posieren zunächst unnatürlich gespannt bis verkrampft, nach wenigen Minuten gibt sich das von selbst. Begnügen Sie sich bis dahin mit skizzierenden Strichen zur Gesamteinteilung und der Fixierung von Achsenverläufen. Wollen Sie jedoch mit »inneren Linien«, den Spannungszügen, beginnen, müssen Sie abwarten, bis sich die mehr oder weniger gelöste Dauerhaltung eingestellt hat.

Beim Zeichnen von Figuren werden Füße und Hände oft grob vernachlässigt, die Darstellung erscheint dann immer etwas stümperhaft. Studieren Sie also diese Körperteile einzeln, etwa Ihre linke Hand und die Füße vor dem Spiegel. Sehr bald entdecken Sie bei anderen, wie verschieden sie gebildet sind. Schließlich können Hände beinahe ebensoviel ausdrücken wie die Physiognomie und Mimik des Antlitzes. Wenn auch bei Studien von ganzen Figuren Hände und Füße zunächst nicht das Wesentlichste ausmachen – wer sich erst einmal intensiver damit befaßt hat, wird es kaum noch über sich bringen, sie beim Zeichnen der ganzen Gestalt lediglich als unbestimmtes Etwas anzudeuten.

Als Krönung aller Zeichenkunst gilt seit jeher das Porträt. Fangen Sie aber nicht sogleich damit an, sondern setzen Sie sich zunächst mit möglichst verschiedenen Kopfformen und Details auseinander, also mit Stirn- und Brauenformen, den Bildungen von Augen samt nächster Umgebung, mit Nase, Mund, Kinn, Ohren. Bei Amateuren ohne jede Anleitung ist oft zu bemerken, daß sie diese Einzelheiten ständig nach irgendeinem vorgefaßten Schema zeichnen, obwohl unter anderen diese individuellen Formen eine wesentliche Grundlage für die Ähnlichkeit des Porträts bilden. Sein eigentlicher »Ausdruck« hängt einmal von der Physiognomie ab, also der veranlagten Kopf- und Detailbildung, sowie deren Prägung durch das Lebensschicksal. Zum anderen spielt die Mimik eine nicht weniger wichtige Rolle. Gemeint sind die Veränderungen der Physiognomie durch eine augenblickliche Gemütsverfassung oder Stimmung, der momentane innere Kontakt zum Zeichner. Man kann also beim ehrlichen Porträt lediglich mit äußerster Konzentration auf jede Formnuance bedacht sein und muß alles übrige den unterbewußten Reaktionen im Zusammenhang mit der inneren Einstellung zum Vorbild überlassen. Kenntnisse vom äußerst komplizierten Zusammenspiel der Gesichtsmuskulatur nützen kaum etwas. Entweder wird, wie vor allem bei jungen Menschen oder gar Kindern, das meiste vom Oberhautfettgewebe nivelliert, oder es haben sich im Lauf des Lebens Furchen und Gravuren eingeprägt, die nicht unbedingt mit den Muskelgrenzen identisch sind.

Zum Schluß möchte ich – ähnlich wie bei heftigen, im Fluß befindlichen Körperbewegungen – vor der Wiedergabe starker mimischer Veränderungen warnen wie offenem, breiten Lachen, wildem Zorn und anderen, nur einen Augenblick währenden Gesichtsverzerrungen. Im Bild erstarren sie zu unerträglichen Grimassen. Am nachhaltig-eindrucksvollsten wirkt beim Porträt die mimische Zurückhaltung, eine eben noch spürbare Nuancierung der Physiognomie. Ganz anders verhält es sich bei der Karikatur: sie »lebt« quasi von der Grimasse.

Durchschnittsproportionen des menschlichen Körpers. Links: Unterteilungen nach dem GS. Rechts: Vereinfachtes Schema, ausgehend von der Teilung der Höhe in Achtel. Beim GS wird zunächst die Höhe stetig geteilt, wobei der erste Teilpunkt auf den Nabel trifft. Konzentrische Krei-

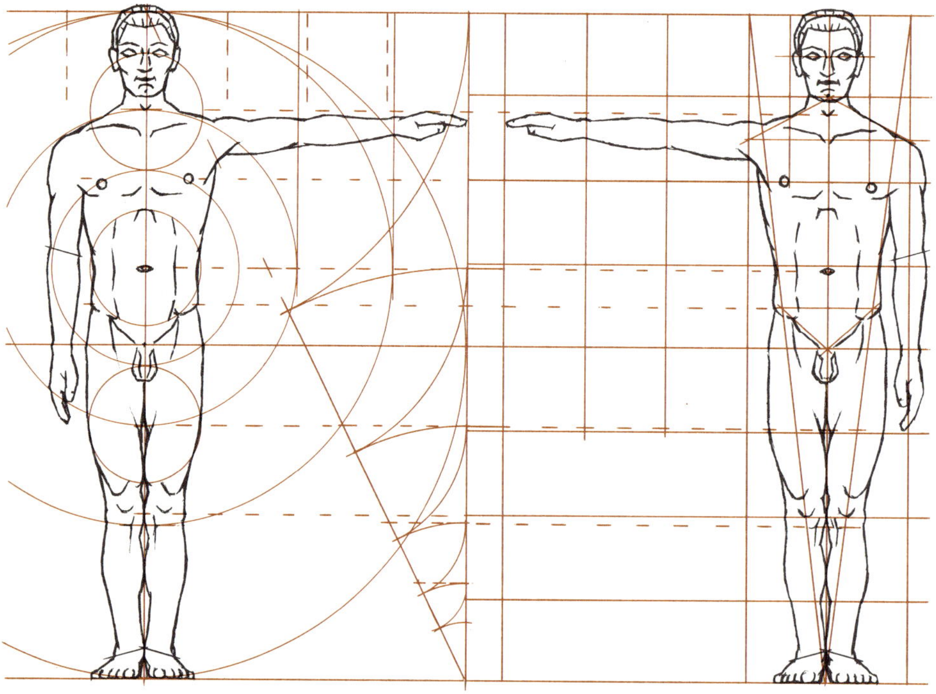

se um diesen Punkt mit Radien, die weiteren GS-Teilstrecken entsprechen, berühren sowohl äußere Konturen wie markante Punkte des Skeletts und Gliederungen der Muskulatur. Das gilt auch für tangierende Kreise um die Halsgrube und die Mitte der Oberschenkel-Einbuchtungen. Hier sind nur einige der möglichen Kreise gezeichnet, weitere würden selbst noch kleinste Körpergliederungen erfassen. Obwohl sich seit Leonardo da Vinci und Albrecht Dürer viele Künstler und Naturwissenschaftler mit so weitgehenden Differenzierungen befaßt haben, sind sie für die zeichnerische Praxis viel zu umständlich. Das einfache Schema genügt vollauf, die geringfügigen Unterschiede zwischen der GS- und Achtelteilung verdeutlichen waagerechte Strichelungen und daraus ersehen Sie unter anderem, daß der Nabel etwas unterhalb der fünften Höhenlinie liegt – in natura um etwa 1,5 cm. Im übrigen zeigt das Quadratgerüst einige Schrägen, die zwar nichts mit dem GS zu tun haben, in der Praxis aber wertvollste Hilfe leisten: Die von oben außen bis zur Mitte unten führenden Diagonalen tangieren seitlich den Brustkorb und die Taille, gehen durch die Kniescheiben, die Schulterhöhen und die Darmbeinhöcker. Dort wiederum beginnen die Schrägen des Beckendreiecks, seine Basis ist die Sechzehntellinie im fünften Quadratpaar. Ein ähnliches Dreieck beschreibt im siebenten Quadratpaar die Schulterneigung. Zu beachten bleibt schließlich der Schrägenverlauf durch die Ellenbogen- und Fußgelenke und daß die Spannweite der ausgestreckten Arme gleich der Körperhöhe ist – gemessen von der Standfläche bis zum Kopfhautscheitel.

Stetige Teilung einer Strecke (L) nach dem Goldenen Schnitt: Sie zeichnen einen rechten Winkel mit L und $^1/_2$ L und vervollständigen ihn zum Dreieck ABC. Dann schlagen Sie um C einen Kreisbogen mit $^1/_2$ L, der AC in S schneidet, sowie einen Bogen um A mit AS. Er teilt AB = L bei X in T und t. Die nächste Teilung T_1/t_1 erhalten Sie durch Abtragen von t auf T mittels Zirkelschlag, so daß also T_1 = t ist. Alle weiteren, unendlich fortsetzbaren Teilungen entstehen dementsprechend.

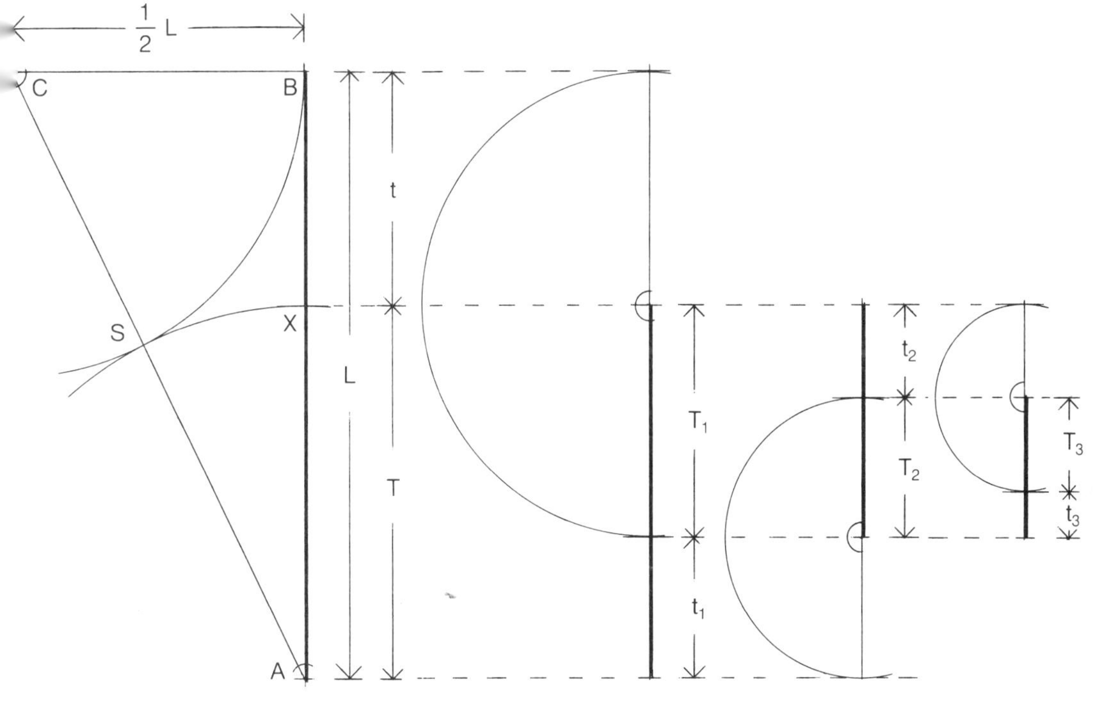

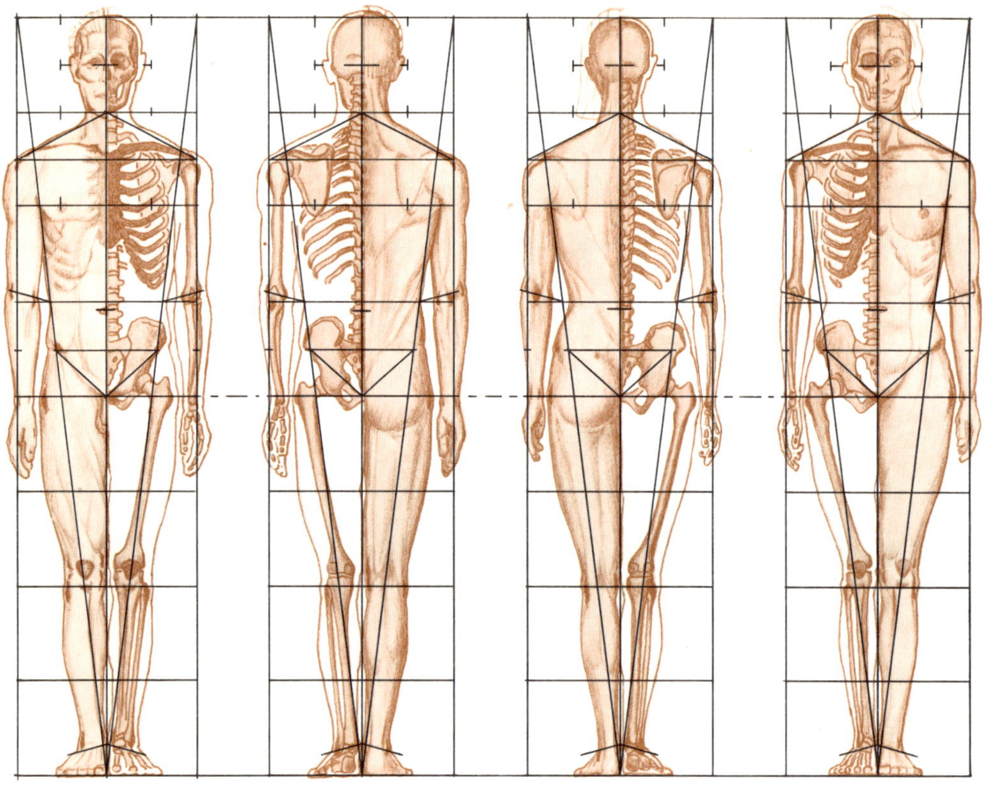

Der männliche und weibliche Körper: Skelett, Oberflächenplastik und äußere Konturverläufe. Verglichen mit dem Skelett des Mannes zeigt das der Frau allgemein einen zarteren Knochenbau. Der Schädel ist proportional ein wenig kleiner, der Brustkorb etwas länger, schmaler und oben rundlicher, so daß die Schultern stärker abfallen und der Hals meist länger und schlanker erscheint. Das Becken ist wesentlich breiter, und daraus resultiert einmal der engere Tailleneinzug, zum anderen die stärkere Einwärtsneigung der Oberschenkel. Die Hände und Füße sind proportional kürzer und schmaler.

Die Muskulatur ist bei Mann und Frau gleich angelegt, jedoch an weiblichen Figuren weniger deutlich zu erkennen – nicht nur aufgrund ihrer normalerweise schwächeren Ausbildung, sondern auch wegen des stärkeren Oberhautfettgewebes. Infolgedessen erscheinen die äußeren wie inneren Konturen bei Frauengestalten weicher und runder. Außerdem treten einzelne, beim Mann gewöhnlich noch gut erkennbare Skelettpartien bei der Frau oft weniger deutlich hervor. Im allgemeinen sind dies: die Schlüsselbeine und Schulterhöhen, das Brustbein, die vorderen Hökker und seitlichen Ränder des Beckens, die Kniescheiben, die Höcker und Kanten der Schienbeine, die Hand- und Fußknöchel, die Schulterblattgräten und -spitzen.

Hier ist lediglich die Oberflächenplastik bei ruhiger Grundhaltung angedeutet. Deutlicher wird sie erst – aber wenn auch nur stellenweise – bei aktiven, Kraft erfordernden Posen und Bewegungen. Weitergehende Informationen über Muskel-Formen und deren von Fall zu Fall zu beobachtenden Funktionen finden Sie auf Seite 160/61.

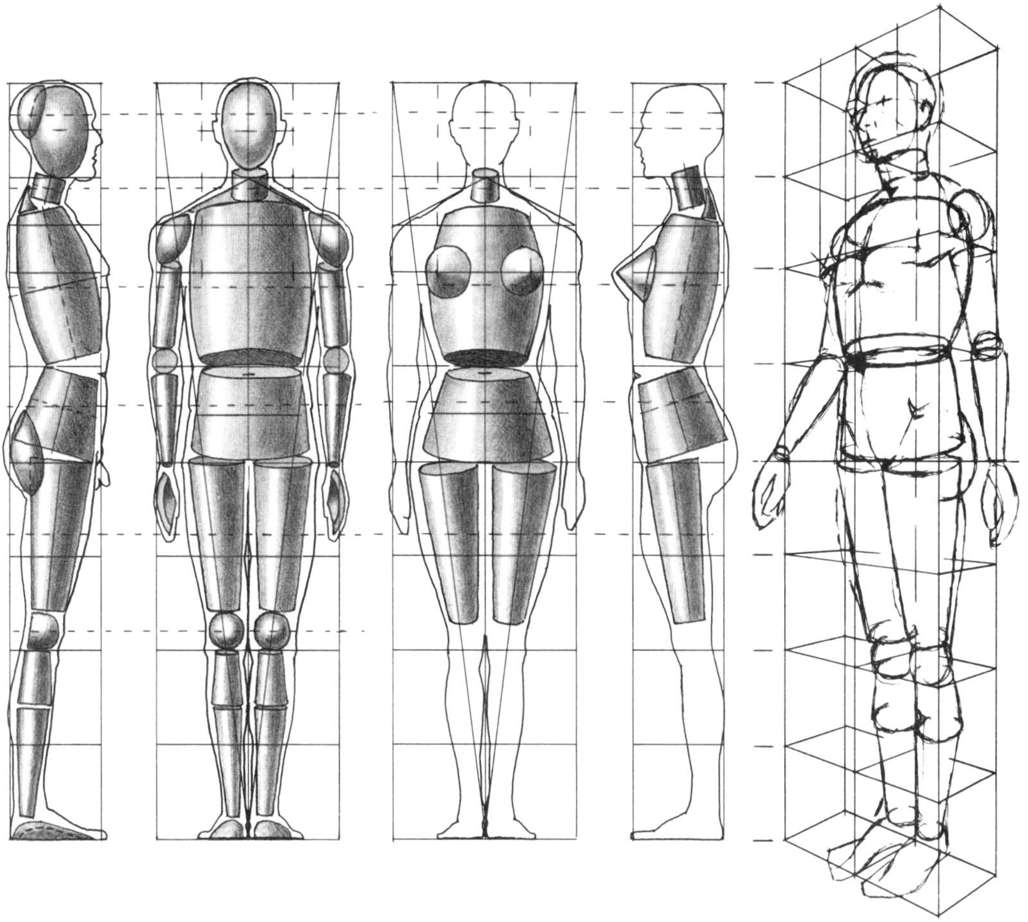

Schema plastischer Pauschalformen des männlichen und weiblichen Körpers – einbeschrieben in natürliche Umrisse: Der Kopf setzt sich zusammen aus einer Eiform mit hinten angefügter Halbkugel. Der Hals gleicht einem Zylinder – beim Mann gedrungener als bei der Frau. Der Brustkorb ähnelt einem Faß von ovalem Querschnitt, bei der weiblichen Figur sind die Seitenprofile stärker geschwungen als bei der männlichen. Die Beckenpartie bildet einen Kegelstumpf von ovalem Querschnitt, der sich bei Frauen stärker verjüngt und mehr nach vorn neigt als bei Männern; daraus resultiert die ausgeprägtere S-Krümmung des weiblichen Rückenprofils, wozu auch das stärkere Fettgewebe über der zwei Kugelsegmenten gleichenden Gesäßmuskulatur beiträgt. Die Oberschenkel sind mit schlanken Kegelstümpfen zu vergleichen. Aus solchen setzen sich auch – gegeneinander gerichtet – die Unterschenkel zusammen. Knie- und Schultergelenke samt der umgebenden Muskulatur wären etwa als Dreiviertelkugeln zu sehen. Bei den Oberarmen ist von Zylindern auszugehen, bei den Unterarmen von schlanken Kegelstümpfen, das Ellenbogengelenk zeigt keine ausgeprägte Eigenform. Hände und Füße sind zunächst als Hohlplatten zu betrachten.

Die dargestellten Pauschalformen sind in erster Linie als Erinnerungshilfen beim Aufbau von Figuren unterschiedlichster Haltungen gedacht. Wie zeichnerisch eventuell auch direkt damit begonnen werden kann, zeigt die Abbildung mit perspektivischer Wiedergabe des Proportionsgerüstes aus 16 quasi durchsichtigen Würfeln. Bei stark bewegten Posen zeichnet man – evtl. – erst die entsprechend »verschachtelten« Würfel.

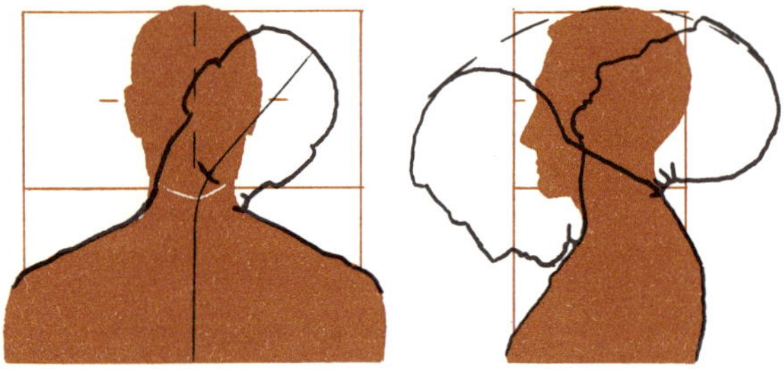

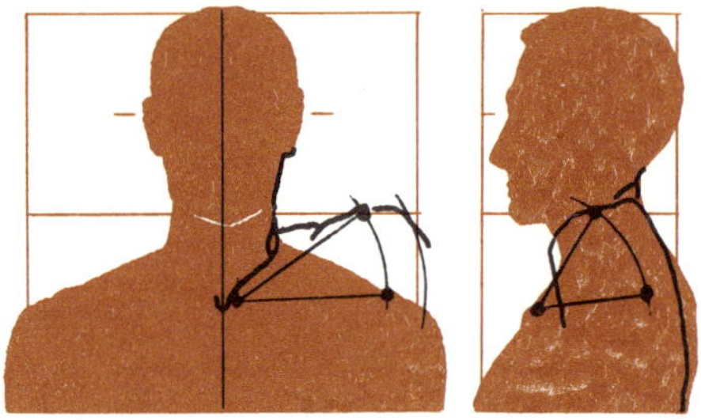

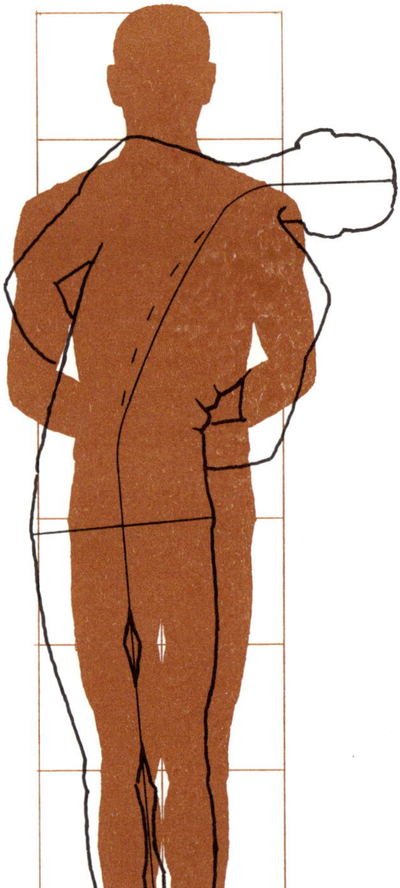

Oben links: Bewegungsspielraum der sieben Halswirbel zwischen oberstem Brustwirbel und Hinterhauptbasis. Die dargestellten Beugungsmöglichkeiten nach beiden Seiten, nach vorn und rückwärts, gehen stufenlos ineinander über und ermöglichen die etwa einen Kegelmantel beschreibende Rotation des Kopfes.

Oben rechts: Bewegungen des Schultergürtels. Sie sind einseitig wie beiderseits zugleich nach oben und vorn rotierend möglich (Schulterkreisen), wobei ebenfalls ein Kegelmantel beschrieben wird. Die Grenze der Rückwärtsbewegung ist bereits bei »strammer« Grundstellung mit »Brust heraus« erreicht. Die Profilsilhouette zeigt diesen Zustand, ebenso jede der übrigen Anatomie- und Proportionsfiguren. Einziger fester Drehpunkt des Schultergürtels ist der Schlüsselbeinansatz am Brustbein, das andere Ende des Schlüsselbeins ist mit dem Schulterblatt gelenkig verbunden und bildet den sicht- und fühlbaren Höcker der »Schulterhöhe« (Akromeon). In der relativ flachen Schulterblattpfanne gleitet der Oberarmkopf, das Schulterblatt hängt im übrigen nur mittels Sehnen und Muskeln am Brustkorb. Bei fast allen Armbewegungen zieht der Schultergürtel mit, am deutlichsten beim Armkreisen.

Bewegungen des Rumpfes. Sie geschehen hauptsächlich im Bereich der fünf Lendenwirbel, zum Teil auch in dem der zwei untersten Brustwirbel, deren Rippen nicht bis zum Brustbein reichen. Die übrigen zehn Brustwirbel mit ihren den geschlossenen Brustkorb bildenden Rippen sind am wenigsten beweglich. In entsprechender Weise gilt das auch für die Verwindungen der gesamten Wirbelsäule um ihre eigene Achse. Daran sind die Halswirbel am stärksten beteiligt, so daß sich der Kopf im Winkel von etwa 270 Grad hin- und herdrehen kann, wenn die Drehung bereits mit den Lendenwirbeln beginnt, zum Beispiel im Sitzen. Die schematischen Darstellungen zeigen den Achsenverlauf der Wirbelsäule bei aufrechter Haltung und die ohne weiteres erreichbaren Rumpfbeugungen. Stärkere Krümmungen sind je nach Alter, Training und zusätzlichen Hilfen möglich, zum Beispiel durch Heranziehen des Oberkörpers an die Beinvorderseite mit den Armen. Die Abbildungen zeigen ferner, daß die Beine samt dem Becken eine der jeweiligen Beugung entgegengesetzte Bewegung machen müssen, damit der sichere Stand gewahrt bleibt. Meist hilft dabei unwillkürlich auch die Armhaltung beim Gewichtsausgleich. Hier wurde zur besseren Übersicht angenommen, daß die Arme dem Körper dicht anliegen, beziehungsweise sich vor oder hinter dem Leib verschränken.

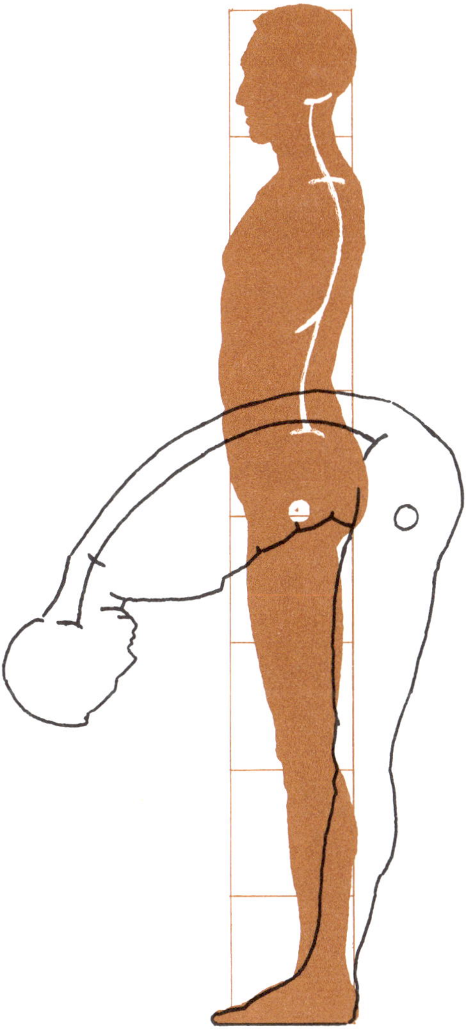

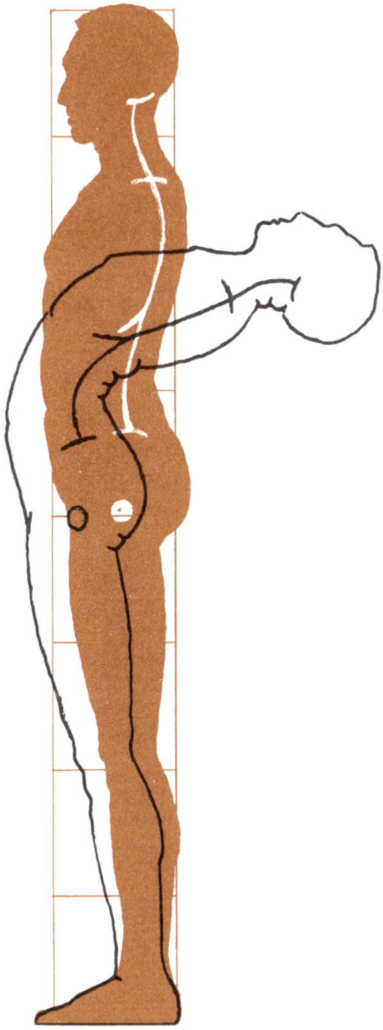

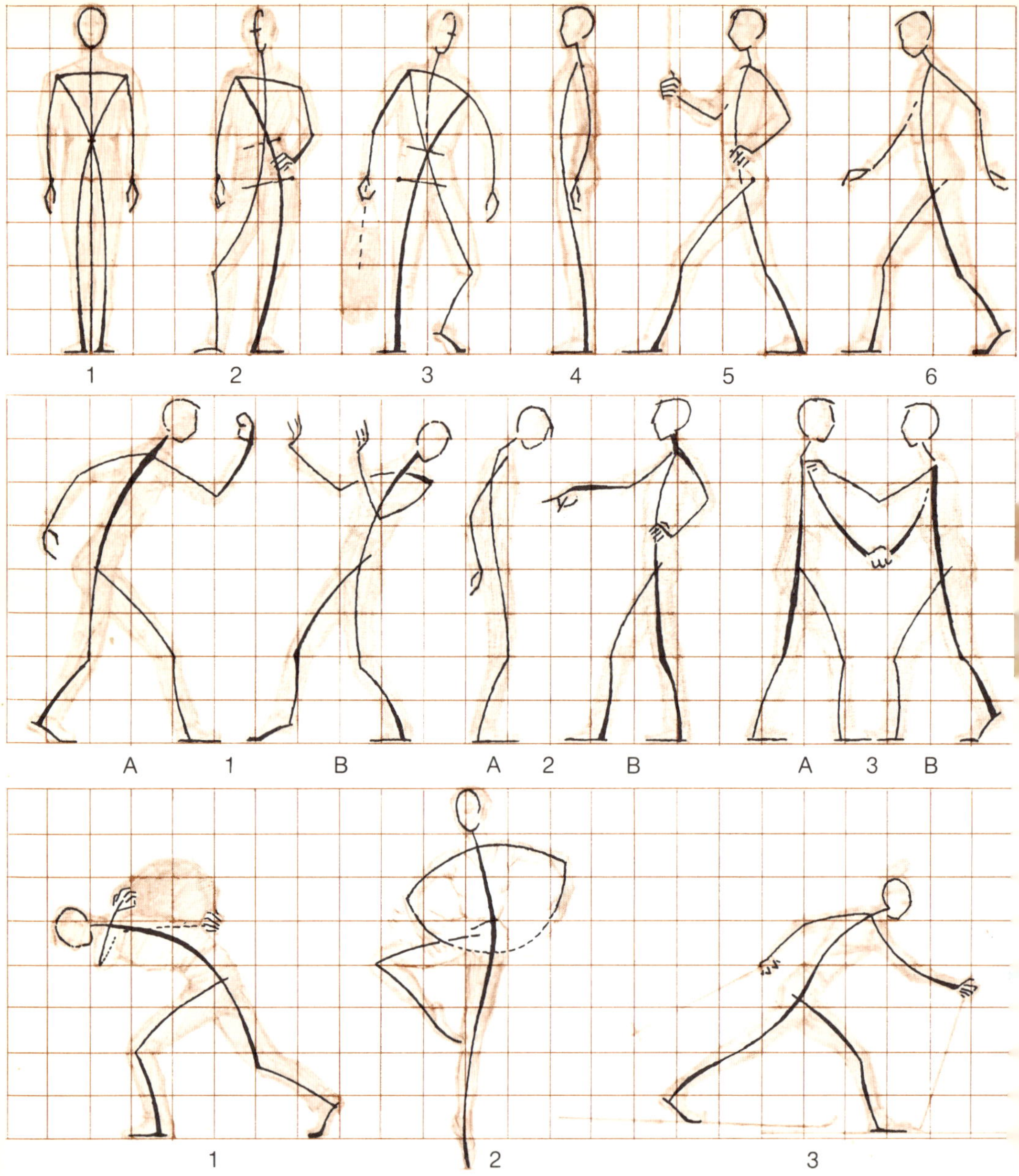

Innere Linien als Grundlage für Haltungs- und Bewegungsstudien. Obere Reihe: 1 = Frontal-aufrechte Grundhaltung, die Linien verlaufen naturgemäß symmetrisch und geben nur Aufschluß über die Statur. 2 = Lockere Ruhestellung oder »Kontrapost« mit »Stand-« und »Spielbein« (so heißen die akademischen Positionsbegriffe). Die Hauptlast ruht auf dem linken Bein der Figur, das rechte stützt fast nur sein eigenes Gewicht auf und kann ohne wesentliche Haltungsänderung angehoben oder weitergesetzt werden. Beachten Sie die Verlagerungen der bei aufrechter Grundhaltung waagerechten Linien des Schultergürtels, der Taille und Hüfte (Verbindung beider »Rollhügel«). 3 = Pose beim Anheben einer Last mit Ansatz zum Schritt nach rechts. Das Gesamtgewicht ruht momentan auf dem rechten Bein der Figur, die Hüft-, Taillen- und Schulterlinien fallen infolgedessen zunehmend nach ihrer linken Seite ab, die rechte Schulter ist zudem etwas angehoben. Die Figur würde in dieser Pose umfallen, wenn sie nicht sogleich ihren linken Fuß vorwärts bewegt und aufsetzt. Beachten Sie in diesem Zusammenhang, daß die Senkrechten des Proportions-Quadratnetzes stets auch den verläßlichsten Anhalt für die Standsicherheit oder Labilität einer Pose bieten. 4 = Aufrecht-stramme Grundhaltung im Profil, die innere Linie zeigt eine leichte, dem Verlauf der Wirbelsäule entgegengesetzte S-Krümmung. 5 = Profilfigur in ruhender Schrittstellung, das Gewicht ruht zu gleichen Teilen auf beiden Füßen. 6 = Vorwärtsschreiten, das Hauptgewicht ruht auf dem vorgesetzten Fuß, der andere stößt durch Strecken des Knie- und Fußgelenks ab, die Arme pendeln gegengleich zur Beinbewegung.

Mittlere Reihe: Je zwei Figuren in zusammengehörender Aktion. 1 = A in aggressiver Vorwärtsbewegung, B wehrt ab und weicht zurück. 2 = A in »geknickter«, Schelte empfangender Pose (Gegensatz zur Profilgrundhaltung!), B macht Vorhaltungen und steht ruhig da, »versteift« auf das ein wenig zurückgesetzte Bein. 3 = Freudige Begrüßung, dabei ist B aktiver als A.

Untere Reihe: 1 = Die Figur schleppt eine schwere Last und hält sie mit beiden Händen. Nahezu das ganze Gewicht ruht auf dem vorgesetzten Bein, in dieser Pose könnte die Figur verharren, der aufgezehte Fuß wäre dann nur Balancehilfe bis zum Vorwärtsschritt. 2 = Ballettänzerin, sie verweilt einen Augenblick auf ihrer linken, fast senkrecht gestreckten Fußspitze, die infolgedessen unter die Proportionsgrundlinie ragt. Hüft- und Taillenlinie fallen nach ihrer rechten Seite ab, ähnlich der Neigung ihres rechten Oberschenkels, desgleichen der Schulter-Oberarm-Bogen. Unterarme und Hände deuten – als Geste aufgefaßt – etwa einen Kreisbogen an. 3 = Ski-Langläufer, Körper und Glieder befinden sich in ständig wechselndem, schwingendem Bewegungsfluß. Alle Figuren geben lediglich meine persönliche Auffassung vom Verlauf der Linienzüge wieder, Verstärkungen deuten die empfundenen Spannungs- oder Lastkonzentrationen an.

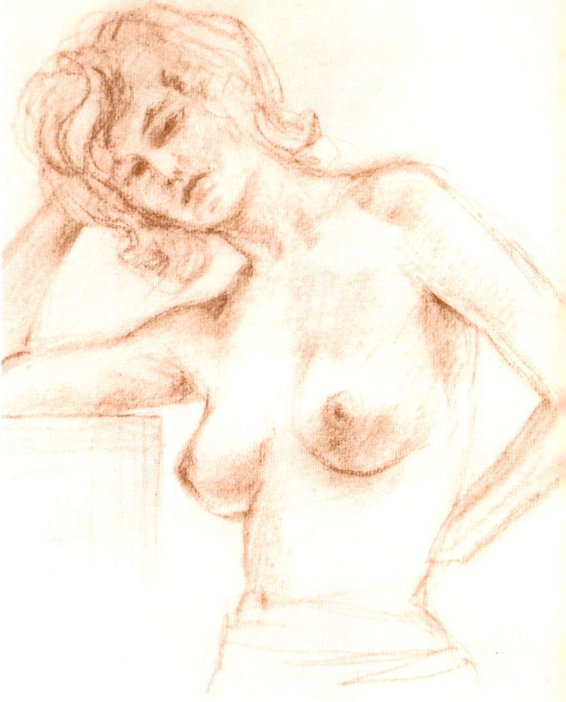

Halbaktstudie Ruth T., Rötel auf Ingrespapier (1/3 des Originals). Die Plastik eines jungen weiblichen Körpers läßt sich am besten mit Weichzeichnern (Kreide, Kohle, Blei der B-Reihe) formgerecht wiedergeben. Bei leichtester Stiftführung erlauben sie auf einigermaßen rauhem Papier mühelos feine Schattierungsverläufe, ohne die Strichlagen störend hervortreten zu lassen. So wird das stets riskante Wischen vermieden. Mit der Feder oder dem Kugelschreiber bedeuten zarte Helldunkel-Übergänge immer ein Problem – eigentlich nur zu lösen, indem man die Strichlagen exakt der Rundungsperspektive anpaßt, etwa so, wie es früher die Kupferstecher mit obendrein wohlbemessen an- und abschwellenden Linien taten. Aber ein so mühsam-langwieriges Verfahren ist unmittelbar vor dem Modell gar nicht durchführbar, sondern setzt zunächst eine Weichzeichner-Studie voraus, die vergleichsweise wohl immer reizvoller wirkt als eine aus präzisen Strichlagen aufgebaute Wiedergabe.

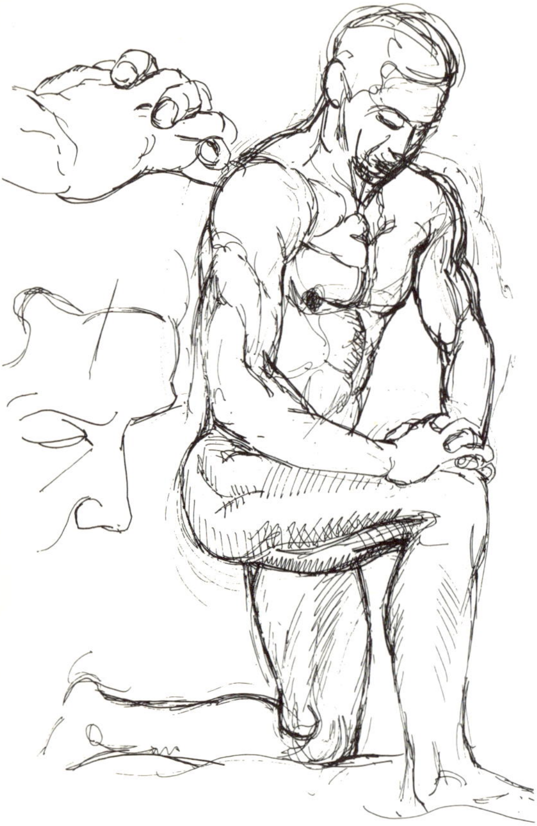

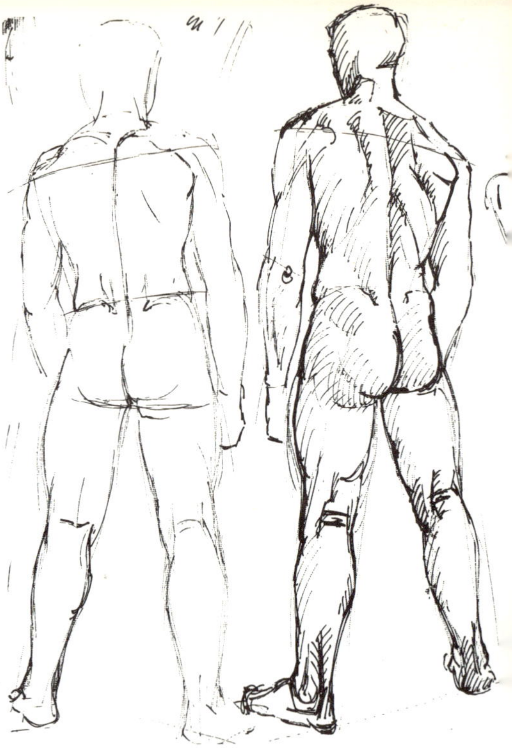

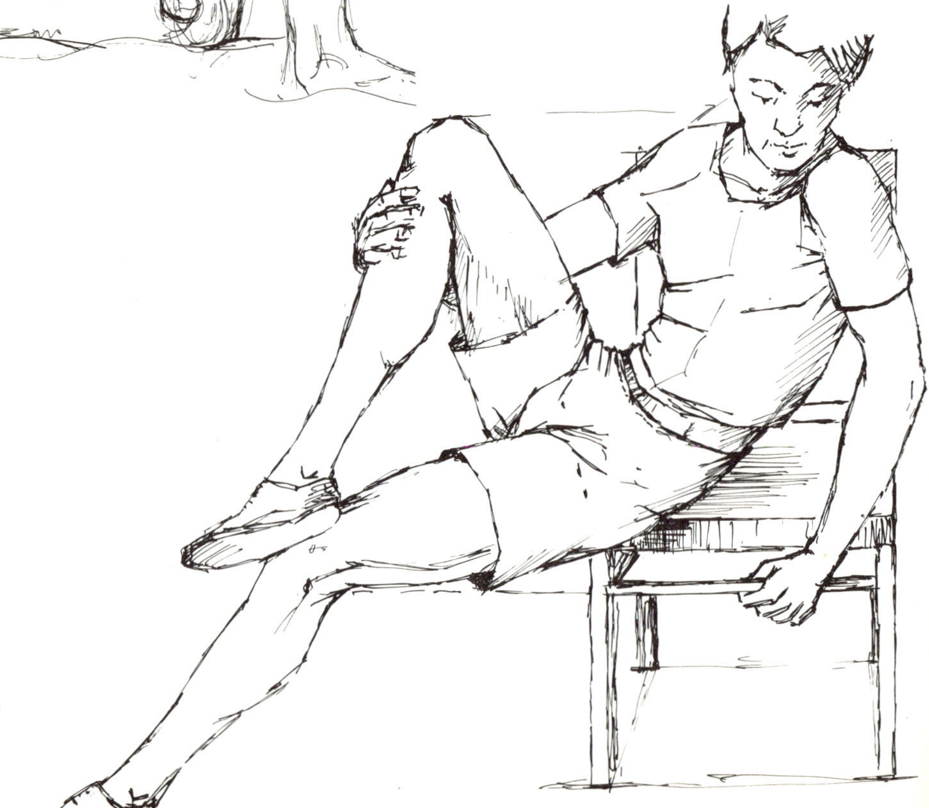

Linke Seite. Oben: Skizzen aus dem Aktsaal, Redis-Feder und Scribtol auf glattem und rauhem Papier (etwa $^1/_4$ der Originalgrößen). Hier ging es lediglich um zeichnerisches Üben und den Versuch, das Wesentliche der Haltungen, Bewegungen, Proportionen und die sich daraus ergebenden Besonderheiten der Oberflächenplastik jeweils innerhalb von 10 bis 15 Minuten wenigstens andeutungsweise festzuhalten, und zwar ohne eigentliche Hilfslinien. Auf diese Weise wird die Auffassungsgabe weit besser trainiert als beim stundenlangen, genauen Abzeichnen nur einer Pose. Der damit verbundene, unwillkürliche Leistungszwang nimmt insbesondere Anfängern jeden Schwung – nicht so die unverbindliche, rasche Skizze. Mit einem gewissen Elan sollte man im übrigen jede Zeichnung beginnen und im weiteren zusehen, daß er auch bei der eventuellen Detailarbeit nie ganz verlorengeht. Und nach wie vor erweist sich Überpausen vor dem Modell günstiger als Radieren mit unmittelbaren Korrekturen. Für Skizzen wähle man von vornherein untilgbare Techniken. Bei nicht zu kleinen Formaten bewährt sich die Redisfeder insofern, weil sie mit verkehrt geführter Spitze sehr feine, poröse Taststriche ergibt (zumal auf rauhem Papier) und in Normalhaltung sogleich die kräftigen, endgültigen Akzente zuläßt. Wer sich im Aktzeichnen üben will, findet zumindest in jeder größeren Stadt Gelegenheit in öffentlichen oder privaten Abendstudios. Dort ist meist auch ein Lehrer anwesend, den man gegebenenfalls um Korrekturen bitten kann. Unten: Turner in einer zufälligen Ruhepose. Steno-Tuschefeder auf glattem Papier, etwa $^1/_2$ der Originalgröße. Die Kleidung verdeutlicht sowohl Verlagerungen wie Rundungen so weitgehend, daß man es sogar nur bei Konturen bewenden lassen kann, ohne die Vorstellung von der körperlichen Plastik entscheidend zu beeinträchtigen. Versuchen Sie das gelegentlich durch mehrfaches Überpausen mit dem Ziel, zum Schluß nur noch das Allernotwendigste stehen zu lassen. Im übrigen wirken derartige Zufallsposen wohl stets natürlich-reizvoller als die mehr oder weniger arrangierten Modell-Haltungen.

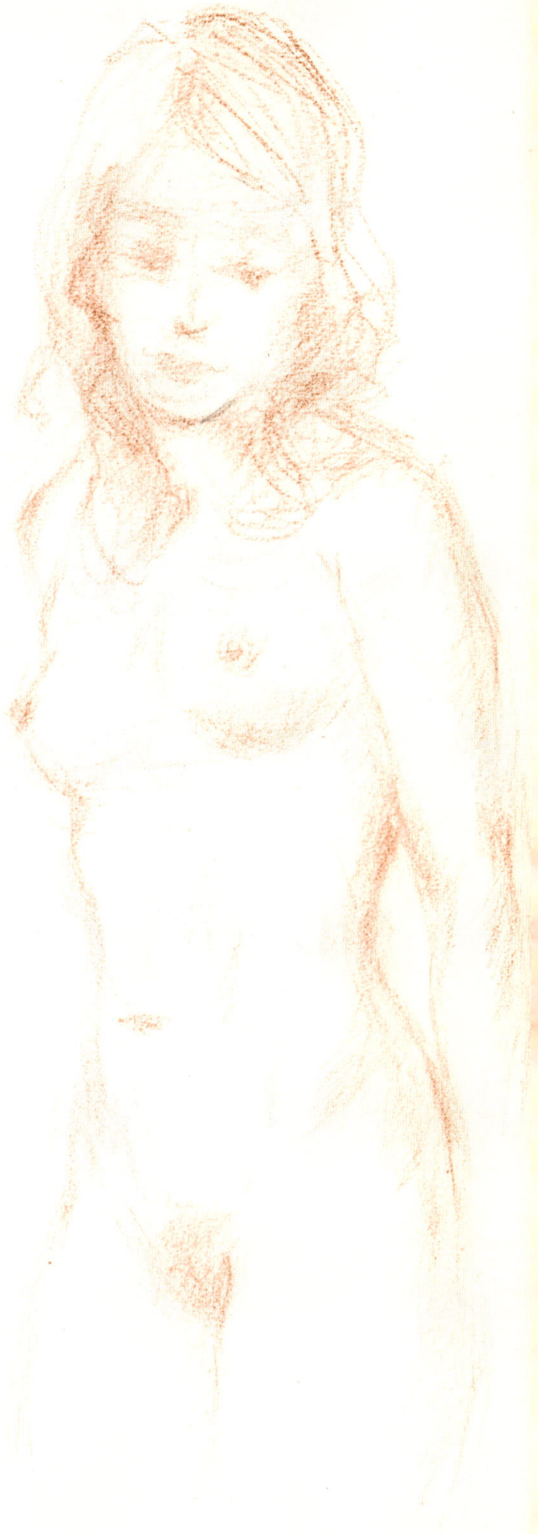

Rechts: Aktporträtstudie Brigitta Hofer, Rötel auf Aquarell-Büttenpapier, knapp $^2/_3$ der Originalgröße.

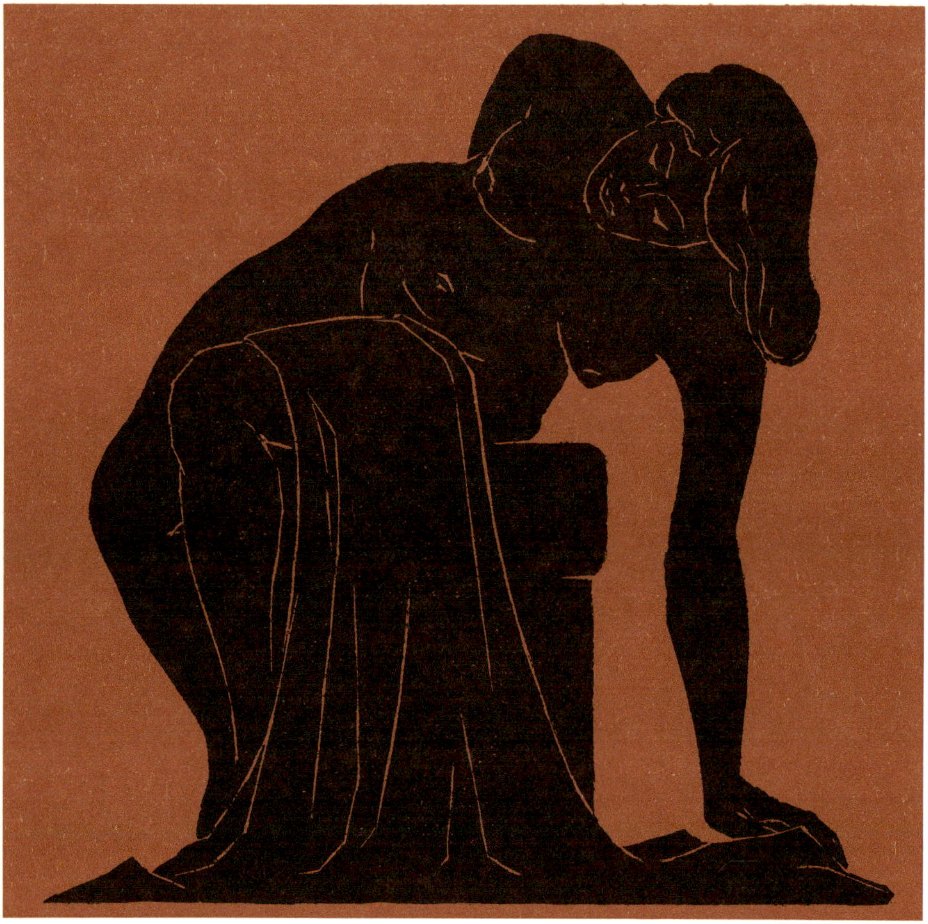

Oben: Linolschnitt auf Tonpapier, Original 15 × 15 cm. Die Entwurfsstudie entstand auf gleiche Weise wie die des Sportlers Seite 27. Anschließend wurde sie mittels Quadratnetz auf etwa die Hälfte verkleinert, dann auf eine klare Silhouette mit sparsamsten Konturen vereinfacht und seitenverkehrt auf die geschwärzte Linolplatte gepaust (das Transparentblatt mit weißer Ölpastellkreide eingerieben). Das Einsetzen der äußeren wie inneren Konturen geschah mit dem Stichel, der – nach präziser Pauszeichnung – fast müheloser glatte Linien erlaubt als Stifte und Federn. Die umgebende Leere hoben Geißfuß und Hohleisen aus. (Näheres zu den technischen Vorgängen auf den Seiten 35 und 104.)

Rechte Seite: Bau und Bewegungsfunktionen der Hand. Ihre Länge entspricht durchschnittlich $^{1}/_{10}$ der Körpergröße, bei geschlossenen Fingern verhält sich die Breite zur Länge wie t:T beim GS. Je nach Konstitution und Tätigkeit variieren die Maße jedoch beträchtlich, Frauenhände sind relativ kleiner als die der Männer. Bewegungen kommen einmal durch das Rotationsgelenk am Handansatz zustande, zum anderen durch die Gelenke zwischen den äußeren Fingergliedern: die beiden oberen gleichen Scharnieren, das untere rotiert – am stärksten beim direkt an der Handwurzel eingelenkten Daumen. Die anderen Finger sitzen an den vier Mittelhandknochen, die den oberen, noch geringfügig einwölbbaren Teil des Handtel-

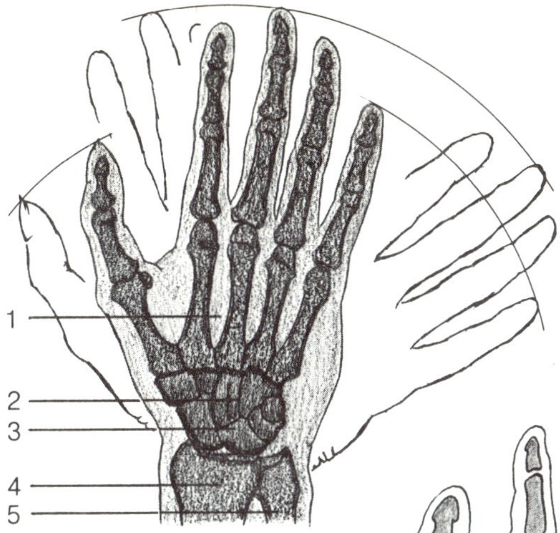

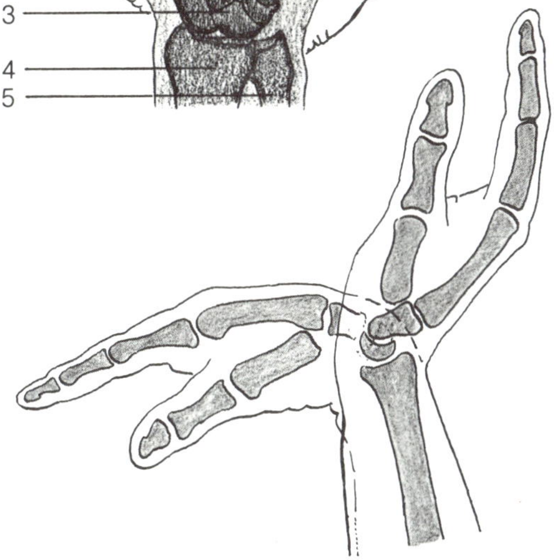

lers bilden, während dessen unterer Teil mit den acht Knochen der Handwurzel praktisch starr ist. Die kleinen Muskeln der Hand selbst sind äußerlich ebensowenig auseinanderzuhalten wie die großen Fingerbeuger und -strecker. Sie setzen über lange Sehnenschnüre an Elle, Speiche und Oberarmbein an und bilden das »Fleisch« des Unterarmes. Je nach Tätigkeit dieser Muskeln treten die Sehnen unterhalb des Handgelenks deutlich hervor.

Oben: Draufsicht mit seitlichen Bewegungsgrenzen. 1 = Mittelhand, 2 = Rotationszentrum, 3 = Handwurzel, 4 = Speiche, 5 = Elle.

Darunter: Handprofil im Bereich der Auf- und Abwärtsbewegung.

Unten: Hände reizen gewöhnlich nur zur Darstellung, wenn sie greifen, gestikulieren oder ausdrucksvoll ruhen. Den damit verbundenen Perspektiven ist eventuell mit ähnlichen Hilfskörpern, wie auf Seite 55 geschildert, beizukommen. Wie das gemeint ist, zeigen die Abbildungen: A = die Hilfskörper, B = Hilfskörper mit natürlichen Umrissen, C = die Konturen allein. Weitere Beispiele geben die Handhaltungen auf den Seiten 15 und 17.

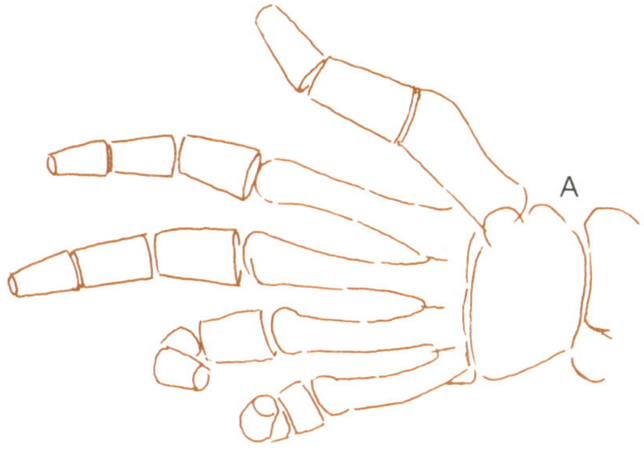

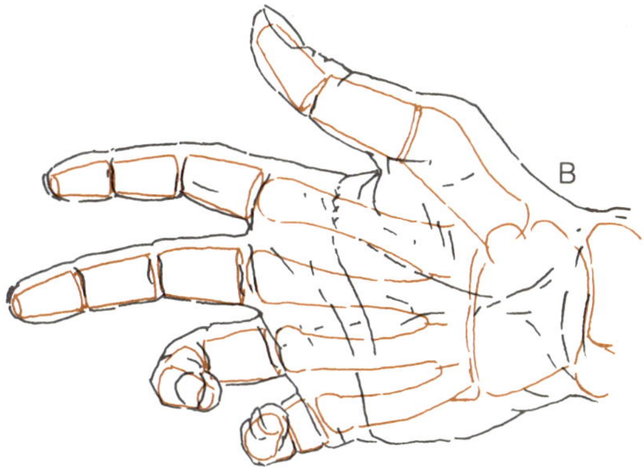

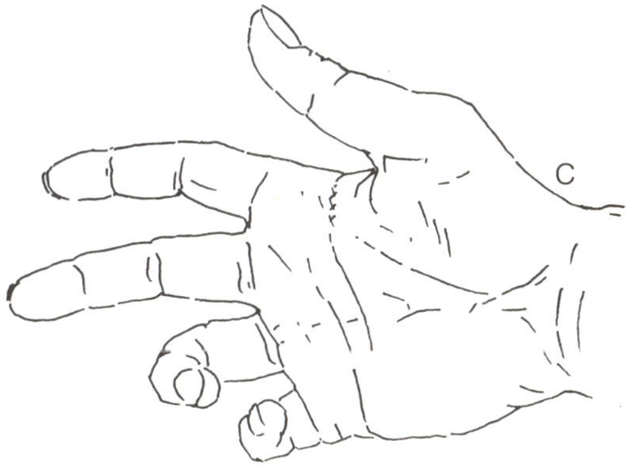

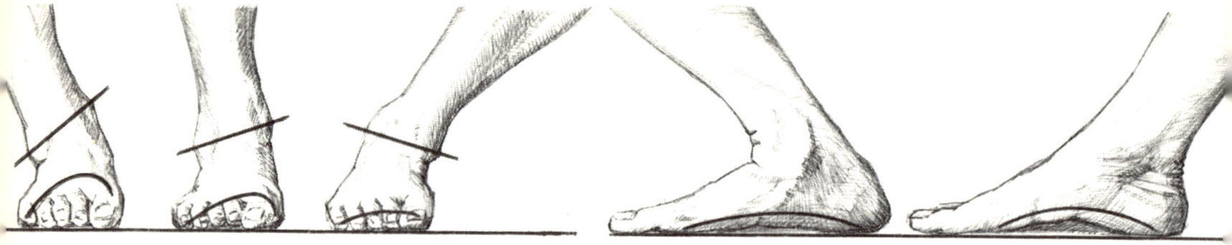

Füße: Die Länge mißt bei Männern etwa $^1/_6$ der Körpergröße, bei Frauen überschreitet der Fuß meist nur geringfügig die Quadratkante des Proportionsgerüstes. Die größte Breite (zwischen Ballen und kleinem Zeh) entspricht etwa der des Handtellers. Von Details abgesehen, ist bei der Wiedergabe vor allem auf die sich längs wie quer erhebenden Wölbungen und die dementsprechenden Risthöhen zu achten – je nach Stellung des Unterschenkels und Belastung, beziehungsweise den Neigungsveränderungen der Verbindungslinie zwischen dem Wadenbein- und Schienbeinknöchel.

Frontalansichten. Links = Auswärtskanten mit erhöhter Quer- und Längswölbung; Mitte = normale Situation bei aufrechtem Stand mit geschlossenen Füßen; Rechts = Einwärtskippen mit gleichzeitigem Druck flacht beide Wölbungen ab.
Seitenansichten: An- und absteigende Längswölbungen des belasteten Fußes bei vor- und zurückgeneigtem Unterschenkel. Beachten Sie dabei auch die Veränderungen des Fersenprofils! Beim unbelasteten, freischwebenden Fuß (zum Beispiel sitzend mit übereinandergelegten Oberschenkeln) sind beide Wölbungen entspannt und infolgedessen überhöht.

Proportionsschema des Kopfes. Grundfigur ist das Quadrat bzw. ein Würfel mit der Kantenlänge eines Achtels der Körpergröße. Obere Reihe: Bei der Frontalansicht und Draufsicht ist von einer Ellipse mit Tangentenrechteck auszugehen, dessen Schmalseite $^5/_7$ der Quadratkante mißt. Weitere Teilungen in Siebentel markieren die einheitlichen Abstände zwischen den vier Augenwinkeln, sie liegen auf der waagerechten Mittellinie des Quadrats. Die Augäpfel sind bei allen Erwachsenen praktisch gleich, »große« Augen entstehen lediglich durch höhere Öffnung der Lider. Innerhalb der Kopfhöhe, gerechnet von der weniger sicht- als fühlbaren Kinnladenspitze (also nicht von der Weichteilunterkante!) bis zum Kopfhautscheitel, finden sich im Prinzip drei gleiche Abschnitte zwischen Kinnspitze – Nasenunterkante – mittlerer Brauenansatz – vordere Stirnhaargrenze, wobei der mittlere Teil oft auch die Ansätze und Länge der Ohren markiert. Vergleichen Sie schließlich die Abweichungen der frontalen und von oben gesehenen Kopfkonturen mit den Ellipsen! Das Profil läßt sich zunächst mit zwei Kreisen umschreiben: Der eine tangiert alle Quadratseiten, der andere nur zwei, sein Mittelpunkt liegt etwas oberhalb des Ohrmuschelansatzes auf der Quadratdiagonalen. Zusammen mit den Höhenlinien bestimmen die beiden Kreise im wesentlichen den Verlauf des Gesichts- und Schädelprofils.

Untere Reihe: Da der Kopf ein rundplastisches Gebilde ist, muß er in vielen Fällen mit perspektivischen Hilfen erfaßt werden – vor allem im Halbprofil und auf- oder abwärts gerichtet sowie aus nächster Nähe betrachtet. Das heißt, anstelle von Kreisen und waagerecht-senkrechten Einteilungen ist dann fast durchweg von Ellipsen auszugehen, unter Berücksichtigung perspektivischer Verjüngungen.
Im Lauf der Zeiten wurde eine Reihe anderer Schemata für die Proportionen des Kopfes entwickelt. Nach meiner Erfahrung bewährt sich jedoch in der zeichnerischen Praxis die hier gezeigte Einteilung am besten. Ohnehin dient sie mehr als Gedächtnisstütze oder zur gelegentlichen Kontrolle sowie zum Vergleich mit den vielfältigen, vornehmlich rassisch bedingten Abweichungen von der »Norm«, weniger einer direkten Anwendung.

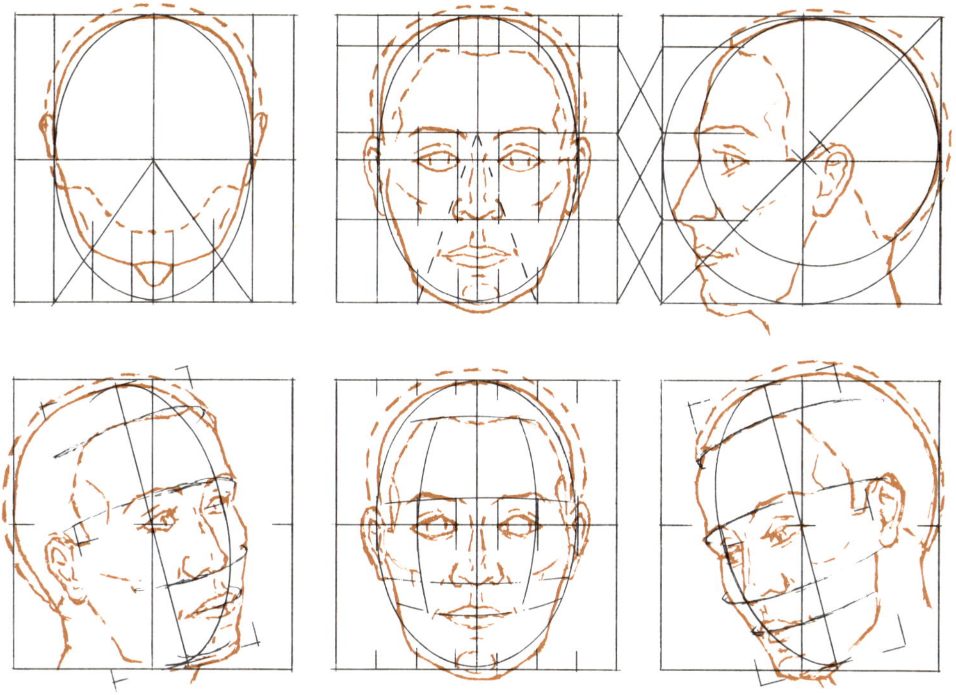

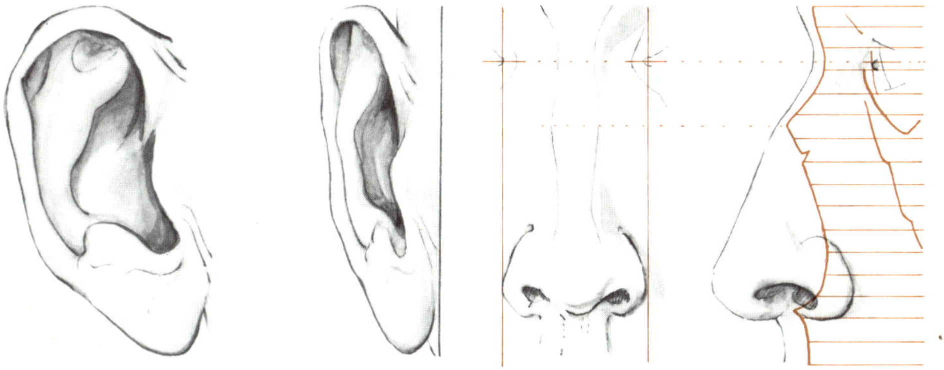

Unten: Europäische Durchschnittsformen von Ohr und Nase. Die farbigen Linien zeigen links, daß der innere Augenwinkelabstand im allgemeinen der Nasenflügelbreite gleicht, rechts deuten sie das Nasenskelett an. Die stärksten Abweichungen von der europäischen Norm gibt es bei afrikanischen und asiatischen Volksstämmen, am auffallendsten hinsichtlich der Nasenform.

Pfirsichlid

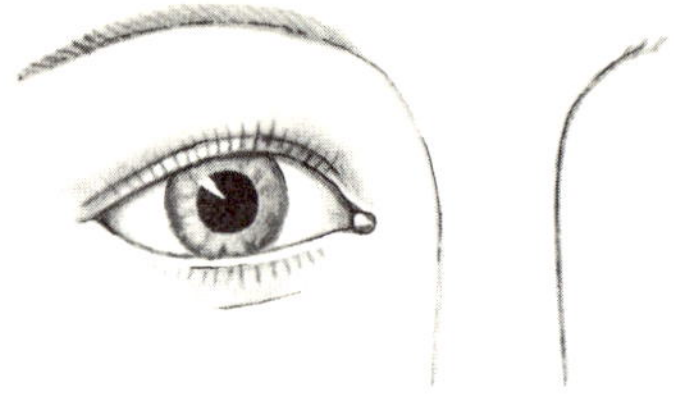

Pfirsichtarsallid

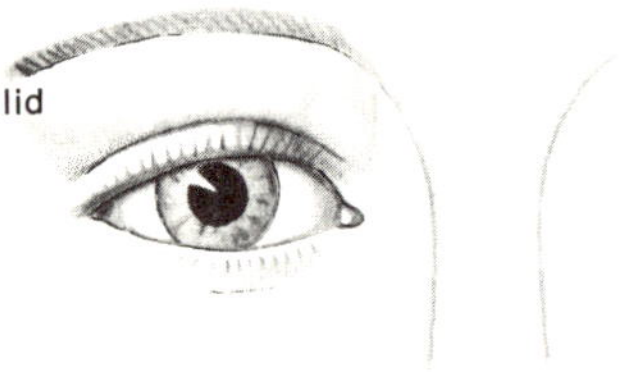

Keulenlid

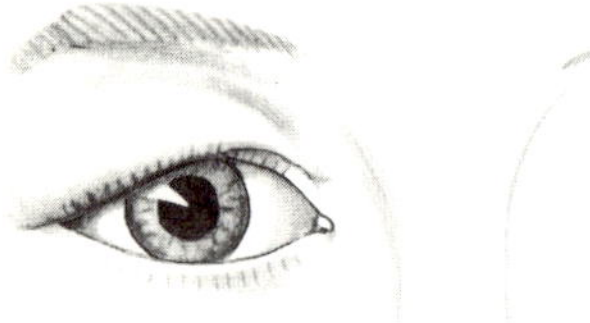

Keulentarsallid

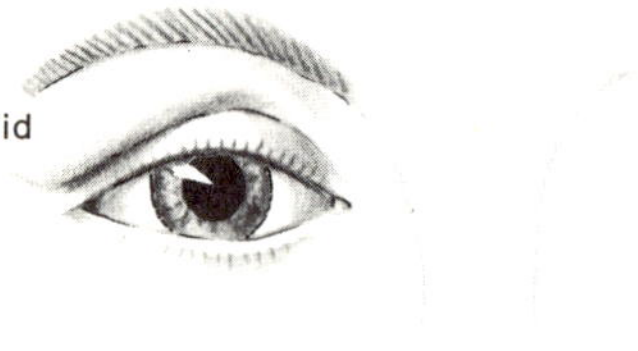

Tarsallid

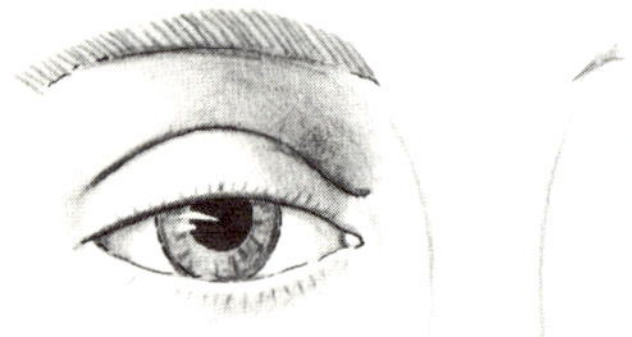

Schmales Oberlid

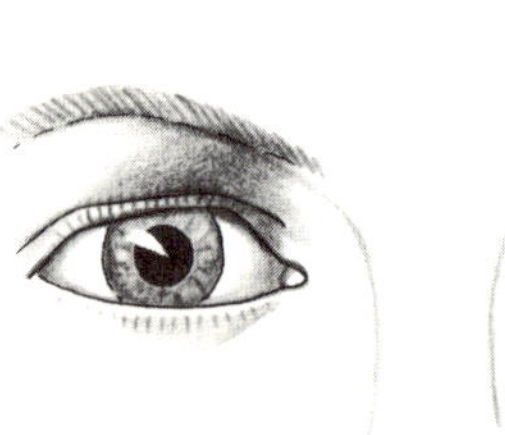

Augenformen: Die Oberlider der Augen mit der Region zwischen Lidansatz und Brauen sind zwar individuell recht verschieden, sie lassen sich aber sämtlich auf sechs charakteristische Grundformen zurückführen (nach Prof. Dr. Fritz Lange, »Die Sprache des menschlichen Antlitzes«, München 1937). Wer sich diese einprägt, hat es relativ leicht, beim Portraitzeichnen die persönlichen Abwandlungen treffsicher zu erkennen und wiederzugeben. »Pfirsich- und Pfirsichtarsallider« (die obere Region gleicht einer Pfirsichspalte) gelten seit jeher als Idealformen bei Frauen, häufig zu sehen auf Pastellbildern des Rokoko.
Einen gewissen Gegensatz dazu bilden »Keulen- und Keulentarsallider«, mit diesen wirken die Augen – wenn nicht Physiognomie und Mimik dagegen sprechen – oft »böse« oder »streng«. Das »Tarsallid« verbindet sich meist mit einer schlanken Figur, der Augenausdruck tendiert – mit allem Vorbehalt gesagt – entweder zu Trauer, Leid, Müdigkeit, Vergeistigung (Christusauge), oder es betont passive Sinnlichkeit. »Schmale Oberlider« kommen wohl am häufigsten vor, infolgedessen schwankt der Augenausdruck von der Form her außerordentlich und hängt stärker als bei den anderen Typen von dem ab, was die Physiognomie verrät. »Tarsus« gleich Lidknorpel.
Fritz Lange zeigt auch eine Reihe charakteristischer Mundformen, als Zeichenhilfen scheinen sie jedoch weniger nützlich, weil der Mund schon von Jugend auf mehr als jede andere Gesichtspartie vom Lebensschicksal geprägt wird und seine Form – wie Lange ebenfalls darlegt – bis ins hohe Alter noch erheblich wandeln kann. Einen geschminkten Mund sollte man niemals zeichnen, weil er immer den wahren Gesichtsausdruck verfälscht.

Rechte Seite: Porträtskizzen. Oben links: Ballettmeister Wladislaw Barański. Kugelschreiber auf mit Aquarellfarbe streifig getöntem Papier, 1/4 der Originalgröße. Da ein harter Radiergummi die nur schwach abbindende Aquarelltönung angreift, läßt sich diese hier und da ein wenig auflichten, etwa, um der Strichzeichnung eine Spur von plastischer Wirkung zu verleihen. Dieses Verfahren ist wesentlich reizvoller als beispielsweise eine Auflichtung mit Deckweiß-Strichlagen, die meist aus der Grundtönung »herausplatzen«, zumal man zu stark geratene Aufträge nicht mehr abschwächen kann, ohne alles zu verschmieren.

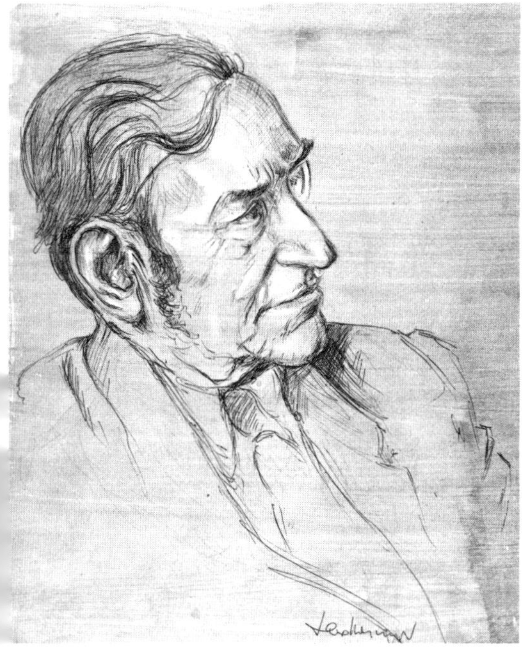

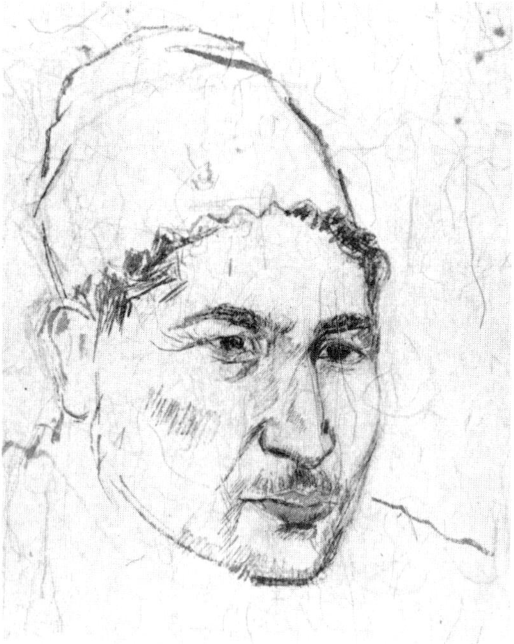

Oben rechts: Polnischer Zigeuner, Aquarellpinsel auf Japan-Hadernpapier, $^1/_3$ der Originalgröße. Da Vorzeichnungen selbst mit weichstem Blei auf diesem heiklen Papier nicht mehr zu löschen sind, beginnt man mit so stark verdünnter Farbe, daß sie nach dem Auftrocknen kaum mehr zu sehen ist. Ebensowenig lassen sich stärkere Aufträge abschwächen, also bleibt immer das Risiko: »Gelingts's, so gelingt's, wenn nicht, fängt man von vorn an. Alles andere ist Unsinn«. Dieser Ausspruch von Paul Cézanne gilt nicht nur für impressionistische Auffassungen, sondern für alle Arbeiten auf heiklem Material.

Rechts unten: Schriftsteller Gerhart Pohl. Kreide auf mittelrauhem Papier, $^1/_4$ der Originalgröße. Die Skizze war nur eine von mehreren Versuchen im Hinblick auf eine spätere regelrechte Portraitzeichnung. Im Lauf der raschen Arbeitsweise überrieb ich das Entstandene mehrmals mit flacher Kreide, um eine kräftige Grundtönung zu erhalten, wobei die vorausgehenden Striche zumindest als Orientierungshilfe natürlich immer noch gut sichtbar bleiben. Die hellen Partien wurden zu guter Letzt mit dem spitzen Gummi herausgeholt.

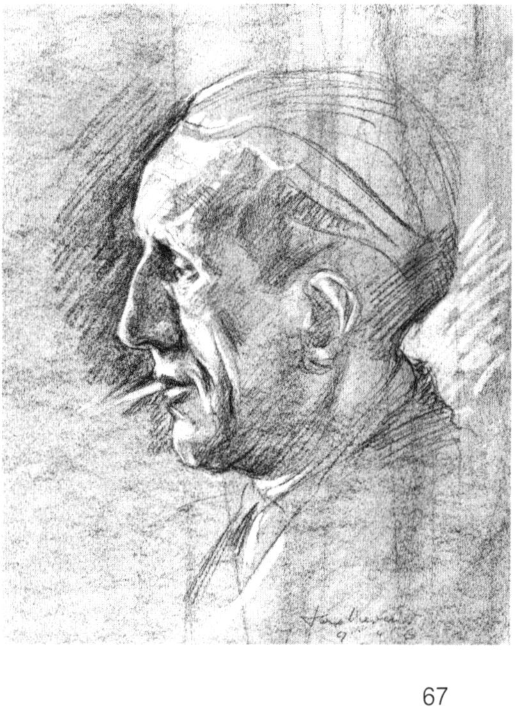

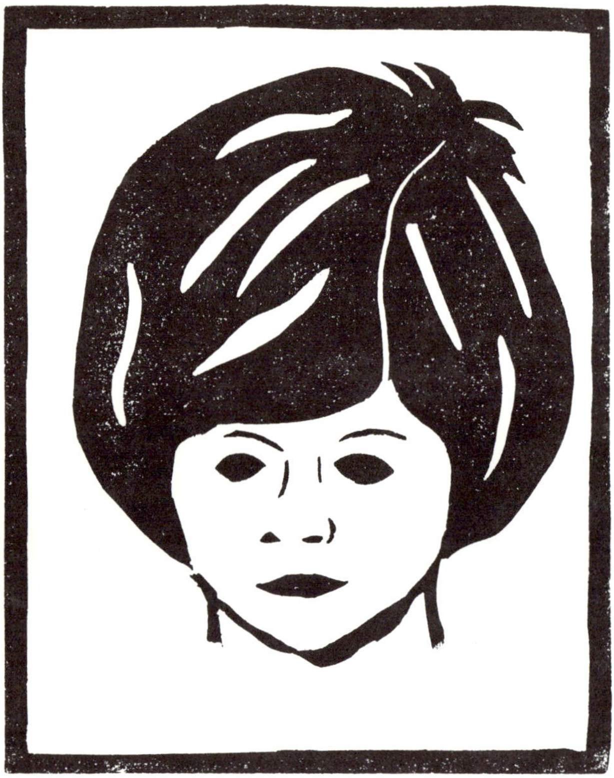

Oben: »Meine kleine Freundin«, Linolschnitt von Karin Möst (16 Jahre), Original 11 × 13,5 cm. Das Portrait entstand ohne eigentlichen Entwurf mit aufs äußerste reduzierten Flächen und Linien. Wenn trotzdem die Wesensart der Dargestellten auf Anhieb so »sprechend« zum Ausdruck kommt, beruht das selbst bei einem versierten Könner vor allem auf der Gunst des Augenblicks. Wer sich nicht darauf verläßt, erreicht ähnliches nur über einen kritisch durchgearbeiteten Entwurf. Geht er auf eine übliche Skizze oder Studie zurück, muß diese zunächst in lineares bis flächiges Schwarzweiß »übersetzt« werden. Andernfalls beginnt man gleich mit dem Deckschwarz-Pinsel auf normalem Zeichenpapier, weil transparentes sich unter nassen Aufträgen unabänderlich wellt. Von diesem Entwurf ist dann eine zur Umkehr geeignete Konturenpause zu nehmen.

Rechte Seite: Maria Reiter, Portraitstudie mit Rötel auf mittelrauhem Papier, 4/5 der Originalgröße. Dabei ging es mir um einen bestimmten Ausdruck des Antlitzes, hauptsächlich beruhend auf gewissen Nuancen der Augen- und Mundphysiognomie. Zunächst entstanden im Lauf einer langen Unterhaltung hin und wieder leichte Einteilungsstriche, zwischendurch mehrfach mit einem Zellstoffbausch überrieben, so daß sie eben noch erkennbar blieben. Dadurch bekam das Blatt eine schwache Tönung, in die ich allmählich stärkere Stiftaufträge setzte. Die junge Frau »posierte« also nicht im üblichen Sinn mit längerem Stillhalten – und das scheint mir der einzige Weg, um einen auch noch in der Wiedergabe lebendig wirkenden Ausdruck festzuhalten. Eine Studie dieser Art wäre dann die rechte, als Vorbild zu nehmende Grundlage für eine »endgültige«, eventuell detaillierter auszuführende Zeichnung oder Malerei.

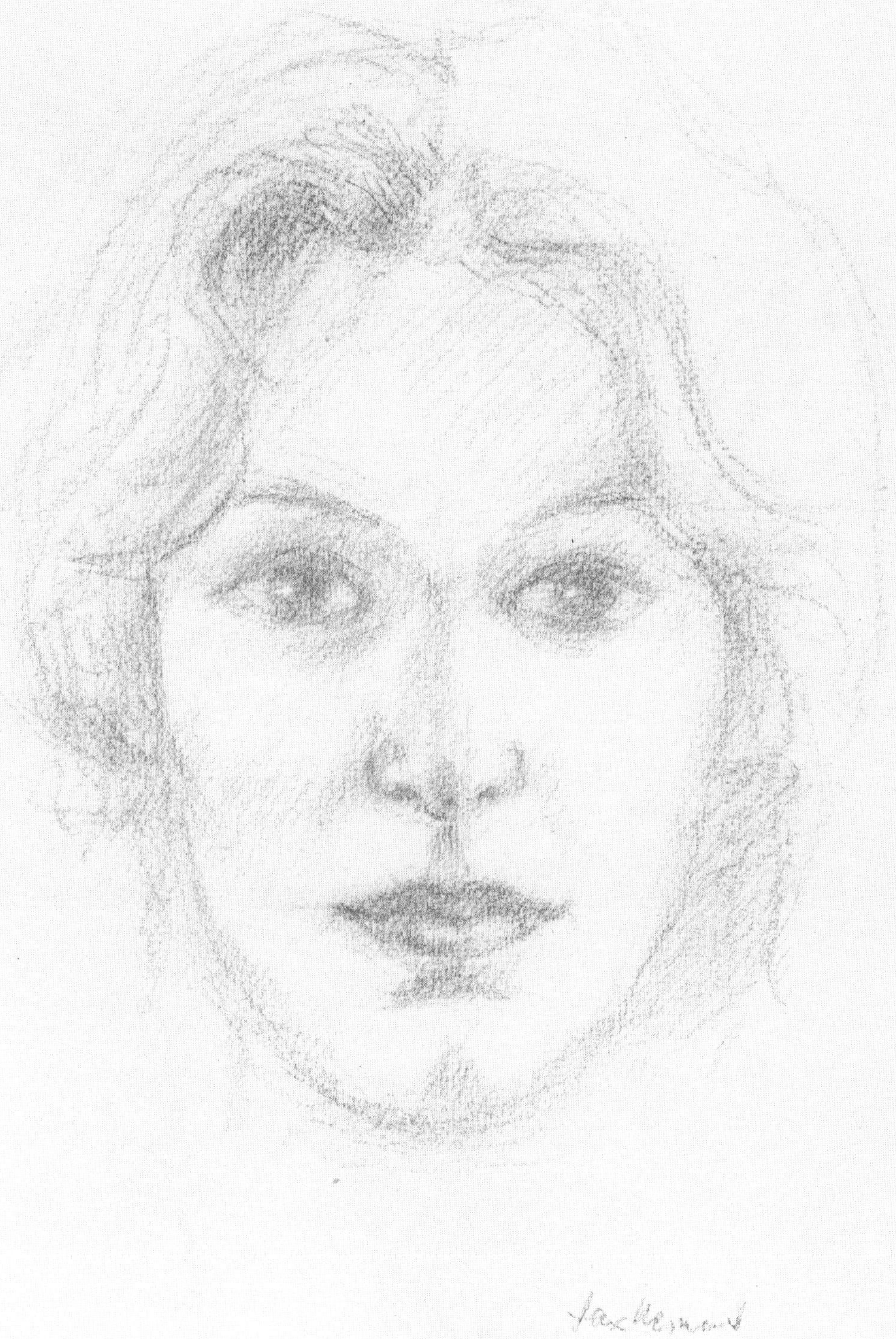
1977

Vierbeiner

Den Körperbau und die Bewegungen der meisten Vierbeiner begreifen Sie auf einprägsamste Weise durch Vergleiche mit einem Menschen »auf allen vieren«. Im Prinzip sind Skelett und Muskulatur ähnlich angelegt, im einzelnen jedoch recht verschieden geformt, was in erster Linie mit der andersartigen Fortbewegung der Tiere zusammenhängt. Die S-förmige Wirbelsäule erlaubt dem Menschen die sichere Ausbalancierung seines aufrechten Ganges auf zwei Beinen. Auf allen vieren versucht er unwillkürlich, die Wirbelsäule, so gut es geht, aufzuwölben. Bei Vierbeinern bilden die Wirbelkörper von Natur aus einen flachen Brückenbogen zwischen den vorderen und hinteren Gliedmaßen. Wenn trotzdem die Rückenkontur je nach Tierart mehr oder weniger eingesattelt erscheint, liegt das an der unterschiedlichen Ausbildung der Dornfortsätze. Am längsten sind sie in Höhe des Widerristes, unter dem die Wirbelkörper ihren tiefsten Punkt erreichen, um mit kurzen Fortsätzen flach bis steil – beim Schäferhund nahezu senkrecht – zur Schädelbasis anzusteigen. Die Halswirbel bestimmen also – anders als beim Menschen – niemals die Nackenkontur, sondern ein straffes, dennoch elastisches, sich beinahe »knochenhart« anfühlendes Sehnengebilde (Nackenband), dessen Dehnung beim Niederbeugen des Halses einige Muskelkraft erfordert. Nur bei alten oder erschöpften Tieren läßt die Spannung nach, auch der »Brückenbogen« sackt durch, und beides bewirkt dann eine auffallende Veränderung der normalen Hals-Rücken-Kontur. Bei manchen Vierbeinern setzt sie sich noch im aus zahlreichen Wirbeln gebildeten Schwanz fort, durch dessen Stellung oder Bewegung sie ihren Gemütszustand verraten, denn zu einem Mienenspiel, wie es uns gegeben ist, sind sie nur sehr beschränkt fähig. Der Kopf läßt sich pauschal mit einem Kegelstumpf umschreiben, sein Profil gleicht häufig dem einer Kombizange, besonders das des Schädelskelettes von Nagern und Pflanzenfressern.

Die meisten Vierbeiner sind »Zehengänger« mit entsprechend umgebildeten Füßen, beziehungsweise Händen. Mittelfuß und -hand wurden vielfach zu einem einzigen Knochengebilde; bei Huftieren wuchsen auch die Finger und Zehen entsprechend zusammen. Aus diesen Umständen erklärt sich die eigentümliche, oft so völlig mißverstandene und besonders aus dem Gedächtnis falsch wiedergegebene Stellung der Läufe. Hinzu kommt, daß nur Unterarme und Unterschenkel vollständig zu sehen sind, während sich die relativ kurzen Oberarme und Oberschenkel mit ihren kräftigen Muskelplatten großenteils unter der Rumpfhaut bewegen. Das gilt auch für »Sohlengänger« wie Bären und Affen, deren Hinterläufe eine ähnliche Knickung zeigen wie die Beine eines Menschen in leichter Hockstellung mit voll aufgesetzten Füßen. Während die Querschnitte von Hals und Rumpf bei allen Vierbeinern einem nach oben gerichteten, schmalen bis gedrungenen Spitzoval gleichen, verläuft die Kehle-Brust-Bauch-Linie bei den einzelnen Gattungen sehr verschieden. Zudem ist sie – im Gegensatz zur Nacken-Rükken-Kontur – bei Tieren mit zottigem Fell kaum auszumachen. Ebenso verhält es sich dann mit der gesamten Körperplastik, überall klar zu erkennen ist sie überhaupt nur unter sehr kurzem glänzendem Fell, am deutlichsten bei edlen Pferden. Da die Behaarung außer dem Kälte- und Wärme-

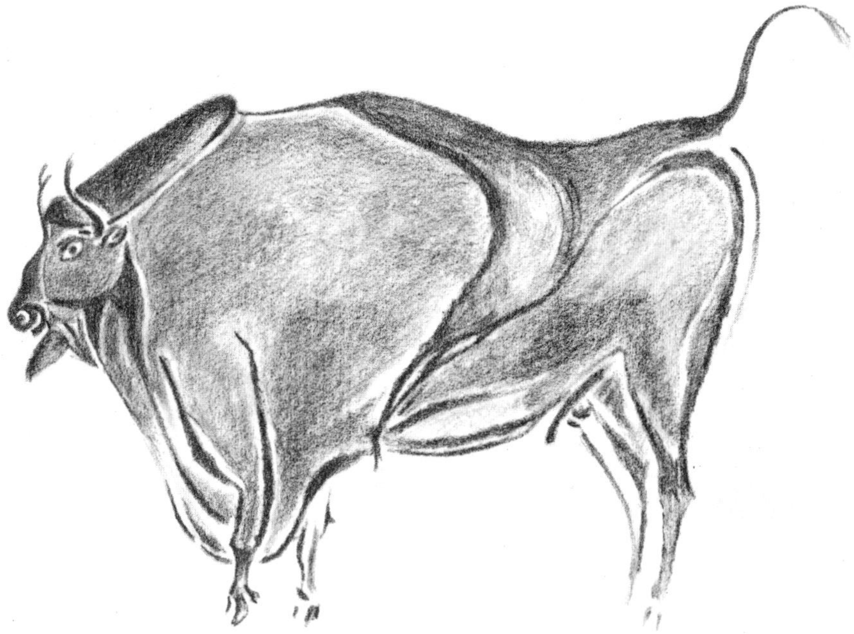

Oben: Nachzeichnung der Darstellung eines Bison in der Höhle von Altamira bei Santillana del Mar/Nordspanien. Das Original mißt 1,5 m vom Maul bis zum Schwanzansatz, ausgeführt in Schwarz (Holzkohle oder Erdpigment) und dunkelrotem Naturocker – nach Funden zu urteilen in Form von »Pastellstiften«. Hergestellt wurden sie aus pulverisierten Pigmenten, Wasser und natürlichem Leim. Die Masse füllte man in ausgehöhlte Markknochen, so daß nach Trocknung und Schrumpfung ein halbwegs bruchfester Stift herausfiel. (Im Prinzip blieb es bis heute beim gleichen Verfahren.) Dichte Strichlagen wurden zur Erzielung von Flächen glatt oder verlaufend verrieben, die minuziösen Einzelheiten blieben ohne Verreibung. Sämtliche Höhlenzeichnungen entstanden beim Licht von Öllampen (unzählige wurden gefunden!) und allein aus dem Gedächtnis, offenbar aufgrund unablässiger Detailstudien im Freien nach getöteten oder gefangenen Tieren.

schutz auch dem raschen Wasserablauf dient, erfordert ihr Strukturverlauf besondere Aufmerksamkeit.

Wie schon die vorgeschichtlichen Höhlenzeichnungen beweisen, liegt der eigentliche Reiz aller Tierdarstellungen vor allem in der genauen Beobachtung und minuziösen Wiedergabe formal deutlich erkennbarer Einzelheiten, also denen des »Gesichts« mit den Ohren samt eventuellem »Kopfschmuck« sowie der Gliedmaßen-Ausbildung. Vom Ellenbogen und Knie an bis zu den Tatzen, Hufen oder »Schalen« sind die Formen kurzhaariger Tiere meist ebenso deutlich ausgeprägt wie am Kopf.

Höchst selten bietet sich Gelegenheit, ein Tier unmittelbar abzuzeichnen, es sei denn in einer der meist wenig reizvollen Ruhestellungen. Immerhin erlauben sie ausgiebige Detailstudien. Lebensvolle Darstellungen setzen zunächst eine Reihe flüchtiger Skizzen mit folgenden Absichten voraus: möglichst feinfühliges Erfassen einzelner Konturverläufe, Einfangen der groben Gesamtform mit pauschalen Umrißschwüngen und durchlaufenden Verbindungslinien, Abwägen der Proportionen durch Aufgliederung der ganzen Erscheinung in planimetrisch einfachste Flächen. Ein für alle Vierbeiner gültiges Proportionsschema gibt es nicht, die Größenverhältnisse weichen nicht nur allgemein, sondern sogar noch bei den jeweiligen Rassen erheblich voneinander ab. Man kann sich auch schwerlich auf nur eines der erörterten Abzeichenverfahren festlegen, der Tierzeichner sollte sie alle parat haben und der jeweiligen Art oder Situation entsprechend kombinieren. Anatomische Grundkenntnisse sind wie immer von Nutzen, zumal hinsichtlich der auf die Lebensweise bezogenen Unterschiede – unter anderem deutlich zu erkennen beim Vergleich etwa von Katzentieren mit Pferden oder anderen Pflanzenfressern. Mit dem Verständnis für die einzelne Tiergattung wächst auch die Treffsicherheit bei der Auswahl typischer Darstellungsposen.

Zum Schluß noch ein allgemeingültiger Hinweis: Vierbeiner schreiten und laufen – von wenigen Ausnahmen oder Dressurübungen abgesehen –, indem sie wechselseitig je ein Vorder- und Hinterbein fast zugleich heben und aufsetzen, ähnlich, wie wir Arme und Beine beim Gehen bewegen. Gleichzeitig machen Hals und Rumpf eine leichte Schlängelbewegung, der Hals nickt auf und nieder, der Kopf pendelt beim ruhigen Schreiten hin und her (besonders auffallend bei Pferden und Rindern). Inwieweit das bei der Darstellung sinnvoll zum Ausdruck kommen kann, ist allerdings fraglich. Da ja immer nur die Pose eines winzigen Augenblicks, nicht aber der Ablauf einer Bewegung festzuhalten ist, könnte eine schräge Kopfhaltung oder ein niedergebeugter Hals verschroben oder einfach falsch wirken – es sei denn, sie verdeutlichen bestimmte Zustände wie Lauern oder Drohen.

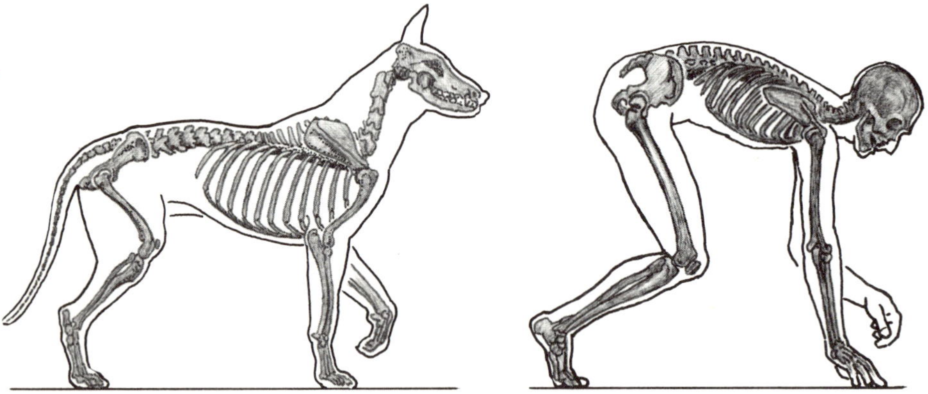

Oben: Umriß und Skelett eines deutschen Schäferhundes in Lauerstellung, verglichen mit einem Menschen in ähnlicher Pose »auf allen vieren«. Wer sich die parallelen Erscheinungen insbesondere der Skelette einprägt, kann beim Wiedergeben der meisten Vierbeiner kaum noch grundlegende Fehler machen und sich im wesentlichen auf die sehr unterschiedlichen arteigenen Proportionen konzentrieren. Beachten Sie vor allem den Aufbau der Läufe, gültig für alle »Zehengänger«: Becken, Ober- und Unterschenkel sowie Schulterblatt, Ober- und Unterarm folgen in Ruhestellung fast rechtwinkligen Zickzacklinien, die – im Gegensatz zum Menschen – selbst bei starken Bewegungen nie völlig gestreckt werden. Ferner die vergleichsweise viel längere Ausbildung der mehr oder weniger verwachsenen Mittelfuß- und Mittelhandknochen (von Anfängern meist als Unterschenkel und Unterarm angesehen, daher dann die umgekehrt dargestellte Knickung der Läufe beim Zeichnen aus dem Gedächtnis!). Die Gelenke der relativ kurzen Zehen und Finger, umgewandelt in Hufe oder Tatzen, funktionieren im wesentlichen nur noch als »Scharniere« und haben als Ganzes nur eine beschränkte seitliche Drehmöglichkeit. Großer Zeh und Daumen fehlen. Die Beweglichkeit der Hüft- und Oberarm-Kugelgelenke ist ebenfalls eingeschränkt, wodurch der sichere Stand und Lauf der Vierbeiner erreicht wird. Da die Schlüsselbeine fehlen, hängen die Schulterblätter (und infolgedessen auch die Vorderläufe) nur mit Sehnen und Muskeln am Rumpf. Deshalb treten die Schulterblätter beim Laufen und Springen bis zur Widerristhöhe und darüber hinaus hervor (am deutlichsten bei Katzentieren), zudem wirken $^2/_3$ der Körperlast auf die Vorderläufe. Sie fungieren in erster Linie als elastische, stoßdämpfende Stützen, während von den Hinterläufen der eigentliche Fortbewegungsantrieb ausgeht.

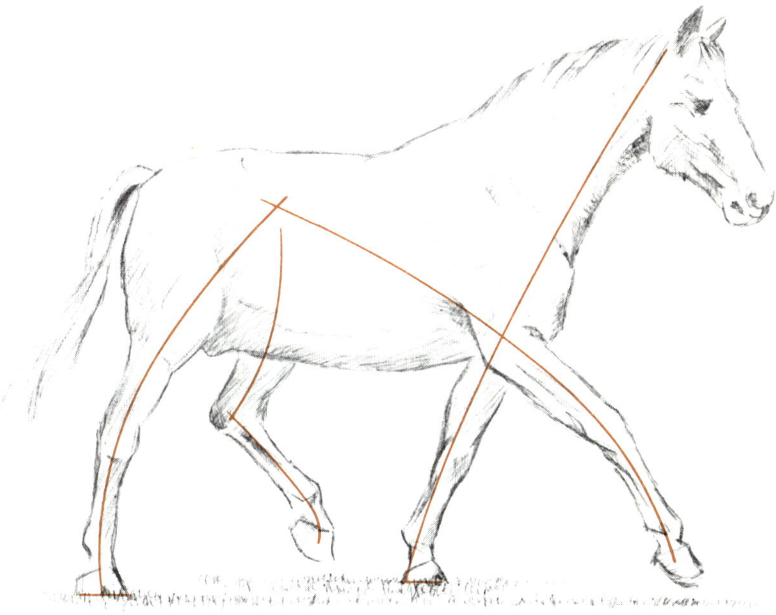

Beinbewegung eines Pferdes beim Schreiten oder Traben. Sie geschieht bei fast allen Vierbeinern ebenso wechselseitig, wie wir normalerweise unsere Arme und Beine beim Gehen bewegen. Bei der Wiedergabe kommt es darauf an, zunächst mit einfachen Hilfslinien einen Moment einzufangen, der eindeutig den Bewegungsfluß charakterisiert und vom Betrachter nicht mit einer verharrenden Schrittpose zu verwechseln ist. Danach sind die Körperumrisse relativ einfach »herumzubauen« und schließlich alle erwünschten Einzelheiten einzusetzen, die man im wesentlichen auch am ruhig stehenden Tier studieren kann. Vierbeiner bewegen nur beim Galoppieren und Springen die Vorder- und Hinterläufe jeweils nahezu gleichzeitig-parallel.

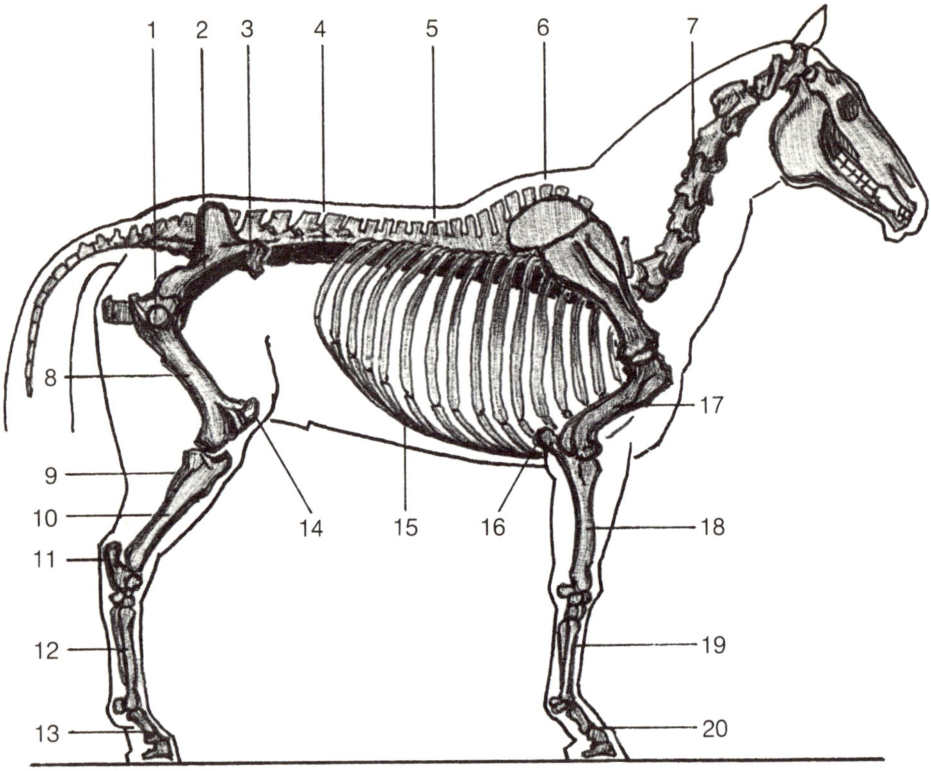
1
2
3
4
5
6
7
8
9
10
11
12
13
14
15
16
17
18
19
20

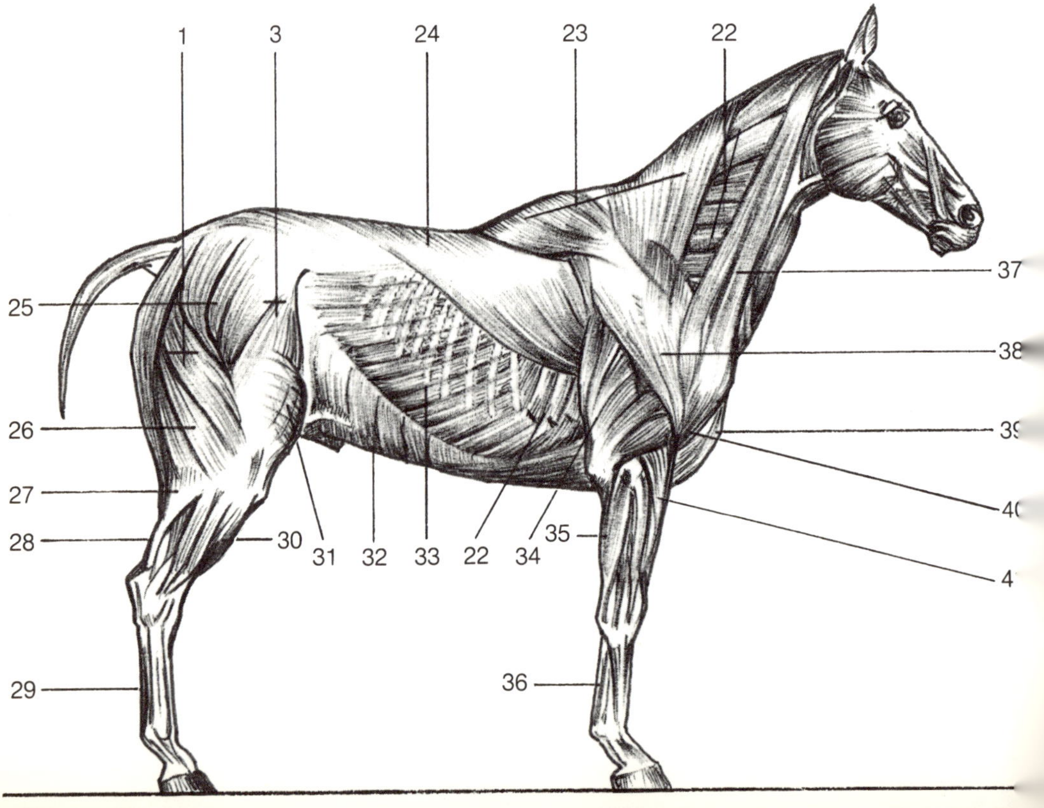
1
3
24
23
22
25
26
27
28
29
30
31
32
33
22
34
35
36
37
38
39
40

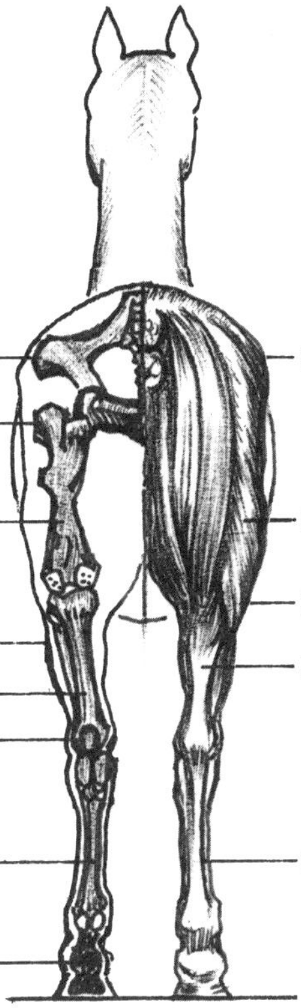

Pferd. Skelett und oberflächig sichtbare Muskulatur – im Prinzip gültig für fast alle Vierbeiner. Zum einprägsameren Vergleich mit dem Menschen werden bei Tieren so weit wie möglich die gleichen Bezeichnungen verwendet, zumal die Grundformen der Knochen und die Muskelfunktionen einander ähneln. Zu den wichtigsten Unterschieden gehören die eingeschränkte Funktion der Hüft- und Schultergelenke (zur Laufsicherung auf vier Beinen) und – mit wenigen Ausnahmen – das Fehlen der Schlüsselbeine (zur besseren Abfederung der Vorderhand beim Aufsprung). Ferner verlangt das Stehen – im Gegensatz zum Menschen – durch Einrast-Vorrichtungen der Beingelenke keine Muskelkraft. Kurzhaarige Rassepferde lassen die von Muskeln und Skeletteilen gebildete Oberflächenplastik ähnlich gut erkennen wie der nackte menschliche Körper. Außerdem bieten derartige Pferde auf der Koppel die besten Studienmöglichkeiten, weniger die phlegmatischen Rinder: Ihr Knochenbau tritt zwar stellenweise stärker hervor, die einzelnen Muskeln sind jedoch insbesondere an Rumpf und Hals kaum deutlich voneinander zu unterscheiden.

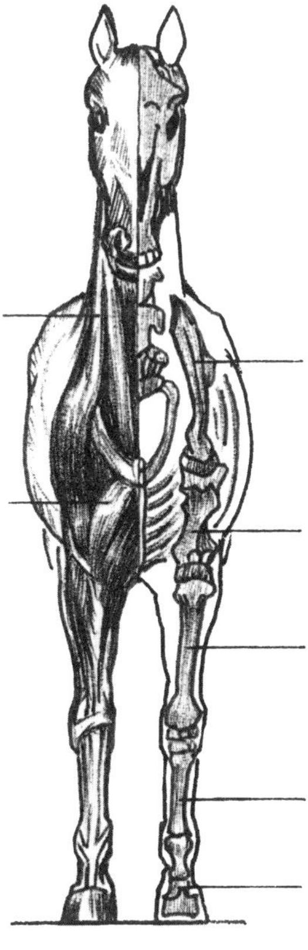

1 = Rollhügel des Hüftgelenks
2 = Becken
3 = Hüfthöcker
4 = »Brückenbogen« der Rückenwirbel
5 = Wirbelfortsätze
6 = Widerrist
7 = Halswirbel
8 = Oberschenkelbein
9 = Wadenbein
10 = Schienbein
11 = Fersenbein
12 = Mittelfuß
13 = Zehen (Huf)
14 = Kniescheibe
15 = Brustkorb
16 = Ellenbogen
17 = Oberarmbein
18 = Elle mit Speiche
19 = Mittelhand
20 = Finger (Huf)
21 = Schulterblatt
22 = Sägemuskeln
23 = Kapuzenmuskel
24 = breitester Rückenmuskel
25 = Gesäßmuskeln
26 = Oberschenkelstrecker
27 = Wadenmuskeln
28 = Achillessehne
29 = Hufbeuger
30 = Fußbeuger
31 = Unterschenkelstrecker
32 = gerader Bauchmuskel
33 = schiefer Bauchmuskel
34 = Oberarmstrecker
35 = Handbeuger
36 = Hufbeuger (Vorderhand)
37 = Kopfnicker
38 = Deltamuskel
39 = Brustmuskeln
40 = Unterarmbeuger
41 = Handstrecker

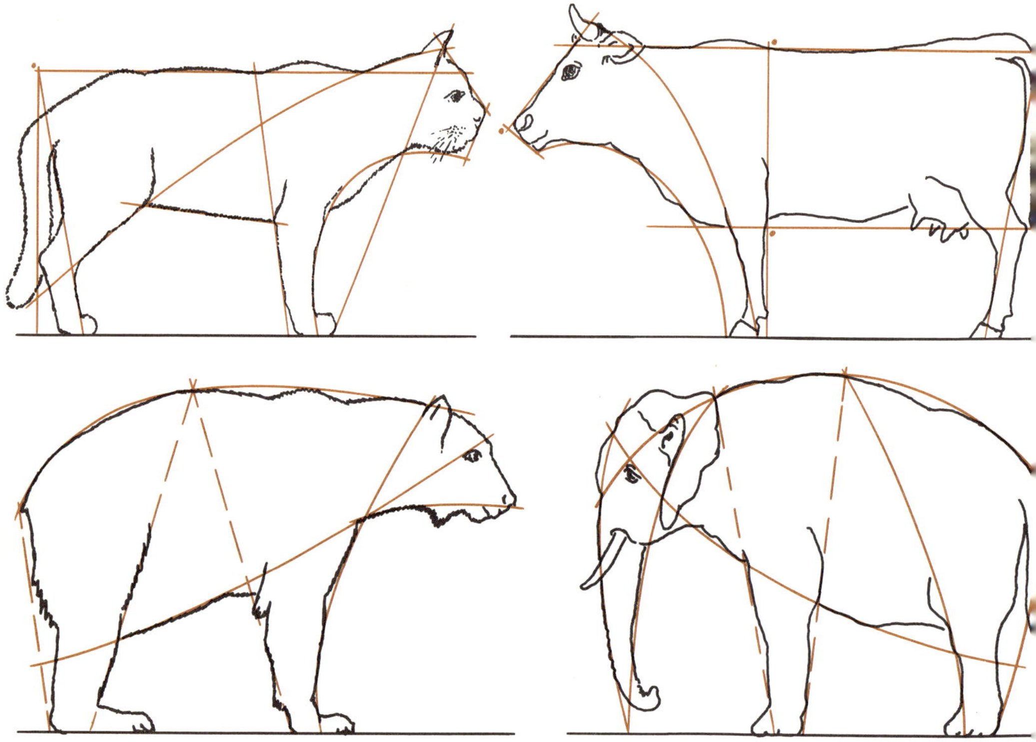

Hilfen beim Zeichnen von Vierbeinern. Da es für diese Tiere kein allgemein gültiges Proportionsgerüst gibt, muß man jeweils von pauschalen Flächentangenten sowie markante Punkte verbindenden Geraden und Kurven ausgehen. Hier sind diese Linien mit entsprechenden Linealen gezogen, um zu zeigen, wie glatt sie verlaufen. Beim Abzeichnen und Entwerfen tastet man sich natürlich mit zartesten Freihandstrichen erst allmählich an solche glatte Verläufe heran und nutzt Lineale allenfalls hin und wieder zum Schluß bei strengen Stilisierungen.

Oben: Katze und Rind. Bei diesen Figuren ist zuerst von Waagerechten und Senkrechten auszugehen – aufgrund der gestreckten Rückenkontur (rechtwinklige Zusammenstöße mit Senkrechten sind durch Punkte markiert). Dann folgen gerade Schrägen und schließlich je zwei Bogenlinien.

Unten: Bär und Elefant. Dem Aufbau dieser Tierkörper ist hauptsächlich durch Bogenlinien beizukommen, weil ihre Leiber deutlich nach hinten abfallen. Die Neigungen der Geraden (gestrichelt) ergeben sich je nach Stellung der Beine. Beachten Sie beim Bär als »Sohlengänger« die dementsprechende Knickung der Hinterläufe!

Die Zeichnungen zeigen einfachste Standhaltungen. Alle Linien, besonders die, welche Beinstellungen beschreiben, ändern sich zum Teil erheblich bei Laufposen, während der Nahrungsaufnahme oder dergleichen. Im übrigen sind meine Beispiele nur als unverbindliche Anregungen gemeint. »Rezepte« gibt es in diesem Zusammenhang ebensowenig wie für die »inneren Linien« menschlicher Figuren.

Rechte Seite. Oben: Detailskizzen von Hunden. Links = Vorder- und Hinterläufe einer wenige Wochen alten Dogge. Rechts = Profil eines Mopses, eines Jagdhundes und Einzelheiten eines weiteren Exemplars.

Unten: Eisbär, Pinselzeichnung mit Deckweiß und Schwarz auf streifig getöntem Papier ($^{2}/_{3}$ der Originalgröße). Als Vorlage dienten mehrere in einem Zoo entstandene Bleistiftstudien.

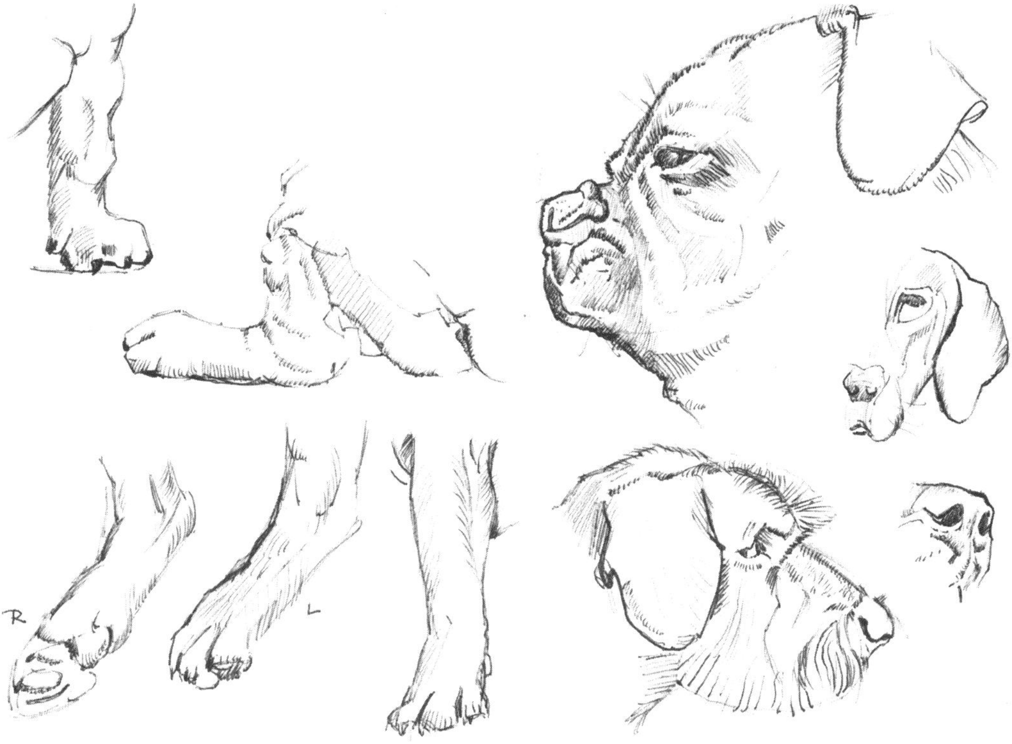
R
L

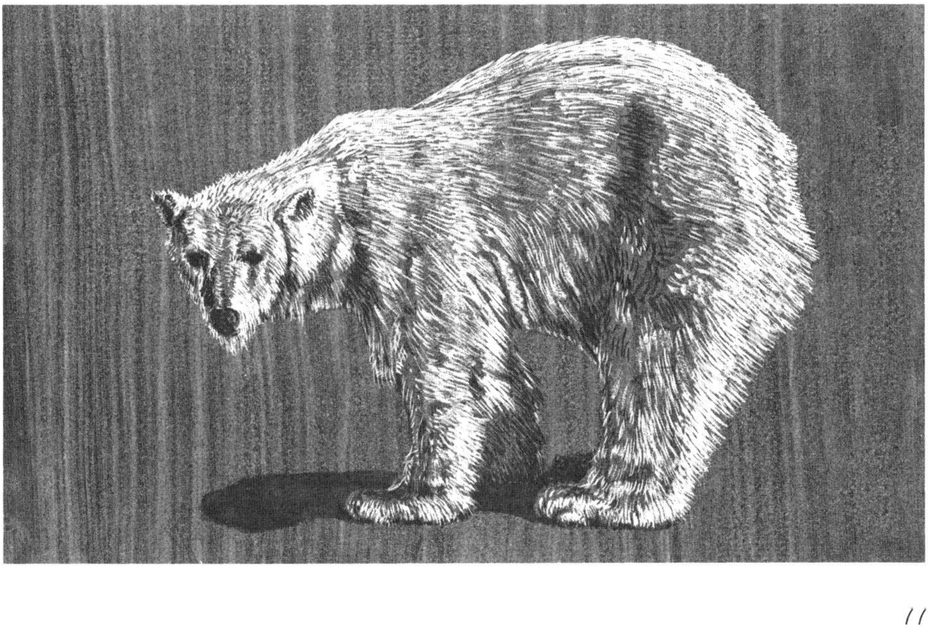

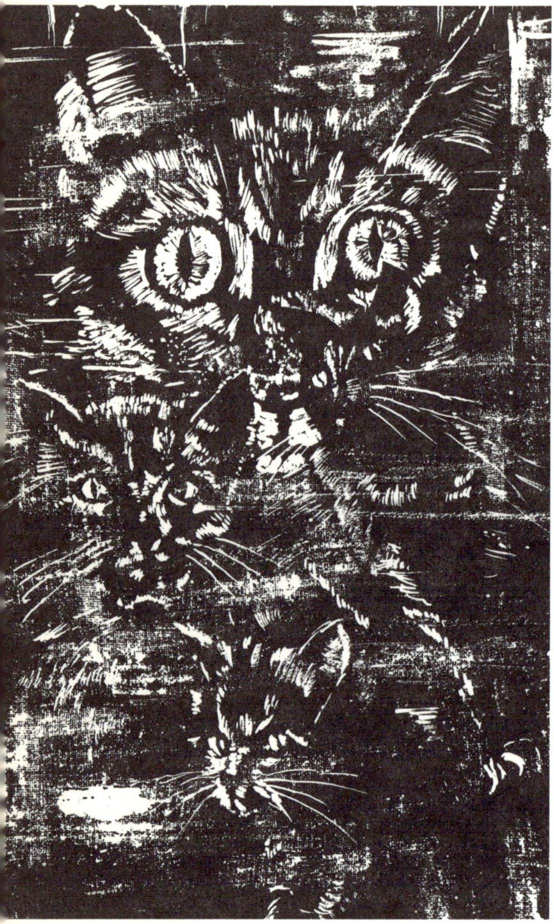

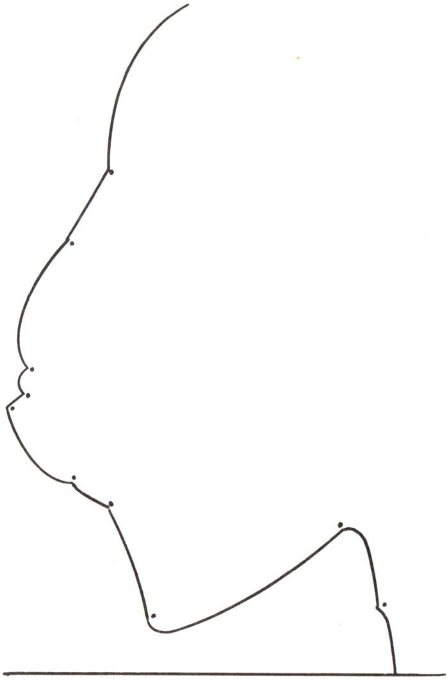

ein wenig nachhelfen. Zum Schluß erscheinen nur die mit wasserunlöslicher Tusche unmittelbar bedeckten Papierstellen schwarz neben dem Weiß der anfangs mit Deckfarbe ausgeführten Zeichnung. Die dabei kaum genau vorauszusehenden Zufälligkeiten der am Ende umgekehrten Wirkung gehören zum überraschend Reizvollen dieses Verfahrens.

Katzengesichter. Illustration zu einer Gespenstergeschichte: Im Dunkel erscheinen und vergehen Katzen, die immer riesiger werden . . . Das Unheimliche der Situation glaubte ich am einfachsten durch »Aussprengen« zu erreichen. Dabei zeichnet man mit spitzen bis stumpfen, teilweise halbtrockenen Rundpinseln und wasserlöslich bleibender Deckfarbe auf kräftiges, halbrauhes Papier, läßt es gut trocknen und überstreicht dann das Ganze mit schwarzer Ausziehtusche. Nach weiterer Trocknung wird das Blatt umgewendet in Wasser getaucht, wobei sich die Deckfarbe samt der daraufsitzenden Tusche ablöst. Meist muß man anschließend mit einem weichen Pinsel noch

Rechts: »Gesicht« eines Wisent (Kreide, Originalgröße). Die Studie entstand im zoologischen Garten in mehreren Phasen, weil das Tier natürlich öfter seine Position wechselte. Sind jedoch erst einmal die Hauptumrisse und die Flächenaufteilung proportionsgerecht erfaßt, können Einzelheiten auch bei anderen Posen studiert und der bereits fixierten Haltung entsprechend eingesetzt werden: die im Verhältnis zum massigen Kopf merkwürdig kleine Augenpartie, das Horn, die Formen der Nase und der Wechsel der wolligen bis zottigen Fellstruktur. Wie glatt und einfach der äußere Umriß verläuft, sehen Sie an der oben verkleinert wiedergegebenen Nachzeichnung mit Kurvenlinealen (Ansatzstellen durch Punkte markiert).

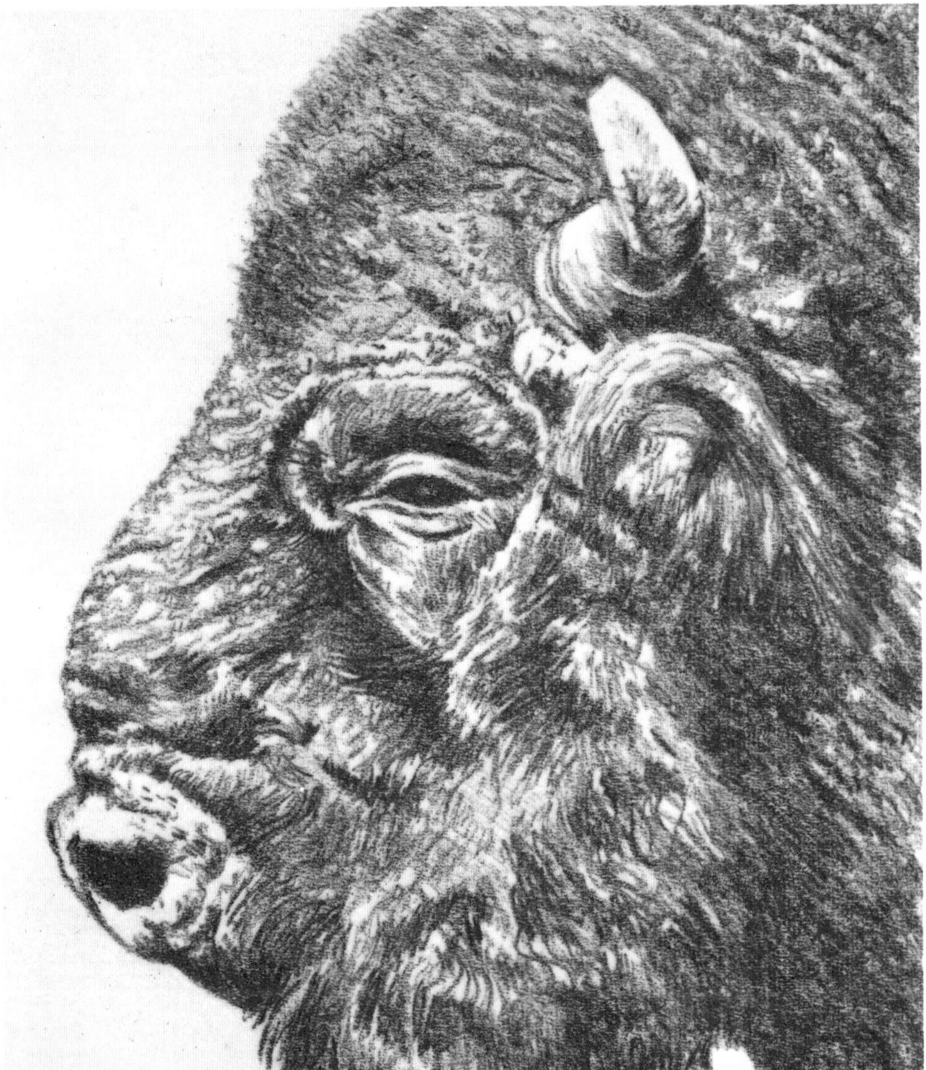

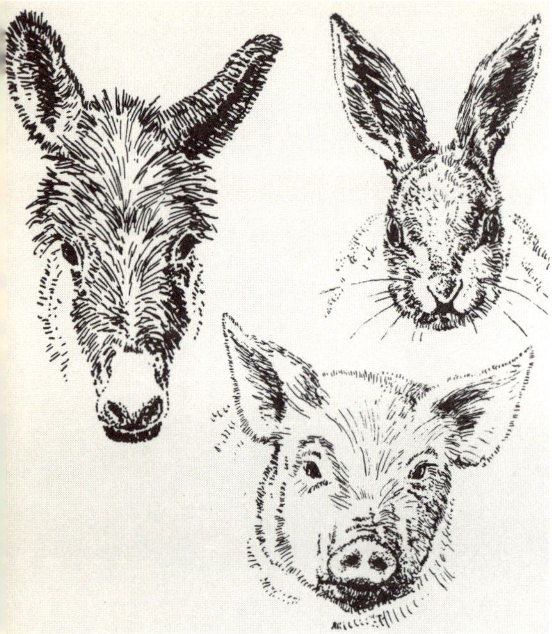

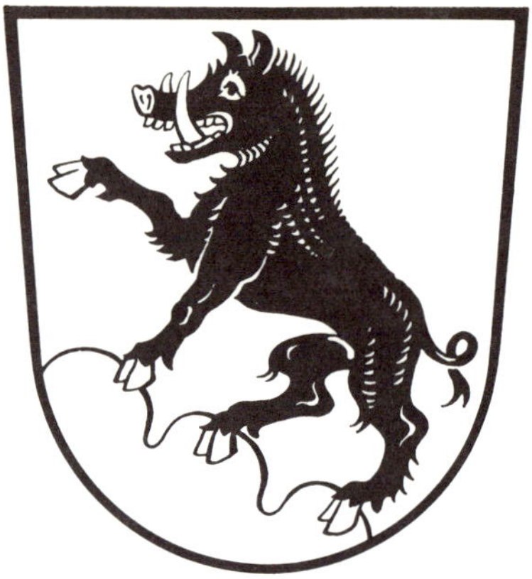

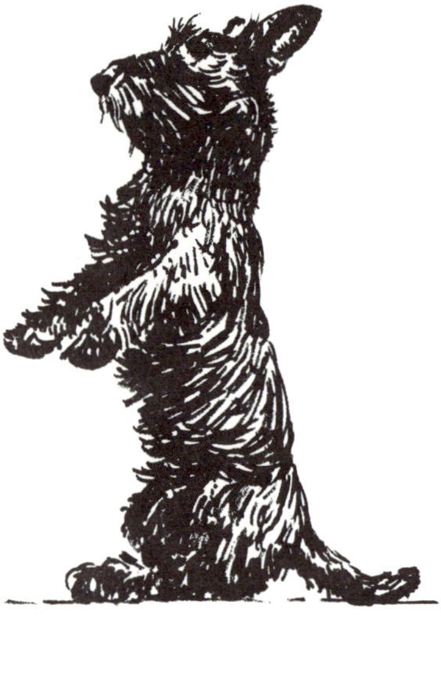

Oben. Links: »Tiere sehen dich an« (Esel, Hase, Ferkel). Zeichnungen mit der Stenofeder. Rechts: Beispiel für ein »redendes Wappen« (Ebersberg/ Oberbayern). In solchen Fällen spielten Vierbeiner ebenso häufig eine Rolle wie Greifvögel, zuweilen umgewandelt in Fabeltiere (Einhorn, geflügelter Löwe, Drache). Ein weltweit bekanntes redendes Wappen ist das von Berlin (Bärlein).

Unten: Der Schottenterrier »Negus« bittet beharrlich um einen Leckerbissen. –

Vögel

Die Bauweise des Vogelkörpers, seine Ruhe- und Laufposen, ja sogar die Formgrundlagen der angelegten oder ausgebreiteten Fittiche werden wieder am leichtesten verständlich durch Vergleiche mit einem Menschen in halber Hocke auf den Zehen. Im übrigen zeigen die schematischen Darstellungen, daß der nackte Vogelkörper kaum halb so umfangreich ist wie die Gesamterscheinung und von dieser auch formal abweicht. Dadurch entsteht bei Ruheposen häufig ein unstabiles Bild: Die Masse rückwärts vom Lot durch die Fußmitte erscheint größer als die davor. Die Ungleichheit ergibt sich je nach dem rückwärtigen Überragen der Flügel- und Schwanzfedern. Da diese (spezifisch) leichten Gebilde nur geringfügig ins Gewicht fallen, hängt also die Balance im wesentlichen von der Haltung des Rumpfes und der Beine ab, zum Teil auch von der Krümmung oder Streckung des Halses.

Der Rumpf ist samt der mächtigen, am Brustbeinkamm ansetzenden Flügelmuskulatur ein starr-elastisches Gebilde. Es gleicht einem Ei mit nach hinten gerichteter Spitze, auslaufend im noch geringfügig beweglichen Steißbein. An ihm sitzen die Muskeln und Federn des Schwanzes. Der Oberschenkel bildet mit dem Unterschenkel bei den meisten Posen einen nahezu rechten Winkel, an dem stumpfwinklig der zu einem einzigen langen Knochen umgebildete Mittelfuß ansetzt. Er läuft gewöhnlich in vier Zehen aus, drei sind nach vorn, eine ist nach hinten gerichtet, es gibt jedoch etliche Ausnahmen von dieser Regel. Die Krallen helfen beim Anklammern, dienen zum Scharren, bei den Greifen auch als Waffen. Der Kopf ist kugel- bis eiförmig und endet in der der jeweiligen Nahrungsaufnahme angepaßten Schnabelform. Die unbeweglichen Augäpfel erscheinen durchweg kreisrund und sind nur bei Eulen nach vorn gerichtet. Zur Änderung der Blickrichtung muß der Vogel den Kopf drehen und tut es stets ruckartig. All das verleiht seinem »Gesicht« etwas Starres, fast Hypnotisches, zu mimischen Veränderungen ist es ganz unfähig. Gemütszustände drükken sich durch Haltung, Schnabel- und Federbewegungen aus, bei Hühnervögeln gelegentlich auch durch Verfärbung und Schwellung der Kämme, Schläfen- oder Stirnlappen (am auffallendsten beim Truthahn).

Die normalerweise S-förmige Haltung des aus 12 bis 25 Wirbeln (Schwan) gebildeten Halses ist nur bei Wasser- und Stelzvögeln ohne weiteres zu sehen, bei anderen Arten bleibt sie unter üppigen Deckfedern verborgen, die meist einen Kegelstumpf bilden. Die Vogelarme sind, verglichen mit denen des Menschen, proportional viel länger, vor allem die Unterarme und noch mehr die auf wenige Glieder reduzierten Hände. An den Armen setzen flache Muskelplatten und die mächtigen Flugfedern an, bei einigen Arten erreicht die Spannweite der ausgebreiteten Schwingen mehr als das Dreifache der Länge vom Schnabel bis zur Schwanzspitze.

Die bisher erörterten Tatsachen haben zwar nur zum Teil unmittelbare Bedeutung für die Wiedergabe von Vogelgestalten, erklären aber das Zustandekommen vieler Bewegungen und die damit verbundenen, oft erheblichen Formveränderungen. Meistens muß man sie rekonstruieren, denn noch seltener als bei Vierbeinern ist es möglich, einen Vogel unmittelbar abzuzeichnen. Bestenfalls verharren größere Greifvögel im Zoo längere Zeit unbeweglich, zur minuziösen Wiedergabe von Einzelheiten reicht es allein schon wegen der großen Distanz zum Zeichner kaum. Sie müssen also gesondert studiert werden – entweder an fachkundig präparierten Vogelbälgen oder daheim an im Käfig gehaltenen Exemplaren, die immerhin noch vieles zeigen, was auch für andere und größere Arten typisch ist.

Das trifft vor allem auf das Federkleid zu. Bis auf die Läufe und den Schnabel modelliert es die Gesamtform. In der Ruhe ergibt sich für die meisten Arten eine außerordentlich glatte, durch die angelegten Schwingen leicht aufgebuckelte, sonst aber der Eiform ähnliche Rumpfplastik. Um den Hals fügen sich die relativ kleinen, auch den übrigen Körper großenteils bekleidenden Deckfedern zu besagtem Kegelstumpf zusammen, der glatt in die Kopfrundung übergeht (von den erwähnten Ausnahmen abgesehen). Dort bilden die Federn zuweilen »Ohrmuscheln« (einige Eulen), Brauenwülste (Greife) oder einen Scheitelschmuck (Kiebitz, Pfau, Wiedehopf, Haubenmeise und andere). Die Läufe sind gewöhnlich bis über die Fersen befiedert, bei Greifen reichen die Federfahnen manchmal bis fast zu den Zehen. Die Oberschenkel bleiben bei allen flugfähigen Vögeln unsichtbar. Das Gefüge der Deckfedern gleicht allenthalben einer Dachplattenstruktur, ausgerichtet nach geringstem Luftwiderstand beim Fliegen. Infolgedessen ergeben sich in Ruheposen mehrere bei der Wiedergabe wohl zu beachtende »Felder« mit voneinander abweichenden Richtungen. Deckfedern haben symmetrische Fahnen, desgleichen die wesentlich größer ausgebildeten Schwanzfedern. Bei männlichen Exemplaren wachsen sie sich manchmal zu üppigen Schmuckformen aus (Haushahn, Pfau). Die Flügel-Schwungfedern haben asymmetrische Fahnen, ihr schmalerer Teil ist der Flugrichtung zugewandt, der breitere bei Greifen teilweise abgestuft. Die unter den Deckfedern verborgenen Flaumfedern dienen nur als Kälteschutz und treten darstellerisch nicht in Erscheinung.

Die Vogelfüße umkleiden dachziegelartig überlappende Hornschuppen, die sich eng den plastisch manchmal sehr differenziert ausgebildeten Formen anschmiegen. Genau zu studieren sind ferner die für jede Vogelgattung typischen Krallen, ebenso die Schnäbel. Es gibt da sowohl einfache Kegelformen wie spezialisierte Bildungen: Bei Greifen fungiert das Oberteil als Reißhaken zum Zerlegen der Beute, der Spechtschnabel ist ein kräftiger, spitzer Meißel, bei der Schnepfe wurde er zur langen, feinfühligen Sonde, beim Kreuzschnabel zum seltsamen Doppelhaken. Die Darstellung eines ruhenden Vogels gewinnt ihren eigentlichen Reiz durch die minuziöse Wiedergabe typischer Details und eine möglichst straff zusammengefaßte Federkleidplastik. Wie glatt und vollendet sie ist, erfahren Sie vielleicht erst beim Abtasten von zahmem Hausgeflügel. Altägyptische Bildhauer – um nur ein Beispiel zu nennen – widmeten sich diesen Formen mit größter Sorgfalt und »gravierten« nur an einigen markanten Stellen des Vogelrumpfes die Federstruktur hinein. Ähnlich können Sie es beim Zeichnen halten; aber auch mit durchgehenden, die Rundungsperspektive beschreibenden Totalstrukturen lassen sich gute Wirkungen erzielen.

Problematisch bleibt die Wiedergabe von Flugposen. Bei naturalistisch aufgefaßten Einzelfiguren wirken sie meistens ebenso anödend wie Präparate mit ausgebreiteten Schwingen. Am sinnfälligsten erscheint wohl noch die Darstellung eines ganzen Schwarmes, in dem sich die einzelnen Flugbilder rhythmisch wiederholen, das Auge nicht zur Ruhe kommen lassen und dadurch eine gewisse Illusion dessen hervorzaubern, was sich eigentlich gar nicht festhalten läßt: der unaufhaltsame Bewegungsfluß. Überzeugend gelungen ist das zuweilen auf Wandbildern des alten Orients und Ostasiens.

Bei der von Natur aus straffen Gesamtform flugfähiger Vögel lagen Stilisierungen stets nahe, und besonders reizte die »majestätische« Erscheinung von Greifen. Mit der Entstehung europäischer Staaten wurde besonders der Steinadler zur Wappenfigur in immer neuen, phantasievollen Abwandlungen (Seite 204).

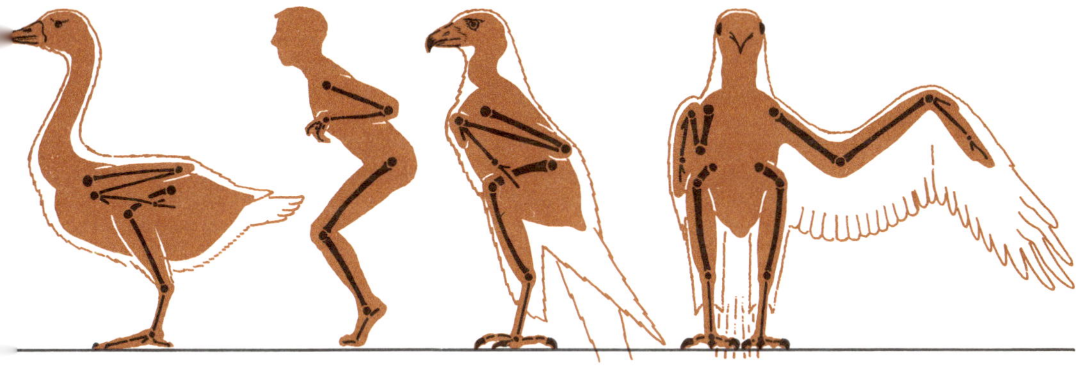

Schematische Profil-Darstellungen einer Gans, eines Adlers und eines Menschen in halber Hocke auf Zehenspitzen. Seine Haltung ähnelt in dieser Position der eines »aufgebaumten« Greifvogels oder anderer größerer, auf Ästen sitzender Vögel. Dagegen liegen die Rümpfe von Lauf- und Schwimmvögeln sowohl zu Lande wie zu Wasser waagerecht, und so verhält es sich unter anderem auch bei Greifvögeln, wenn sie ausnahmsweise auf der Erde dahinschreiten – ein seltsam unbeholfen wirkender Anblick. Die Arme mit nur je einem, im Vergleich zum Menschen überlang ausgebildeten Finger (von den übrigen blieben nur zwei kurze Stummel) sind in der Ruhe und beim Lauf eng zusammengewinkelt. Die Beine mit relativ kurzen Oberschenkeln bilden zu den Unterschenkeln nahezu rechte Winkel. Daran sitzen stumpfwinklig die verlängerten, zu einem einzigen Knochen verschmolzenen Mittelfüße. Die Zehen sind proportional ebenfalls viel länger als beim Menschen. Der stark S-förmig gekrümmte Hals verbirgt sich – von den erwähnten Ausnahmen abgesehen – normalerweise unter dem kegelstumpfähnlich zusammengeschlossenen Halsgefieder und ist ausgestreckt nur ausnahmsweise zu sehen. Er bewirkt dann zum Balanceausgleich eine entsprechende Verschiebung des Rumpfes nach rückwärts durch stärkere Knickung der Fersengelenke.

Eine derartige Pose bildete das Motiv für den Wandteppich Seite 128: Zwei Haushähne gehen aufeinander los und verharren vor dem gegenseitigen Anspringen einen Augenblick mit vorgestreckten Hälsen und steil aufgerichteten Schwanzfedern. Für den Entwurf brauchte natürlich nur ein Hahn gezeichnet zu werden, nach dem mittels Umkehrpause die symmetrische Spiegelung entstand. Unter dieser Darstellung versinnbildlicht den Widerstreit ein gegenläufiges Hakenband, die Maske darüber den durch kein Gezänk zu erschütternden Gleichmut des überlegen Unbeteiligten.

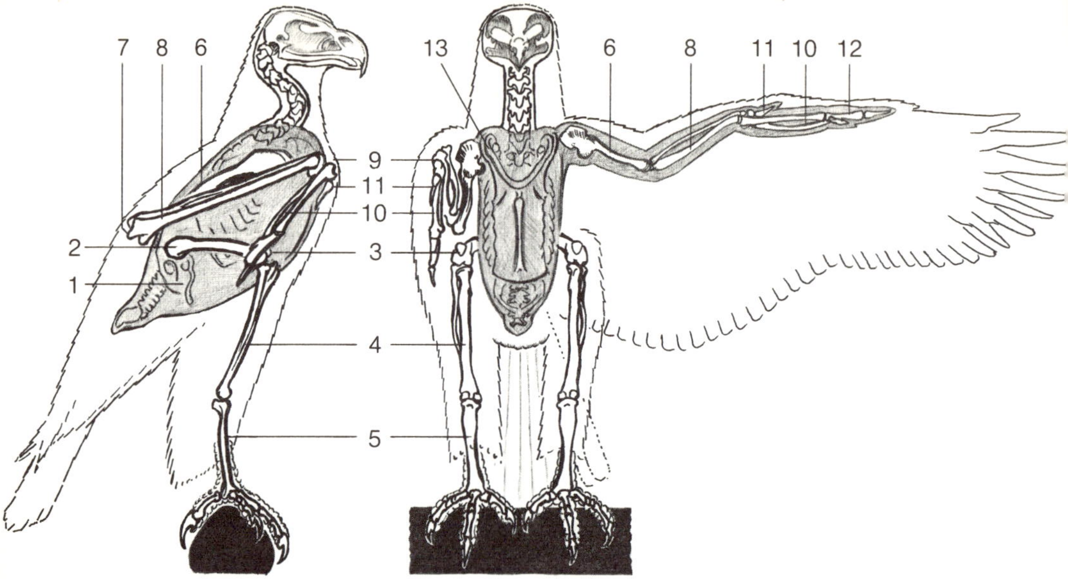

Skelett mit Gefiederumriß eines Greifvogels. Im Prinzip ist das Skelett bei allen Vögeln gleichartig angelegt. 1 = Masse des Rumpfes, 2 = Rollhügel des Hüftgelenks, 3 = Oberschenkelbein mit Kniescheibe, 4 = Schien- und Wadenbein, 5 = Mittelfuß, 6 = Oberarmbein, 7 = Ellenbogen, 8 = Elle und Speiche, 9 = Handwurzel, 10 = Mittelhand, 11 = Daumen, 12 = Finger, 13 = Gabelknochen (die miteinander verwachsenen Schlüsselbeine). Die wie lange Säbel geformten Schulterblätter können praktisch als Teile des starr-elastischen Rumpfgebildes aufgefaßt werden. Ihre geringe Beweglichkeit gibt dem Schultergelenk den beim Fliegen nötigen Halt.

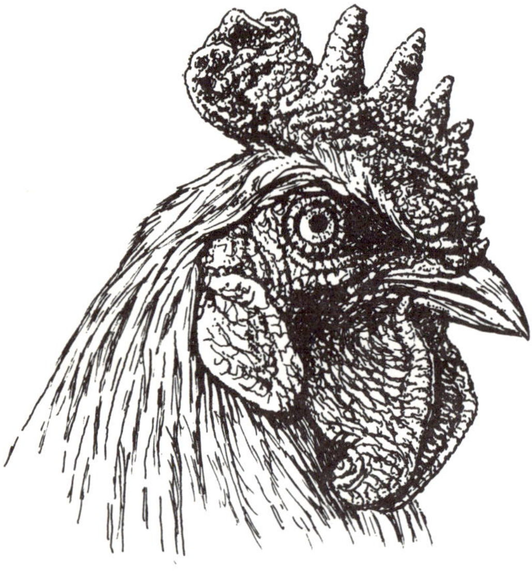

Kopfstudie eines Hahnes (Stenofeder und Ausziehtusche). Zuerst sind mit später wegzunehmenden Bleistrichen die pauschalen Formflächen proportionsgerecht einzufangen, was wohl erst nach etlichen Versuchen gelingt, weil der Vogel nie lange stillhält. Ein Tip für den Umgang mit einem solchen Modell: Lassen Sie es in einen kleinen, grobmaschigen Käfig sperren – so, daß er sein Hennenvolk nicht sieht und ruhig bleibt.

Rechte Seite unten: Schematische Ordnung des Federkleides. Links: Ausgebreitete Schwinge eines Greifvogels. Mitte: Profildetail der gleichen Art mit zusammengelegten Schwingen sowie Brust- und Laufansatz. Rechts: Teil der oft farbig abgestuften Brustbefiederung. Sie bildet dann meist das äußere Kennzeichen männlicher Exemplare der jeweiligen Art, während die weiblichen meist unscheinbarer gefärbt sind.

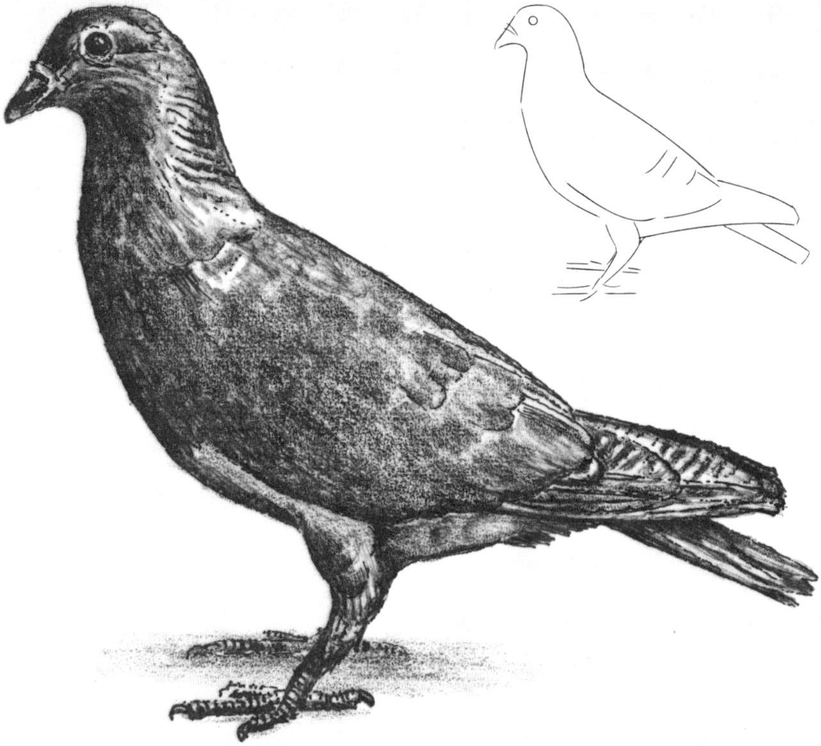

Oben: Brieftaube (schwarzer Goldfaberstift auf Transparentpapier, ausgeführt über einer Bleistudie, Originalgröße). Bei diesen hervorragenden Fliegern weist der Körper geradezu ideale Stromlinienformen auf. Wie glatt sie sind, beweist die verkleinerte, mit Kurvenlinealen nachgezogene Konturenzeichnung rechts oben. Ebensolche Glätte zeigt auch die Draufsicht und man spürt sie abermals beim Betasten des Vogelkörpers. Bei den Deckfedern ist eine Struktur kaum zu erkennen, sondern erst bei den Schwingen- und Schwanzfedern. Infolgedessen läßt sich die plastische Form nur schattierend wiedergeben, während bei vielen anderen Vogelarten die deutlich sichtbaren Federnkonturen und oft auch die Farbgrenzen zur Formbeschreibung genügen können, wenn der perspektivische Rundungsverlauf berücksichtigt wird.

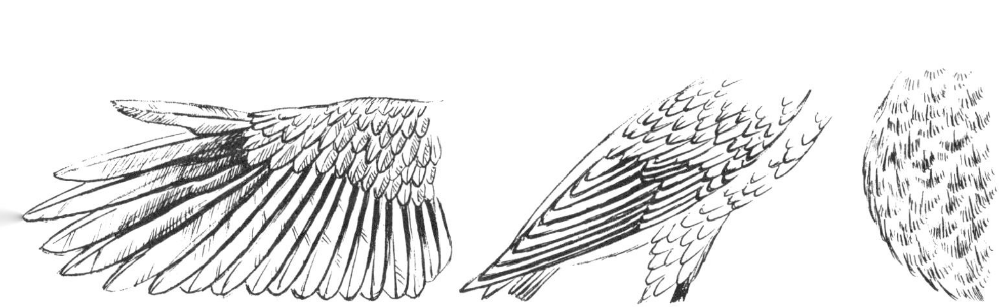

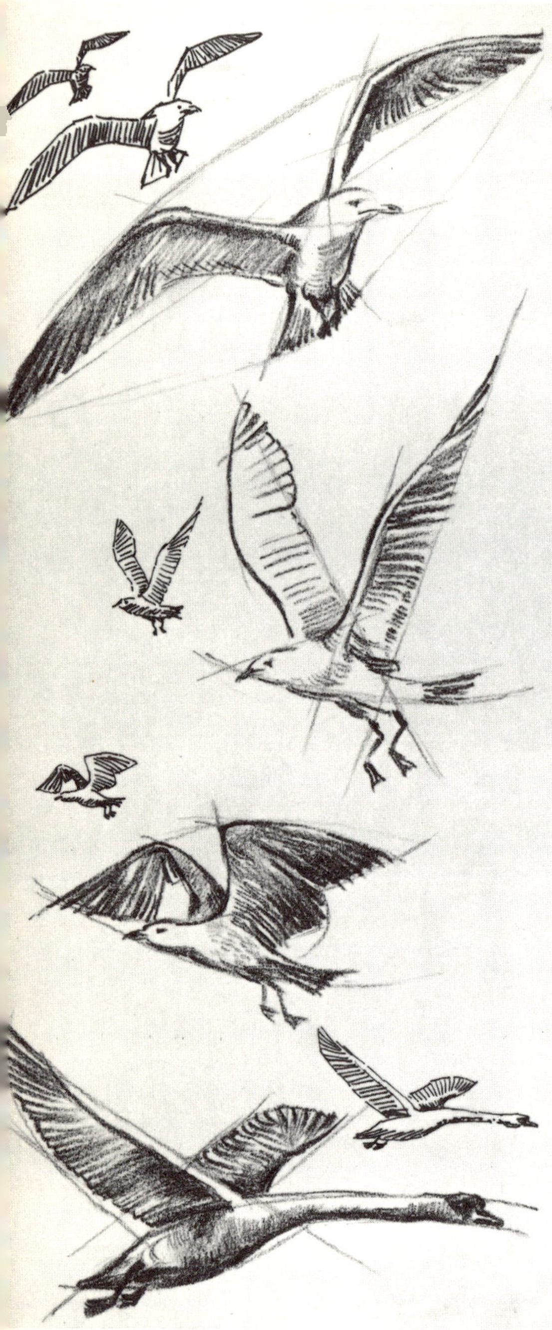

Links: Skizzen von Flugbildern. Am bequemsten lassen sie sich an Möwen studieren, wenn sie nach Futterbrocken schnappen, die ihnen ein Helfer immer wieder in gleicher Richtung entgegenwirft. Dann wiederholen sich auch die An- und Abflugbewegungen gleichartig, so daß man sie allmählich aus flüchtigen Einzelbeobachtungen zusammensetzen kann. Gelegenheiten bieten sich am häufigsten in kleinen Fischerhäfen und an größeren Flüssen mitten durch Städte. Flugbilder von niedrig über das Wasser streichenden Schwänen sind derart charakteristisch, daß man sie sich leicht einprägt und aus der Erinnerung schon weitgehend richtig zu skizzieren vermag, zumal sie ihre Flügel – wie alle großen Vögel – sehr langsam bewegen. Auch Korrekturen lassen sich nach weiteren Beobachtungen praktisch nur aus dem Gedächtnis anbringen: Der Anblick bleibt immer Sache des Zufalls und ist schon nach wenigen Sekunden vorüber. Im übrigen kann einen in solchen Fällen die intensive Betrachtung von Fotos – bei allem Vorbehalt – auf vieles aufmerksam machen, was man sonst nicht ohne weiteres wahrnimmt.

Unten: Kopf eines Wiedehopfes mit aufgerichteter, einem Indianerschmuck gleichenden Federhaube (Position beim Anklammern an einen Baumstamm). Der Vogel legt den Schopf eigentlich nur beim Flug nieder. An seiner Nesthöhle ist er immer wieder gut zu beobachten.

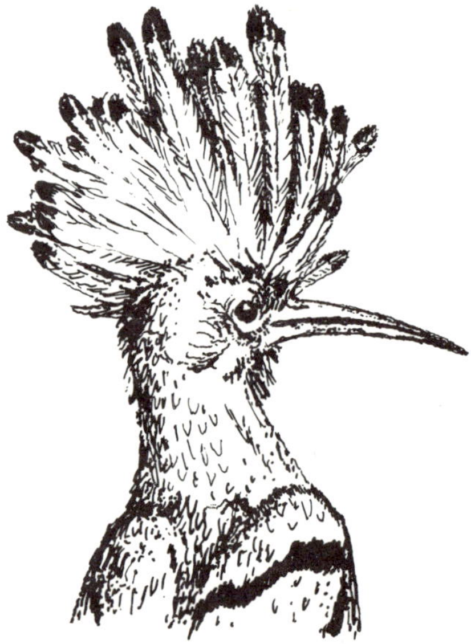

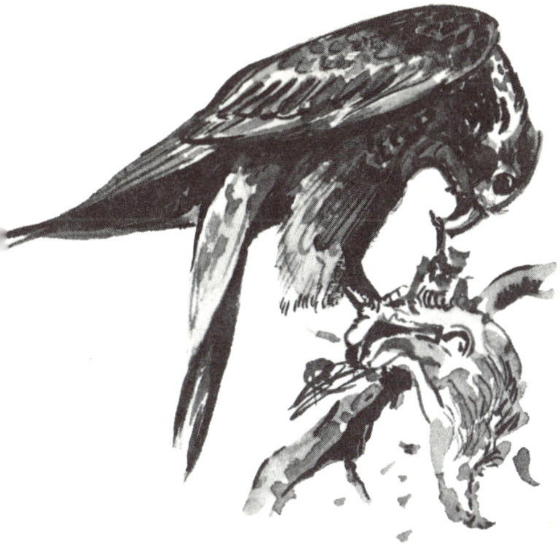

Rechts: Aufgebaumter Falke. Wiedergabe eines nach einem fachkundig hergerichteten Präparat entstandenen Aquarells in dessen Originalgröße.
Oben: Falke beim »Kröpfen« seiner Beute. Verkleinerte Pinselzeichnung (beobachtet in einer Falknerei).
Unten: Rotkehlchen (Stenofeder). Bemerkenswert sind die einfachen, einem exakten Kreis sich anschließenden, mit Kurvenlinealen nachgezogenen Konturen und Verbindungslinien – als Hinweis, wie eventuell anzufangen wäre.

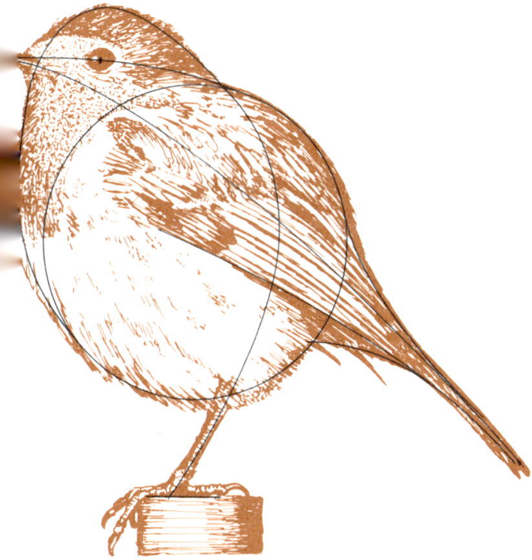

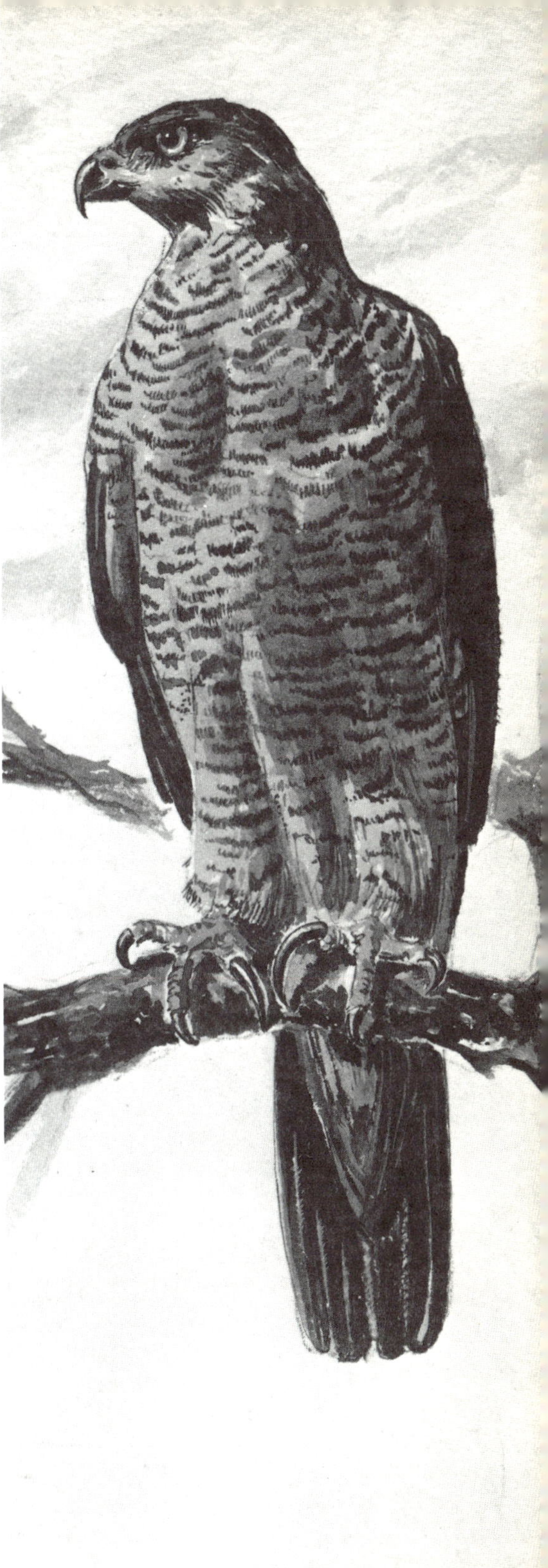

Fische

Noch mehr als Vögel regen Fische dazu an, ihre Gestalten »dekorativ« anzuwenden: Am tropfenähnlichen Körper gibt es kaum noch etwas zu vereinfachen; das Schuppenkleid erscheint als präzise Bogen-Kreuzschraffur, der Kopf mit Augen und Kiemendeckeln wirkt wie ein einfaches Ornament, die Flossen gleichen bogig schraffierten Trapezoiden. Von diesem Grundschema lassen sich selbst bizarrste Formen exotischer Fische ohne weiteres ableiten.

Wie bei allen Lebewesen kommt es auch bei der Darstellung von Fischen, zu welchem Zweck auch immer, auf die arttypischen Besonderheiten an. Grundlegendes lernen Sie schon beim verhältnismäßig bequemen Abzeichnen kleiner Aquarienfische, danach erkennen Sie um so sicherer die spezifischen Abwandlungen anderer, größerer und allenfalls in Großaquarien zugänglicher Arten. Im Zusammenhang mit dekorativen Umsetzungen bleibt lediglich zu überlegen, was das Ausführungsmaterial und die Technik noch hergeben, ohne in Künsteleien zu verfallen. Hervorragende Beispiele zeigen vor allem frühgriechische Fußbodenmosaiken. Als Motiv besonders beliebt waren Delphine – vielleicht, weil sie in ihrem Verhalten oft geradezu »menschlich« erscheinen. Ihre keineswegs einfachen Formen und die Eigenart ihrer Fortbewegung wurden genau studiert und ebenso wiedergegeben, was bei den relativ groben Mosaiksteinen eine wohlüberlegte Auswahl des noch Möglichen erforderte, ohne auf unverwechselbar typische Merkmale dieser Fischgattung zu verzichten. Indessen sollten Stilisierungen nicht dazu verleiten, auf alberne Spielzeug-Klischees herunterzukommen!

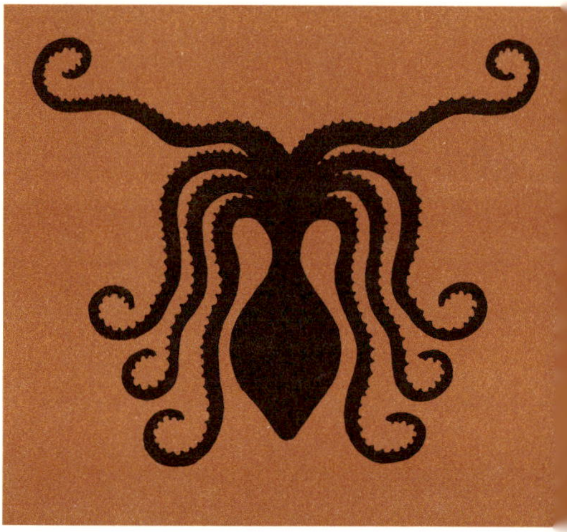

Stilisierter Tintenfisch. Nachzeichnung einer Fußboden-Inkrustation (stucco lustro) aus Kreta, entstanden um 1300 v. Chr. Die Stilisierung beschränkt sich eigentlich nur auf die geradezu ornamentale Anordnung der Arme – erreicht durch absolut symmetrische Spiegelung an der lotrechten Mittelachse des im übrigen durchaus naturgetreu wiedergegebenen Tieres.

Rechte Seite unten. Oben: Fisch frontal und im Profil (Beispiel Dorsch). Beide Ansichten zeigen pauschale Annäherungen an die Tropfenform, die nicht nur in der Luft, sondern auch im Wasser den geringsten Gleitwiderstand verursacht. Die Ausbildung sämtlicher Flossen ist an Zahl und Form je nach Art sehr verschieden, ebenso der manchmal nicht ohne weiteres erkennbare Seitenlinienverlauf und die Form der Kiemendeckel.
Rechts: Schuppenstruktur. Schematisch gesehen handelt es sich um eine zum Schwanz hin kontinuierlich enger werdende Kreuzschraffur. Deren Linien verlaufen jedoch nicht gerade, sondern gebogen und beschreiben entsprechend des nach hinten abnehmenden Umfanges des Fischleibes immer flacher verlaufende S-Kurven. Je nach perspektivischer Sicht können die Linien auch als einseitig gekrümmte Bogen erscheinen, und die Hautfärbung oder der Lichteinfall können gar nicht vorhandene Strukturvariationen vortäuschen. Indessen gibt es auch eigentümliche Sonderformen, wie etwa die Schuppen des »Spiegelkarpfens« (unten links).

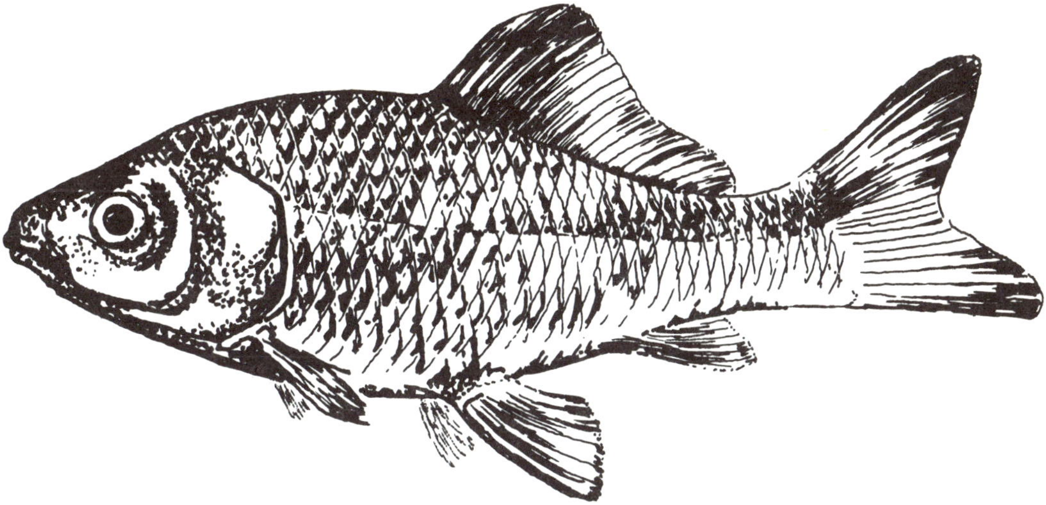

Goldfisch, eine der vielen Zuchtformen der Karausche. Als wohl häufigster Aquarienfisch ist er ebenso bequem wie ergiebig abzuzeichnen: Nicht nur die Schuppen- und Flossenstrukturen sind deutlich zu erkennen, auch das für viele andere Arten typische »Ornament« der Kopfpartie ist klar ausgeprägt. Wer einmal diese oder eine ähnliche Grundform der Fische genau studiert hat, wird es gewiß nicht mehr über sich bringen, stumpfsinnige Kindergartenklischees nachzuahmen, sondern bei Stilisierungen darauf bedacht sein, lediglich den naturgegebenen Vereinfachungsmöglichkeiten nachzuspüren. Für Stilisierungen besonders geeignet erscheinen die exotischen, in Aquarien häufig anzutreffenden »Schleierschwänze« – denkt man zum Beispiel an Linolschnitte, Intarsien, Emailarbeiten oder Wandteppiche…

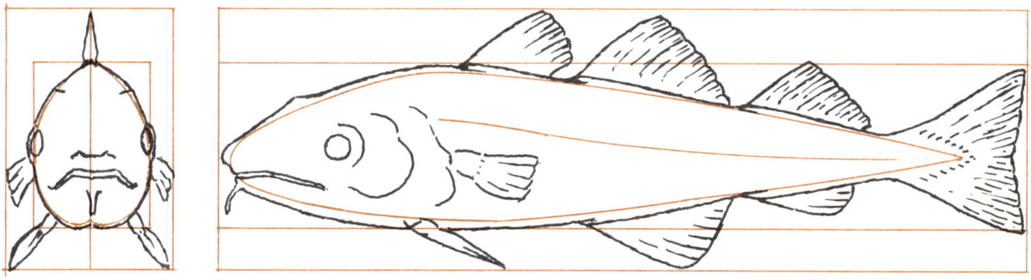

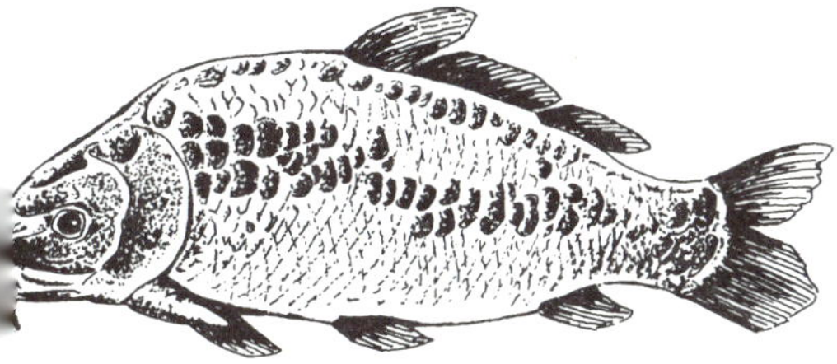

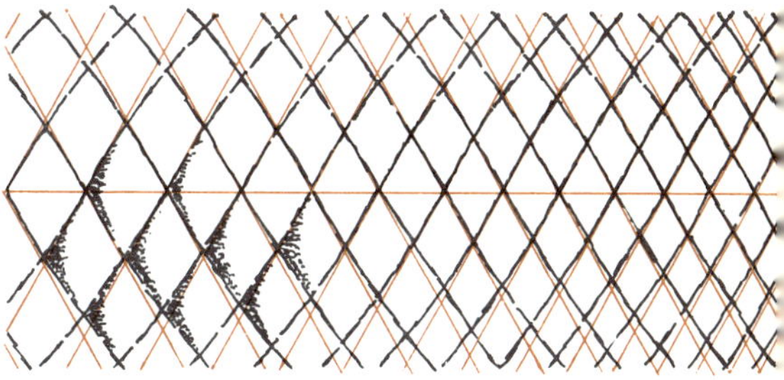

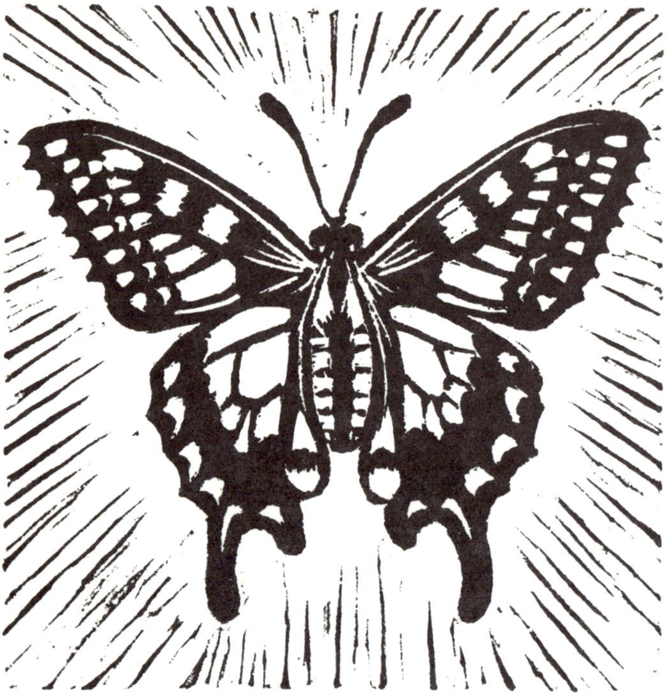

»Schwalbenschwanz«, natürliche Größe (Linolschnitt). Diese Ausführungsart erforderte einige Vereinfachungen und Vergröberungen, außerdem wurden sämtliche Konturen absichtlich nicht messerglatt geschnitten, um die zarten Übergänge der mikroskopisch feinen Schuppenstruktur der Flügel und die Behaarung des Leibes wenigstens anzudeuten.

Weitere Tierarten

Während Vierbeiner oft auch selbständige Bildmotive abgeben, trifft das für Vögel selten und für Fische wohl überhaupt nicht zu. Das gilt ebenso für Lurche, Reptilien und Insekten. Um so häufiger werden deren Abbilder dekorativ oder symbolisch verwendet. Dabei zeigt sich, daß Stilisierungen kaum noch in Betracht kommen, weil von Natur aus die Formen, Oberflächenstrukturen und »Zeichnungen« dieser Geschöpfe schon weitestgehend typisiert sind. Infolgedessen braucht man für das jeweilige Tier eigentlich nur noch eine Pose zu wählen, die seine charakteristische Wiedergabe unverwechselbar erlaubt. Meistens ist das die Draufsicht, nur gelegentlich eine Profilansicht, die für Fische das einzig Sinnvolle bleibt. Frösche, Salamander und Eidechsen kann man recht gut nach lebenden Vorbildern studieren, wenn ein entsprechendes Terrarium zur Verfügung steht. Bei Insekten ist man – von flüchtigen Beobachtungen in freier Natur abgesehen – größtenteils auf fachkundig hergerichtete Präparate angewiesen. Ausnahmsweise (!) sind auch einmal erstklassige Farbfotos heranzuziehen. Im übrigen gilt für dekorative Darstellungen dasselbe, was bereits im Zusammenhang mit den Fischen bemerkt wurde.

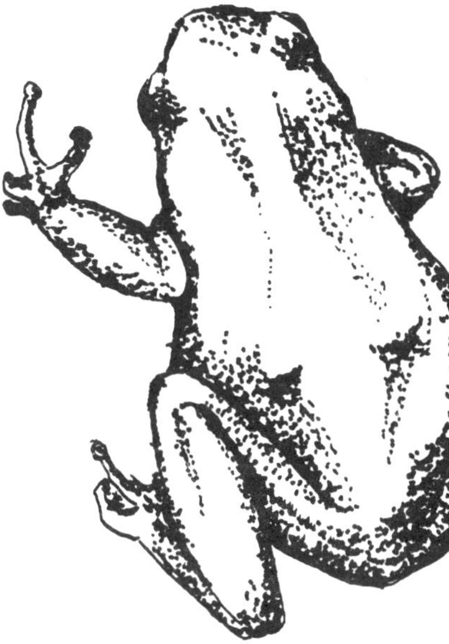

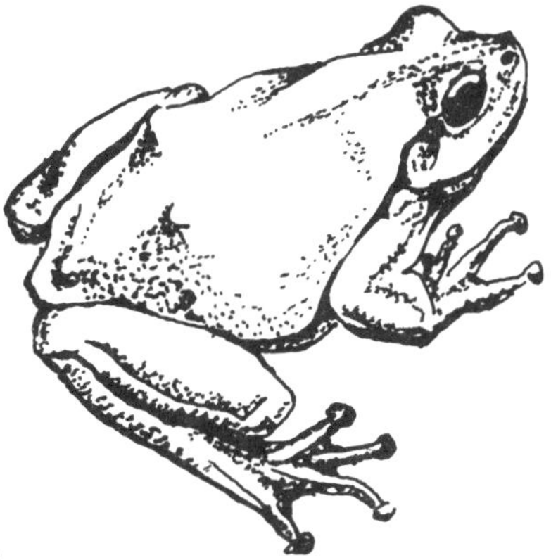

Der Laubfrosch wurde – ähnlich wie der Feuersalamander und die Eidechse – zuweilen zum international bekannten Warenzeichen. Obwohl sich dann Meister der Gebrauchsgrafik mit den Zeichnungen befaßten, beschränkten sie sich immer nur auf plakative Wiedergaben charakteristischer Posen (Draufsichten oder Profile), ohne die glatten natürlichen Formen im geringsten zu verändern. Hier wurde Ähnliches – lediglich mit Strichen und Punkten – versucht.

Rechts: Libelle. Schabzeichnung in Originalgröße, ausgeführt mit der Radiernadel in handelsüblichen Schabkarton. Diese Technik ermöglicht eine Feinheit der Linien, die selbst der spitzesten Zeichenfeder – zumindest bei Verwendung weißer, dicklich-fließender Ausziehtusche – kaum gelingt. Mit Weiß auf schwarzen Grund zu zeichnen liegt bei diesem Insekt insofern nahe, weil die Zartheit seiner »gläsernen« Flügel schwerlich auf andere Weise wiederzugeben und das glitzernde Filigran auch nur vor einer Dunkelheit zu sehen ist. Im übrigen arbeitet es sich mit der Radiernadel ebensogut wie mit der Feder, die eventuelle Vorzeichnung geschieht mit weißer, später wieder abzuwischender Kreidemine. Libellen lassen sich ebensowenig nach dem Lebenden abbilden wie Schmetterlinge. Man bleibt also auf fachkundig hergerichtete Präparate und notfalls auf Fotos angewiesen. Sinnvoll auszuwerten sind sie freilich nur nach Beobachtungen in der Natur.

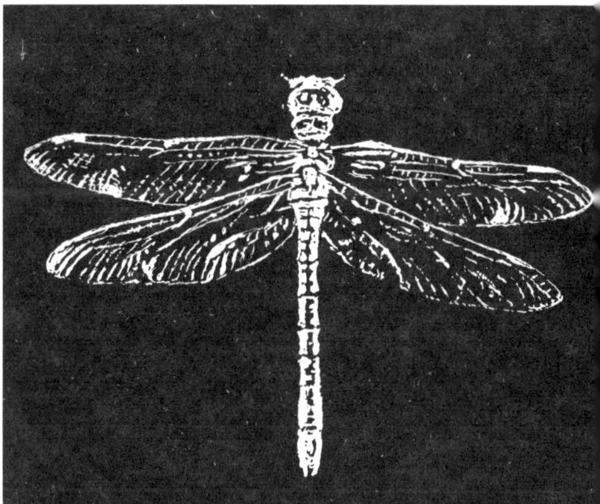

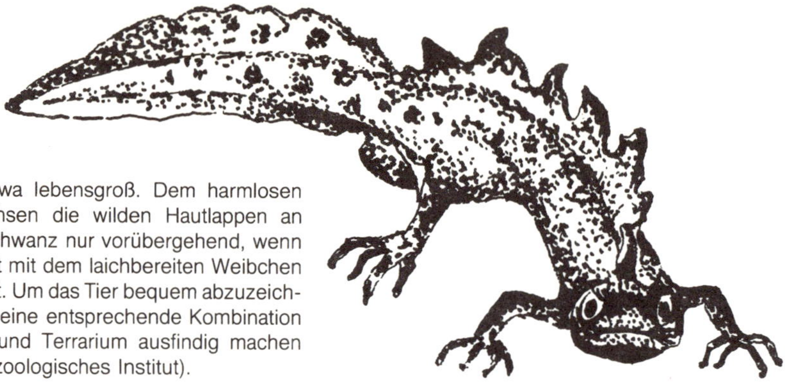

Kammolch, etwa lebensgroß. Dem harmlosen Geschöpf wachsen die wilden Hautlappen an Rücken und Schwanz nur vorübergehend, wenn es zur Hochzeit mit dem laichbereiten Weibchen ins Wasser geht. Um das Tier bequem abzuzeichnen, muß man eine entsprechende Kombination von Aquarium und Terrarium ausfindig machen (z. B. über ein zoologisches Institut).

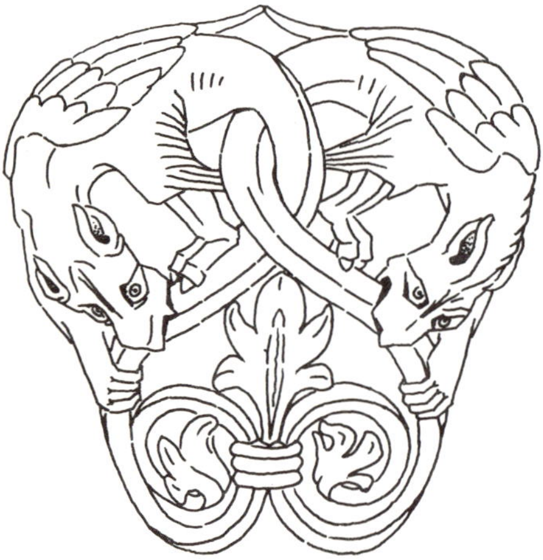

Oben: Nachzeichnung einer Blendbogen-Konsole in der Marienkirche Gelnhausen, Steinmetzarbeit um 1230. Die Wiedergabe geschah absichtlich ohne plastische Schattierung, um anzudeuten, daß solch in sich geschlossene Komposition auch zweidimensional denkbar ist, z. B. als Agraffe aus Edelmetall mit sparsamer Ziselierung oder als geringfügig aufgebuckelte Treibarbeit. Das Motiv zeigt zwei »Drachen«, in die eigenen Schwänze beißend, die sich wiederum verflechten und schließlich ein Spiralornament bilden, aus dem eine stilisierte Lilie hervorsprießt. Als »Modelle« könnten vielleicht Eidechsen oder Molche die Phantasie angeregt haben, in Verbindung mit Hundeköpfen und Greifvogel-Fittichen. Die Künstler des Mittelalters schufen solch grausige Fabelgestalten im Glauben, daß alles Böse der Hölle und im Menschen selbst nur zu bannen sei, wenn man es als Bildvision fixiert. Ähnlich phantastische Vorstellungen mochten auch – bewußt oder unbewußt – in surrealistischen Künstlern der jüngsten Vergangenheit lebendig sein, wenn sie, von natürlichen Beispielen ausgehend, ihre Bildvisionen zusammenfügten.

Unten: Hirschkäfer. Illustrationszeichnung mit Tuschfeder und Deckschwarzpinsel, zur Wiedergabe in »Strichätzung«. Dieses preisgünstigste Reproverfahren ermöglicht keine Tonstufen zwischen Schwarz und Weiß. Plastische Schattierungen müssen entweder strichelnd oder punktierend ausgeführt werden.

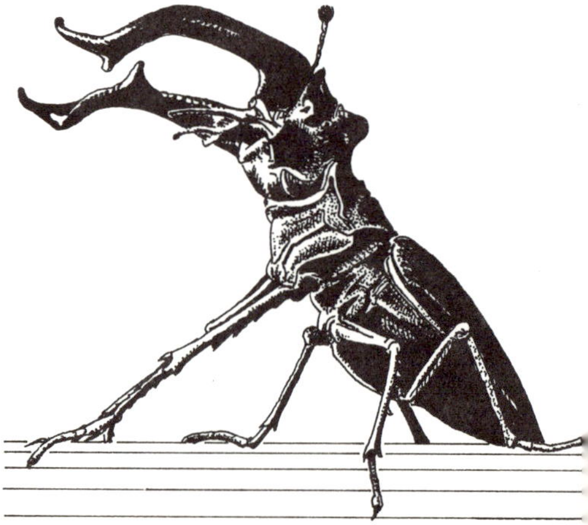

Pflanzen

Zum Abzeichnen sind Pflanzen die bequemsten aller Studienobjekte. Kein Geschöpf der Natur hält so geduldig still, selbst rasch verwelkende Blüten lassen einem immer noch genug Zeit für ein detailgetreues Abbild. Zudem sind Gewächse geradezu prädestiniert, an ihnen alle geschilderten Zeichenverfahren zu erproben – je nach Art oder Zustand. Wer also noch ohne bestimmtes Ziel lediglich üben will, sollte mit Pflanzen beginnen, sei es auch nur mit einem Zweig oder einem lokkeren Blumenstrauß.

Während impressionistisches Erfassen vornehmlich für zusammenhängende Massen von Laub, Nadeln oder Blüten in Betracht kommt, verlangen Pflanzen mit deutlich sichtbaren Stengeln oder Stämmen eher konstruktives Vorgehen: An deren Achsen setzen alle übrigen Wuchs- und Verzweigungsrichtungen an und bilden somit ein verläßliches Gerüst für die Gesamtform. Dabei hilft die Erinnerung an botanische Schulweisheiten ebenso wie anatomische Grundkenntnisse beim Zeichnen von Menschen und Vierbeinern.

Zunächst ist darauf zu achten, ob Zweige und Blätter »gegenständig« oder »wechselständig« ansetzen. Gegenständiger Wuchs hat im Prinzip gradlinige Haupttriebe zur Folge, weil sich die Zweige genau gegenüberstehend abspreizen. Wechselständige Ansätze kommen einseitig hervor und bewirken, daß der Haupttrieb eine leichte Ausweichbewegung macht, die im ganzen zu einer spiraligen Zickzacklinie führt – spiralig, weil die Ansätze ähnlich den Stufen einer Wendeltreppe ringsherum aufeinander folgen. Die Zweige der meisten Nadelbäume sprießen jedesmal quirlartig aus dem Stamm, oder wie Radspeichen aus der Nabe. Sie zeigen eine Sonderform des gegenständigen Wuchses, der sich an den Astspitzen oft auf dreifingrige Sprossen beschränkt und zu der typischen Form des »Tannenzweiges« führt.

All diese Merkmale werden mit zunehmendem Alter undeutlicher, insbesondere bei Laubbäumen – je nach Art, Standort und Witterungseinflüssen. Erst bei näherem Zusehen entdeckt man sie wieder, und das geht bis zum Ansatz der Blattrippen. Die Harmonie des Wuchses bleibt also gewahrt, zuweilen gleichen sogar die Silhouetten einzeln auf ebenem Grund stehender Laubbäume der jeweiligen Blattform (Linden, Buchen). Ganz anders ist es mit Bäumen auf Abhängen oder in vorwiegend einseitigem Windangriff. Bäume haben ihr Schicksal wie wir, auch häufig die gleiche Lebenserwartung, und das macht die Wiedergabe so nachdenklichreizvoll...

Für Sträucher und andere niedrige Gewächse lassen sich außer den allgemeingültigen Verzweigungsregeln keine schematischen Habitusformen angeben, die Wuchsarten müssen von Fall zu Fall studiert werden. Dichten Waldbeständen und Strauchgruppen werden Sie zunächst am besten durch Strukturen gerecht, die sowohl das entweder Weich-Runde oder Eckige der Belaubung beziehungsweise das Spitzige der Benadelung interpretieren als auch die Plastik ineinandergreifender Gesamtformen. In ihnen verleihen sichtbare Stamm- und Astteile den unbestimmten Strukturmassen Anhalt und Richtung.

Blätter und Blüten haben bereits in frühen Zeiten zur Stilisierung bis zum Ornament angeregt. Blätter sind oft nahezu symmetrisch ausgebildet, und viele Blüten lassen sich in Draufsicht auf planimetrische, aus dem Kreis entwickelte Figuren wie das Fünf- oder Sechseck zurückführen. Oft kam es auch zu flächenfüllenden Stilisierungen von Rankengewächsen bei gleichzeitiger Spiegelung an ein oder zwei Symmetrieachsen. Ranken in Verbindung mit Fruchtständen oder phantasievoll umgestalteten Tierfiguren spielten besonders in der Textilkunst eine bedeutende Rolle (Knüpfteppiche, Zeugdruck). Schließlich wurden fast naturalistisch wiedergegebene Pflanzenteile zu unverwechselbaren Kennzeichen großer Architekturepochen: Akanthus- oder Bärlappblätter umkleiden das korinthische Kapitell, das dreiblättrige Kleeblatt ist in vieler Hinsicht typisch für die Romanik, der Efeu für die Gotik, deren »Krabben« und »Kreuzblumen« wiederum aufbrechenden Kastanien- oder Ahorntrieben nachgebildet sind; die Teichrose mit ihrem schwankenden Stengel interpretiert die sensible Dekadenz des Jugendstils, die Heckenrose wurde fast zum Sinnbild bäuerlicher Volkskunst, zumal in flacher, auf dem Fünfeck beruhender Draufsicht.

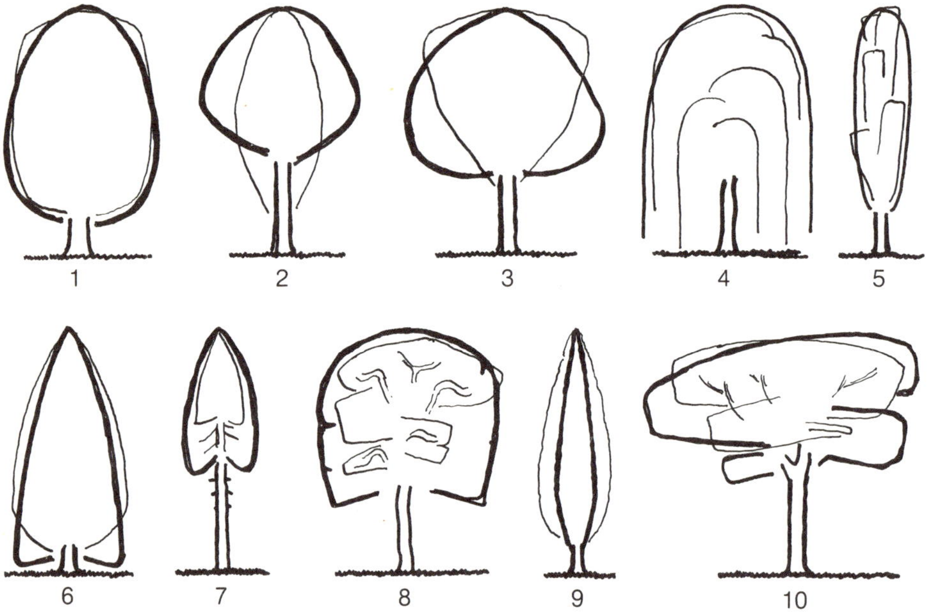

Habitus-Formen einiger Baumarten zum Vergleich. Obere Reihe: Laubbäume. 1 = Einzeln im freien Gelände stehend, gleicht der Umriß häufig einem Spitzoval oder Rechteck mit gebogenen Kanten. 2 = Schlanker Wuchs in dichtem Bestand, nach dem Durchforsten entwickeln sich breite Kronen, während die unteren Äste infolge Lichtmangels absterben. 3 = Beschnittener Baum, häufig am Straßenrand. 4 = »Trauerwuchs«, eine Abart des »normalen« Habitus, besonders bei Weiden, Birken und Eschen. 5 = »Pyramidenpappel«. Untere Reihe: Nadelbäume. 6 = Freistehende Fichte, Tanne, Lebensbaum oder Kiefer in jüngeren Jahren. 7 = Fichte oder Tanne in dichtem Bestand. 8 = freistehende ältere Kiefer. 9 = Zypresse. 10 = Pinie.

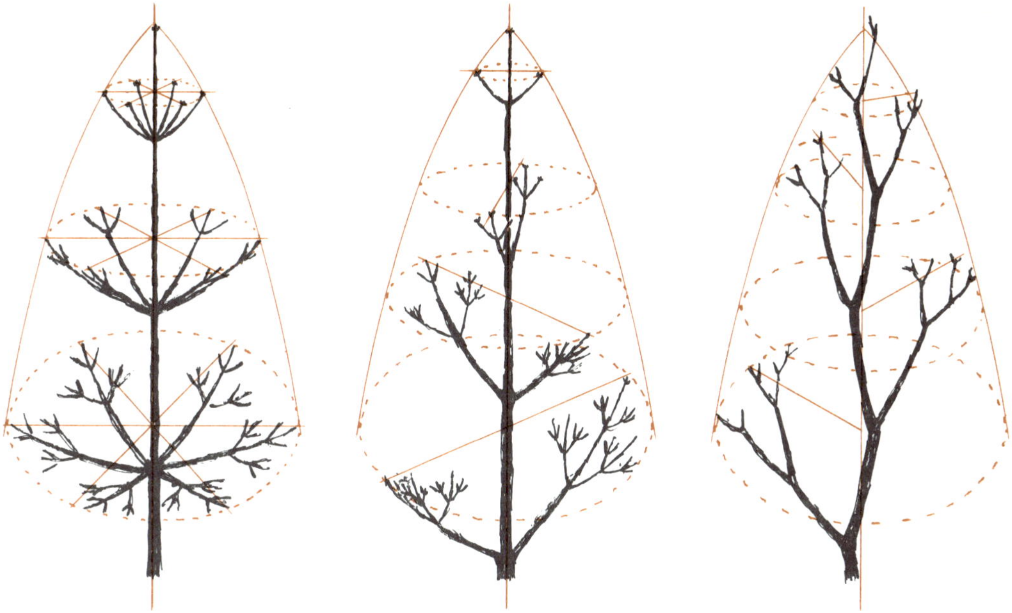

Verzweigungsarten, geltend für alle Pflanzen, hier gezeigt an jungen Bäumen ohne Nadeln oder Laub. Links: Quirlwuchs, eine Sonderform der gegenständigen Verzweigung und besonders typisch für die meisten Nadelbäume (früher verwendete man entsprechend gestutzte und entrindete Jungstamm-Abschnitte als praktisch unzerbrechliche Küchenquirle). Der Stamm strebt immer lotrecht empor bis zum Wipfel – abgesehen von Kiefern und Pinien, die allmählich eine unregelmäßig verzweigte Krone bilden. Gebogene Stämme und einseitig übrig bleibende Äste sind eine Folge des Standortes und der Witterung, zum Beispiel bei »Wetterfichten« an steilen Berghängen. Mitte: Gegenständiger Wuchs. Auch dabei bleibt der Stamm lotrecht-geradlinig – falls er nicht an einer Verzweigungsstelle abbricht und die beiden Seitentriebe im Lauf der Jahre einen Gabelstamm bilden. Die Triebansätze folgen nie in gleicher Seitenrichtung aufeinander, sondern versetzt wie die Stufen einer Wendeltreppe. Rechts: Wechselständiger Wuchs. Die Triebfolge geschieht ebenfalls wendeltreppen-ähnlich, und jedesmal macht der Stamm eine Ausweichbewegung, so daß er – zumindest in seinen Jugendjahren – deutlich einer spiraligen Zickzacklinie folgt.

Stengel des »Frauenschuh«. Bei vielen Pflanzen ist durch die Stengel- und Blattaderung eine formbeschreibende Struktur bereits regelrecht »vorgezeichnet«. Zur Verdeutlichung der Plastik bedarf es dann lediglich stärkerer oder dichterer Strichlagen.

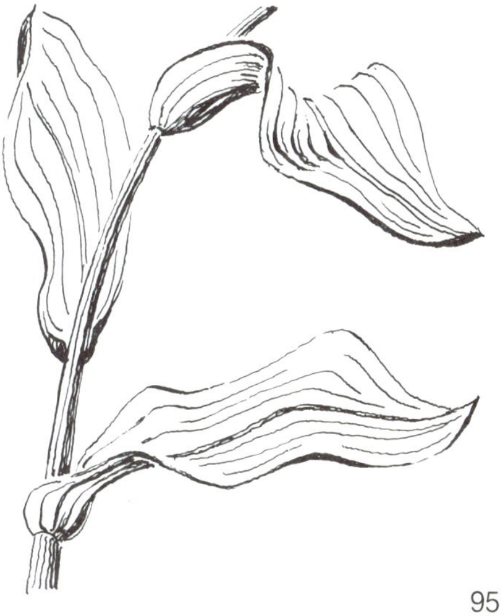

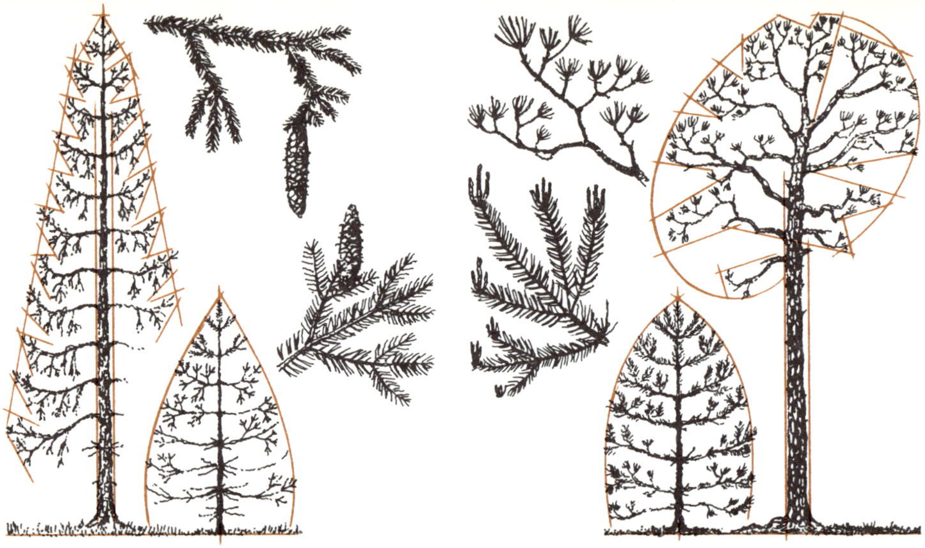

Schema des normalen »Habitus« Oben links: Fichte oder Tanne, Jugend- und Alterswuchs, bei dem im dichten Bestand die unteren Zweige zunehmend absterben. Daneben (oben) Fichtenzweig mit reifen und dann hängenden Zapfen, die bei Tannen auch in diesem Zustand aufrecht bleiben (unten). Oben rechts: Kiefer, Jugend- und Altersform im Wald mit kahlgewordenem Stamm und unregelmäßig verzweigter Krone. Oben daneben ein alter Zweig, der nur noch Nadelbüschel an den Enden hat. Unten ein junger Zweig mit noch voller Benadelung und den »Kerzen« weiblicher Blüten, aus denen später die eher rundlichen Zapfen werden.

Unten links: Ahorn mit Gabelstamm – typisch für ältere Bäume gegenständigen Wuchses. Unten daneben ein Zweig mit Blättern, deren »Adern« ebenfalls gegenständig vom Mitteltrieb abzweigen. Unten rechts: Sommereiche, mindestens 200 Jahre alt. Am Stamm ist vom wechselständigen Wuchs längst nichts mehr zu erkennen, wohl aber am Zweig und der Blattaderung (oben).

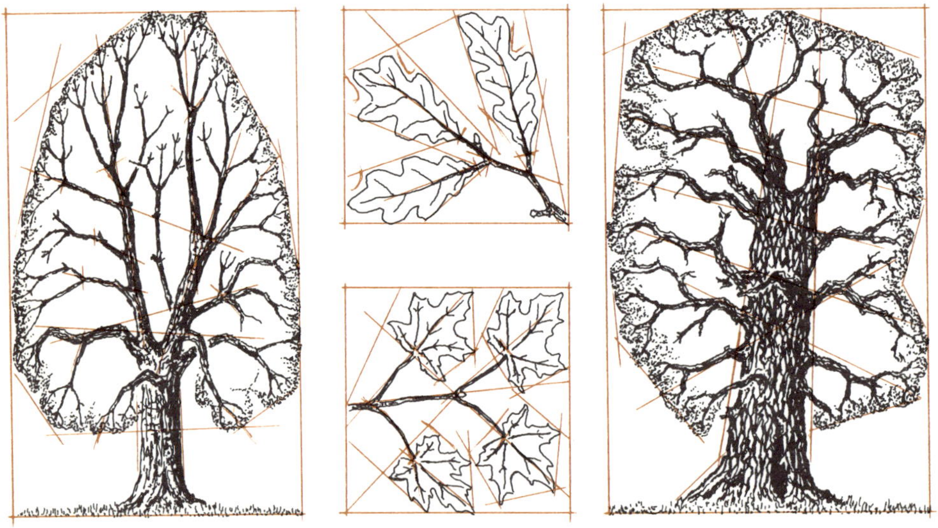

Rechts: Alte, efeubewachsene Weide im Märzwind (Kugelschreiber auf mittelrauhem Papier, $^1/_2$ der Originalgröße). Die dünnen Schnüren gleich herabhängenden, im Licht glänzenden Zweige lagen wie eine feine Schrägschraffur über Geäst und Hintergrund. Infolgedessen galt es, sie teils mit zarten Linien anzudeuten, teils in den Dunkelheiten auszusparen.
Unten: Knospende Roßkastanie (schwarzer Goldfaberstift auf mittelrauhem Papier, $^1/_3$ der Originalgröße). Typisch für diese Baumart mit gegenständigem Wuchs sind die mit zunehmendem Alter sich immer deutlicher ausprägenden »Kandelaberschwünge« der Äste. (Hier wurden viele weggelassen, um das Prinzip der Wuchsformen deutlich zu zeigen; der naturgetreu vollständige Anblick führt zeichnerisch zu einer kaum entwirrbaren Netzstruktur.) Die aufbrechenden Blatt- und Blütenstände waren (unter anderen) Vorbild für gotische Kreuzblumen auf Turmspitzen und Fialen.

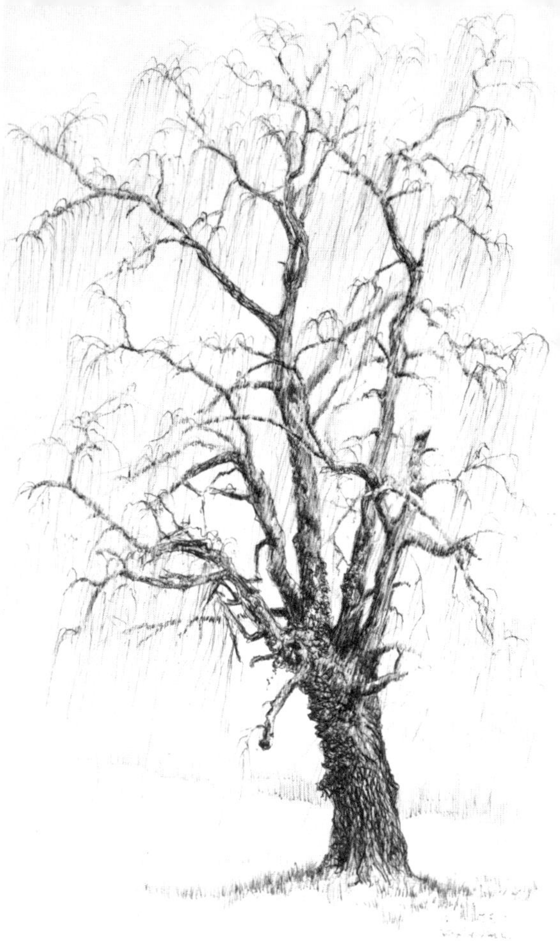

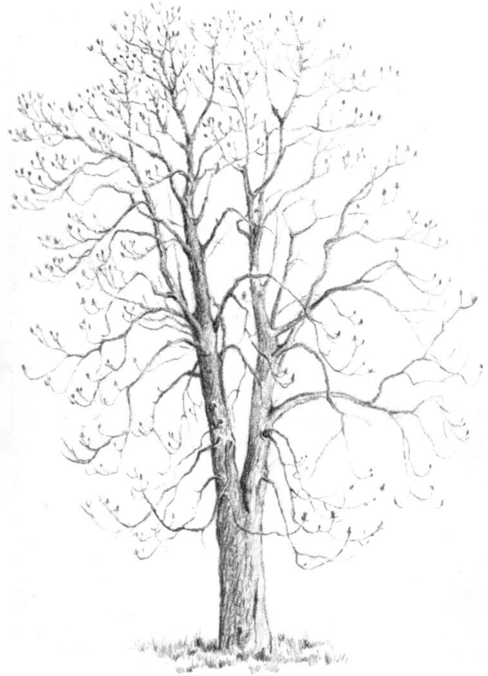

Aufbrechender Kastanienzweig

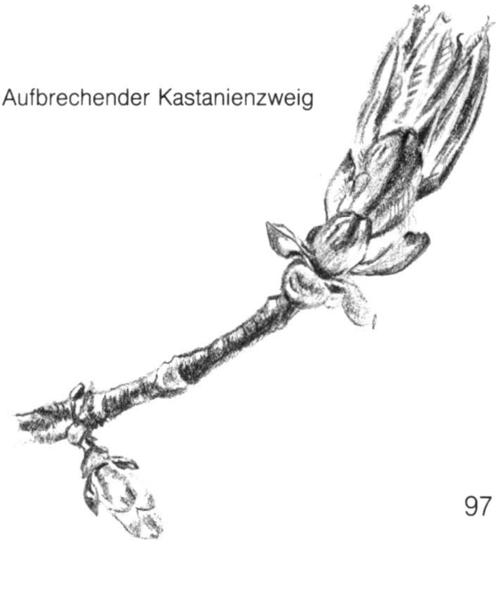

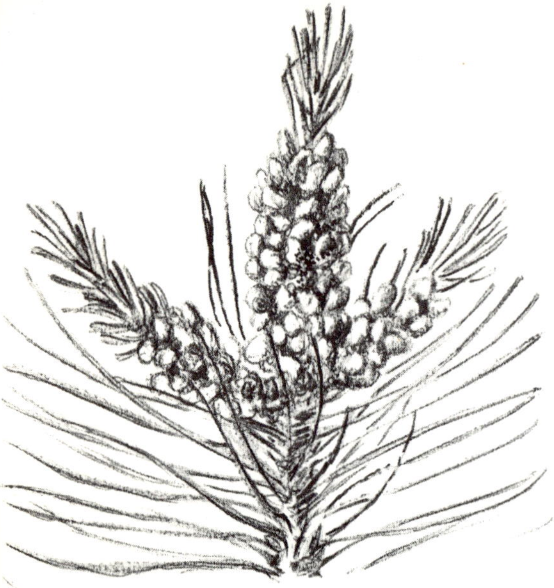

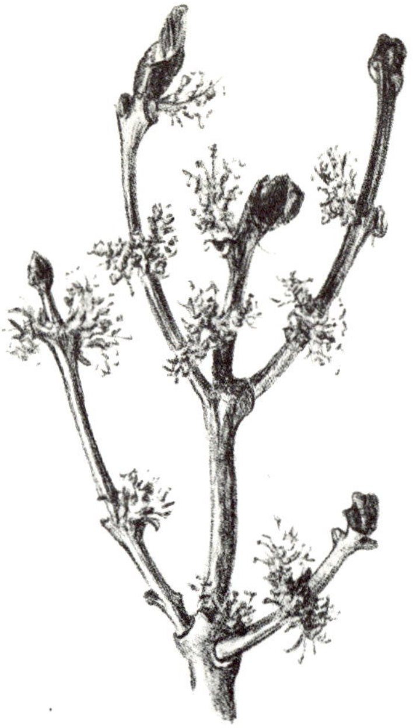

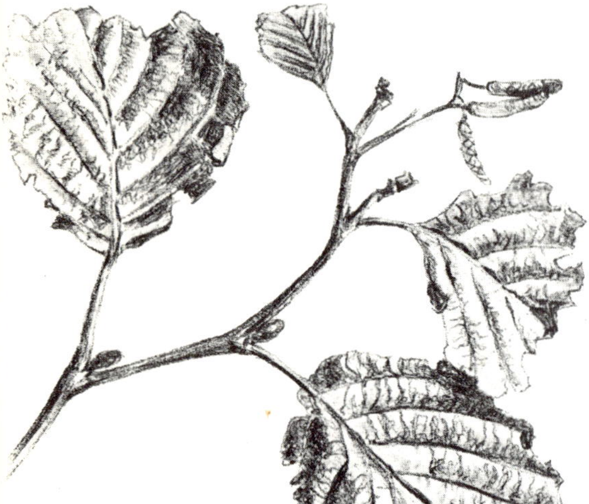

Das Wesen von Bäumen ist erst dann recht zu begreifen, wenn man sich hin und wieder dem Studium der Stammbildungen, der Blätter oder Nadeln, Knospen, Blüten und Früchte widmet – vom Reiz der dann notwendigen minuziösen Wiedergabe ganz abgesehen.

Auf dieser Seite: Kugelschreiberstudien auf leicht rauhem Papier. Linke Hälfte, von oben nach unten: blühender Spitzentrieb der Bergkiefer; herbstlicher Zweig der wechselständigen Erle; Blatt der Eberesche.

Oben: Blühender Spitzentrieb der gegenständigen Eberesche.

Derartige Studien lassen sich selbstverständlich am besten daheim in aller Ruhe ausführen, und größere Einzelzweige ergeben dann oftmals reizvollste, allgemein begehrte »Bilder«. Dafür bieten sich die verschiedensten Techniken an, zum Beispiel:

Tuschfeder oder Kugelschreiber auf mit einer matten Aquarellfarbe quer zur Wuchsrichtung streifig-getönten Papier, aus dem »Lichter« mit dem harten, spitzen Gummi »herausgeholt« werden – oder mit Aquarellweiß »aufgesetzt«.

Die Pinselzeichnung mit Aquarellschwarz oder Paynesgrau auf weißem Papier.

Die bereits ausführlich geschilderte Laviertechnik usw.

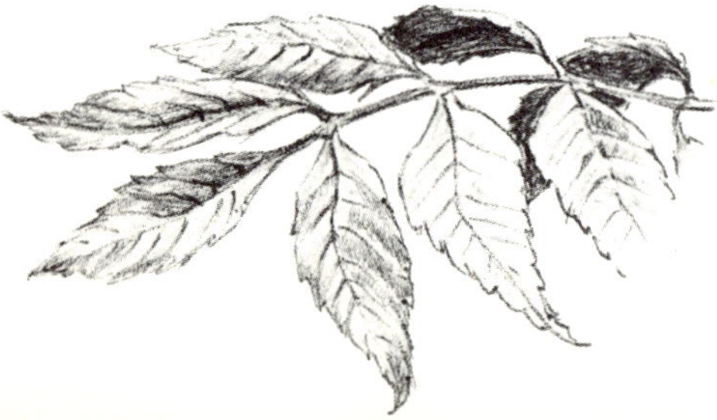

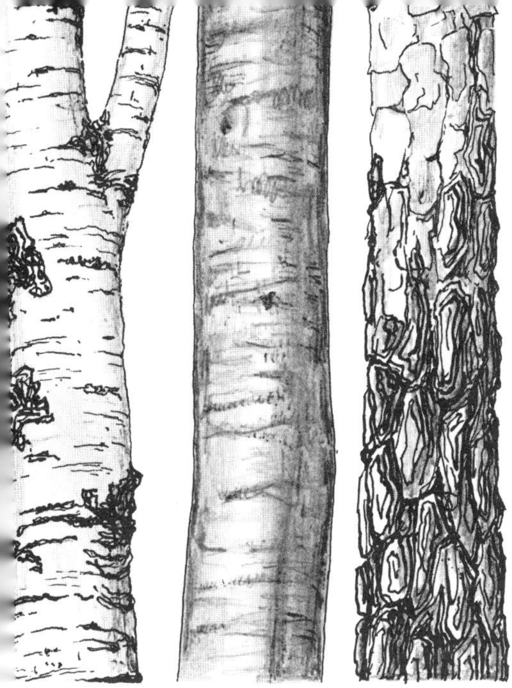

Oben: Baumstämme, Tuschfeder und Blei H (ein wenig überwischt). Von links nach rechts: Birke; Buche; Kiefer.

Rechts: Nadel- und Laubstrukturen, von oben nach unten: 1. Zweig der Sandkiefer (spitze Tuschfeder; 2. Trauereschenzweig (Stenofeder); 3. aufbrechender Buchenzweig (Stenofeder); 4. Weidenzweig (Pinsel mit Aquarellschwarz).

Solche und ähnliche Studien sind die Voraussetzung für Darstellungen zusammenhängender Busch- oder Waldbestände. Sie wirken jedoch nur aus großer Entfernung als »ebene« Kulissen. Je näher der Standpunkt des Zeichners rückt, um so mehr erscheinen die Massen als unregelmäßige, plastische Gebilde. Zeichnerisch ist dem auf verschiedene Weise beizukommen:

durch entsprechende Verstärkung der Feder- oder Pinselstriche,

durch eine zuvor oder nachträglich angelegte, den Licht- und Schattenpartien angepaßte Grundtönung,

durch nachträgliches Lavieren nach bekanntem Verfahren,

durch Weichzeichner, mit denen Tonverläufe von vornherein gegeben sind.

In allen Fällen setzen Andeutungen von Stämmen und Ästen die erläuternden Akzente über Wuchsformen und Größenverhältnisse.

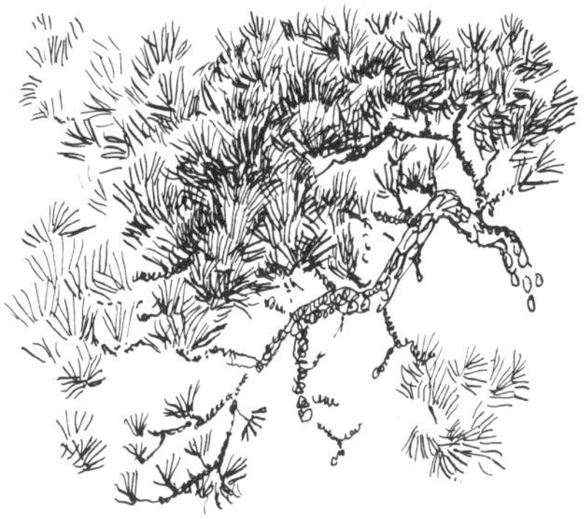

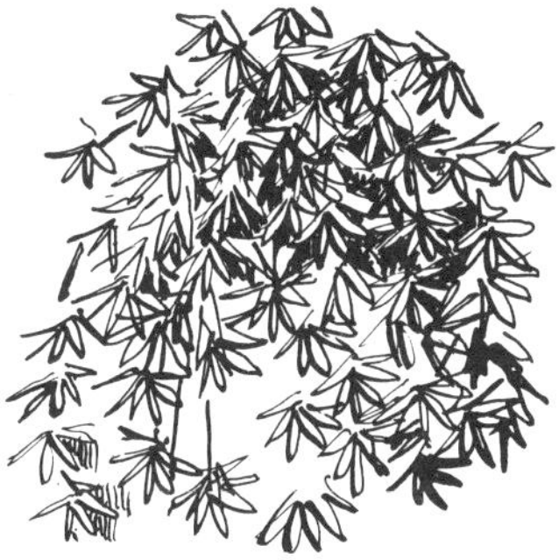

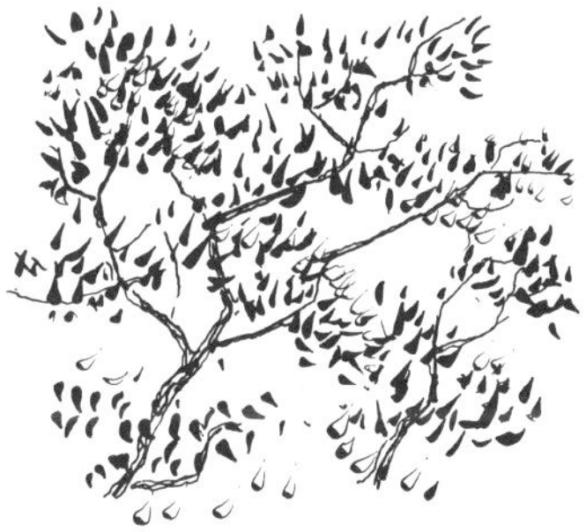

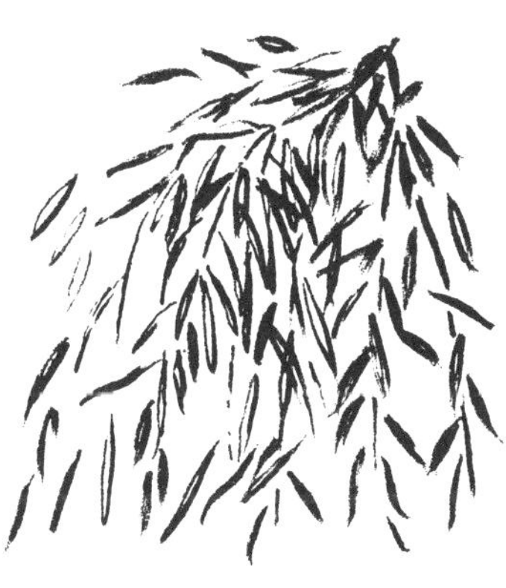

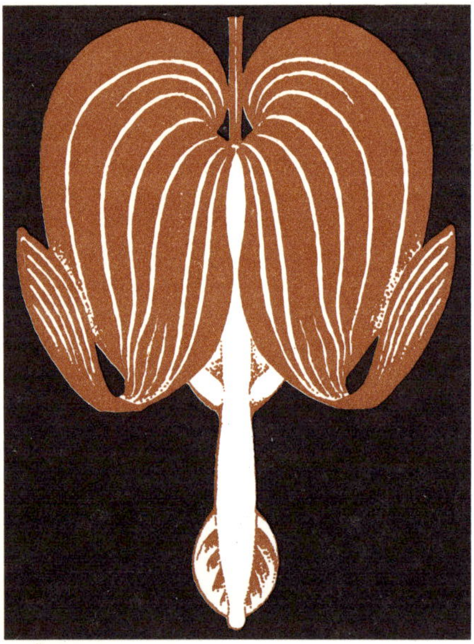

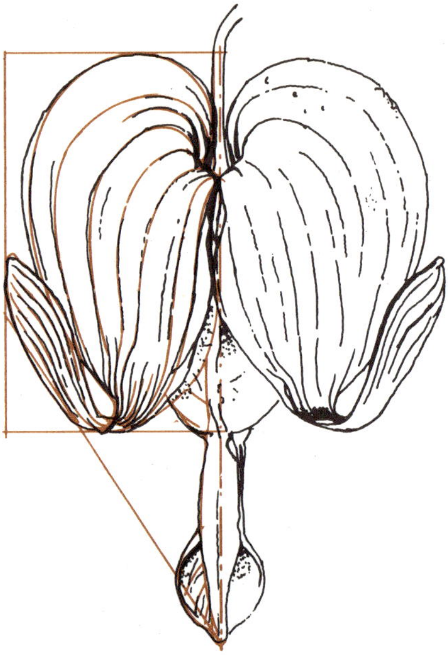

»Tränendes Herz«, etwa anderthalbfach der natürlichen Größe. Die Frontalansichten der reihenweise herabhängenden Strauchblüten zeigen derart regelmäßig-klare Formen, daß zum streng stilisierten Ornament nur noch eine absolut symmetrische Linienführung nötig ist. Rechts: Die Zeichnung nach der Natur nebst dem Eintrag der lotrechten Symmetrieachse, halbseitig mit den gradlinigen Begrenzungen, sowie den unter Benutzung von Kurvenlinealen nachgezogenen Konturen und Streifungen. Die farbigen Linien wurden auf eine an der Symmetrieachse zu spiegelnden Umkehrpause übertragen und ergaben schließlich die vollständige Vorzeichnung. Links: Die dekorative Darstellung. Sie könnte nun – eventuell wesentlich vergrößert – beispielsweise als Vorlage für Stempeldruck, Batik oder etliche andere Ausführungsarten dienen.

Rechts: Korinthisches Kapitell, Konturenzeichnung nach einem Foto. Das zum Teil verwitterte, um 350 v. Chr. entstandene Werkstück aus Epidauros (Epidavra) zeigt die typischen, kaum stilisierten Akanthus-Blattformen, auslaufend in spiralig-eingerollte Ranken. Die Proportionen der klassischen korinthischen wie dorischen Kapitelle beruhen auf dem Fünf-, beziehungsweise Zehneck, also auf dem Goldenen Schnitt.

Rechte Seite: Sonnenblumen. Linolschnitt, Original 16×23,8 cm. Er entstand angesichts einer etwa doppelt so großen Deckfarbenmalerei nach lediglich einteilender weißer Vorzeichnung auf der geschwärzten Linolplatte direkt mit Stichel, Geißfuß und Hohleisen. Infolgedessen gibt der Abzug das Vorbild seitenverkehrt wieder – belanglos bei einem solchen Motiv.

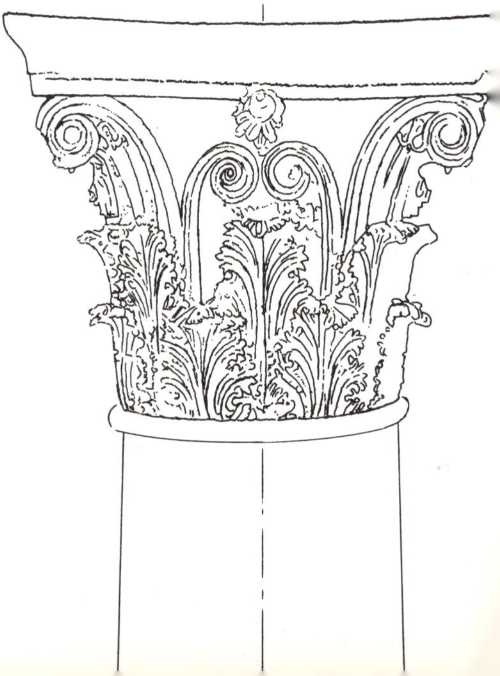

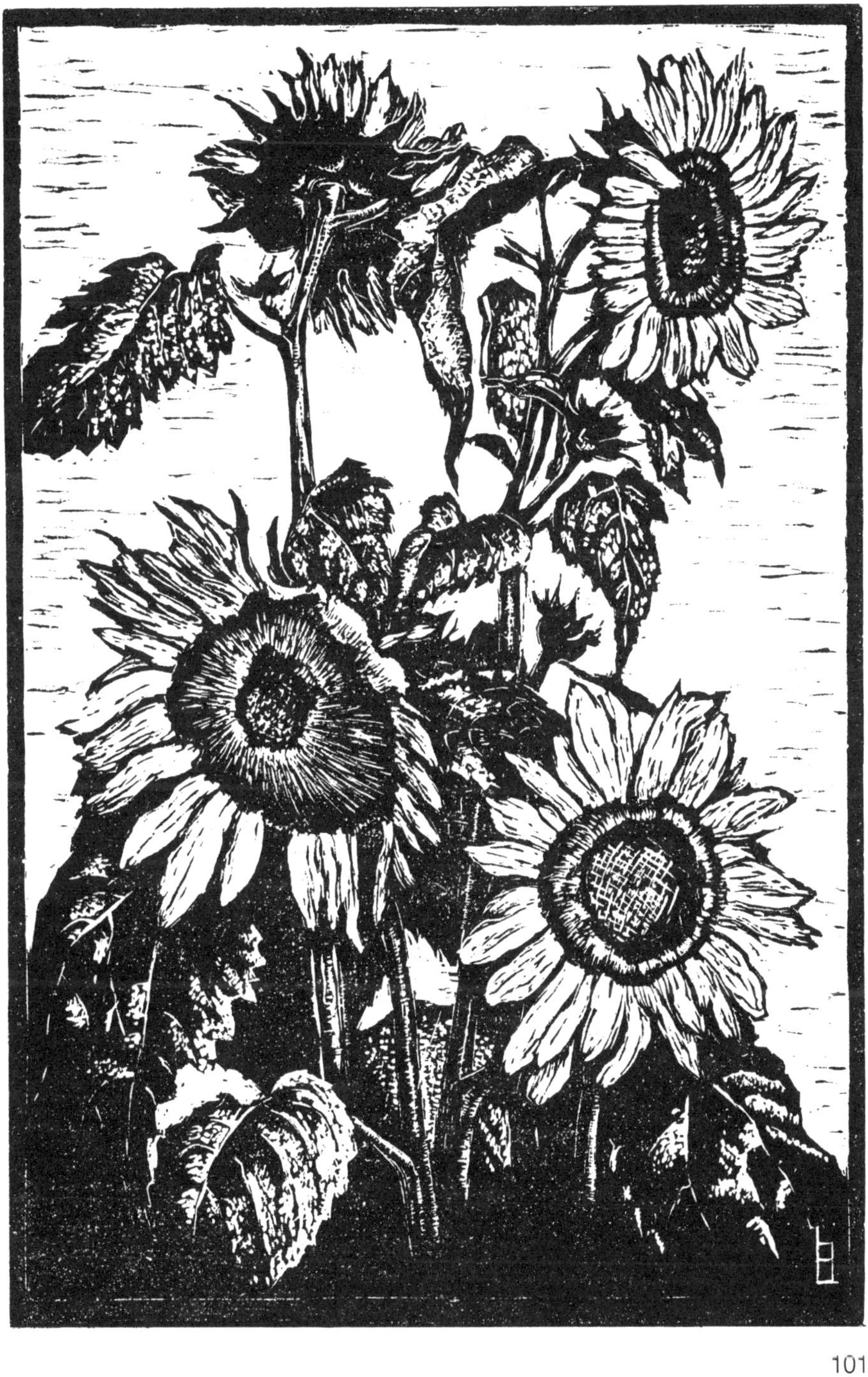

Landschaft

Mit dem Begriff Landschaft ist im wesentlichen ein Ausschnitt der freien Natur gemeint mit den jeweiligen atmosphärischen Erscheinungen des Himmels und denen der Erde einschließlich ihren Formationen, Gewässern und Pflanzen. Menschen, Tiere, Bauwerke oder andere technische Gebilde sind in der Regel nur Beiwerk, das aber durchaus zum eigentlichen Anlaß und Kompositionsschwerpunkt einer Landschaftsdarstellung werden kann.

Das Landschaftsbild als Selbstzweck zielt absichtlich oder unbewußt darauf ab, eine Seelenstimmung wiederzugeben, beruhend auf der Wechselwirkung zwischen Anblick und Gemütsverfassung des Betrachters. Dabei spielt gewöhnlich die Farbe eine ausschlaggebende Rolle, obwohl die nur in schwarzen bis lichtesten Grautönen ausgeführten Pinselzeichnungen des ostasiatischen Mittelalters Stimmungen womöglich noch eindringlicher vermitteln als europäische Gemälde seit dem Anfang des 16. Jahrhunderts. Zuvor bildeten Landschaften fast nur den Hintergrund figürlicher Szenen. Erst viel später wurde die Landschaftsdarstellung Selbstzweck, gipfelnd in der deutschen Romantik, in der sie oftmals sogar zum Gegenstand religiöser Besinnung anstelle von Heiligenszenen avancierte. Ein wenig »Stimmung« geht aber selbst noch vom bescheidensten, zu irgendeiner Erinnerung festgehaltenen Landschaftsmotiv aus und ebenso, wenn dieses lediglich zur Füllung einer leeren Fläche dekorativ verwendet wird. Der Zweck bestimmt meist die Auffassung des Motivs, die Art des Abzeichnens, im allgemeinen aber wird wohl impressionistisch zu beginnen sein. Selbst wenn es um die Illusion von Weiträumigkeit geht und perspektivische Gesetze eine Rolle spielen, wären konstruktive Hilfen zumindest beim Erfassen des Gesamteindrucks fehl am Platz. Sie werden allenfalls erst bei der Detailarbeit herangezogen, und dann kann sogar das Lineal in Aktion treten – zur Gewinnung eines Kontrastes gegenüber den durchweg unregelmäßigen Formen der Natur. Ausnahmen davon machen lediglich die im atmosphärischen Dunst linealgerade sichtbaren Sonnenstrahlen und der Regenbogen als Teil eines exakten Kreises. Die Kimm bis zum Horizont reichender Gewässer erscheint aufgrund von Licht- oder Dunkelheitsverdichtungen kaum einmal linealgerade (obwohl sie es im Sehbereich ist) und sollte dann auch dem optischen Eindruck entsprechend wiedergegeben werden. Den reizvollen Kontrast zwischen natürlichen und künstlichen Formen spielten Maler der Romantik gern aus, indem sie Bauwerke (meist Ruinen) mit Lineal und Winkel vorzeichneten.

Plastik und Raum einer Landschaft lassen sich selbst dann noch verdeutlichen, wenn keinerlei Anhalt durch perspektivische Linien gegeben ist. Es geschieht in solchen Fällen durch Größenstaffelungen offensichtlich gleich großer Objekte (Bäume, Häuser) einschließlich Massenstrukturen: Im Vordergrund sind deren Einzelheiten noch klar zu identifizieren, während die zum Hintergrund immer unbestimmter werden und sich schließlich in hellen Tonverläufen auflösen. Denn im allgemeinen erscheint der Vordergrund dunkler, kontrastreicher, es kann gelegentlich aber auch umgekehrt sein, etwa vor einer nahen Waldkulisse im Gegenlicht. Zuweilen bleiben bei Größenstaffelungen die wahren Ausmaße dennoch ungewiß, zum Beispiel, wenn der Betrachter

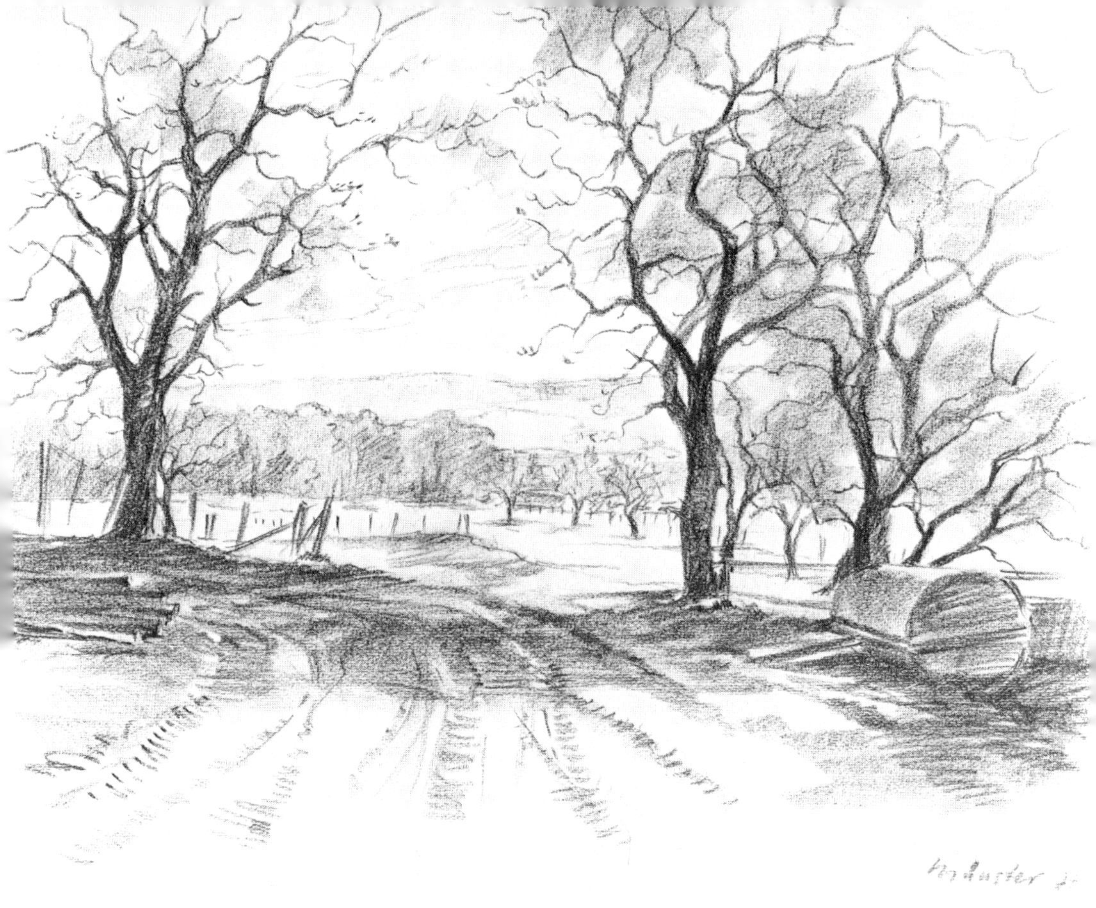

Landschaft bei Münster (Kreis Ebersberg/ Obb.) von Friedrich A. Schmitt. Kreide auf grauem Tonpapier, Original 60 × 46,5 cm. Die Studie zeigt, daß die Illusion von Tiefe und Weite allein schon durch wohlabgestufte Helldunkel-Kontraste zu erreichen ist, hier noch unterstützt durch Größenstaffelungen des Baumbestandes und der Zaunpfähle. Dagegen kommen die wenigen linearperspektivischen Andeutungen optisch weit weniger dominierend zur Geltung.

nicht ausmachen kann, ob Gebüsche oder zusammenhängende Baumbestände gemeint sind. Aufschluß geben dann die bereits erwähnten »Staffagen« menschlicher Figuren oder von Dingen, die uns angemessen sind, wie Wohnhäuser oder Fahrzeuge.

In der angewandten Kunst kommen Landschaftsdarstellungen relativ selten vor. Die damit verbundene Illusion von räumlicher Tiefe würde die Fläche einer Wand oder eines Gegenstandes »zerschlagen« – es sei denn, die etwa vorhandene Materialstruktur dieser Fläche läßt sich im Sinne einer unbestimmten Fortsetzung oder Umgebung dem eigentlichen Motiv so einbeziehen, daß man es nur noch als schmückenden Blickpunkt empfindet.

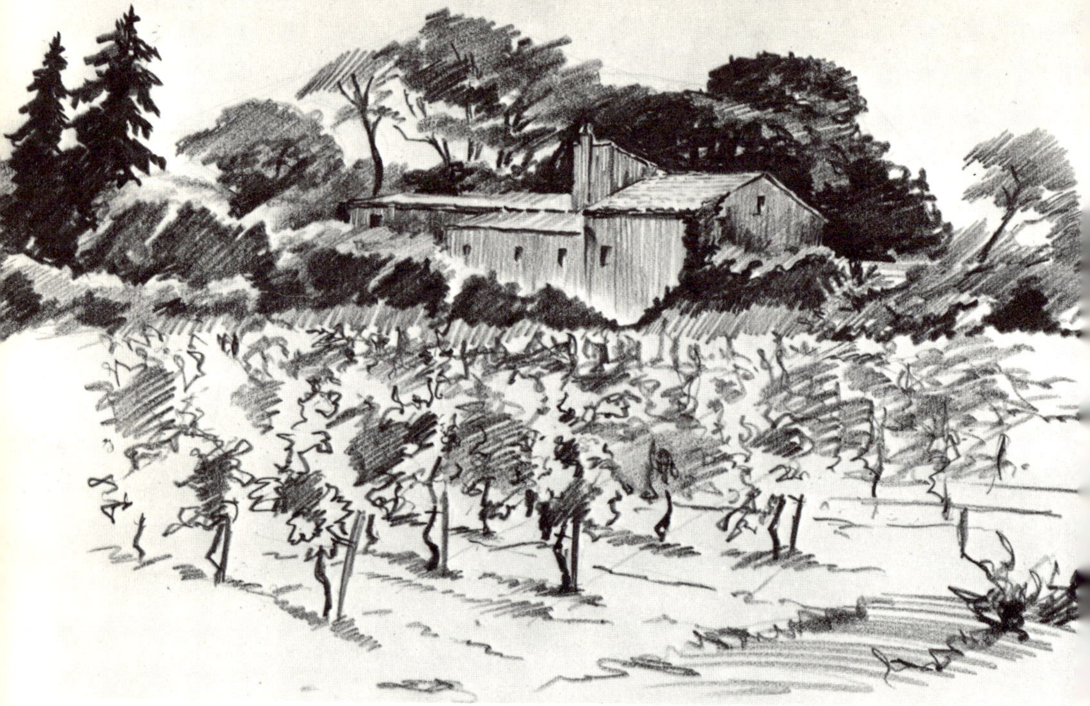

Oben: Südfranzösisches Weinfeld, von Friedrich A. Schmitt. Blei HB auf mittelrauhem Papier, Original 35,5 × 20,5 cm. Die Studie entstand – neben zahlreichen anderen – im Laufe einer Urlaubsreise 1978 und hat für den Autor gewiß einen weit höheren Erinnerungswert als ein fotografischer Schnappschuß. Im übrigen ist die Zeichnung ein treffendes Beispiel dafür, daß sich Weite und Tiefe auch entgegen der üblichen Regel ›dunkle Nähe – helle Ferne‹ interpretieren lassen: Die Weinstöcke im Gegenlicht vergehen fast als gleißendes Geflimmer vor den geradezu schwarz wirkenden Baumkulissen im Hintergrund. Dieser Kontrast bildet das eigentliche Motiv dieser Sonnenlandschaft.

Rechte Seite: Moorlandschaft bei Leoni/Starnberger See. Linolschnitt, Originalgröße 18 × 24,5 cm. Er entstand nach einem an Ort und Stelle gemalten, annähernd doppelt so großen Aquarell, dessen wichtigste Linien ich direkt auf die geschwärzte Linolplatte mit weißem Stift frei nachzeichnete. Alles weitere geschah dann mit Stichel, Geißfuß und Hohleisen, wobei die Farben samt ihren Nuancen und Verläufen in das krasse Entweder-Oder des Schwarzweiß mit möglichst viel Fläche umzusetzen und die verschiedenen Wuchsstrukturen gegeneinander auszuspielen waren. Dabei werden die Instrumente – vom anderen Zugriff abgesehen – ähnlich gehandhabt wie deckend abfärbende weiße Stifte auf schwarzem Grund. Zur genaueren Kontrolle des Werdegangs, und vor allem, um nicht zu viel wegzunehmen, was ja nicht wieder ersetzt werden kann, macht man zwischendurch mehrmals »Zustandsdrucke«. Da der Druck den Schnitt bekanntlich seitenverkehrt wiedergibt und hier unmittelbar nach dem Vorbild gearbeitet wurde, zeigt der Abzug also die Spiegelung des Originals. Bei derartigen Motiven spielt das jedoch keine Rolle. Die Ausführung mittels einer Umkehrpause würde einen weitgehend zum Sklaven einer genauen Vorzeichnung machen und der Arbeit viel vom Reiz des Unmittelbaren nehmen.

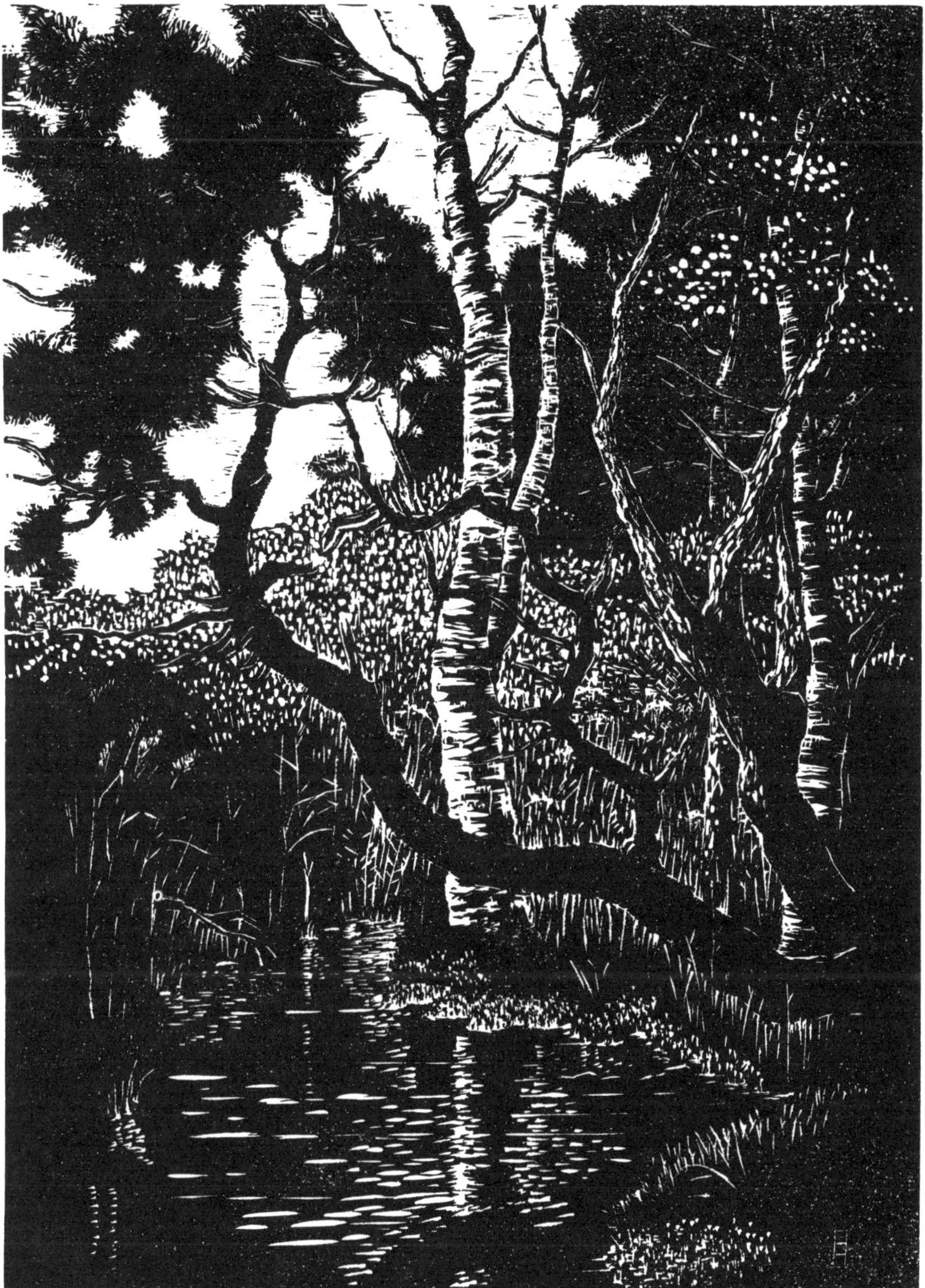

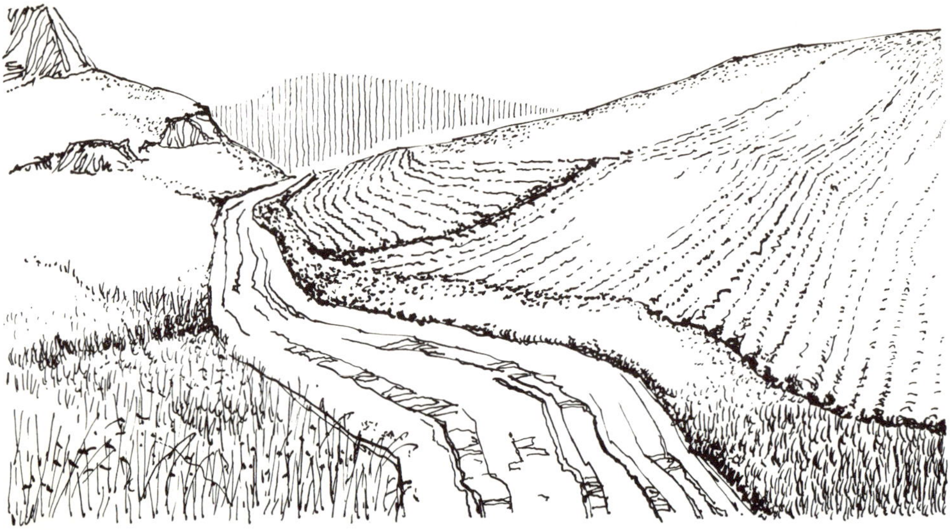

Strukturen. Anwendung bei Landschaftsdarstellungen zur Verdeutlichung der Plastik und Perspektive von Geländeformationen mit ihrer Oberflächenbeschaffenheit beziehungsweise ihrem Bewuchs. Soweit dies alles in der Ferne nicht mehr auseinanderzuhalten ist und sie nur noch als Kulisse oder Silhouette erscheint, wählt man für solche Partien wohl am besten waagerechte oder senkrechte Schraffuren – gleichzeitig ein wirkungsvoller Kontrast gegenüber den formbeschreibenden Strukturen, den Andeutungen von Gesteinsbildungen und Pflanzenwuchs.

Stilleben

Bei dem Wort Stilleben denkt wohl jeder gleich an die niederländischen Prunkgemälde des 17. Jahrhunderts. Im übrigen sehen viele Künstler in dieser Motivgattung weniger Selbstzweck als Übungsgegenstand für Kompositionsversuche und zur Erweiterung ihrer grafischen oder malerischen Ausdrucksmöglichkeiten. Deshalb wählen sie anstelle zufälliger Vorbilder lieber wohlüberlegte Gruppierungen natürlicher wie künstlicher Gegenstände. Daran ist ja kein Mangel, und wenn Sie ähnliche Arrangements treffen, gewinnen Sie dankbarste Studienobjekte. Zum Beispiel um verschiedenartige Formen oder Materialstrukturen gegeneinander auszuspielen oder um an beidem zugleich den eigenen zeichnerischen Stil, die persönliche Handschrift, zu erproben und weiterzuentwickeln.

Praktische Anwendungen finden Stilleben vornehmlich im Kunsthandwerk. Aus wenigen einfachen Objekten entstehen häufig symbolische Akzente oder Hinweise – an Fassaden, in der Wohnung, auf vielerlei Gebrauchs- und Ziergegenständen. Der Reiz solcher Darstellungen ergibt sich aus der Handhabung des Ausführungsmaterials, um das jeweilige Motiv zwar deutlich erkennbar, aber doch nicht platt naturalistisch wiederzugeben.

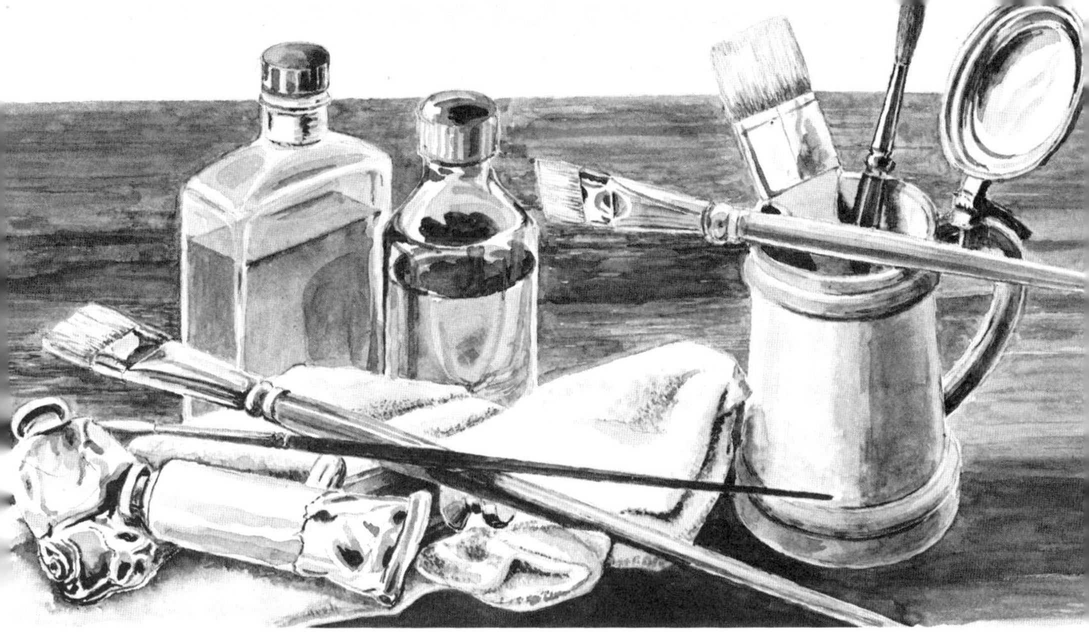

Oben: »Stilleben« vom Arbeitstisch eines Malers. Pinselstudie mit Aquarell-Paynesgrau auf mittelrauhem Papier, 1/2 der Originalgröße. Dabei ging es um den Versuch, die unterschiedlichen Materialwirkungen der Objekte zum Ausdruck zu bringen: weichen Lappen / Farbtuben / Pinsel mit Metallzwingen, / Glasflaschen / Tonkrug mit Zinndeckel. Bei sämtlichen Aquarelltechniken sind absolut weiße Glanzlicher stets auszusparen, nicht etwa mit Deckweiß aufzusetzen!

Rechts: »Lilien«, Vorzeichnung für ein Ölgemälde nach altmeisterlichem Verfahren, 1/4 der Originalgröße. Bilder dieser Art erfordern zunächst eine genaue Zeichnung. Sie entstand als Kombination aus impressionistischer und konstruktiver Auffassung, also sowohl mit die Fläche aufteilenden Geraden und pauschal umschreibenden Schwüngen als auch mit Achsenverläufen durch die Stengel und Blütenblätter. Außerdem wurden die Rillen der Vase genau lotrecht mit dem Winkel angezeichnet, ebenso bei der anschließenden Durchdrückpause auf die weiß grundierte Maltafel. Danach erfolgt die plastisch schattierende Untermalung: erst mit Rotocker, dann noch einmal in gleicher Weise mit grüner Erde. Die beiden übereinanderliegenden, meist lasierend aufgetragenen und gegebenenfalls mit dünnem Weiß aufgelichteten matten »Komplementärfarben« ergeben zusammen opalisierende Grautöne und geben den nachfolgenden bunten, größtenteils ebenfalls lasierend aufgetragenen Farben die eigentümliche Leuchtkraft. Auf Seite 149 die Wiedergabe des fertigen Bildes in halber Originalgröße.

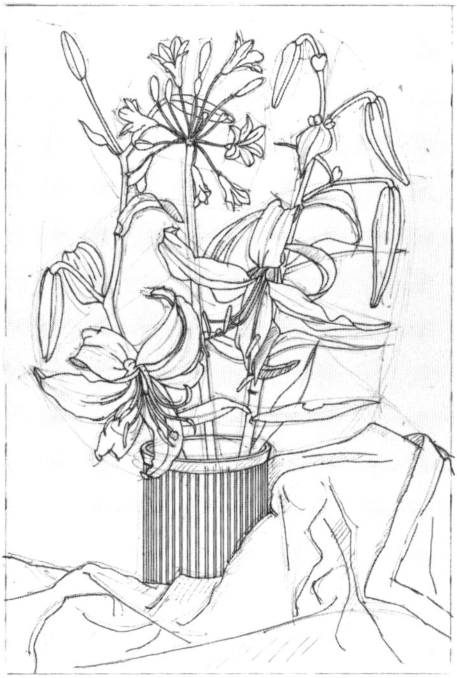

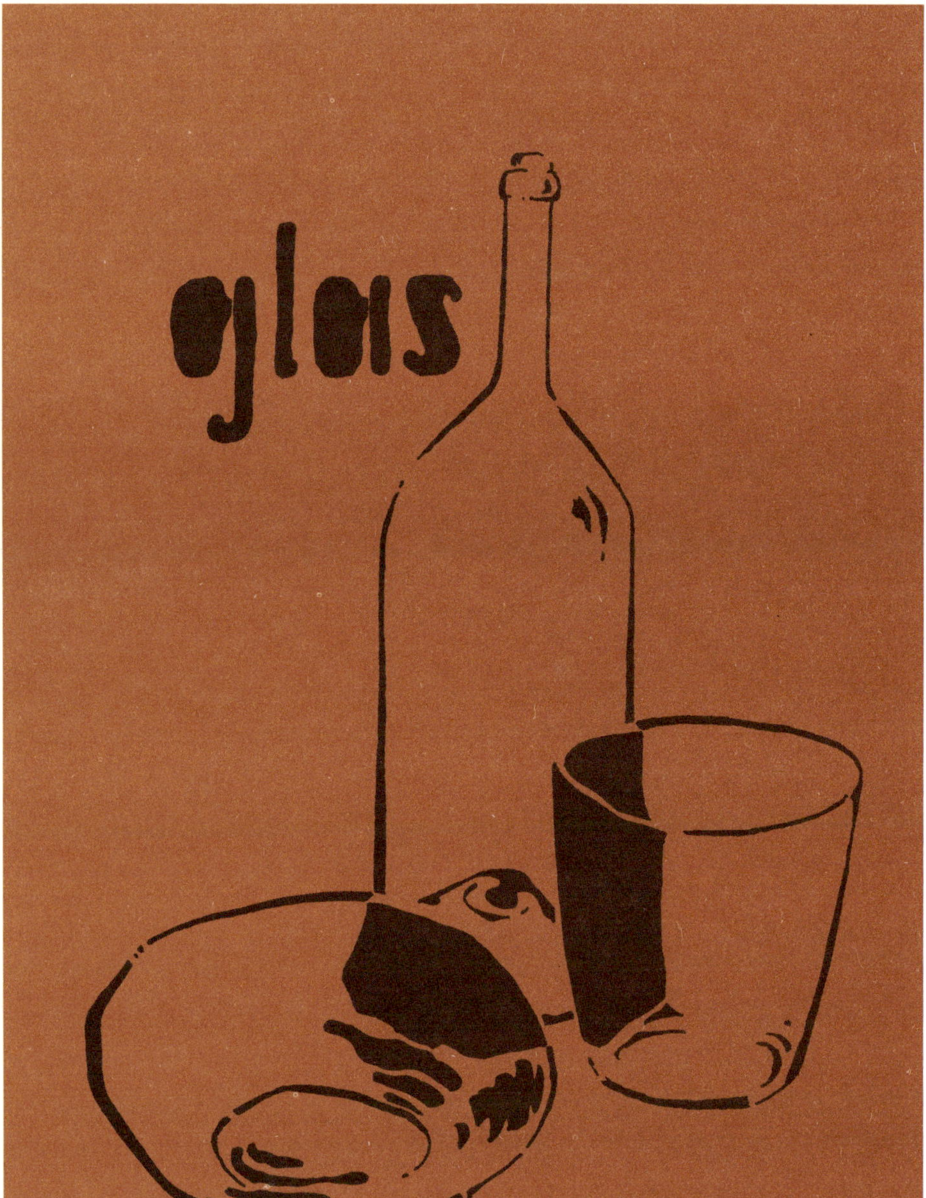
glas

Linke Seite: Stilleben, als Plakat und Katalogtitel für eine Werkstatt zur Herstellung mundgeblasener, beziehungsweise handgefertigter Zier- und Gebrauchsgläser. Die Reprovorlage für »Strichätzung« (Seite 42) erforderte zwei Blätter: einmal die rote Fläche (zunächst schwarz angelegt), zum andern die Darstellung mit Schrift, ebenfalls in Schwarz. Dieses Blatt wurde durch mechanische Aufrasterung zu Dunkelgrau und so auf die Rotfläche gedruckt.

Architekturen

Selbständige Architekturbilder, zu denen auch Wiedergaben von Innenräumen zählen, entstanden erst nach Entdeckung der Linearperspektive. Da alles auf die exakte, bis in jede Einzelheit gehende Zeichnung ankam, befaßten sich lange Zeit hauptsächlich Kupferstecher und Radierer mit Motiven der Baukunst. Sie wurden im 18. Jahrhundert auch Gegenstand der Malerei, und besonders beliebt waren Stadtansichten, die gleichzeitig das zeitgenössische Leben und damit die »Atmosphäre« der Örtlichkeit schilderten. Als berühmteste Meister dieser Kunst gelten die Italiener Antonio Canal und Bernardo Belotto, beide bekannter unter dem Namen »Canaletto«. Die großartigsten Kupferstiche beziehungsweise Radierungen dieser Epoche schuf G. B. Piranesi, der seine Motive zuweilen ins Phantastische steigerte und dennoch fachgerecht, weil er auch Baumeister war.

Immer gehören neben weitgehender Beherrschung der Perspektive auch einige Kenntnisse von bautechnischen Gepflogenheiten und Erscheinungen zur Voraussetzung für verständnisvolle Architekturwiedergaben. Manchmal geht es auch nicht ohne zusätzliche perspektivische Hilfszeichnungen oder Analysen, um merkwürdig anmutenden Verzerrungen und Überschneidungen auf die Spur zu kommen und sich nicht von Fehlbeobachtungen mit optischen Täuschungen narren zu lassen. Näheres erläutern die Abbildungen ab Seite 158.

Aus all dem ersehen Sie, daß die Wiedergabe umfangreicher oder komplizierter Architekturen hauptsächlich konstruktives Vorgehen nebst viel Geduld und Ausdauer verlangt. Es ist so recht etwas für Leute, die es nicht eilig haben, gern mit Muße Schritt für Schritt ihr Ziel angehen und ebensoviel Freude am Entstehen wie an der fertigen Arbeit haben. Und wenn Sie häufig überpausen, was ja in jedem Fall nach Kontrollen oder Korrekturen mit Lineal und Winkel notwendig wird, bleiben Ihnen alle Zwischenstufen gleich einem aufschlußreichen Dokumentarbericht erhalten. Obendrein erleichtert dessen kritische Betrachtung die Komposition.

Wenn man sich auch gerade beim Architekturzeichnen bemühen muß, Formen, Proportionen und die Perspektive getreu wiederzugeben, weil man sonst bald ins »Schwimmen« gerät, sollte das doch nicht in Haarspaltereien ausarten! Ein guter Schuß subjektiven Empfindens verleiht dem Abbild erst Individualität und macht es der fotografischen Aufnahme so überlegen, die am Motiv nichts ändern, weglassen oder hinzutun kann. Wie oft aber ist das wünschenswert, wenn Einrichtungen der modernen Zivilisation das Ursprüngliche stören, um dessen Wiedergabe es geht.

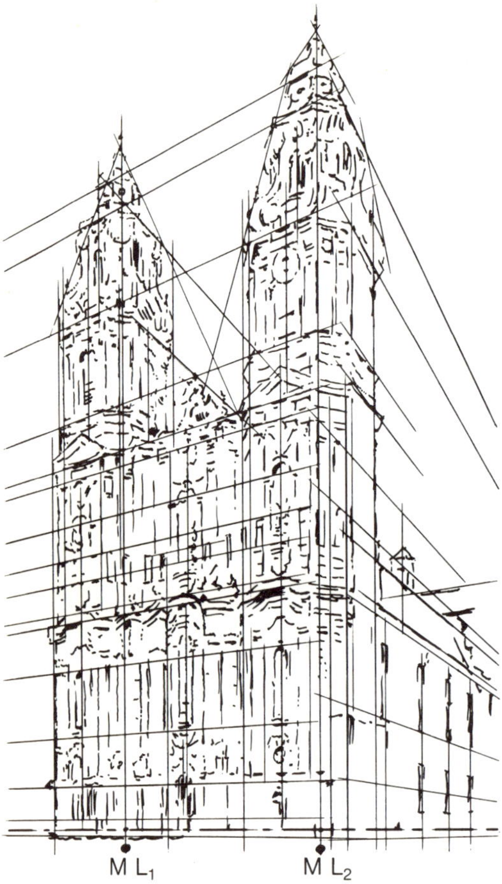

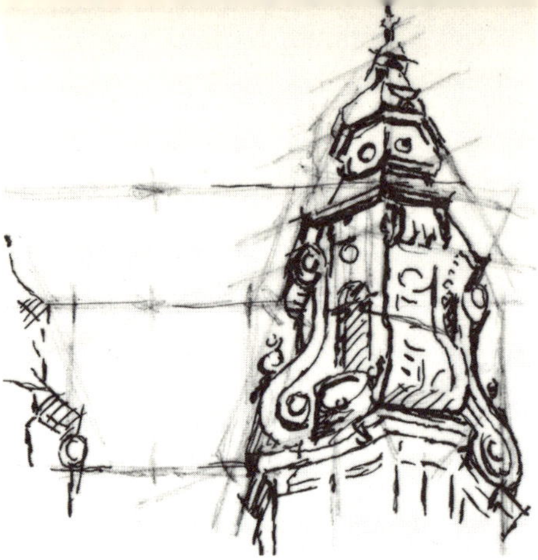

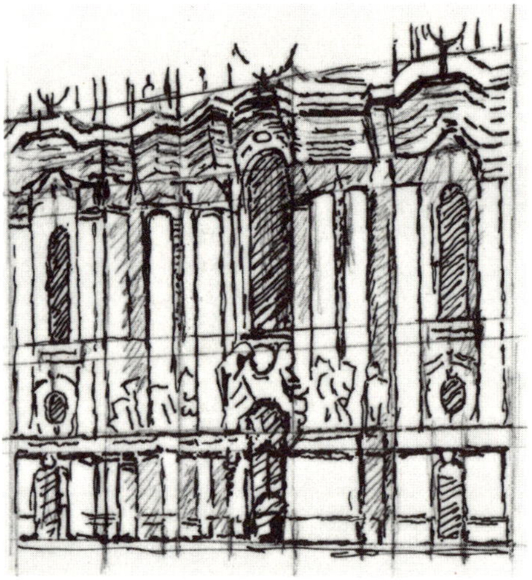

Klosterkirche Grüssau (Kreis Landeshut/Niederschlesien), 1728–35 erbaut von K. I. Dientzenhofer. Die Pinselzeichnung mit Deckschwarz und Marderpinsel Nr. 10 (rechte Seite, Originalgröße 21×31 cm) entstand nach mehreren Gesamt- und zahlreichen Detailstudien an Ort und Stelle. (Von diesen zwei Blättern rechts oben, ausgeführt mit Blei HB und Tuschfeder, sie zeigen den rechten Turmhelm, sowie den unteren Abschnitt der Eingangsfront.)

Zur Vorbereitung der Pinselzeichnung heftete ich die am treffendsten gelungene Gesamtstudie auf ein Reißbrett und darüber ein 80 cm breites Transparentblatt, denn die abgeschätzten Fluchtneigungen ergaben eine Distanz von 70 cm zwischen den beiden Fluchtpunkten. Deren linker liegt 56 cm vom Mittellot des rechten Turmes (ML_2) entfernt. (Bei der um ein Drittel verkleinerten Wiedergabe der Pinselzeichnung verringern sich die Fluchtpunktdistanzen ebenfalls um ein Drittel!) Die wichtigsten Fluchten und Senkrechten (ML_1 und ML_2), die lotrechten Konturen und Achsen, sowie die umgrenzenden Neigungen der Turmhelme zog ich mit Lineal und Winkel nach. Anschließend skizzierte ich die Anordnung der architektonischen Einzelheiten in das Liniengerüst. Diesen Zustand zeigt die nochmals verkleinerte Wiedergabe links oben. Danach überrieb ich die Rückseite der Transparentzeichnung mit weichem Blei und pauste sie auf das endgültige Blatt als Vorzeichnung (mittelrauhes Aquarellpapier). Die Ausarbeitung mit dem Pinsel geschah angesichts sämtlicher Studien. Zum Schluß wurden die Pausbleistriche ausradiert.

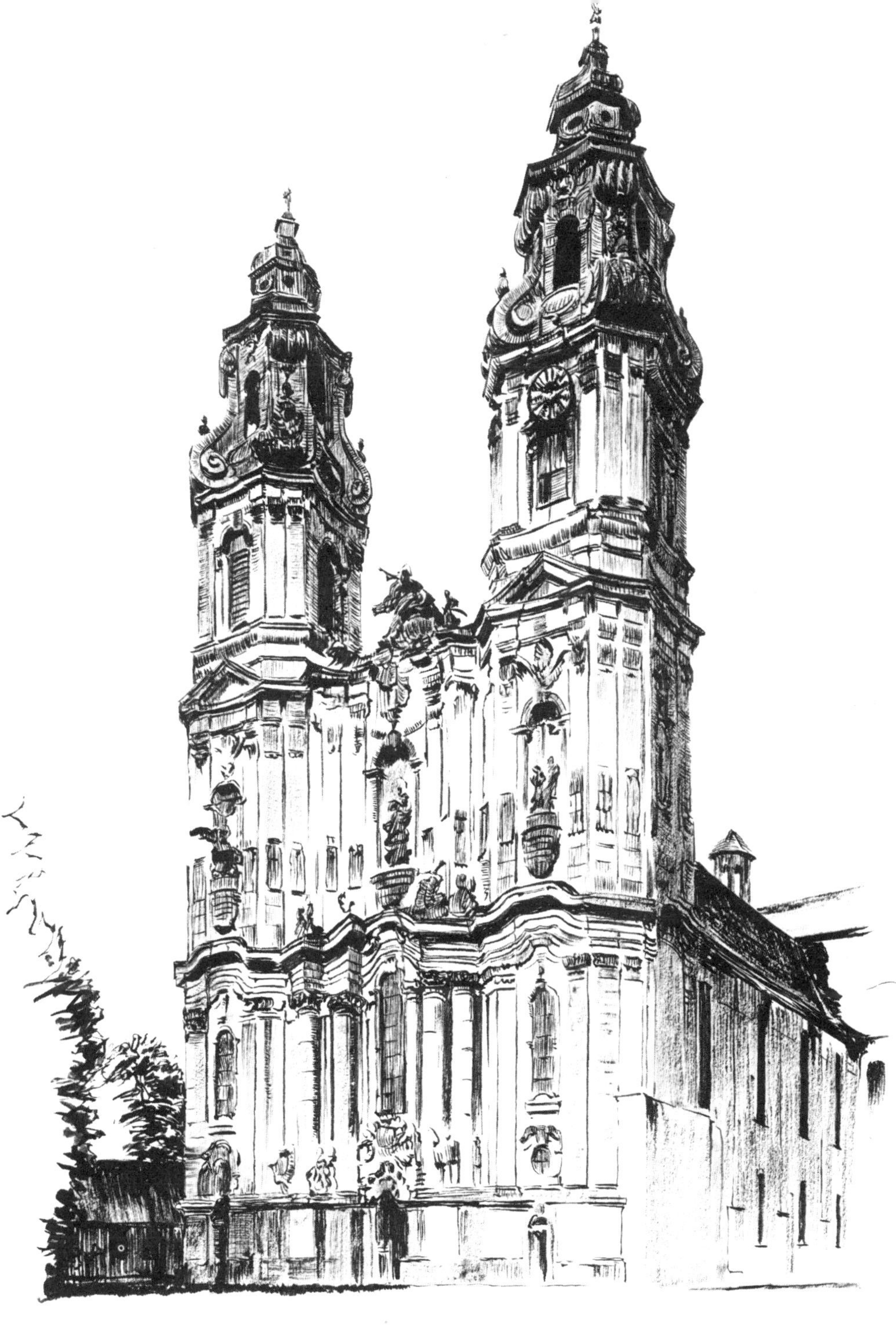

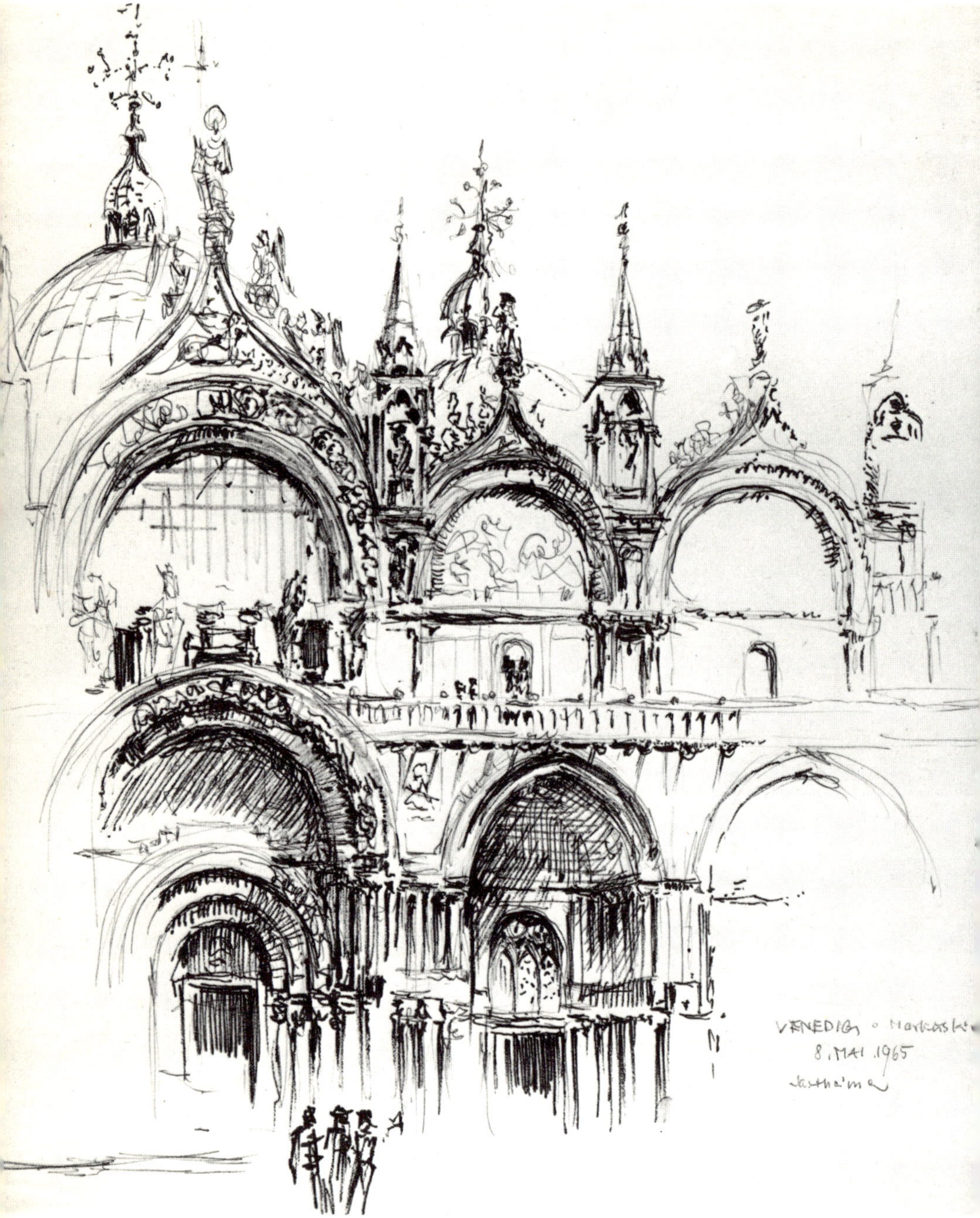
VENEDIG
8. MAI 1965

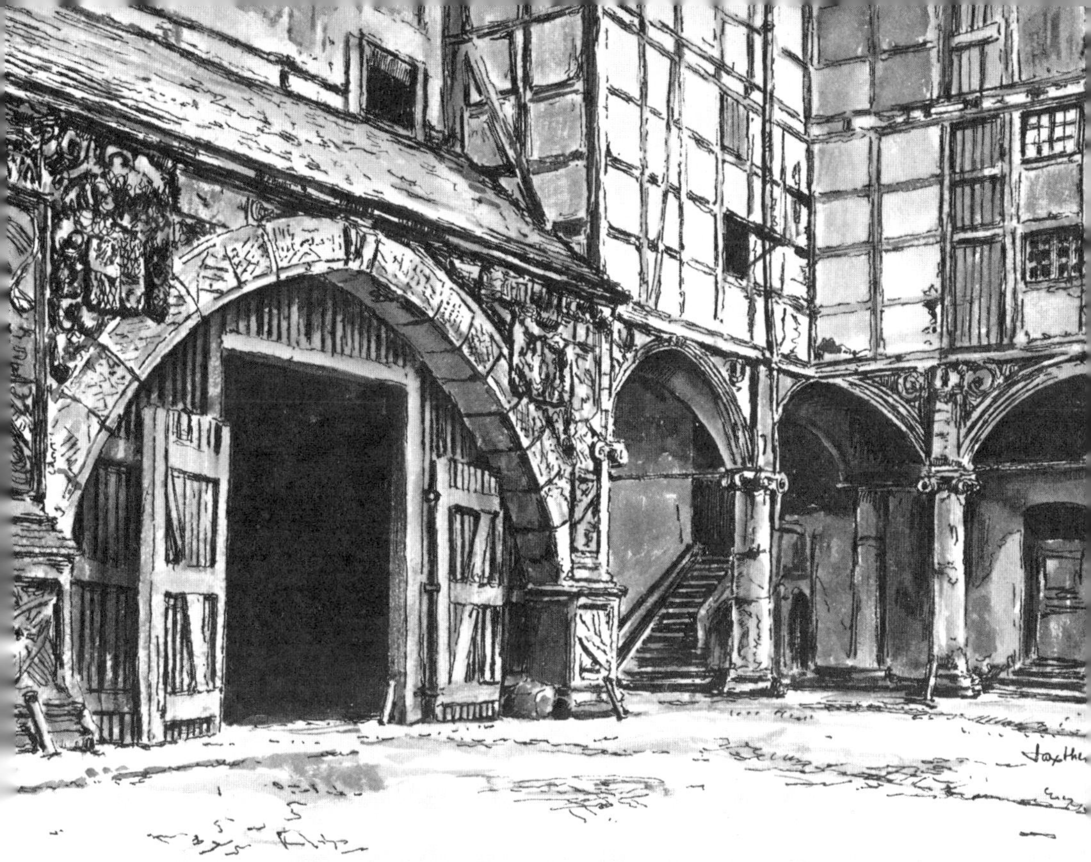

Linke Seite: Markusdom in Venedig. Reiseskizze mit Kugelschreiber auf mittelrauhem Papier, Originalgröße 28×29,5 cm. Die Skizze entstand lediglich »zum Zeitvertreib« vor dem Beginn einer Schiffsreise und infolgedessen ohne Ziel oder gar Systematik. Manchmal geben solche Notizen zumindest dem Urheber mehr als nach allen Regeln entworfene und durchgearbeitete Bilder. Und so erscheint bei der Betrachtung des bescheidenen Blattes auch all das wieder vor mir, was ich nicht mit dem Stift festhielt: das Treiben auf dem Markusplatz, die Gondeln in den Kanälen, der berühmte Glockenturm, und wie er fern im Abendlicht versank, als mein Schiff hinaussteuerte ins offene Meer...

Oben: Beispiel für eine »malerisch« aufgefaßte Architektur: Innenhof des Piastenschlosses in Brieg/Niederschlesien (16. Jh.). Lavierte Federzeichnung mit wasserlöslicher Tusche auf mittelrauhem Papier, knapp 1/2 der Originalgröße. Bei der Vorzeichnung mit dünnen Bleistrichen wurden zuerst die markantesten Lotlinien in den durch waagerechtes Maßvisieren ermittelten Abständen festgelegt, danach die perspektivischen Fluchten. Da diese durchweg sehr flach verlaufen und infolgedessen die Verschwindepunkte weit außerhalb des Zeichenblattes liegen, mußte abschätzendes Neigungsvisieren genügen. Nach einer ersten Durcharbeit mit der Tuschfeder konnten die Bleistriche ausradiert werden. Anschließend wechselten Wasserpinsel-Lavierungen mit weiteren Federstrichen ab. Zum Schluß überging ich alle stärkeren Dunkelheiten mit dem Pinsel und wasserverdünnter Tusche, bis allenthalben die dem Anblick entsprechende Tontiefe erreicht schien. Eine ähnliche Wirkung ließe sich auch mit dem Kugelschreiber und stufenweise verdünnten Aquarellschwarz-Lavierungen erreichen. Allerdings stehen Kugelschreiberstriche härter in den Halbtönen als die mehr oder weniger angelösten Federstriche.

Technisches Zeichnen

Technische Zeichnungen bilden die einzig verläßliche Grundlage für alles, was nicht allein aus bloßer Vorstellung und nach Augenmaß realisierbar ist. Bastler, Handwerker, Ingenieure, überhaupt alle, die sich mit der Herstellung von Gegenständen befassen, brauchen maßgerechte Werkzeichnungen. Wie bereits angedeutet, kommt zuweilen selbst die »hohe Kunst« nicht ohne exakte Zeichenhilfen aus: das Lineal, den Winkel und Zirkel. Regelrechte Werkpläne erfordern außerdem ein Zeichenbrett – entweder mit einwandfreier Anlegekante für die Reißschiene oder gleich verbunden mit einer Vorrichtung, die lose Lineale und Winkel überflüssig macht. Eine Zusammenstellung aller derartigen uns heute zur Verfügung stehenden Gerätschaften finden Sie ab Seite 219 das Nötige über geeignete Papiere, Stifte und dergleichen ab Seite 209.

Der regelrechten Werkzeichnung gehen wohl stets Freihandskizzen voraus. Sie fixieren zunächst pauschal die Idee, im weiteren die Proportionen der Hauptformen. Dabei sind auch gleich die wichtigsten Abmessungen zu notieren unter Berücksichtigung der konstruktiv notwendigen beziehungsweise der darüber hinaus erwünschten Stärken des Ausführungsmaterials, etwa im Hinblick auf eine »massivere« Wirkung des fertigen Stückes. Soll es zudem eine schmückende Ausgestaltung erfahren und dazu eine bereits vorhandene oder eigens dafür gezeichnete Studie verwendet werden, ist zu prüfen, ob eventuell kleine Maßänderungen erforderlich sind, zum Beispiel, um ein Ornament auf exakter geometrischer Grundlage formvollendet einfügen zu können. Ein Beispiel für derartige Überlegungen und Vorgänge finden Sie auf den Seiten 119 bis 121.

Schließlich bleibt noch die Erwägung, in welchem Maßstab die Werkzeichnung anzulegen ist. Ideal wäre natürlich immer die Originalgröße, meist reicht dafür aber kein Zeichenbrett aus, und während der handwerklichen Ausführung erweisen sich allzu großformatige Pläne oft als unbequem.

Maßstäbe

Bei Werkplänen kommen originalgroße Zeichnungen (Maßstab 1 : 1) meistens nur für gesonderte Darstellungen komplizierter Einzelheiten in Betracht. Im übrigen wählt man ein sowohl rechnerisch bequemes wie vom Meßstab gut ablesbares Teilungsverhältnis. Am einfachsten ist natürlich eines, bei dem lediglich das Komma der wahren Meßzahl um eine oder mehrere Stellen versetzt wird:

1 : 10 (1 m = 10 cm) – größere Einzelobjekte,
1 : 100 (1 m = 1 cm) – üblich bei Bauentwürfen,
1 : 1000 (1 m = 1 mm) – große Geländepläne.

Recht einfach ist auch die Teilung auf Halbierungsbasis:

1:   2 (1 m = 50 cm) – Pläne für kleine Gebrauchsgegenstände,
1: 20 (1 m = 5 cm) – Inneneinrichtungen, »Wandabwickelungen«,
1:200 (1 m = 5 mm) – Bebauungspläne kleinerer Grundstücke.

Üblich für kleinere Einzelobjekte (Möbel), Bau-Ausführungszeichnungen und größere Lagepläne sind die Maßstäbe 1:5 (1 m = 20 cm), 1:50 (1 m = 2 cm), 1:500 (1 m = 2 mm).

Bei allen weiteren, nur gelegentlich angewendeten Maßstäben führen Rechnen und Maßabtragen leicht zu Ungenauigkeiten oder Versehen, zumal es schwerer fällt, sich angesichts solcher Verkleinerungen die Originalmaße vorzustellen. Gegebenenfalls verwendet man zum Maßabtragen dann einen »Reduktionsmaßstab«, zu haben als Dreikantlineal, auf dem außer einigen der bereits genannten auch Verhältnisse wie 1:25 (1 m = 4 cm), 1:33⅓ (1 m = 3 cm) oder noch andere, jeweils immer 6 verschiedene Maßstäbe abzulesen sind. Wenns irgend geht, vermeidet man aber solch komplizierte Einteilungen, sie wurden in diesem Buch auch nicht benutzt. Sein Format machte es jedoch notwendig, relativ kleine Maßstäbe anzuwenden oder die Originalpläne verkleinert wiederzugeben. Wenn Sie nun selbst technische Zeichnungen anfertigen oder einige zu Übungszwecken kopieren, empfehle ich, die hier abzugreifenden Längen mindestens zu verdoppeln oder einen noch größeren, bequem praktizierbaren Maßstab zu wählen.

Auf jeder Werkzeichnung wird zwar der benutzte Maßstab eingetragen, im übrigen gibt man aber stets die wahren Ausführungsmaße an: Bei Bauten und anderen größeren Objekten in Metern, kleinere Gebrauchsgegenstände werden nach Zentimetern gemessen, für Arbeiten aus Metall sind durchweg Millimetermaße üblich. Die Angabe der wahren Abmessungen ist notwendig, weil selbst genaueste Pläne es nicht erlauben, die gezeichneten Längen verläßlich abzugreifen, oft ginge das in kaum mehr richtig einzuschätzende Millimeterbruchteile. Zudem schrumpfen oder dehnen sich alle Papiere je nach Temperatur und Feuchtigkeit der Luft und das überträgt sich natürlich auch auf die Zeichnungen.

Absolut maßbeständig bleiben nur eigens für solche Zwecke erhältliche Klarsichtfolien. Sie kosten jedoch etwa das Zehnfache guten Transparentpapieres und verlangen außerdem die Verwendung von Spezialtusche, weil übliche Ausziehtuschen nicht recht auf den Folien haften. Unentbehrlich sind diese Materialien nur für Pläne, die der industriellen Serienfabrikation dienen (Flugzeug-, Fahrzeug- und Maschinenbau). Handwerker und Bastler können sich nach wie vor mit den herkömmlichen Zeichnungsarten und schriftlichen Maßangaben begnügen.

Unter die Maße mit den Markierungen ihrer Reichweiten schreibt man gegebenenfalls, um welche Ansicht es sich jeweils handelt, waagerecht, von unten nach oben oder parallel zu schrägen Flächenrichtungen lesbar.

Im folgenden wurden solche Beschriftungen einfachheitshalber durch römische Ziffern ersetzt. Es bedeuten:

I = Frontalansicht,
II = Seitenansicht,
III = Draufsicht,
IV = Querschnitt,
V = Längsschnitt,
VI = Rückansicht.

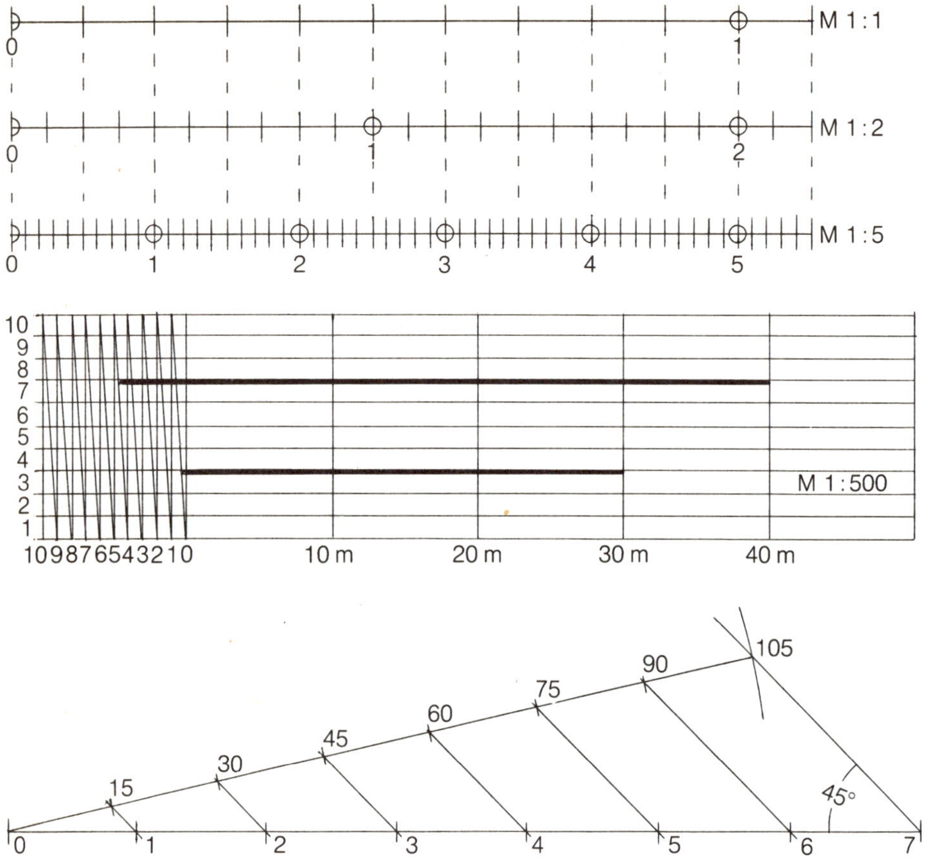

Oben: Vergleich der Maßstäbe 1 : 1, 1 : 2, 1 : 5, auf Zentimetermaße bezogen. Nach Metern gerechnet handelt es sich um die Maßstäbe 1 : 100, 1 : 200, 1 : 500.

Mitte: »Umrechnungs«- oder »Transversalmaßstab« 1 : 500, selbst anzufertigen, um beispielsweise ohne umständliches Rechnen und Schätzen bei derart kleinen Maßstäben Längen mittels eines Stechzirkels einigermaßen genau abgreifen zu können – zumal, wenn der Transversalmaßstab sehr präzis auf flächenbeständiger Spezialfolie ausgeführt wurde. Messen Sie nach: Die verstärkt eingetragene obere Linie entspricht der Länge von 44,70 m, die untere der von 30,30 m, wobei kleine Unstimmigkeiten auf Schwund oder Dehnung des zum Buchdruck verwendeten Papiers beruhen. Beim Zeichnen von Transversalmaßstäben müssen die waagerechten Abmessungen maßstabgerecht eingeteilt werden, während sich die Höhenmaße (linke Außenkante) aus beliebigen, der Genauigkeit wegen etwas größeren Einheiten zusammensetzen können.

Unten: Teilung einer beliebig vorgegebenen Strecke (0–7) in sieben gleiche Abschnitte, wenn deren Teilung rechnerisch, beziehungsweise beim Abtragen vom Meßstab nicht glatt aufgeht. Folgendermaßen ist dann vorzugehen: Von Punkt 7 ziehen Sie eine Lotrechte oder eine bequeme Winkellinie (hier von 45 Grad) und schlagen um 0 einen Kreisbogen, dessen Radius eine glatte Teilung durch 7 ermöglicht (hier 105 : 7 = 15 mm). Der Kreisbogen schneidet die 45-Grad-Linie im Punkt 105. Ziehen Sie nun zur Verbindungslinie 7–105 Parallelen durch die Radius-Meßeinheiten 15 bis 90, teilen diese die Strecke 0–7 in sieben gleiche Teile. Auf demselben Prinzip beruht das proportionsgetreue Vergrößern/Verkleinern vorgegebener Flächen (Seite 178).

Die Planzeichnung

Der Begriff Planzeichnung gilt für alle Werkzeichnungen, die einzelne, zuweilen auch mehrere Objekte zugleich ganz und gar in die Ebene transponieren, also »plan« darstellen – aufgeteilt in die notwendigen Ansichten und Konstruktionsschnitte. Nur auf diese Weise lassen sich Flächen absolut form- und proportionsgetreu wiedergeben – im Gegensatz zur isometrischen Werkzeichnung mit teilweisen Formverzerrungen oder gar zur regelrechten Perspektive. Sie zeigt keine einzige Fläche formgetreu, sondern vermittelt nur den optisch richtigen, plastisch-räumlichen Eindruck einer Situation oder eines Gegenstandes. Infolgedessen sind Perspektiven als Werkzeichnungen nicht zu gebrauchen.

Bei einer Planzeichnung werden die erforderlichen Ansichten gewissermaßen auseinandergeklappt unter-, über- und nebeneinander im gleichen Maßstab dargestellt, orientiert an waagerecht und senkrecht durchlaufenden Fluchtlinien. Das erleichtert die Arbeit wie den Überblick und beugt Unstimmigkeiten vor. Diese liegen immer nahe, wenn man jede Ansicht separat aufmißt und zeichnet. Anders ist es mit der Wiedergabe schwieriger Konstruktionseinzelheiten, die einen größeren Maßstab verlangen, womöglich 1 : 1. Dafür empfiehlt sich ein besonderes Blatt, auf dem man jedes Detail ebenso wie auf der Gesamtdarstellung zur Orientierung durch einen Strichelkreis eingrenzt und mit gleichen Buchstaben kennzeichnet.

Eckpunkte lassen sich nur durch ein wenig über das Endmaß hinauslaufende Linien zuverlässig bestimmen. Zumindest handhabt man das so bei der Vorzeichnung, während bei der direkt aufgetragenen oder auf einem Pausblatt ausgeführten »Reinzeichnung« stumpf zusammenstoßende Linien ein klareres Bild ergeben und die dazugehörenden Maßangaben Irrtümer ausschließen. Einzelne Punkte, vor allem die Mitte von Kreisen als Ort des Zirkeleinsatzes sind stets durch ein kleines Kreuz zu markieren.

Unsichtbare, zum Verständnis jedoch notwendige Objektkanten werden gestrichelt, Schnittverläufe mit strichpunktierten Linien angedeutet, die Stärken und Zusammensetzungen des Materials schräg gegenläufig schraffiert – freihändig bei »gewachsenen« Werkstoffen wie Holz, mit Linealstrichen bei Metallen, die man bei geringer Stärke im Vollton anlegt. Von langen Werkstücken gleichbleibender Form, die eigentlich einen übergroßen Bogen verlangen, zeichnet man nur Anfang und Ende maßstabgerecht, während das durchlaufende Zwischenstück mit einer freihändigen Doppelwellenlinie unterbrochen wird und die wahre Länge lediglich der Maßangabe zu entnehmen ist. Es gibt noch viele weitere Darstellungsregeln, die jedoch nur für komplizierte Ingenieur-Konstruktionen in Betracht kommen. Bei einfacheren Arbeiten ist es jedenfalls erforderlich, daß die Werkzeichnung absolut unmißverständlich zu »lesen« ist, zumal, wenn die praktische Ausführung anderen überlassen wird. Sowohl zur planen wie isometrischen Werkzeichnung gehört eine »Stückliste«, in der sämtliche benötigten Teile mit Maßen und Anzahl wohlgeordnet notiert sind, damit man beim Zurichten rationell einteilen kann oder bei Bestellungen nichts vergißt.

Zu Planzeichnungen zählen neben Grundrissen auch senkrechte »Aufrisse« oder »Wandabwickelungen« mit ihren frontal gesehenen Gliederungen (Fenster, Türen, Mauer-Vor- und -Rücksprünge), eventuell auch mit Einrichtungsstükken (Möbel, Vorhänge, Bilder), soweit diese ihren festen Platz haben. Solche Abwickelungen bilden zusammen mit dem Grundriß im gleichen Maßstab die Voraussetzung zur Konstruktion perspektivischer Ansichten oder »Schaubilder«, wie die Architekten sagen. Diese sind von größtem Nutzen, wenn sich das Ganze erst im Stadium der Planung befindet und man wissen möchte, wie alles zusammen wirkt, so daß sich rechtzeitig und ohne Kostenaufwand dies oder jenes noch ändern läßt. Dasselbe gilt für Außenansichten. Dazu braucht man sowohl die einzusehenden Fassadenaufrisse als auch den Bauwerkgrundriß und Geländeplan. Natürlich müssen diese Unterlagen wieder den gleichen Maßstab haben oder entsprechend umgezeichnet werden.

Bevor Sie mit solchen oder anderen Planzeichnungen beginnen, ist der Maßstab mit den Gegebenheiten in Einklang zu bringen: dem Umfang des vorhandenen Zeichenbrettes und der Mindestgröße der Darstellung, die schließlich ein klares Bild ergeben soll. Vergessen Sie dabei auch nicht, ausreichend Raum für die Abstände der einzelnen Planteile samt Maßangaben und eventuellen Beschriftungen vorzusehen. Dann zeichnen Sie zunächst mit harter, dünner Bleimine auf glattes, weißes, kräftiges Papier die Gesamteinteilung, drücken etwas stärker auf bei den voraussichtlich endgültigen Umrissen und ziehen diese eventuell mit einem Feinstrich-Kugelschreiber nach. Anschließend wie auch zuvor können Sie nach Belieben ausradieren und korrigieren, deshalb der Beginn mit Bleistift. Oft sieht dann das Blatt so verschmiert aus, daß man lieber eine Transparentpause mit Tusche oder Feinstrich-Filzschreiber macht, unter Verzicht auf nicht mehr notwendige Hilfslinien. Davon nehmen Sie Lichtpausen – für alle Fälle, oder auch um sie farbig anzulegen und so einen der späteren Realität noch näher kommenden Eindruck zu gewinnen.

Bei dafür bestimmten Transparentzeichnungen bleibt zu erwägen, ob man sie mit dem Lineal oder freihändig ausführt. Frei ausgezogene wirken flotter, gefälliger, zumal bei lockerer, unterbrochener Strichführung. Regelrechte Werkzeichnungen verlangen zur Vermeidung von Irrtümern selbstverständlich Linealstriche, die präzis der Vorzeichnung folgen.

Rechte Seite: Isometrische Entwurfskizze zur Anfertigung einer Schatulle, z. B. für kostbare Briefe, mit Vorhängeschlößchen und verzierter, später separat auszuführender und in eine Leistenumrandung einzufügender Deckelplatte. Vorgesehenes Baumaterial: massives Edelholz. Angestrebte Gesamtwirkung: gewichtige Schatztruhe, das Schlößchen evtl. vergoldet, für die Deckeleinlegplatte ist eine Emailarbeit, Furnier-Intarsie, Hinterglasmalerei oder dergleichen vorgesehen (zunächst durch Diagonalstriche angedeutet). Auszugehen ist von den »lichten« Innenmaßen, um Briefe in den beiden üblichen Hüllenformaten unterzubringen samt etwas Spielraum = mindestens 24,0 × 16,5 × 12,0 cm. Dann die Konstruktion: Einfachheitshalber wurde »stumpfe« Verleimung gewählt (fachgerechter wäre natürlich »verzinkte« oder verschlitzte Kastenwände). Umlaufende Leisten verdecken die waagerechten unteren Stoßfugen, bilden die obere Einlegevertiefung von 0,5 cm und lassen das Ganze massiver erscheinen. Die Holzstärke beträgt durchweg 1,2 cm, zu den Innenmaßen gerechnet und schließlich im Hinblick auf »glatte« Maße auf-

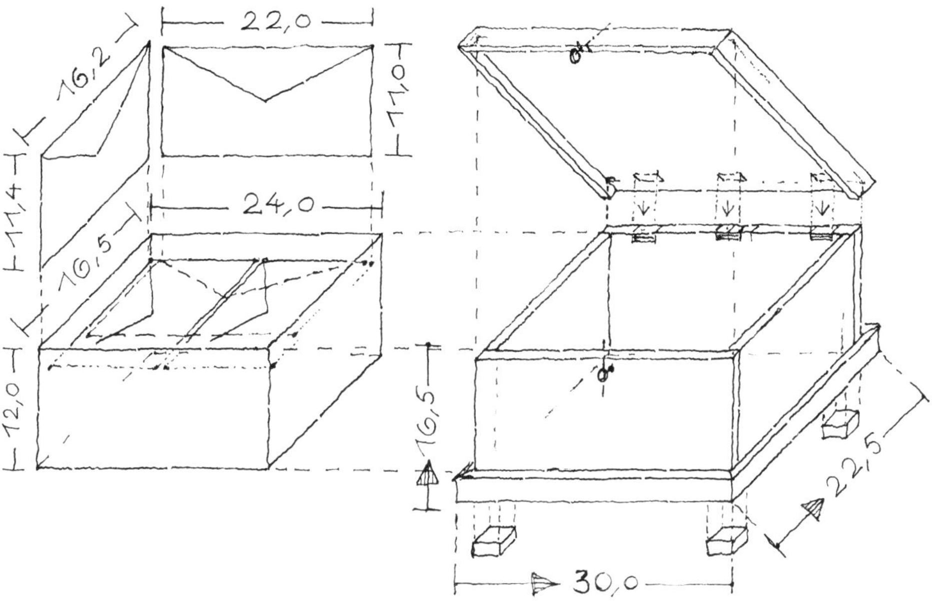

gerundet, ergeben sich die Außenabmessungen 30,0 × 22,5 × 16,5 cm (lichte Innenmaße dann 25,2 × 17,7 × 12,5 cm). Der Deckel wird mit drei zur Holzstärke passenden, in die Rückwand vertieft eingelassenen Scharnieren befestigt. Zwei Ringschrauben, eine in der vorderen oberen Umlaufleiste, die andere in der vorderen Kastenwand, bilden die Schlößchenaufhängung. Zu beachten ist, daß anstelle der rückwärtigen oberen Umlaufleiste nur eine 0,5 × 1,2 cm im Querschnitt messende Leiste auf die Deckelplatte kommt, damit diese bis zur Senkrechtstellung hochgeklappt werden kann, sie ist infolgedessen einerseits um 1,2 cm größer als die Bodenplatte.

Nächste Seite: Die Werkzeichnung M. 1 : 5, Detail M. 1 : 2 (besser wären bei solch kleinen Objekten natürlich die hier nicht wiederzugebenden Maßstäbe 1 : 2 und 1 : 1). Zunächst erfolgt die Blatteinteilung für die Zeichnung M. 1 : 5 mittels durchlaufender Fluchtlinien mit Blei (hier farbig) unter Berücksichtigung des Raumes für Maßangaben und Beschriftungen. Ist alles überprüft und einwandfrei vorgezeichnet, werden die tatsächlich notwendigen Linien mit Kugelschreiber oder Tusche ausgezogen, damit auch die Schnittschraffuren ausgeführt und schließlich die Ausführungsmaße nebst evtl. Beschriftungen eingetragen. Danach sind die beiden eingekreisten Detailschnitte A und B auf ein separates Blatt zu zeichnen (hier lediglich zur Raumersparnis im freien Feld rechts oben untergebracht) und wiederum alle Maße einzutragen. Den Abschluß all dieser Arbeiten bildet die Zusammenstellung der »Stückliste«, in der auch die nicht genauer dargestellten Teile aufgeführt werden (Scharniere, Schrauben, Schlößchen und dergleichen).

Stückliste:

1. Holz mit gleichbleibender Stärke von 1,2 cm:

Vorder- und Rückwand	= 27,6 × 12,5 – 2 Stück
Seitenwände	= 17,7 × 12,5 – 2 Stück
Bodenplatte	= 27,6 × 21,1 – 1 Stück
Deckelplatte	= 27,6 × 21,3 – 1 Stück

vorder- und rückseitige Umlaufleisten für Zusammenstoß auf »Gehrung« und genauen Zuschnitt erst beim Zusammenbau, Endmaß = 30,0 × 2,4, vorläufige Längenzugabe = 32,0 × 2,4 – 3 Stück
seitliche Umlaufleisten, Endmaß 22,5 × 2,4, + Längenzugabe für Gehrung = 24,5 × 2,4 – 4 Stück,
hintere Deckelauflage = 27,6 × 1,2 × 0,5 – 1 Stück,
Fußklötze = 2,4 × 2,4 – 4 Stück.

2. Metallteile:
Scharniere aus Messing, Backenbreite 12 mm,

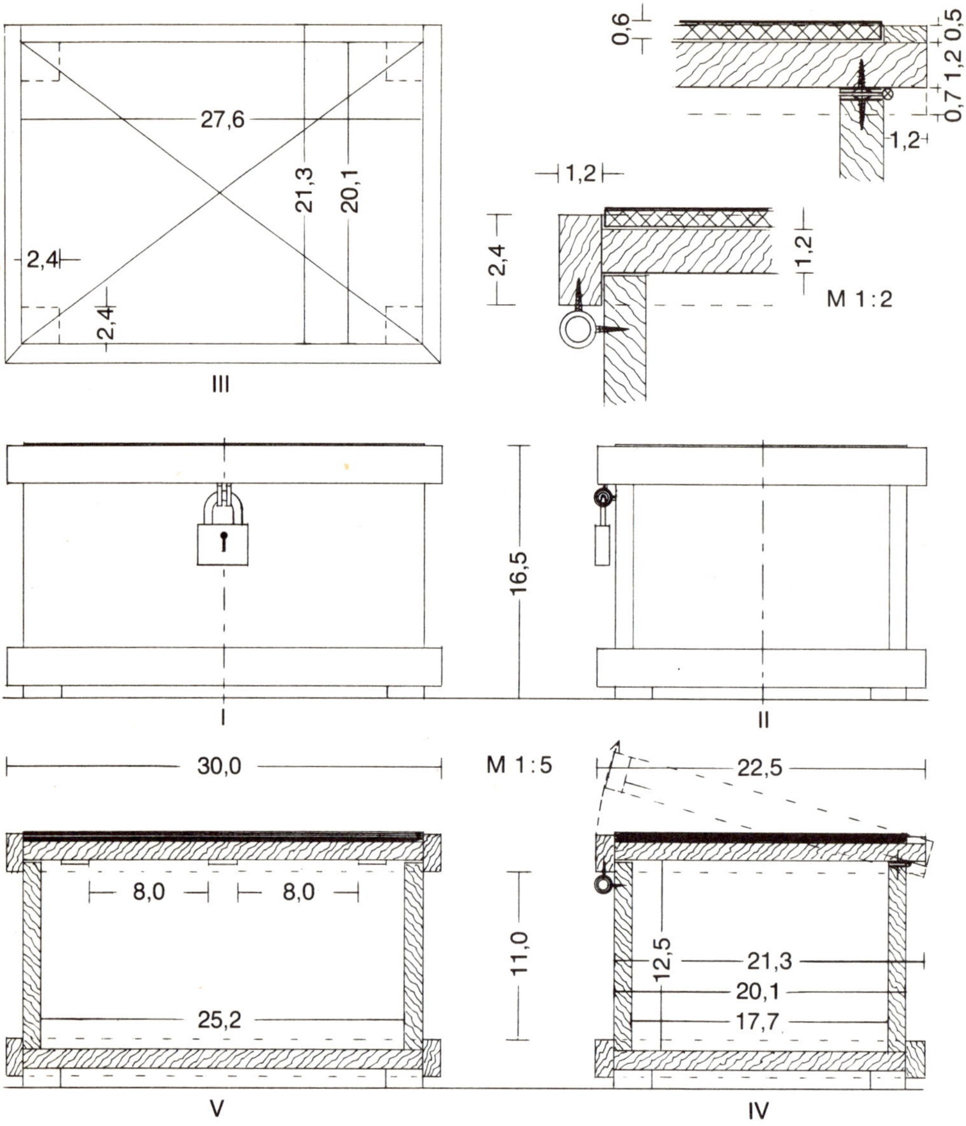

Länge 20 bis 25 mm, mit je vier Bohrungen für Flachkopfschrauben – 3 Stück,
dazu passende Messing-Holzschrauben = etwa 12 mm lang – 12 Stück,
Ringschrauben aus Messing, innerer Durchmesser passend zum Schloßbügel, äußerer maximal 12 mm – 2 Stück,
Vorhängeschlößchen (zusammen mit den Ringschrauben besorgen!)
3. Einlegeplatte für den Deckel:
Maß der Vertiefung = 27,6 × 20,1 × 0,5, Maß der Platte = 27,5 × 20,0 × 0,6 (dabei vorgesehen je 1 mm »Luft« in Längs- wie Querrichtung zum Einpassen anderen Materials, z. B. Glas oder Email).

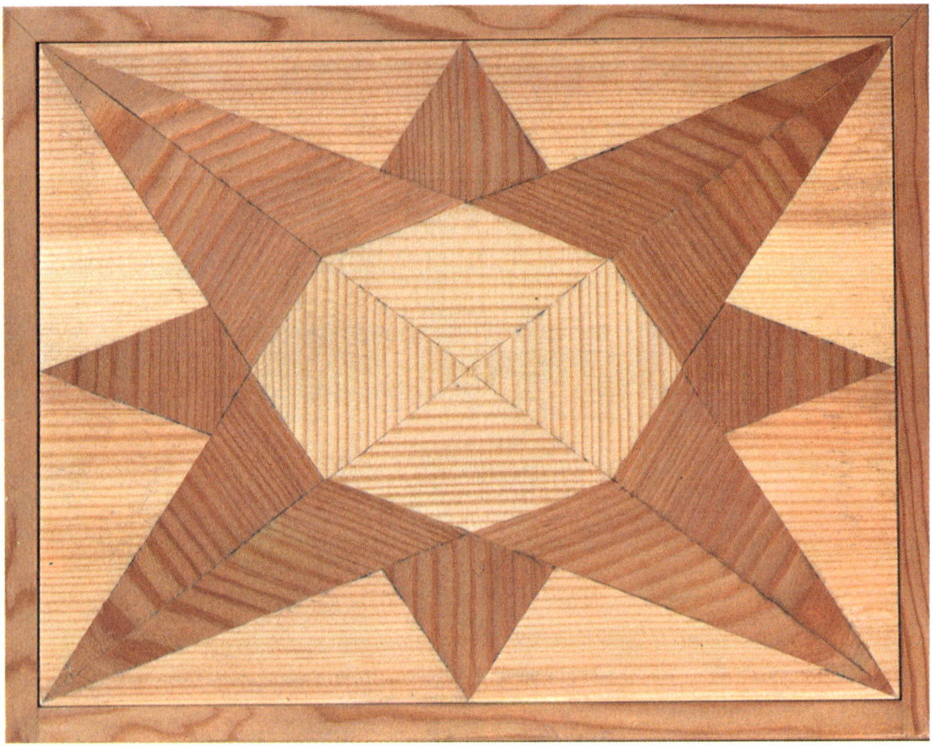

Entwurf für die Deckel-Intarsie (Seite 202) sowie Gesamtausführung der Schatulle (mit verzinkten Wänden!) in Fichte, Lärche und Kiefer: Thomas Schuhmann, 17 Jahre.

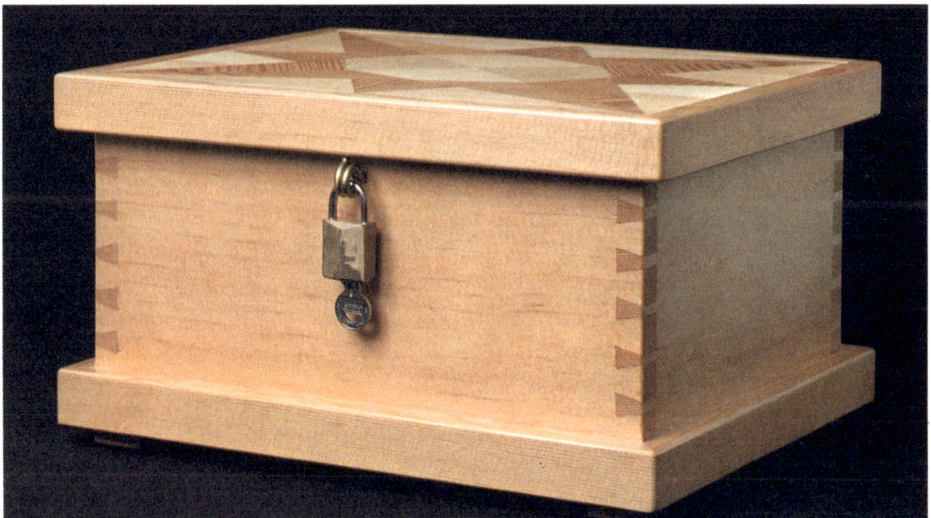

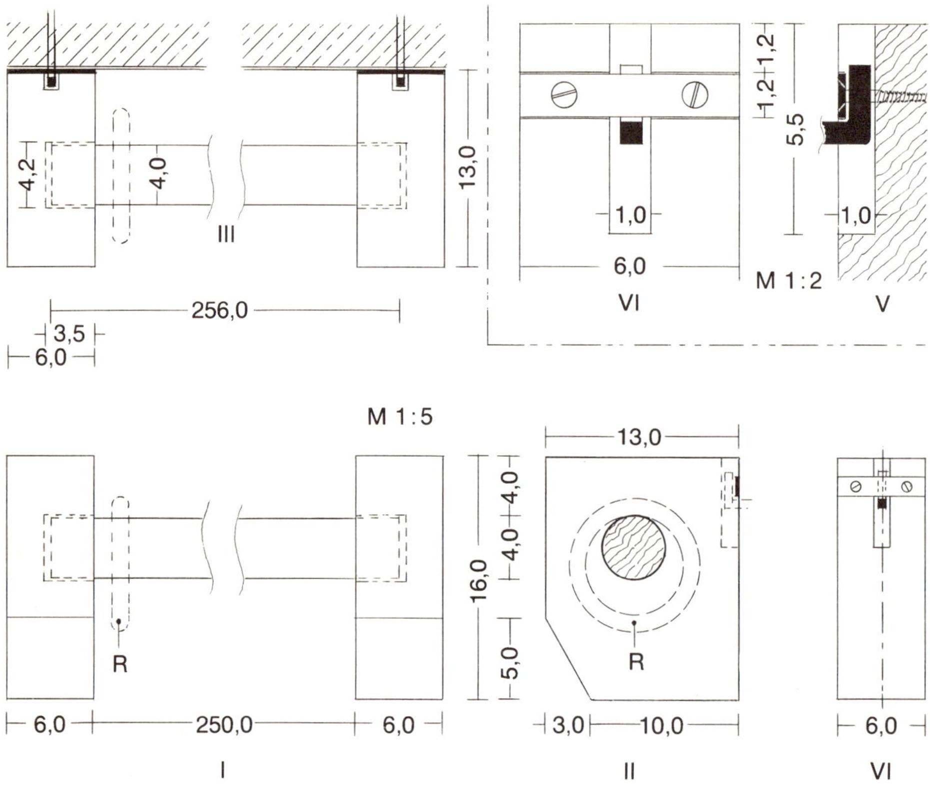

Werkzeichnung einer Vorhangstange in Wandkonsolen, M. 1 : 5 mit Detail M. 1 : 2. Die bei der Vorzeichnung nötigen Fluchtlinien zur Blatteinteilung sind hier weggenommen, sie lassen sich aber mit angelegtem Lineal gewissermaßen nachvollziehen. Die Länge der unterbrochen gezeichneten Stange (Rundstab von 4,0 cm Durchmesser) ist nur der Maßangabe zu entnehmen: 256,0 cm. Die Bohrung in den Konsolen muß der Stangenstärke etwa 2 mm Luft lassen, also mindestens 4,2 cm Durchmesser haben und beiderseits ungefähr 0,5 cm tiefer gehen als eigentlich nötig, um bequemes Einpassen zu ermöglichen. Die strichpunktierte Linie durch die Rückansicht (VI) markiert den Längsschnitt (V) durch die Detailzeichnung einer der Konsolen mit in die Wand einzulassendem Vierkanthaken aus Stahl. VI im Detail zeigt das Stück der Rückansicht mit ins Holz bündig eingefügtem, durch Flachkopfschrauben befestigten Eisenquerriegel als Halt für den 6-mm-Vierkanthaken. Zum Einhängen dient eine eingefräste Nut von 1,0 × 1,0 × 5,5 cm. Sie fällt weg, wenn an die Konsole nur Hakenösen geschraubt werden. R = Vorhangringe aus Holz.

Isometrische Darstellungen

Isometrische, »längengleiche« Zeichnungen geben zwar wie Planzeichnungen allenthalben die wahren beziehungsweise maßstäblich veränderten Abmessungen eines Objektes wieder, dessen Flächen erscheinen jedoch teilweise pseudoperspektivisch verzerrt. Es entsteht also ein gewisser plastischer Eindruck, gleichzeitig wird die bei Planzeichnungen notwendige Trennung der verschiedenen Ansichten überflüssig. Trotzdem handelt es sich um einwandfreie Werkzeichnungen, die sich jedoch nur für relativ einfache, quaderhafte Gegenstände eignen.

Beim Zeichnen gehen Sie vom normalen Grundriß aus, der eine waagerechte Hilfslinie im Winkel von 60 beziehungsweise 30 Grad berührt. Es können aber auch zwei andere zusammen 90 Grad ergebende Winkel sein, bei einfachen Reißbrettern ist es jedoch praktisch, nur den 30/60/90-Grad-Winkel zu benutzen. Über den Grundrißecken errichten Sie die senkrechten Kanten, messen eine Höhe ab und zeichnen von dort ausgehend noch einmal den Grundriß, jetzt gleich Draufsicht. Die in Wahrheit rechtwinkligen Front- und Seitenansichten erscheinen nun als Parallelogramme, jedoch mit maßgetreuen Kanten. Im entstandenen, quasi durchsichtigen Quader zeichnen Sie anschließend alles ein, was zur praktischen Ausführung noch notwendig ist, eventuell sogar Quer- oder Längsschnitte, und verstärken zum Schluß alle Kanten, die am ausgeführten Objekt in gleicher Position zu sehen wären. Auch bei einer Transparent-Reinzeichnung werden alle wesentlichen Konstruktionslinien nachgezogen, wenn auch möglichst dünn im Vergleich zu den sichtbaren Kanten. Am besten gelingt das entweder mit einer präzis verstellbaren Ziehfeder oder zweierlei Trichterfedern.

Wie bei Plan-Werkzeichnungen sind auch bei isometrischen unbedingt Maßangaben notwendig. Grundsätzlich laufen sie den jeweiligen Kanten parallel, zuweilen müssen sie aber zwischen Strichel-Fluchtlinien weiter herausgestellt werden.

Die in diesem Zusammenhang abgebildeten Beispiele zeigen, daß vor allem zwei Arten isometrischer Darstellungen praktisch verwertbar sind: die frontale, bei der die frontparallelen Flächen formgetreu erscheinen – und die unter zwei sich zu 90 Grad ergänzenden Winkeln angelegte, bei der die Draufsichten formgetreu bleiben. Die Wahl hängt davon ab, welche Art sich für das jeweilige Objekt am besten eignet. Indessen ruft die mit den zwei Anlagewinkeln fast durchweg optische Täuschungen hervor: Auf den ersten Blick erscheinen sämtliche Flächen schiefwinklig, die Kontrolle beweist aber, daß sozusagen die Hälfte von ihnen rechtwinklig und somit formgetreu ist. Man kann also diese Flächen im Bedarfsfall direkt abpausen, etwa als Grundlage für einen das Objekt ausschmückenden Entwurf.

Ausgeschlossen ist das bei isometrischen Darstellungen unter zwei sich nicht zu 90 Grad ergänzenden Winkeln (etwa 30 + 30 Grad oder andere). Obwohl meist sogar solche Arten empfohlen werden, sind sie unpraktisch, weil nur die Längengleichheit gewahrt bleibt, aber keine einzige Fläche formgetreu erscheint. Noch unsinniger sind »dimetrische« Zeichnungen, bei denen die Tiefenmaße halbiert und – bei Verwendung als Werkzeichnung – wieder verdoppelt werden müssen. Daß dabei die Pseudoperspektive etwas weniger verzerrt erscheint, bringt praktisch keinen Vorteil. Jegliche Isometrie versagt – von einzelnen Frontalausnahmen abgesehen – bei der Darstellung von nicht quaderhaften Objekten, z. B. der eines Hauses mit Satteldach. Ein Versuch beweist, daß Längengleichheit bei den Dachschrägen nicht mehr besteht. Das gilt auch für die Diagonalen eines isometrisch verschobenen Rechtecks.

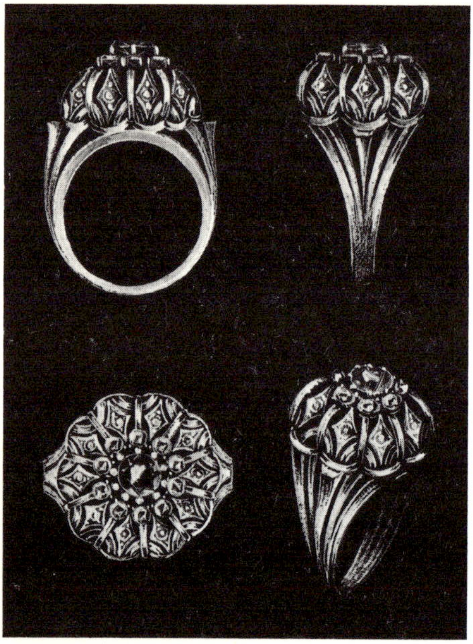

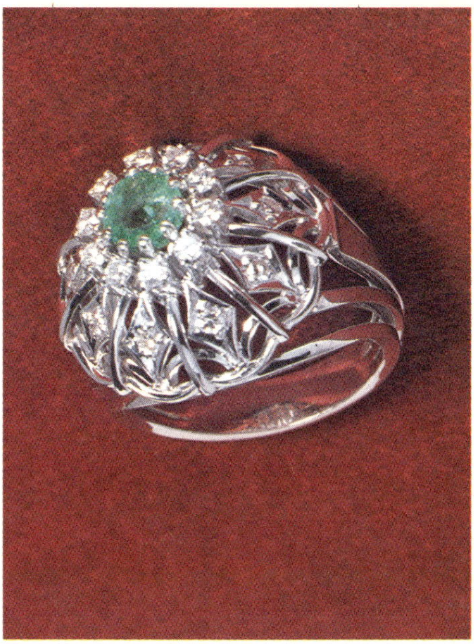

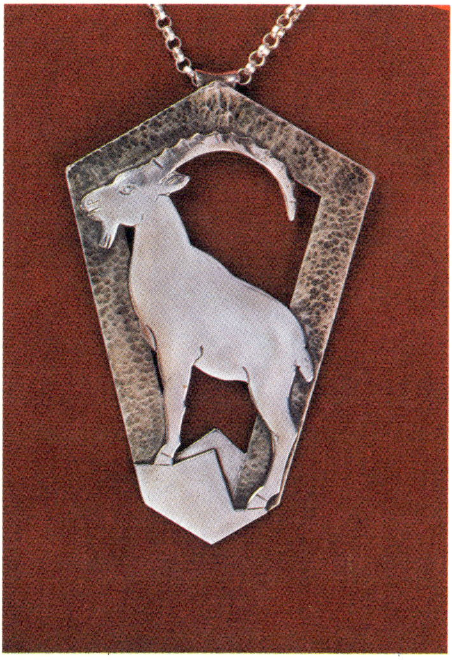

Oben: *Ring aus Weißgold mit Smaragd und Brillanten (etwas vergrößert) nach nebenstehendem Entwurf (Pinselzeichnungen mit Deckweiß auf schwarzem Papier, originalgroß) von Georg Schunter. Entwurf und Ausführung entstanden für die Meisterprüfung im Goldschmiede-Handwerk.*

Links: *Tierkreiszeichen »Steinbock« als Anhänger aus Silber, etwa originalgroß. Entwurfsidee und Ausführung von Fritz Greckl (Maschinenschlosser, Teilnehmer an Abendkursen für Silberschmiedearbeiten der örtlichen Volkshochschule).*

Rechts: *Intarsie aus Rio-Palisander (Hintergrund), Ulme = »Rüster« (männliche Figur) und Esche (weibliche Figur) von Schreinermeister Georg Sirch. Näheres zur Entwicklung des Entwurfs auf Seite 208.*

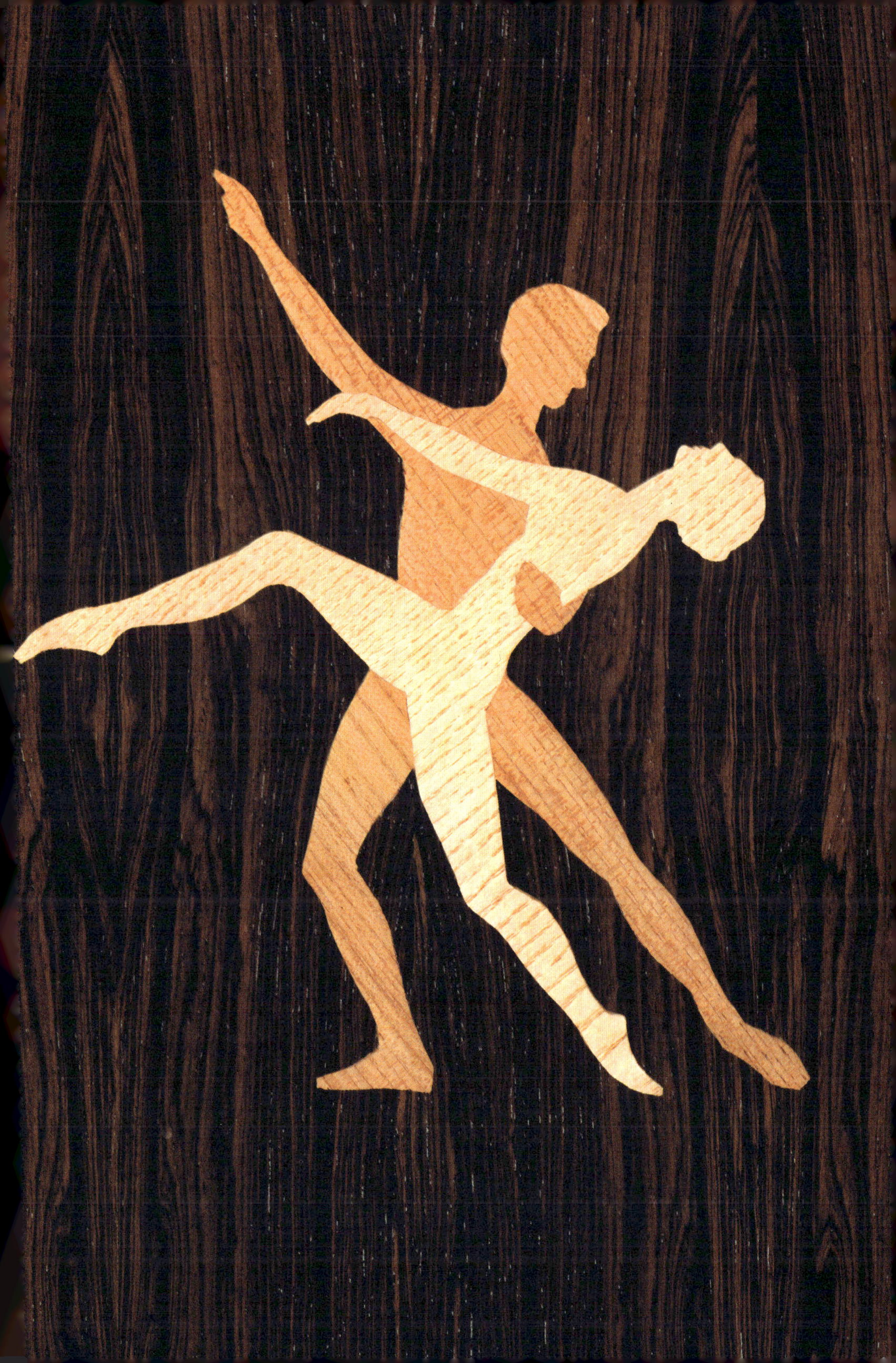

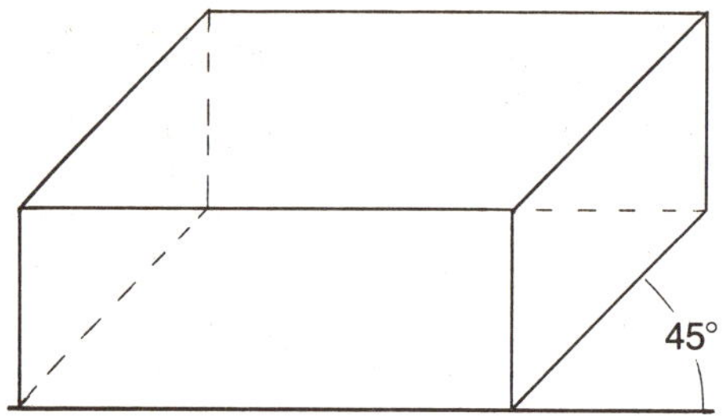

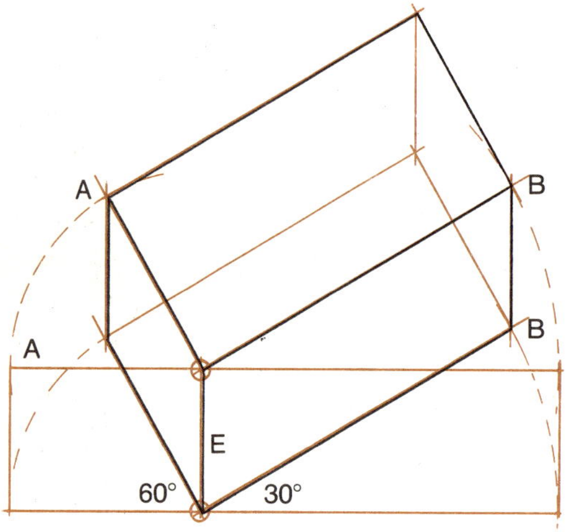

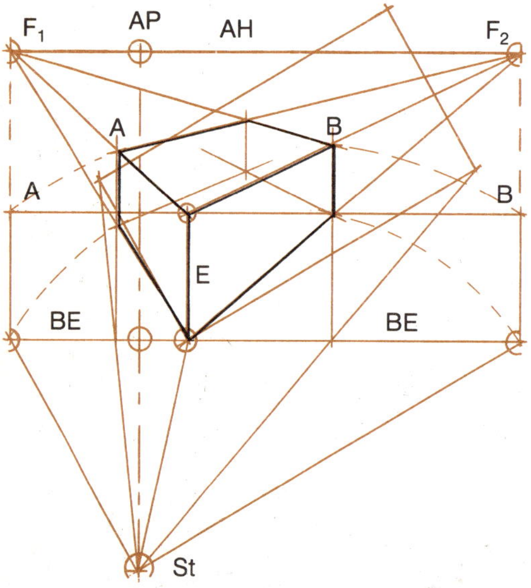

Linke Seite. Oben: Frontalisometrie: Ein Quader, dessen Front- und Rückseite mit der Wirklichkeit (proportional) längen- und form-identisch ist. Alle in die Tiefe gehenden Flächen (Boden, Decke und Seiten) haben zwar wirklichkeitsgetreue Kantenlängen, sind aber formal zu Parallelogrammen mit Winkeln von 45/135 Grad verschoben.

Mitte: Isometrie des gleichen Quaders wie zuvor, dargestellt unter 60/30-Grad-Winkeln zur Grundlinie (Planansichten und Hilfslinien farbig). In diesem Fall sind Boden- und Deckfläche sowohl form- wie kantenlängengetreu, die übrigen Flächen wurden zu entsprechenden Parallelogrammen mit 30/150-Grad-Winkeln.

Unten: Vergleich der obigen Isometrie mit perspektivischer Konstruktion (dazu Näheres ab Seite 130) auf gleicher Grund- und Aufrißbasis mit längen-identischer vorderer Eckkante (E).

Rechte Seite: Isometrische Werkzeichnung für den Bau eines einfachen Regals M. 1 : 10. Material: 2 cm starke Spanplatten, Konstruktion: stumpf zusammennageln und verleimen. Zwischenboden evtl. noch mit vier an den Seitenwänden anzuschraubenden Winkeleisen unterstützen (nicht eingezeichnet!). Nach Fertigstellung könnten alle Sichtflächen mit selbstklebender Folie überzogen und unter dem Deckplatten-Überstand (4 cm) eine Vorhangschiene montiert werden. Die hier farbig wiedergegebenen Hilfs- und Maßlinien läßt man in Blei stehen oder zieht sie wesentlich dünner aus als die Linien der eigentlichen Darstellung. Das gilt auch für Schnitte durch das Objekt; hier ist ein Querschnitt eingezeichnet – als Beispiel, notwendig ist er bei dieser einfachen, übersichtlichen Bauweise aber nicht. Sind Schnitte bei komplizierten Konstruktionen unerläßlich, wären sie im größerem Maßstab (möglichst 1 : 1) als Details auf separatem Blatt zu zeichnen – falls die isometrische Darstellung in solchen Fällen überhaupt noch eine klare Werkzeichnung ergibt! Bei der »Schatulle« Seite 120 führte sie beispielsweise nie zu einem brauchbaren Ergebnis, sondern nur die Planzeichnung mit den nötigen Grund- und Aufrissen.

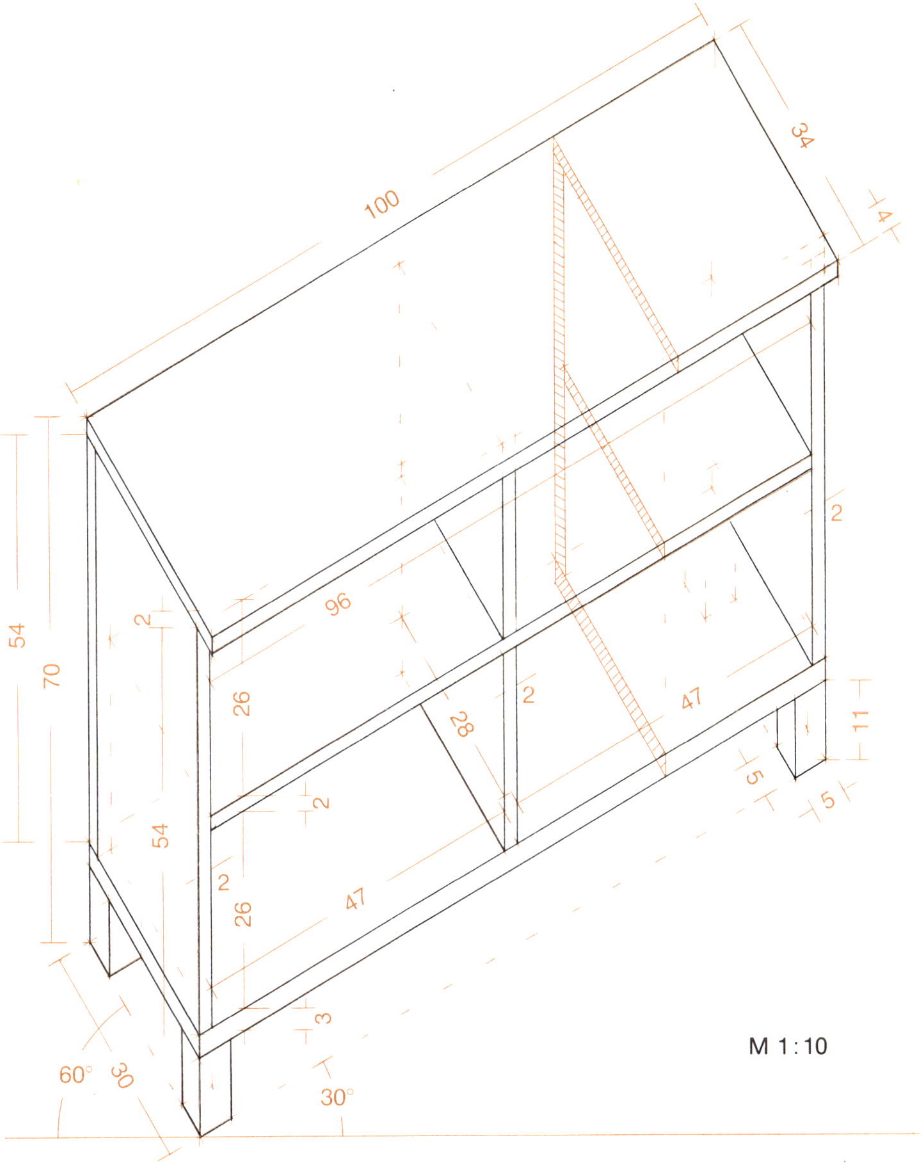

Stückliste zum Regalbau:
1. 2 cm dicke Spanplatten (nur Boden 3 cm dick).
Alle Maße in glatten Zentimetern:
Boden = 100 × 30 × 3 – 1 Stück
Deckplatte = 100 × 34 – 1 Stück
Zwischenboden = 96 × 28 – 1 Stück
Mittelwände = 28 × 26 – 2 Stück
Seitenwände = 54 × 28 – 2 Stück
Rückwand = 100 × 54 – 1 Stück
2. Füße (Massivholz) = 11 × 5 × 5 – 4 Stück

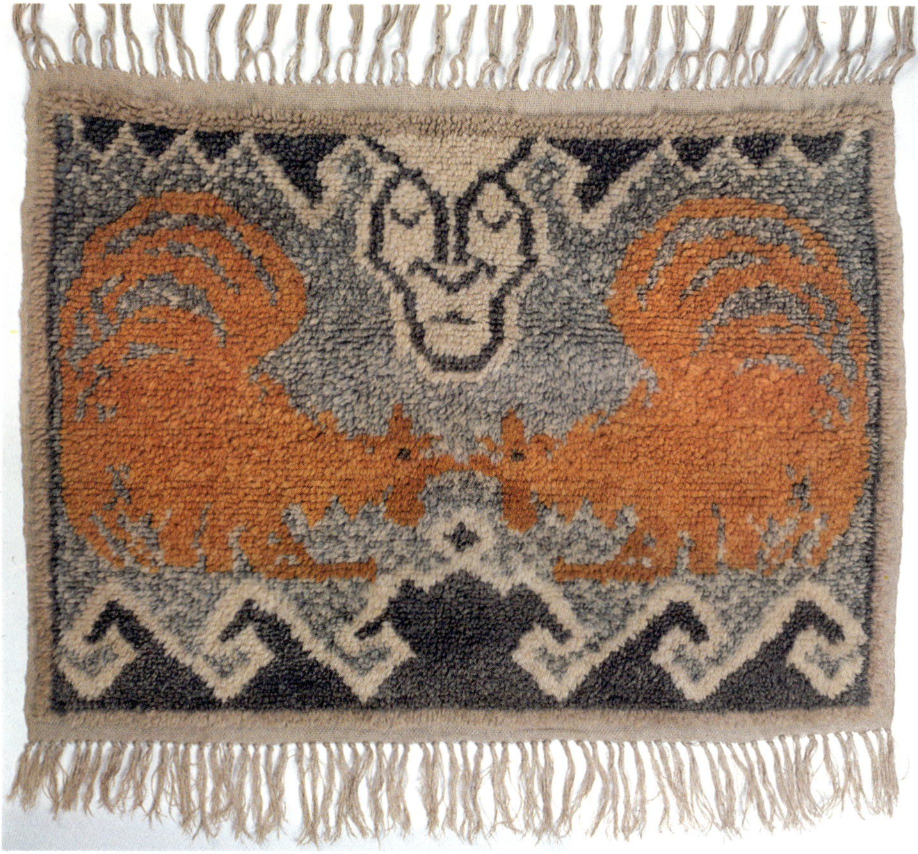

Oben: *Geknüpfter Wandteppich, etwa 1/8 der Originalgröße. (Näheres über die Entstehung des Entwurfs finden Sie auf Seite 83.) Die Ausführung in relativ grober Knüpfung mit handgesponnener Schafwolle geschah auf einem Flachwebstuhl (ein solider Webrahmen wäre ebenso geeignet und besondere Fachkenntnis kaum erforderlich!). Für die Kette wurde verzwirntes Leinengarn verwendet, ebenso für den nach jeder Knotenreihe zur festeren Bindung eingetragenen Schuß. Zur Einfärbung der Wolle benutzte ich ausschließlich Pflanzenextrakte: Indigo für die Blauabstufungen, Faulbaumrinde für Rot, Walnußschalen für die bräunlichen Töne. Mit diesen Substanzen und der angewendeten einfachen Färbemethode war die Lichtbeständigkeit früher gebräuchlicher Extrakte und Praktiken nur annähernd zu erreichen.*

Rechts: *Emailarbeit von Luise Rieck (Originalgröße 10,0 × 22,5 cm). Es handelt sich um sogenanntes »Maleremail«: Zunächst wurde auf eine ca. 2 mm starke Kupferplatte der blaue Hintergrund aufgeschmolzen, wobei sich das Metall ein wenig aufwölbt. Danach erfolgte der Auftrag der Figur, des Netzes und der Fische mit dem Pinsel. Dies und das weitere Einbrennen geschah in mehreren Arbeitsgängen, wobei es immer ein wenig Glücksache bleibt, ob die Schmelzfarben wie aufgetragen »stehen«bleiben oder auseinanderfließen, und ob die Tonnuancen so wie beabsichtigt herauskommen. Denn durch die Transparenz der Schmelzflüsse entstehen gewisse optische Farbveränderungen! Nach Aneignung der Grundkenntnisse sind Emailarbeiten hauptsächlich eine Sache der Geduld und Erfahrung.*

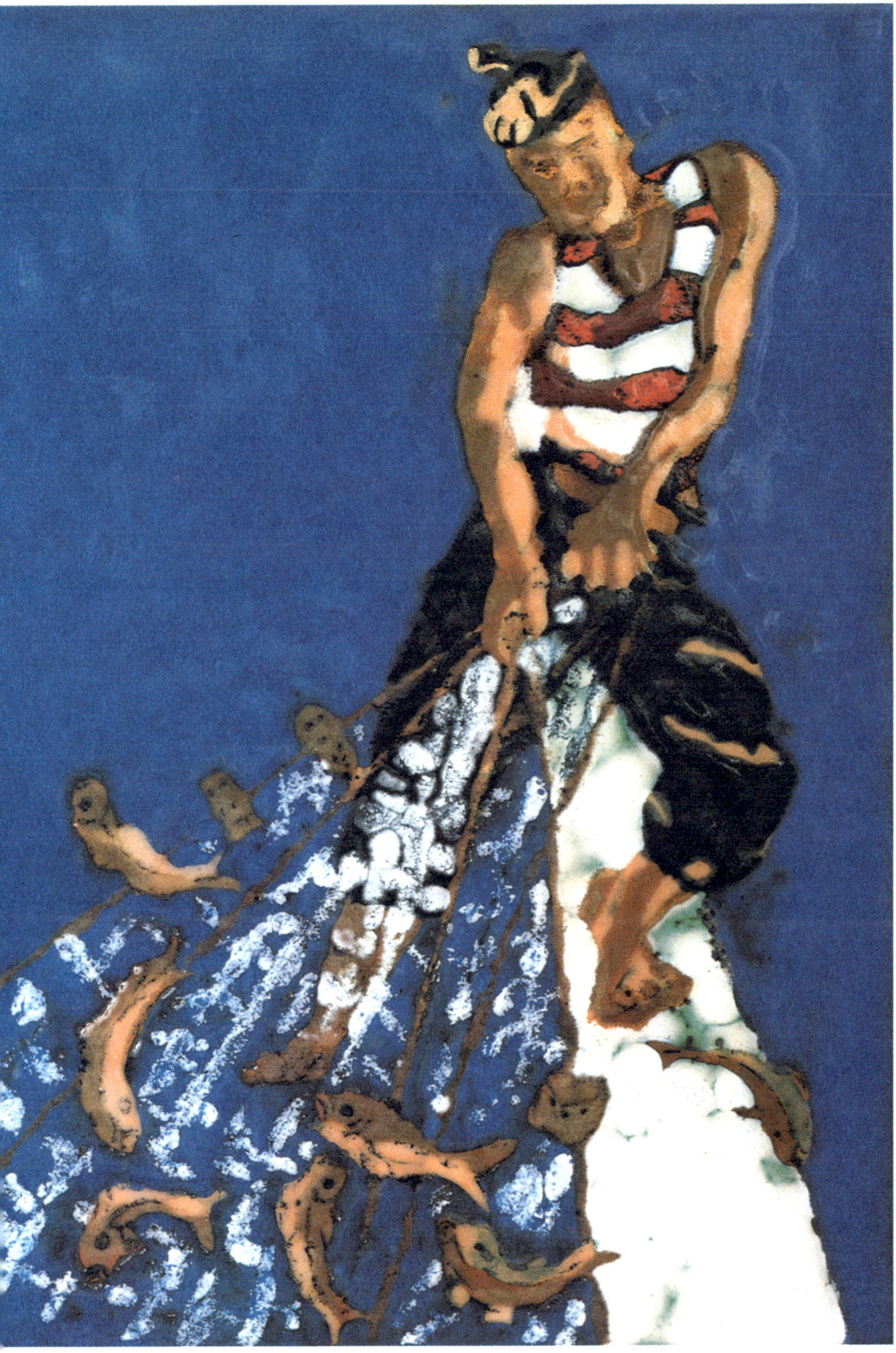

Perspektivische Konstruktionen

Die Gesetze der Linearperspektive mit den darauf beruhenden Konstruktionsmöglichkeiten wurden im 15. Jahrhundert entdeckt und alsbald auch angewendet, am umfangreichsten zunächst bei Wandgemälden (Leonardo, Raffael), im 18. Jahrhundert vornehmlich bei Deckenmalereien (Tiepolo). Daneben bedienten sich seit etwa 1500 alle darstellenden Künste perspektivischer Grundlagen zur Wiedergabe der Umwelt. Zuvor hatte man sich mit mehr oder weniger treffsicheren Beobachtungen begnügt. Dabei blieb es auch weiterhin im Hinblick auf die Perspektive der Helldunkel-Werte und der Farben, denn dafür kann es niemals eindeutige Gesetze geben. Die Verteilung von Hell und Dunkel hängt weitestgehend vom Lichteinfall ab, und die einzelne Farbe nehmen wir niemals wie ein Meßgerät wahr, sondern immer nur relativ, also abhängig von benachbarten Farbeinwirkungen. Dazu – mit allem Vorbehalt – folgendes: Der Vordergrund weist im allgemeinen kontrastreichere Helldunkel-Erscheinungen auf als der meist zunehmend lichter werdende Hintergrund. Ferner herrschen – wiederum allgemein gesagt – im Vordergrund »warme«, also nach Rot und Gelb tendierende Farbtöne vor, während zum Hintergrund immer mehr ins »Kühle«, das heißt ins Bläuliche spielende Töne zu beobachten sind. Dies alles kann sich gelegentlich aber auch ins Gegenteil verkehren! Anders als bei den relativen Licht- und Farbwerten ist – wie gesagt – an den Gesetzen der Linienperspektive nicht zu rütteln – es sei denn willkürlich im Zusammenhang mit künstlerischen Ausdrucksabsichten.

Andererseits erlaubt es die linearperspektivische Konstruktion, mehr darzustellen, als wir tatsächlich »auf einen Blick« sehen. Unser Blickfeld hat normalerweise die Breite von 54 Grad, reicht 27 Grad über und 10 Grad unter den Augenhorizont, so daß sich als Ganzes ein Halbkreis mit anhängender schmaler Halbellipse ergibt. Außerhalb dieser Begrenzung sehen wir die Umgebung zunehmend undeutlicher und nehmen nur noch größere Gegenstände und rasche Bewegungen wahr: Seitwärts bis fast zur (gestreckten) Winkelbreite von 180 Grad, aufwärts bis etwa 60 Grad, nach unten reicht unser »Wahrnehmungsbereich« kaum weiter als 45 Grad. Blicken wir zudem konzentriert auf einen bestimmten Punkt, engt sich der Wahrnehmungsbereich subjektiv mehr oder weniger ein. Das Sehfeld des einzelnen Auges, also der Bereich, in dem es noch feinste Einzelheiten genau unterscheidet, ist ein Kegel von nur einem Grad (etwa die Daumennagelfläche bei ausgestrecktem Arm). Für die übersichtliche Betrachtung einer Fläche, etwa eines Gemäldes, gilt nach bewährter Faustregel eine Standpunktentfernung gleich dem Doppelten der größten Flächenausdehnung.

Das »Konstruktionsauge« (es kann ja immer nur eines sein) »sieht« im Prinzip ebenso wie ein normales Foto-Objektiv. Für die Praxis genügt es vollauf, von einem 60-Grad-Sehkegel auszugehen, es ist auch am einfachsten (denken Sie an die bequeme Anwendung des gegebenen 30/60/90-Grad-Zeichenwinkels!). Zudem zeichnen Sie nicht den Kreis der Kegelgrundfläche, sondern deren Tangentenquadrat, gewissermaßen als Kernstück der Perspektive. Außerhalb dieser Fläche beginnen die Verzerrungen – um so stärker, je weiter sich die Konstruktion von den Quadratgrenzen entfernt.

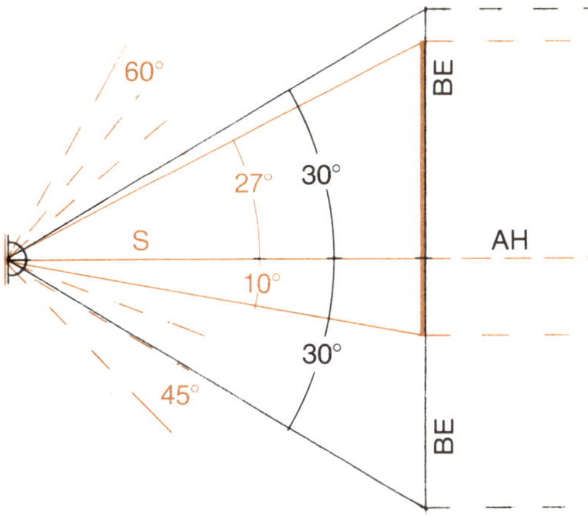

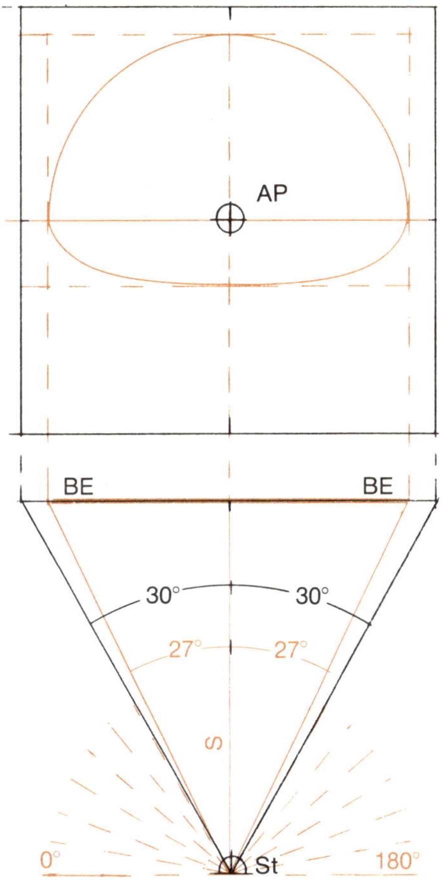

Das perspektivische Blickfeld. Unten: Blick vom Standpunkt (St) auf die Bildebene (BE) unter 2 × 27 = 54 Grad (nat. waagerechter Blickwinkel), sowie unter 2 × 30 = 60 Grad (konstr. waagerechter Blickwinkel).

Links oben: Seitenansicht der Blickwinkel zur BE unter 27 + 10 = 37 Grad (nat. Vertikalwinkel), und unter 30 + 30 = 60 Grad (konstr. Vertikalwinkel).

Rechts oben: Vergleich des nat. mit dem konstr. quadratischen Blickfeld, dessen Mitte der Augpunkt (AP) ist. Strichelstrahlen deuten die Wahrnehmungsbereiche an.

Die Grenze zwischen »oben« und »unten« ist der Augenhorizont (AH) – eine in unendlicher Ferne zu denkende Waagerechte in Höhe des rechtwinklig daraufgerichteten, ebenfalls waagerechten »Sehstrahles«. Die Lage des AH hängt also stets von der jeweiligen Augenhöhe ab, theoretisch allerdings auch davon, ob wir den Blick mehr oder weniger heben oder senken. Für brauchbare Konstruktionen kann jedoch nur die waagerechte Blickrichtung maßgebend sein, damit alle Vertikalen des Vorbildes auch in der Wiedergabe als senkrechte und nicht als »stürzende Linien« erscheinen, wie etwa beim Fotografieren mit auf- oder abwärts gerichtetem Objektiv. Die unterschiedliche Höhenlage des AH führte auch zu den Begriffen »Frosch-« und »Vogelperspektive«. Für den aus dem Wasser lugenden Frosch gibt es kein »Unten«, alles Sichtbare liegt für ihn über dem AH. Dagegen erblickt ein Vogel die mit der Erde verbundenen Dinge meist von oben, in »Drauf-

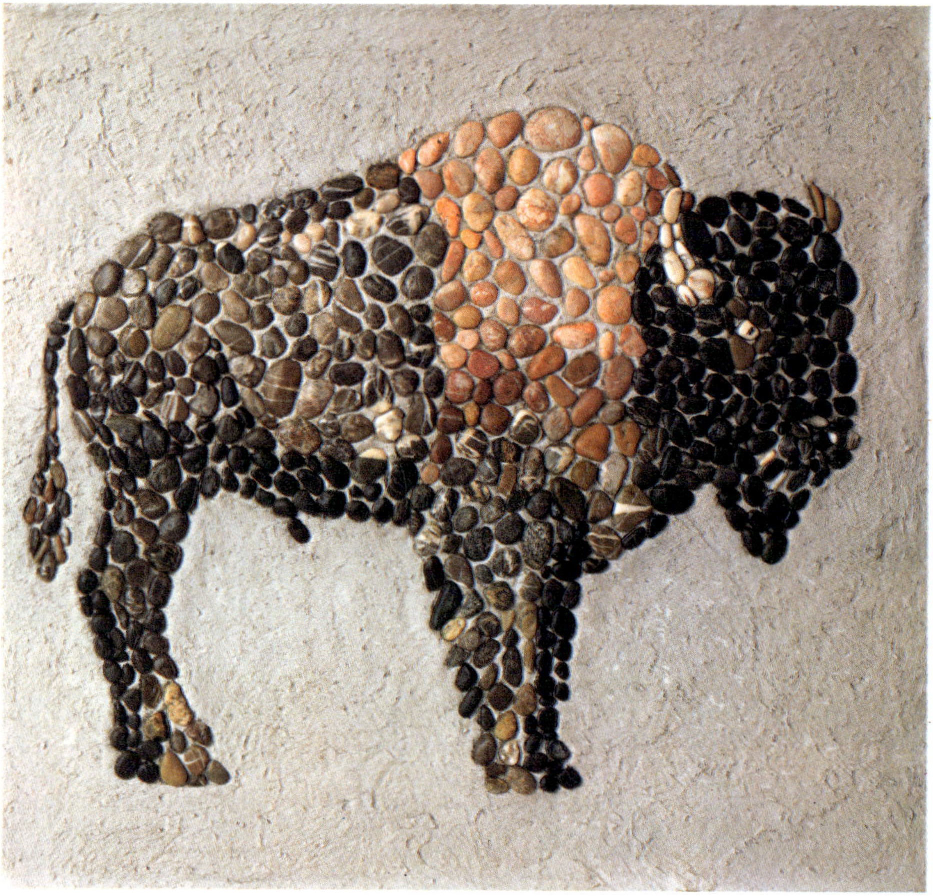

Oben: *»Bison«. Mosaik aus Flußkieseln in Styropor-Spachtelmasse auf Spanplatte (etwa $^{1}/_{5}$ der Originalgröße). Entwurf und Ausführung: Brigitte Gahr. Die Arbeit ist nur ein – im Raum durchaus beständiges – Provisorium vor einer endgültigen Ausführung in umfangreicherem Format und mit größeren Kieseln, einzubetten in den Zementmörtel einer Mauer (Garten, Halle, Hausflur). Wenn noch jegliche Erfahrung fehlt, empfiehlt sich zunächst ein Versuch wie oben. Danach gelingt die Ausführung in Mauerputz ohne weiteres, wenn man einen Maurer zu Rate zieht, der auch den Putz fachgerecht anwirft und lediglich mit der Kelle verstreicht. Die Mörtelmischung ist so zu wählen, daß sie etwa zwei Tage lang weich genug bleibt.*

Rechts: *»Altes Segelschiff am Strand«. Mosaik aus gebrochenen Wandfliesen gleicher Stärke in Gipsverguß auf Spanplatte (etwa $^{1}/_{3}$ der Originalgröße). Entwurfsbearbeitung und Ausführung von Brigitte Gahr. Wiederum handelt es sich nur um einen Versuch, jedoch würde sich am Verfahren bei der endgültigen Ausführung auf einer Wand im Prinzip nichts ändern: Die Entwurfskonturen werden auf den Untergrund gepaust und die mit der Beißzange passend gebrochenen Fliesenstücke mittels Spezialkleber angeheftet. Zuvor empfiehlt sich die Beratung mit einem Fliesenleger, der zunächst den passenden Untergrund herrichtet und hernach den Verstrich der Fugen und freigelassenen Flächen besorgt. (Siehe auch Seite 231 f. »Mosaik«.)*

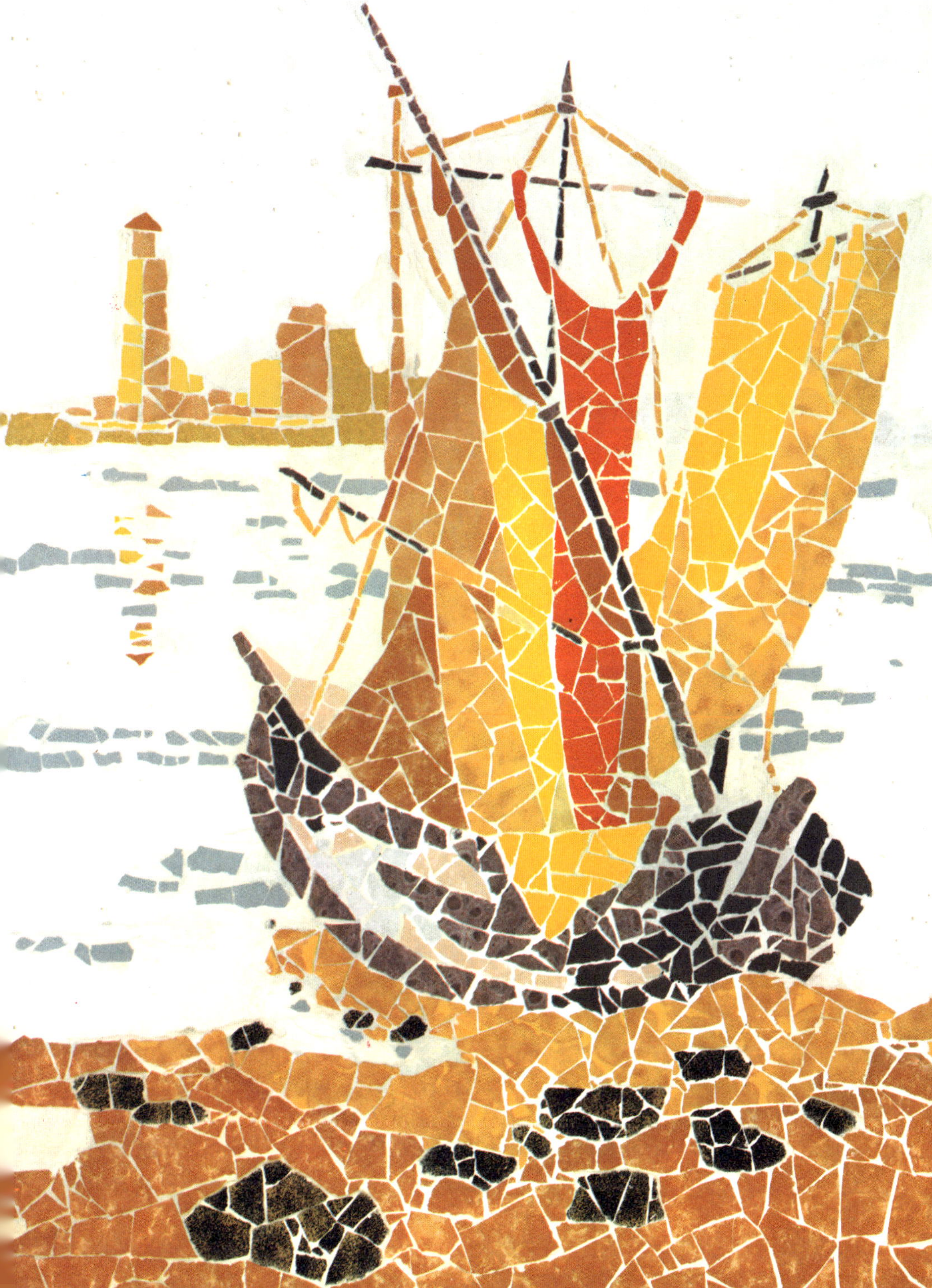

sicht«, vergleichbar mit der Erscheinung einer normalen Isometrie wie beim Regal Seite 127.

Im AH enden alle in Wahrheit waagerechten Linien, von denen parallele dem gleichen, unendlich fern zu denkenden Punkt zustreben. Er heißt »Fluchtpunkt« (F), jede zum Horizont führende Gerade »Fluchtlinie«. In den meisten Fällen handelt es sich dabei um Verlängerungen, zum Beispiel von an sich waagerechten Gebäudekanten. Gehören sie zu einem gerade ausgerichteten Mauerzug, haben sie samt den parallel dazu verlaufenden Dachkanten den gleichen Fluchtpunkt auf dem AH. Steht die Mauer genau parallel zur Blickrichtung, zum Sehstrahl (S), der im »Augpunkt« (AP) auf den Horizont trifft, fallen F und AP zusammen. Es handelt sich dann um eine »Zentralperspektive« – besonders augenfällig, wenn mehrere ebenso ausgerichtete Gebäude mit rechteckigem Grundriß nahe beieinander stehen. Deren absolut frontal gesehene Mauerzüge erscheinen im Umriß als Planzeichnung, in der nur die vor- und rückspringenden Seitenteile (Fenster- und Türlaibungen etwa) perspektivisch verkürzt zu sehen sind. Allgemein gesagt, ist eine Zentralperspektive immer dann gegeben, wenn die Hauptfluchten im AP zusammentreffen und die Frontalansichten Parallelen zur Bildebene bilden. Im Raum bietet sich Ihnen das eindruckvollste zentralperspektivische Bild, wenn Sie mitten vom Hauptportal einer Kirche den Blick auf den Hochaltar richten. Die Fluchten verlaufen dann symmetrisch auf den AP, aber auch wenn sie das unter den zuvor geschilderten Voraussetzungen nicht tun, handelt es sich um eine Zentralperspektive, an Symmetrie ist sie jedoch nicht gebunden, wie man oft meint.

Sehen Sie ein Gebäude übereck oder in einen Zimmerwinkel, hat jeder Mauerzug seinen eigenen Fluchtpunkt und keiner kann mit dem AP identisch sein. Eine Vielzahl von Fluchtpunkten ergibt sich bei mehreren, verschieden ausgerichteten Bauwerken oder schräg im Raum stehenden Möbelstücken – am deutlichsten zu verfolgen bei einem Zickzackweg in der Ebene.

Wie schon beim Planzeichnen bemerkt, setzen perspektivische Konstruktionen Grundriß (oder ein ausreichendes Teilstück) und einzusehende Aufrisse im gleichen Maßstab voraus. Die Konstruktion beginnt damit, den Standpunkt (St) und die Lage des Grundrisses so anzuordnen, daß sich ein plastisch wie räumlich befriedigendes Bild ergibt und die Bildebene (BE) den Grundriß möglichst in einer markanten Ecke schneidet. Denn auf der zu ihr gehörenden Senkrechten werden alle Höhen maßstabgerecht abgetragen. An diesen Punkten setzen dann die Verbindungen zu den Fluchtpunkten an. Diese findet man durch vom St ausgehende Parallelen zu den Grundrißkanten als Schnittpunkte mit der BE, die dann nach oben auf den AH zu loten sind. Die perspektivischen Breitenmaße ermitteln Sie ebenfalls durch Lote von BE-Punkten, gefunden durch wiederum vom St ausgehende Verbindungen (Sehlinien) mit den entsprechenden Grundrißpunkten. Wie all das im einzelnen vor sich geht, zeigen Ihnen nebst einigen daraus abzuleitenden Folgerungen die Abbildungen ab S. 142.

Ausschlaggebend für die »natürliche« Wirkung einer perspektivischen Konstruktion sind der angenommene Standpunkt, seine Entfernung von der BE und der damit in Einklang zu bringende Blickfeldwinkel von allseits 30 Grad um den

Sehstrahl beziehungsweise das daraus abgeleitete Quadrat mit dem AP als Mittelpunkt. Oft spielt er bei Perspektiven keine andere Rolle, gegeben ist er immer als auf den AH geloteter Schnittpunkt des Sehstrahls mit der rechtwinklig zu ihm verlaufenden BE. Diese erscheint im Grundriß als Linie, beim perspektivischen Bild ist sie zu vergleichen mit einer Fotomattscheibe beziehungsweise der abbildenden Zeichenebene. Welche Auswirkungen Veränderungen der St-BE-Entfernung haben, zeigt Ihnen die Zeichnung auf Seite 142 während die auf Seite 138 vor Augen führt, wie sich die Verzerrungen mit zunehmender Entfernung vom konstruktiven Blickfeldquadrat steigern.

Die Fluchten gleichmäßig an- oder absteigender Flächen mit linealgeraden Begrenzungen (Straßen, Zäune, Dächer u. a.) führen zu Nebenhorizonten (NH) über oder unter dem AH. Zum Konstruktionsaufbau werden sie selten gebraucht, eher schon bei nachträglichen Kontrollen und zum Vorzeichnen von Strukturrichtungen, etwa der Dachdeckung, des Straßenpflasters. Vor allem aber erleichtert das Wissen von solchen Möglichkeiten und Zusammenhänge das Verständnis für manche zunächst nicht recht erklärliche Erscheinungen, zumal beim Freihandzeichnen nach der Natur. Von größter Bedeutung, oft sogar unentbehrlich für einwandfreie Perspektiven ist die gewissermaßen durchsichtige Auffassung und Darstellung der Objekte, wie sich bei den anschließenden Erörterungen ständig zeigen wird. Meist sind die damit verbundenen Konstruktionsvorgänge recht einfach, sie erfordern nur größtmögliche Genauigkeit und etwas Geduld, besonders beim mehrfachen »Herumwinkeln« aneinanderstoßender Fluchten. Geschieht das nicht einwandfrei, kommt es zu einer Addition von im einzelnen vielleicht noch belanglosen, im Endeffekt jedoch meist groben Fehlern.

Darstellungen von Landschaften und Gebilden der Natur ist konstruktiv nicht beizukommen, denn Voraussetzungen wie Grund- und Aufrisse sind ja niemals gegeben, so daß man nur von Beobachtungen ausgehen kann. Immerhin läßt sich deren Zuverlässigkeit zuweilen durch nachträgliche Konstruktionshilfen nachprüfen und berichtigen – ein Verfahren, das bei freien Architekturstudien im Zweifelsfall kaum zu entbehren ist.

Nächste Seiten: *Spiegelungen in bewegtem Wasser (siehe hierzu auch Seite 158). Reisestudie aus Moscinica/Istrien, Künstler-Aquarellfarben auf mittelrauhem Büttenpapier, Originalgröße 45,7 × 32,8 cm. Selbst bei absoluter Windstille erscheint das Wasser des Meeres kaum jemals so »spiegelglatt« wie das von Binnenseen unter gleicher Voraussetzung. Bei geringstem Wellengang zeichnen sich die gespiegelten Objekte schon nicht mehr randscharf ab, mit zunehmendem Wind lösen sie sich mehr und mehr in Einzelflächen auf, deren Größe – perspektivischem Gesetz entsprechend – zum Standpunkt des Zeichners oder Malers hin kontinuierlich zunimmt. Richtig beobachtet und wiedergegeben, entsteht dann beim Betrachter des Bildes auch eine richtige Vorstellung von der Weite der Wasserfläche – ungeachtet der Tatsache, daß sich die Spiegelungen in unruhigem Wasser viel weiter auseinanderziehen, als es den jeweiligen Objekthöhen entspricht. Beachten sie in diesem Zusammenhang beispielsweise die Spiegelung des Bootes mit rotbraunen Segeln! Außerdem gehen Licht, Dunkelheiten und Farben in ständig wechselnder Verzahnung seitlich ineinander – ein Anblick, der sich nicht nur malerisch, sondern ebenso zeichnerisch höchst reizvoll wiedergeben läßt.*

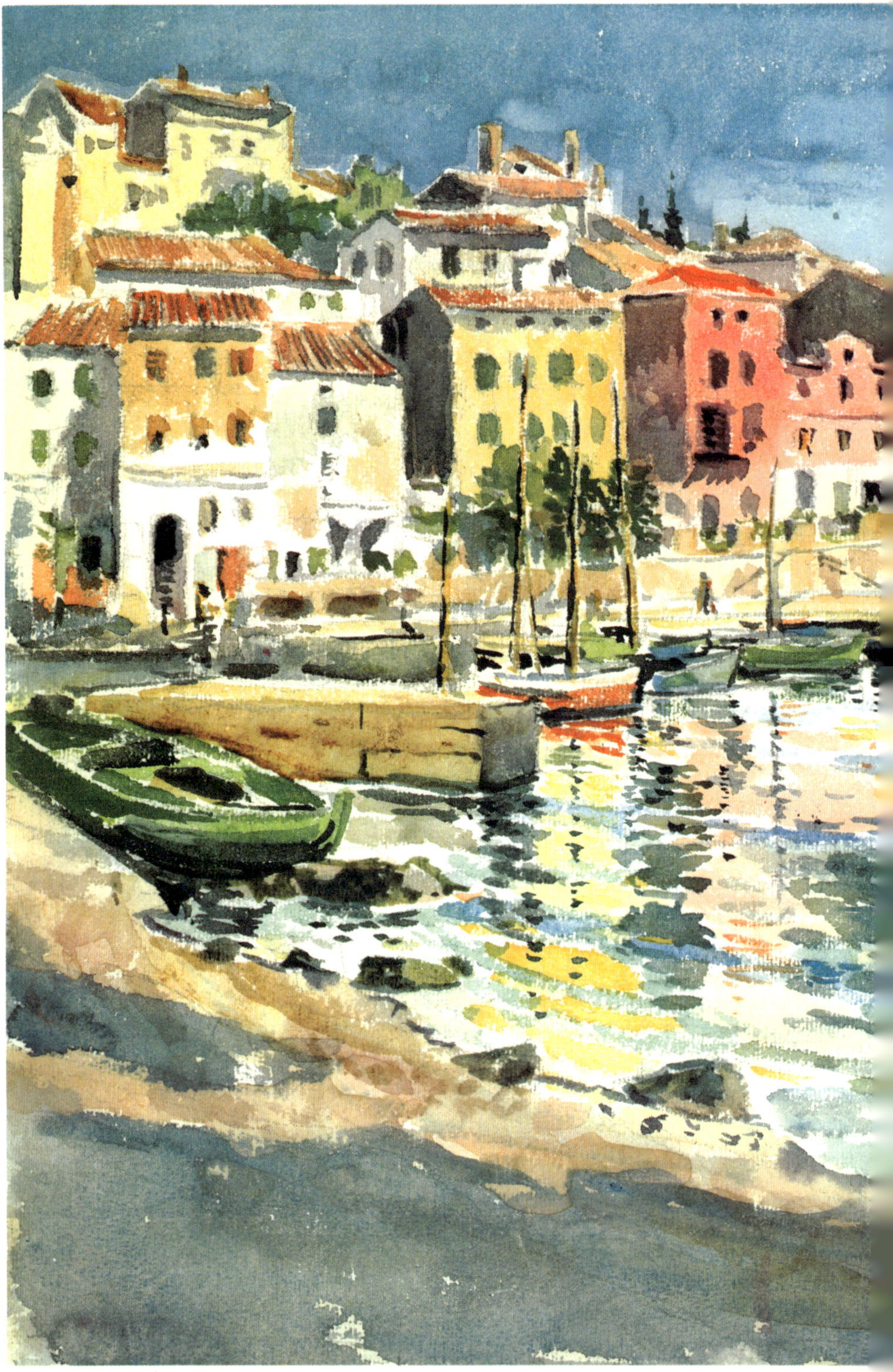

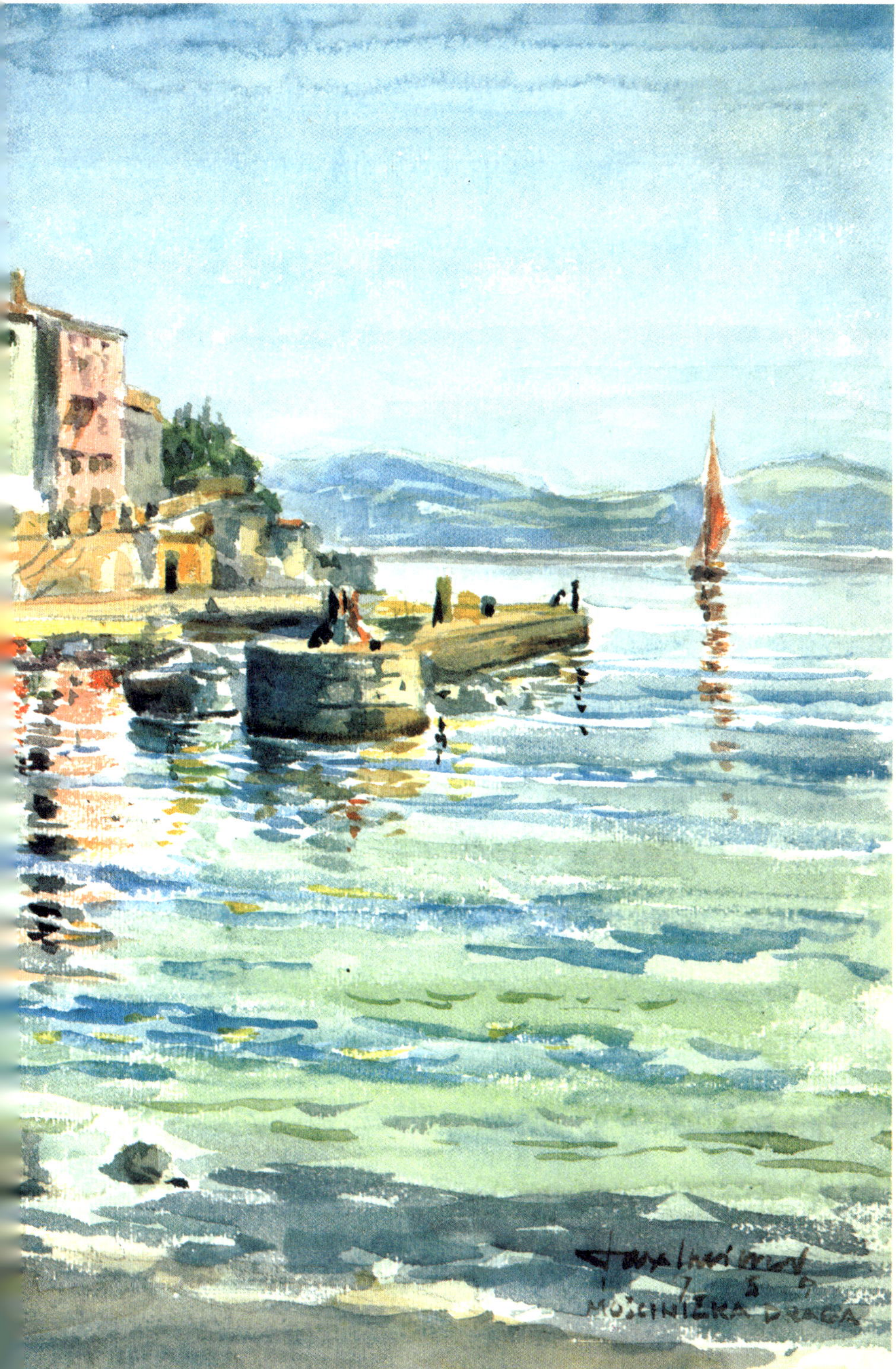
DRAGA

Unten: Beispiel für die zunehmenden Verzerrungen außerhalb des konstruktiven Blickfeldes (waagerecht schraffiert), dargestellt durch die perspektivische Konstruktion der Ecke eines Raumes, dessen Flächen zum besseren Vergleich sämtlich in gleichgroße Quadrate eingeteilt sind mit unterschiedlicher Markierung. Um groteske Verzerrungen zu vermeiden, muß der Bildausschnitt also einigermaßen im Rahmen des konstruktiven Blickfeldes bleiben. Bei diesem

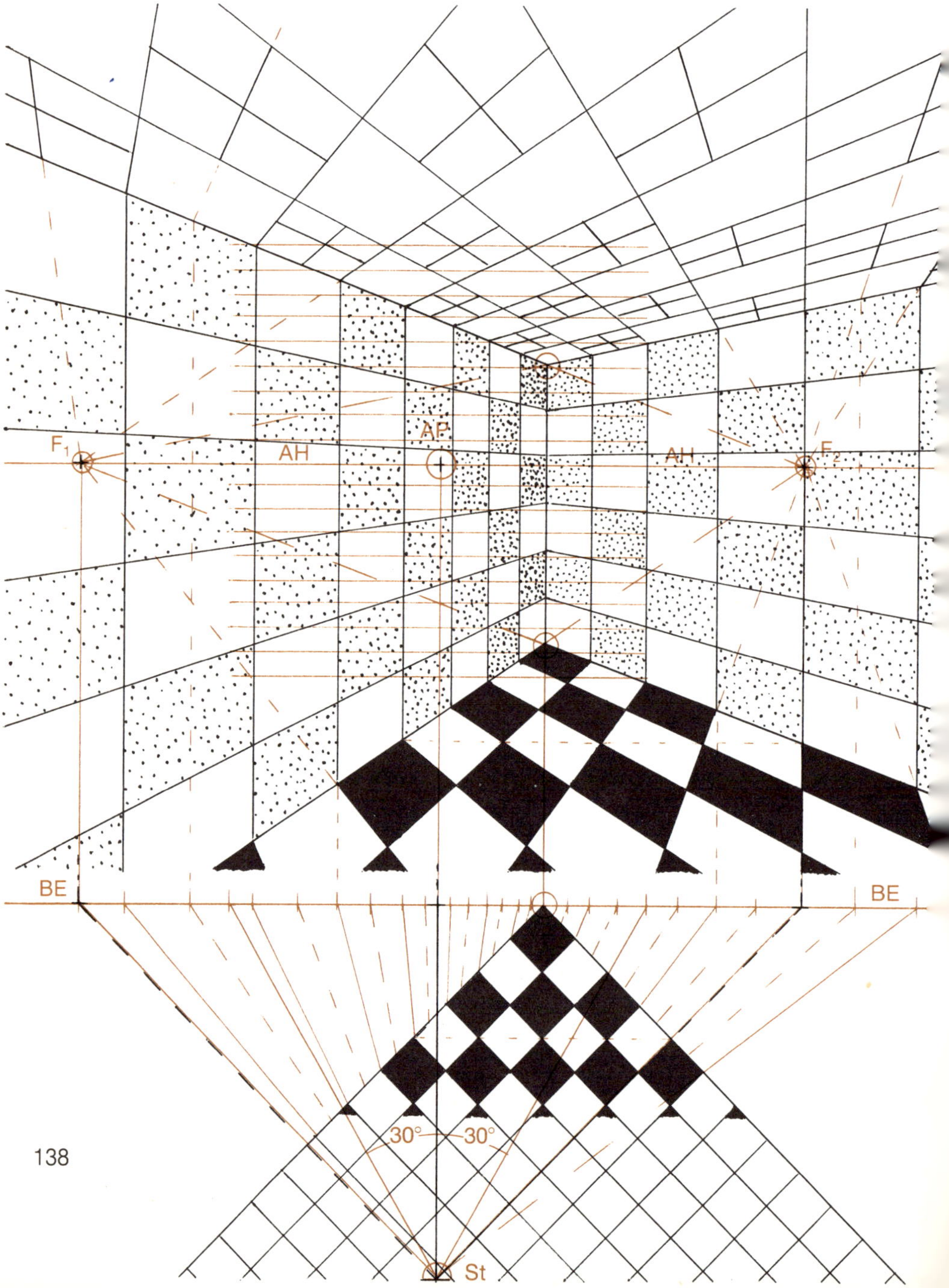

Beispiel wäre das zu bewerkstelligen, indem man St so weit wegrückt (hier also nach unten), daß der 60-Grad-Blickfeldwinkel waagerecht wie senkrecht mindestens die Grenzen des gewünschten Ausschnittes auf der BE erreicht. Oft nimmt man jedoch lieber einige Randverzerrungen in Kauf als eine mit zunehmender Standpunktentfernung immer weniger plastisch erscheinende Perspektive. Denn je weiter der Standpunkt wegrückt, um so weiter entfernen sich auch die Fluchtpunkte vom AP, und die Fluchtlinien verlaufen dementsprechend flacher. Zudem sind bei Innenansichten dem Standpunkt Grenzen gesetzt: Wird er außerhalb des Raumes angenommen, ergibt sich ein Anblick, den man in Wirklichkeit nie haben kann. Zu einem annehmbaren Kompromiß zwischen Wünschen und Gegebenheiten führen am ehesten Versuche durch Verschieben eines 60-Grad-Zeichenwinkels, dessen Spitze den Standpunkt markiert.

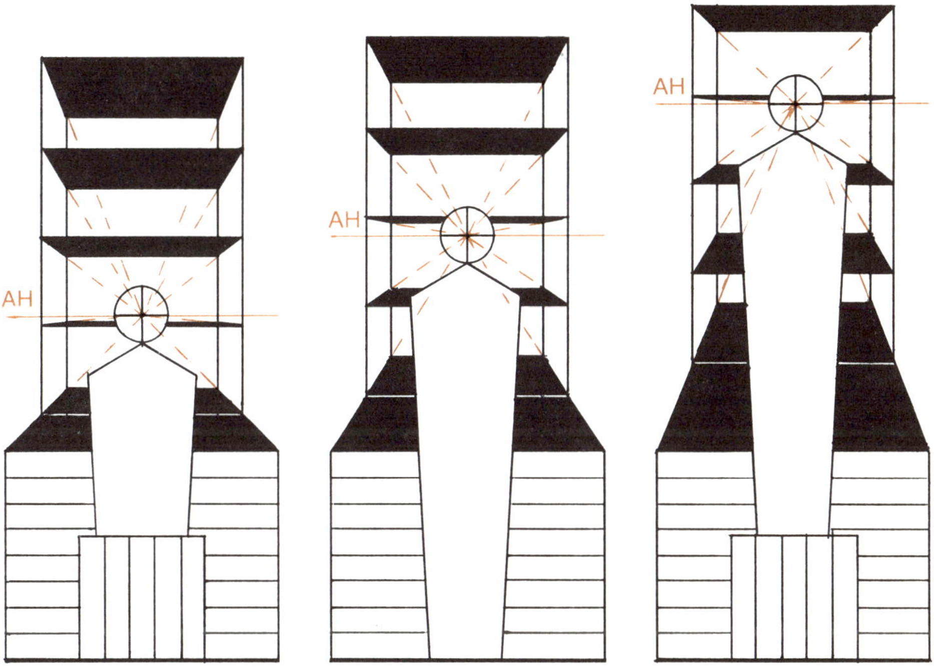

Oben: Wandlungen des Anblicks bei Änderung der Augenhöhe und demzufolge des AH. Die zentralperspektivische Darstellung zeigt die Schemafigur sitzend, auf dem Fußboden und schließlich auf dem Sitz stehend. Das betrachtete Objekt – Schema eines Tisches mit anstoßendem Regal – »wächst« mit ansteigendem AH optisch gleichermaßen in die Höhe wie die zunehmende Tischplattendraufsicht. Beachten Sie auch den Wandel der Einsichten in die Regalfächer, ferner, daß die Breiten des Objekts gleich bleiben, sie würden sich erst bei zu- oder abnehmender Standpunktentfernung ändern. Sämtliche Vorgänge gelten analog auch für nicht zentrale Perspektiven mit zwei oder mehr Fluchtpunkten. Besonders drastisch zeigt sich die Draufsichtvergrößerung bei Betrachtung einer Meeresfläche – einmal am Strand liegend, zum andern von einer Berghöhe. Die Meereskimm ist stets identisch mit dem AH. Ein Beispiel finden sie auf Seite 147.

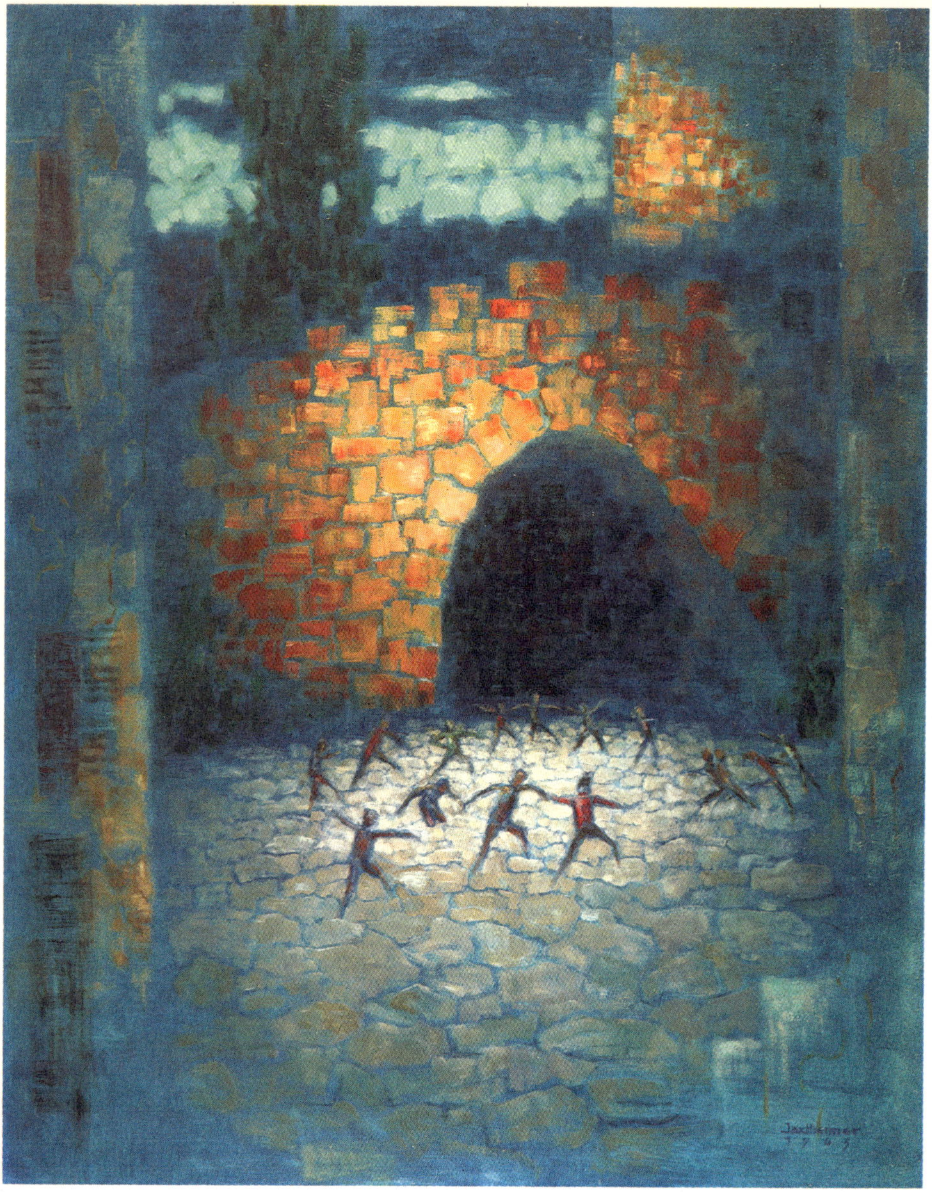

Oben: *Erinnerung an eine abendliche Szene mit spielenden Schulkindern vor dem südlichen Stadttor von Dubrovnik (Ölmalerei) – Original 82 × 102 cm). Als das Bild fertig war meinte ich, es passe für einen Aufzug aus »Fidelio« (Gefängnishof). So also kann gelegentlich ein Bühnenbild entstehen . . .*

Rechts: *»Eulenspiegel« (Szene aus seiner Narretei in Halle/Saale). Entwurf für ein Dreifarben-Sgraffito, z. B. an einem Kindergarten: über erst rotem, dann grünem Unterputz der durchgehende gelbe Gebäudeputz, örtlich überstrichen mit brauner Fassadenfarbe. Näheres über Sgraffito-Technik Seite 234.*

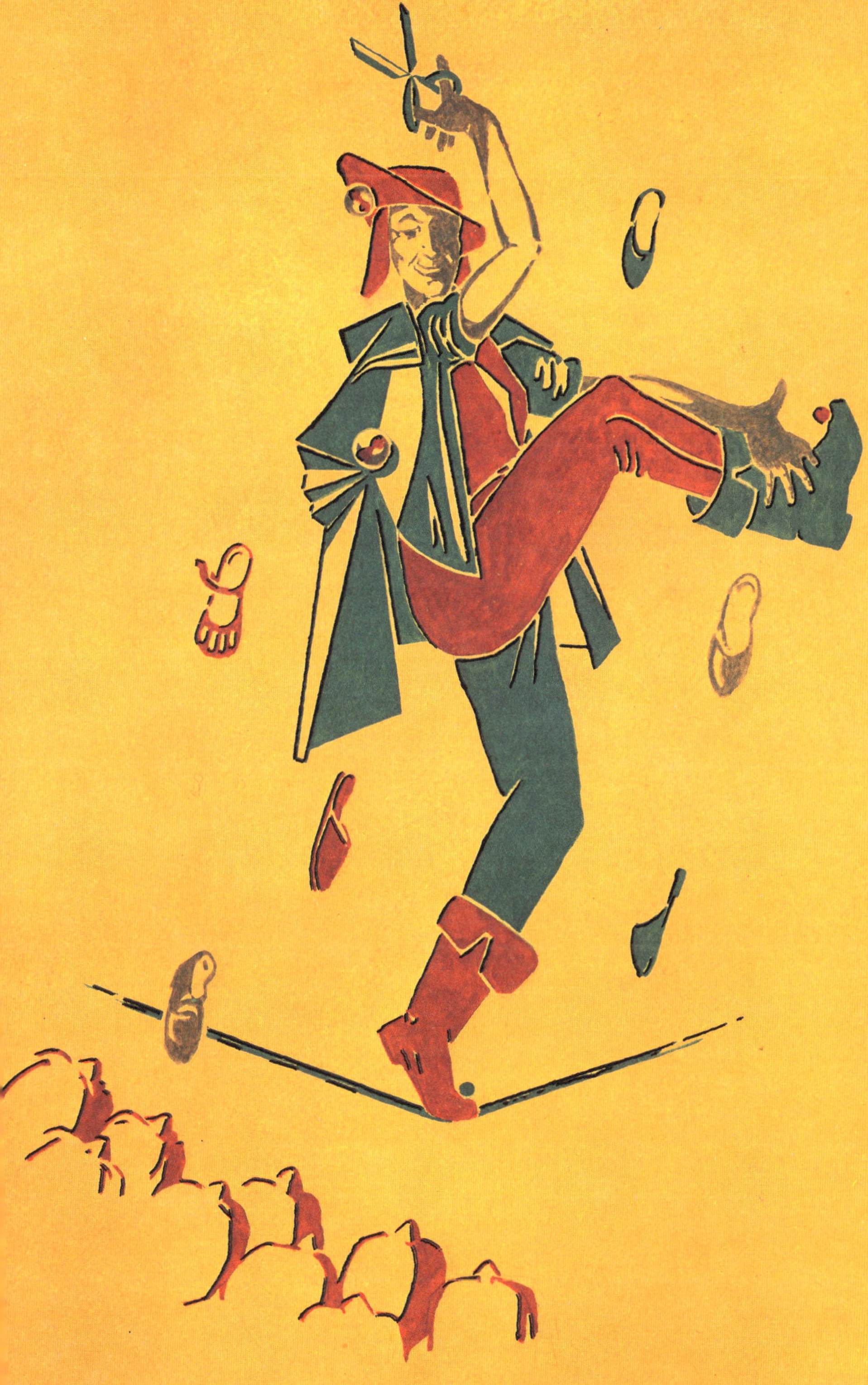

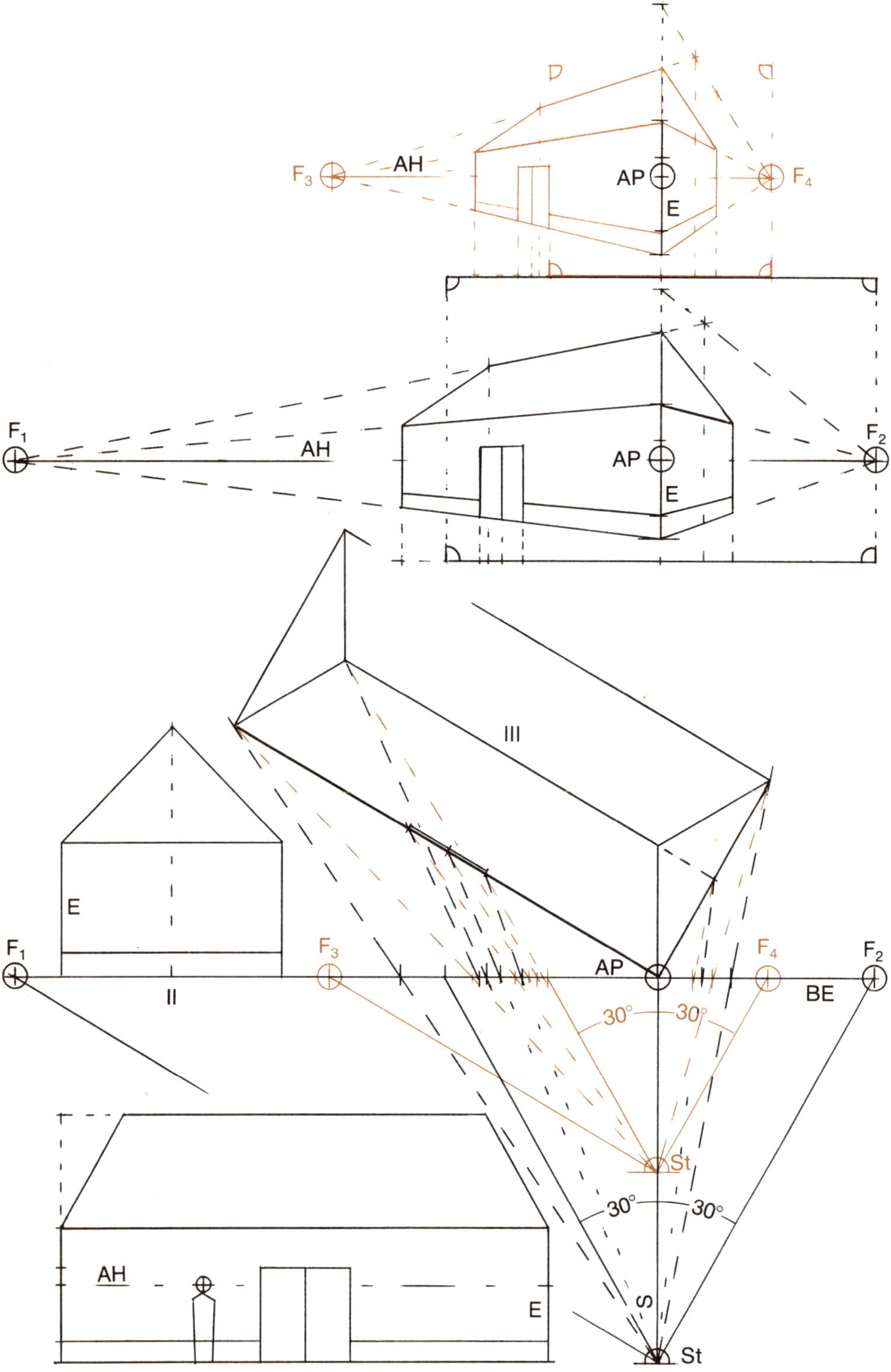

F3
AH
AP
E
F4
F1
AH
AP
E
F2
III
E
F1
II
F3
AP
F4
F2
BE
30°
30°
St
30°
30°
AH
E
S
St
I

Linke Seite: Perspektivische Konstruktion eines Walmdach-Bauwerks (vereinfachtes Schema ohne Dachüberstände und Torlaibung). Gegeben sind die Aufrisse der einzusehenden Fronten und der Grundriß mit Dachgraten, alles im gleichen Maßstab. Es wurden zwei Standpunkte gewählt zum Vergleich der unterschiedlichen Ergebnisse: alle schwarzen Linien gelten für beide Darstellungen und separat für die untere Perspektive, während zur oberen alle farbigen Linien gehören. Allgemeines zur Konstruktion: Rechtwinklig zum vom Standpunkt (St) ausgehenden Sehstrahl (S) verläuft die Bildebene (BE), in Draufsicht eine Waagerechte. Praktischerweise legt man sie durch eine markante Grundrißecke, auf der dazugehörenden senkrechten Objektkante (E) werden alle wahren Höhenmaße abgetragen und von dort aus die entsprechenden Fluchten gezogen. Die Fluchtpunkte auf der BE bzw. dem AH findet man durch vom St ausgehende Parallelen zu den einzusehenden Grundrißkanten. Handelt es sich um mehrere, nicht im gleichen Winkel ausgerichtete Objekte oder um willkürlich verlaufende Schrägen, verlangen diese eigene Parallelen mit entsprechenden Fluchtpunkten. Verbindungen der notwendigen Grundrißpunkte mit St führen auf der BE zu Schnittpunkten, die, nach oben gelotet, die entsprechenden Senkrechten der Perspektive ergeben. Bei dieser Darstellung verlangt das Walmdach eine Hilfskonstruktion: Man zieht zuerst die verlängerte Mittellinie der Schmalfront, winkelt von E die wahre, dem Aufriß zu entnehmende Firsthöhe auf die Mittellinie und erhält nun durch die vom Schnittpunkt ausgehende Flucht zu F_1 (oben zu F_3) den Firstverlauf. Dann ermittelt man die Lage der Walmdachspitzen auf der BE, lotet sie nach oben und zieht von den Schnittpunkten mit der Firstlinie Verbindungen zu den oberen Fassadenecken. Alles Weitere (Findung der Torlage mit Breite und Höhe, Sockelverlauf) ist den nachfolgenden Konstruktionen zu entnehmen. Hier sollte neben dem konstruktiven Prinzip noch gezeigt werden, wie sich bei gleicher Größe und Lage der Gegebenheiten die Verschiedenheit der Standpunktentfernungen auswirkt: der nähere ergibt ein kleineres, plastischeres Bild (oben), beim weiter zurückgenommenen wirkt sich beides umgekehrt aus. Auf den ersten Blick mag es verwirren, daß das obere perspektivische Bild trotz geringerer Standpunktentfernung im ganzen kleiner ausfällt, während es unter diesem Umstand beim tatsächlichen Anblick oder auf einem Foto erheblich größer als das untere erschiene. Die Erklärung: Für beide Darstellungen wurden Grund- und Aufrisse gleichen Maßstabs verwendet.

Nächste Seite: *Probetafel für grafische Volkskunst (landläufig »Bauernmalerei« genannt) von Friedrich A. Schmitt, Original 50 × 62 cm. Der Urheber – Dozent an mehreren Volkshochschulen – gab damit seinen Schülern ein Beispiel für unverfälschte, traditionsgebundene Möbeldekorationen aus dem dafür berühmten Alpbachtal (rechts des Inn). Charakteristisch für die Ornamentik in wenigen zurückhaltenden Farben auf nachgedunkeltem oder farbig lasiertem Holz sind die schwarze Konturierung und die absolut grafische Formmodellierung durch bogige Parallelschraffuren. Weitere Abbildungen hierzu auf Seite 156.)*

Übernächste Seite: *Kompositionsversuche mit üblichen Tonpapieren für mehrfarbige Grafiken. Die Erörterungen auf Seite 196 ff. gelten im Prinzip zwar auch für bunte Zusammenstellungen, jedoch mischen sich bei diesen die psychologischen Wirkungen kräftiger Farbtöne ein: Orange*

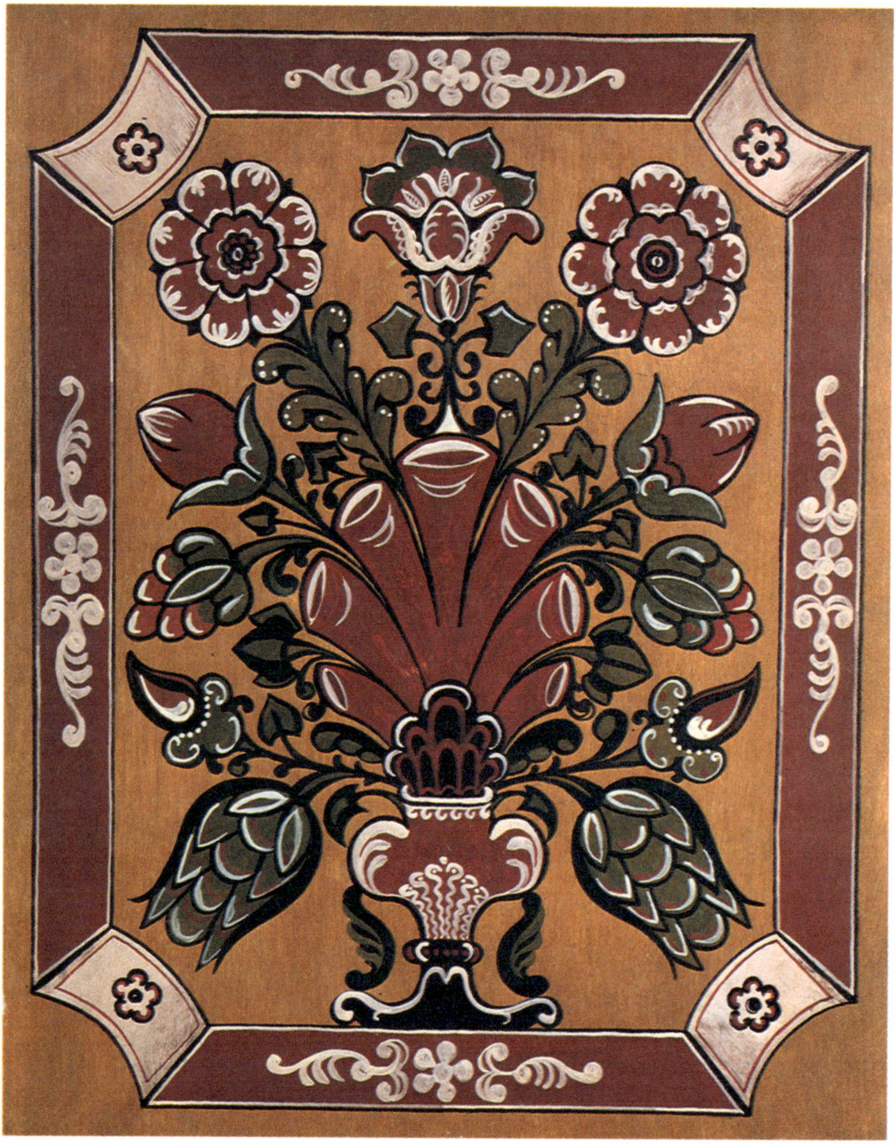

bis Rot = aggressiv nach vorn drängend; sattes Grün = indifferent; Mittelblau = zurückweichend. (Siehe auch Seite 130.) Diese Erscheinungen ändern sich wiederum je nach dem Nebeneinander der Farben mit ihren Kontrastwirkungen. So bleiben – trotz aller tiefschürfenden Farbenlehren – für die Praxis nur unbefangen-sensible Versuche. Bei grafischen Kompositionen kommen Sie am besten mit Papierschnitt-Montagen voran (Seite 200f.), weil es rascher und sicherer geht, als wenn Sie immer aufs Neue mit Deckfarben-Aufstrichen experimentieren. Die

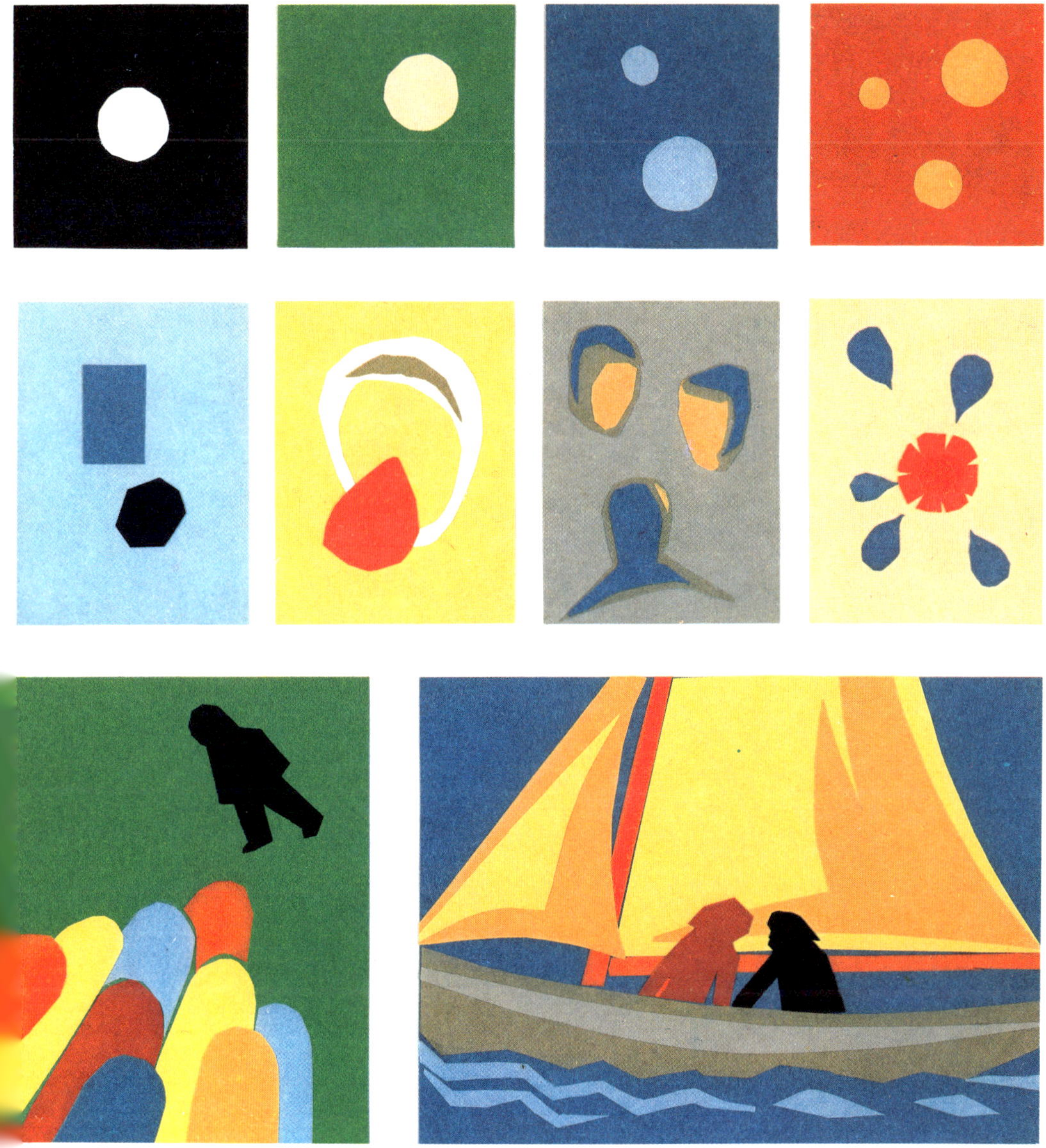

obere Reihe der Abbildungen zeigt die bekannten Grundkompositionen mit verwandten Farbtönen. Die mittlere Reihe wiederholt das Gleiche mit mehr oder weniger kontrastierenden Farben. Unten links: »Einer gegen alle«, wobei Schwarz Überlegenheit (oder Ohnmacht) gegenüber der Vielfarbigkeit demonstriert. Unten rechts: Anschnittkomposition mit gegenläufiger Bewegung: das Boot treibt nach links, die Bugwellen laufen (scheinbar) nach rechts, den Schwerpunkt bilden die beiden Segler, wobei die schwarze Figur dominiert.

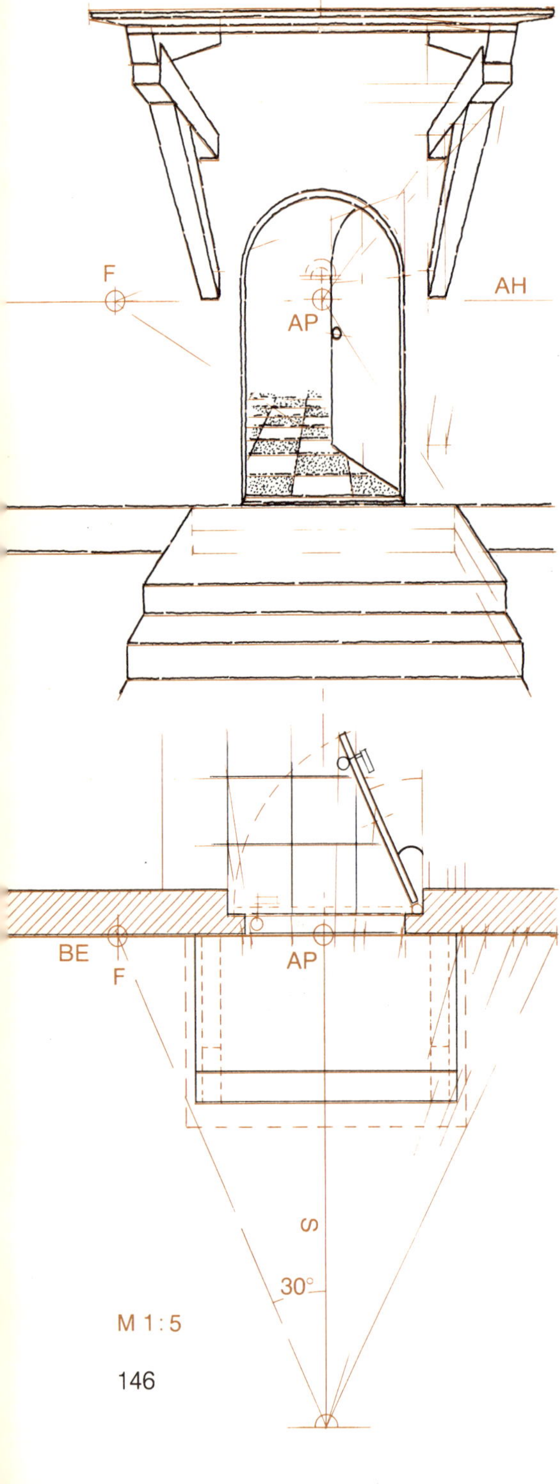

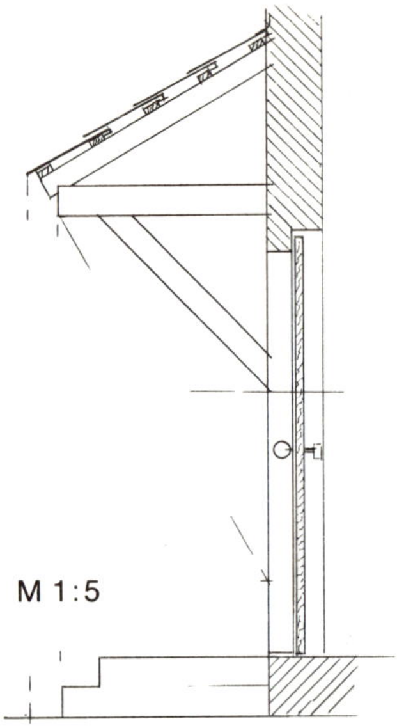

Zentralperspektivische Konstruktion eines Landhaus-Einganges. Gegeben sind Grundriß und Seitenaufriß sowie – hier nicht extra abgebildet, sondern gleich in die Bildebene übertragen – die Planzeichnung der Eingangsfront mit Treppen- und Vordach-Ansatz, alles im M. 1 : 5. In diesem Fall ist der zentrale Fluchtpunkt zugleich der AP. Die Tür mit Halbkreisabrundung steht bis auf 24 Grad zur Sehstrahlrichtung offen, ihr Fluchtpunkt (F) ist unter gleichem Winkel vom St aus auf der BE-Linie zu finden und auf den AH zu loten. Vordach und Treppe mit Podest wirken etwa übertrieben groß, weil sie vor der BE liegen. Beachten Sie die Bogen: die des Eingangs mit Laibung bleiben exakte Halbkreise, deren Mittelpunkte liegen – der perspektivischen Untersicht entsprechend – lotrecht untereinander über dem AP, während der Bogen des Türblattes zur Teil-Ellipse wurde. Hilfsfigur ist, vom Halbquadrat ausgehend, das perspektivisch entsprechende und nach F ausgerichtete Trapez.

Rechte Seite: Perspektive mit zwei Nebenhorizonten. Vorbild war ein Aquarell aus dem Bergstädtchen Ramatuelle an der französischen Mittelmeerküste (Seite 148). Ich hatte es natürlich ohne jede konstruktive Hilfe gemalt, nur den Gesamtaufbau und einige wesentliche Fluchten

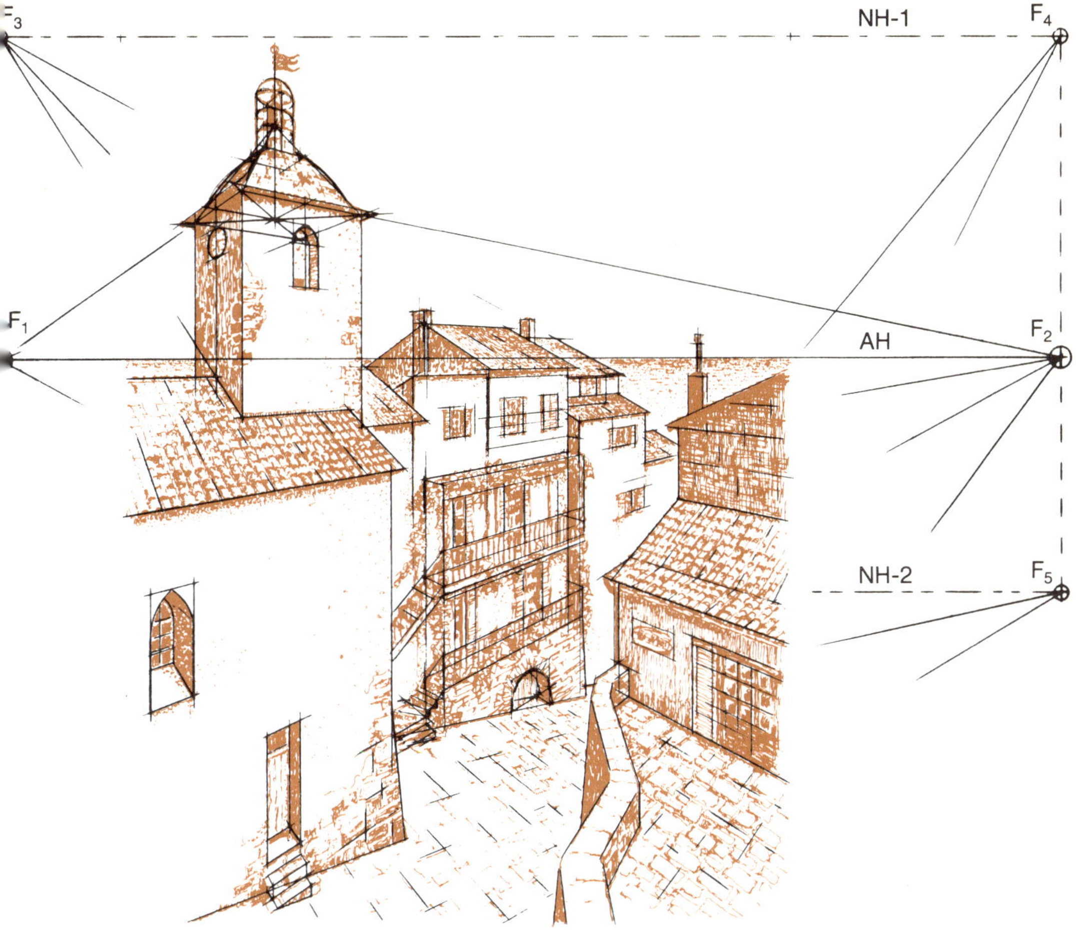

flüchtig mit Blei skizziert. Die Kontrolle mittels eines aufgelegten Pausblattes ergab jedoch, daß die Mauerzüge, Dachneigungen und die abfallende Straße jeweils nahezu einheitliche Fluchtpunkte hatten. Daraus ließ sich ein perspektivisches Gerüst ableiten, auf dessen Grundlage obige Zeichnung entstand (auf die Hälfte verkleinert, Format des Aquarells 33×44 cm). Der AH war von vornherein durch die Meereskimm gegeben – deutlich zu erkennen rechts oben zwischen den Dächern. Auf dem AH liegen die Fluchtpunkte F_1 und F_2 aller waagerechten Gebäudekanten mit Dachfirsten und Traufen, der Mauerfugen und die des Vorplatz-Pflasters innerhalb der Brüstung rechts unten. Die Höhe des oberen Nebenhorizontes NH-1 wird bestimmt durch die Schnittpunkte F_3 und F_4 der Dachschrägenfluchten. Die Lage des NH-2 ergibt sich aus dem Schnittpunkt F_5 der Straßenfluchten längs der Häuser- und Kapellenfundamente. Von den erhaltenen Fluchtpunkten zog ich dann eine Reihe zusätzlicher Fluchtlinien zur Neigungsorientierung für die Dach- und Pflasterstrukturen. Beachten Sie in diesem Zusammenhang den Richtungsunterschied zwischen dem Verlauf der Fundamentfugen, denen des Straßen- und Vorplatzpflasters! Daß sie gleichmäßiger verlaufen als beim Aquarell und daß F_3 und F_1, sowie F_4, F_2 und F_5 genau lotrecht untereinanderliegen, erklärt sich aus der konstruktiven Annahme, die Bauten seien exakt parallel und rechtwinklig ausgerichtet, was bei solchen, im Laufe vieler Jahrhunderte »gewachsenen« Orten nur annähernd zutrifft. Das Ganze ist jedoch lediglich als Beispiel zu werten, wie man sich bei der Wiedergabe ähnlicher Situationen an Nebenhorizonten orientieren kann, um auf den ersten Blick unverständlichen Erscheinungen auf die Spur zu kommen.

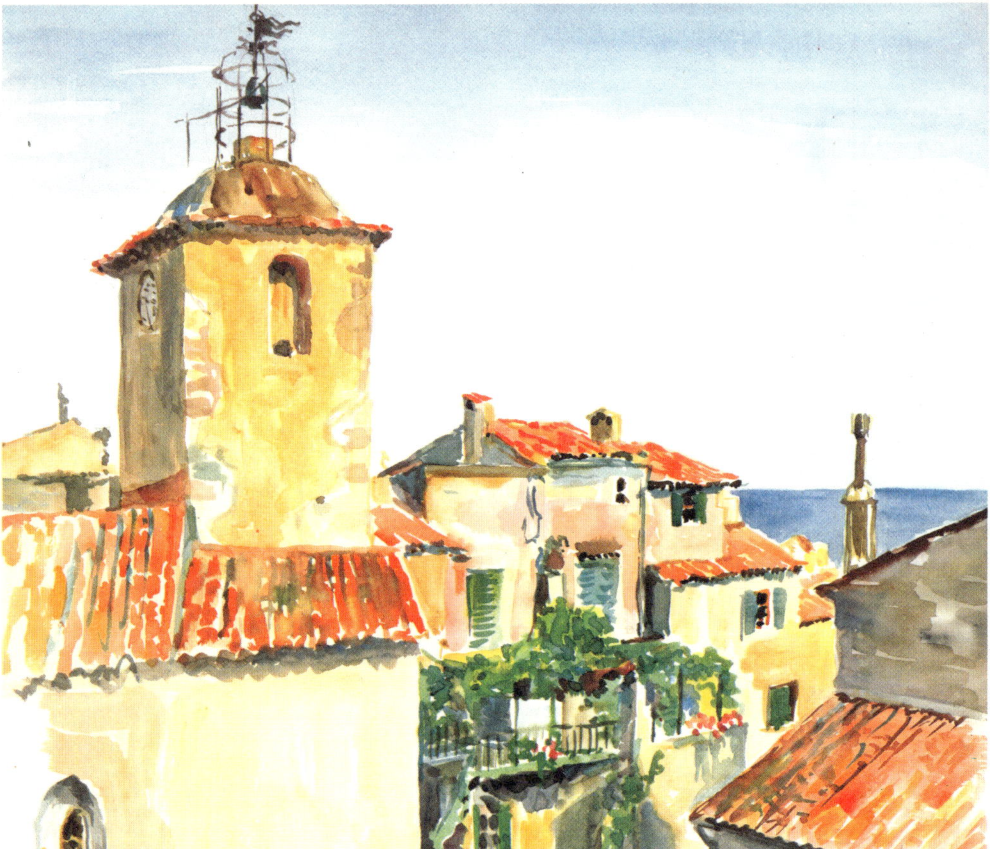

Oben: *auf Seite 147 erwähntes Aquarell.* **Rechts:** *auf Seite 107 beschriebene Ölmalerei.*

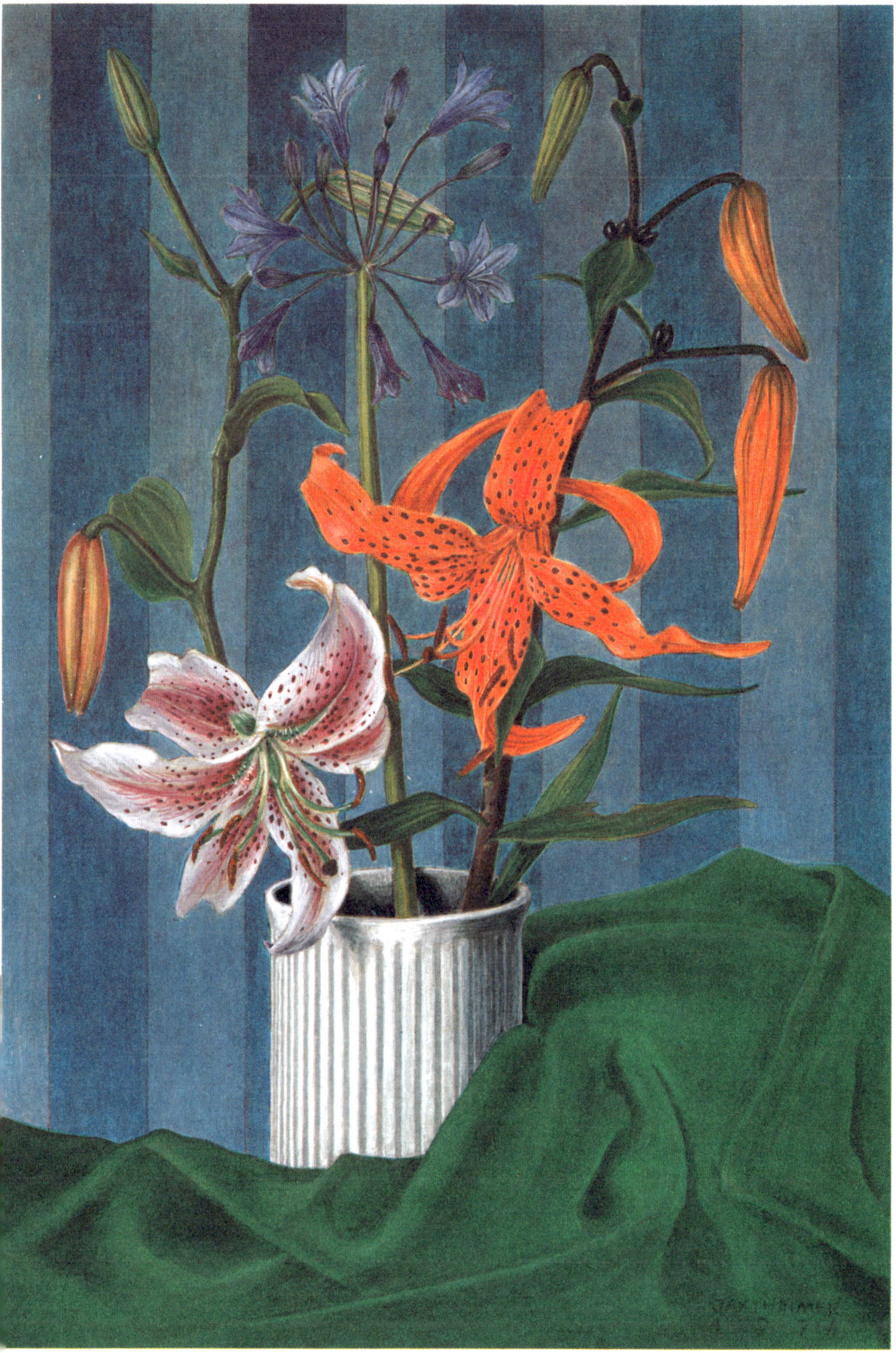

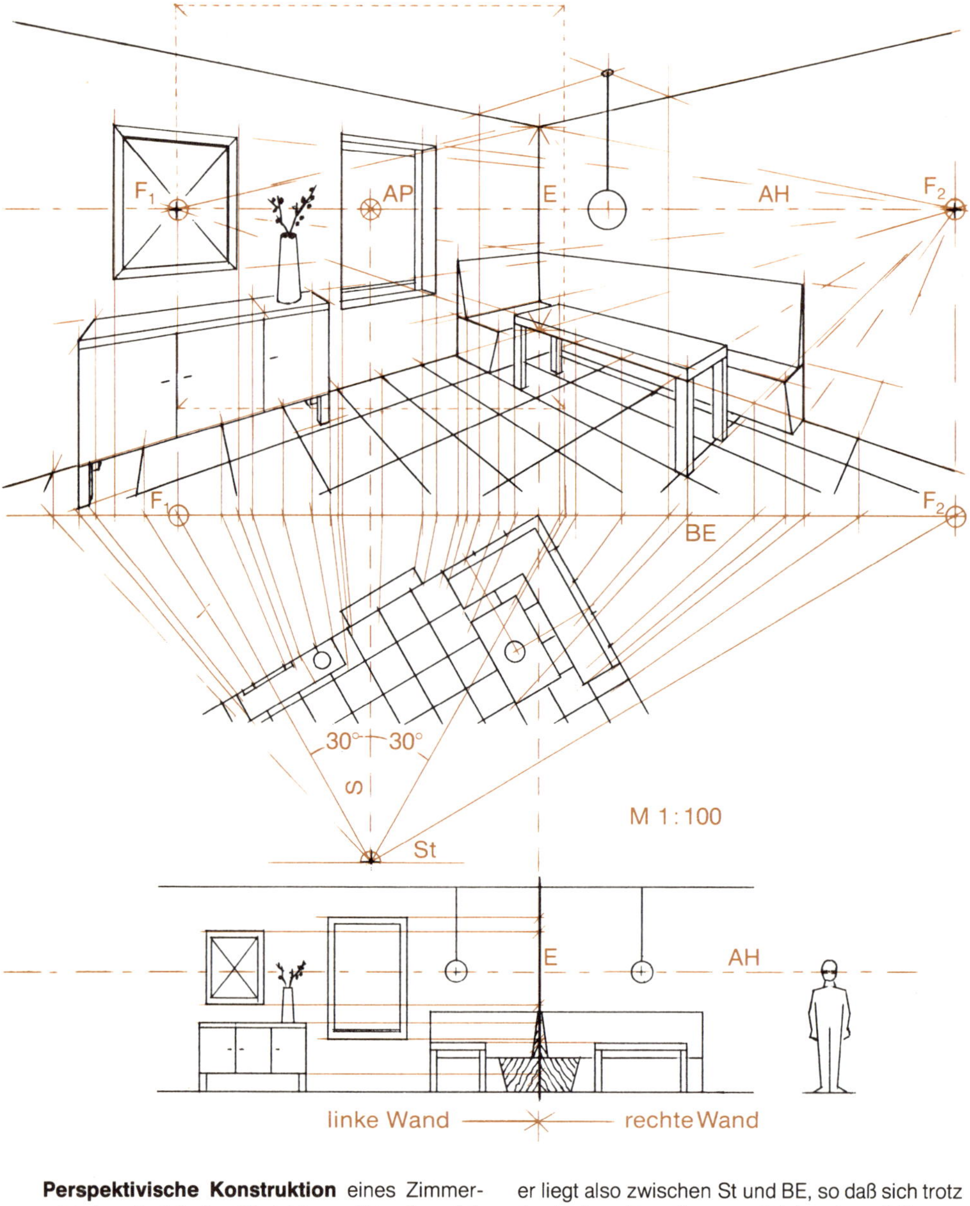

Perspektivische Konstruktion eines Zimmerwinkels mit einfacher Einrichtung. Grundlage bilden der entsprechende Grundrißausschnitt und – aneinanderstoßend gezeichnet – die beiden »Wandabwickelungen«, alles im M. 1:100. Hier geht die BE durch die Winkelspitze des Raumes, er liegt also zwischen St und BE, so daß sich trotz des kleinen Grundlagenmaßstabs eine relativ große und »plastische« Perspektive ergibt. Diesmal blieben (fast) sämtliche Verbindungs-, Lot-, Flucht- und sonstigen Hilfslinien stehen, beachten Sie u. a. dabei, wie der Aufhängepunkt der

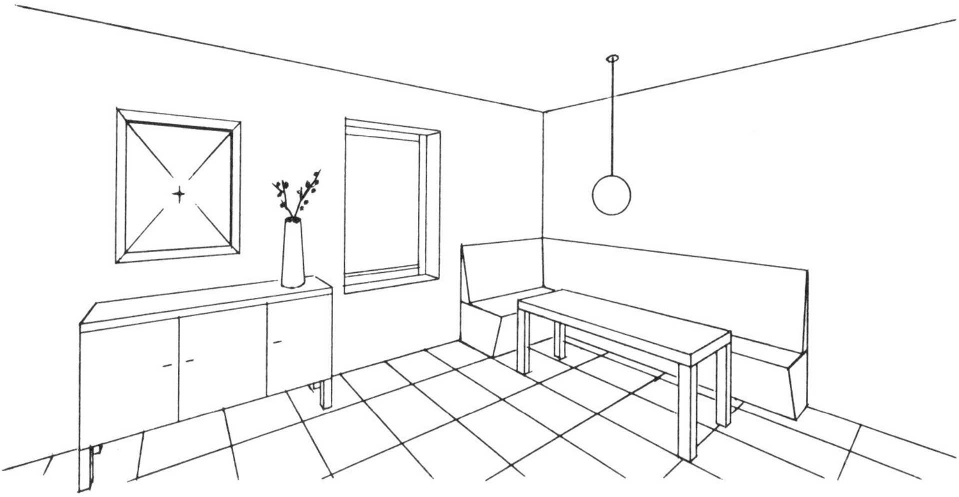

Lampe ermittelt wurde! Der AP spielt hier praktisch keine Rolle, er gibt nur den Anhalt für die Lage des konstruktiven Blickfeldes (umstrichelt). Außerhalb dieses Quadrates beginnen die unnatürlich wirkenden Verzerrungen – zu erkennen bereits am Bild über der Anrichte (durch Diagonalen markiert): Sein Hochformat erscheint in der Perspektive nahezu quadratisch, was aber nicht stimmt, messen Sie nach! Dagegen wirken die viel weiter vom Blickfeldquadrat entfernten Verzerrungen beim rechten Teil der Sitzecke nicht sonderlich störend, wohl aber beim aus Quadraten zusammengesetzten Fußbodenbelag. Solche Verzerrungen muß man zuweilen im Hinblick auf eine ausreichende Gesamtübersicht in Kauf nehmen, wenn man den Standpunkt nicht wirklichkeitsfremd außerhalb des Raumes annimmt. Im übrigen gibt es bei dieser wie auch fast jeder anderen Perspektive für eine Reihe von Punkten mehrere Konstruktionsmöglichkeiten, die man gegebenenfalls zu Kontrollen und Berichtigungen benutzt, z. B. Diagonalfluchten bei gleichmäßig rechteckigen Flächenaufteilungen. Denn nicht nur dem Anfänger passieren im Gewirr der Linien Versehen, allein schon die Zeichenstrichstärken führen leicht zu Ungenauigkeiten, besonders beim »Herumwinkeln« gegenläufiger Fluchten. Naturgemäß wächst die Genauigkeit mit der Größe des Grundlagenmaßstabs und des Darstellungsformats, gehen Sie also bei eigenen Versuchen ähnlicher Art mindestens vom M. 1 : 50 oder einem noch größeren aus.

Nächste Seiten: *Ausstattungsentwurf für die Halle eines größeren Landhauses. Grundlage bildeten die Rohbaupläne. Danach entstand die nebenstehende, auf 1/5 verkleinerte Zentralperspektive mit bereits fest eingeplanter Sitzecke. Den Fußboden bedeckt einstweilen ein Quadratraster mit in Wahrheit 50 cm Kantenlänge als maßstäblicher Anhalt für Variationen des Bodenbelages (umseitig farbige Naturstein-Bruchplatten) und des beweglichen Mobilars (Auflegen entsprechender Einzelentwürfe).*

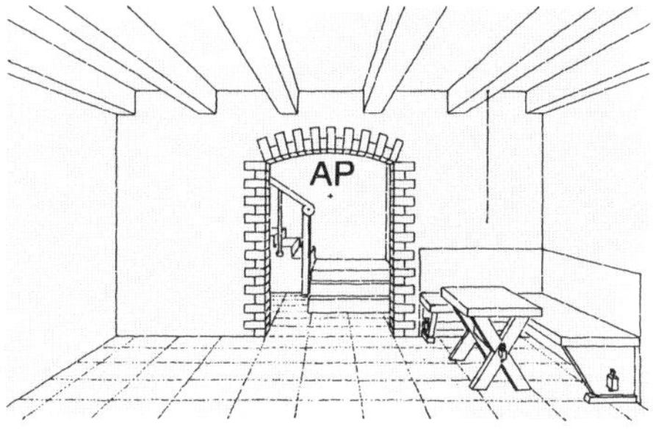

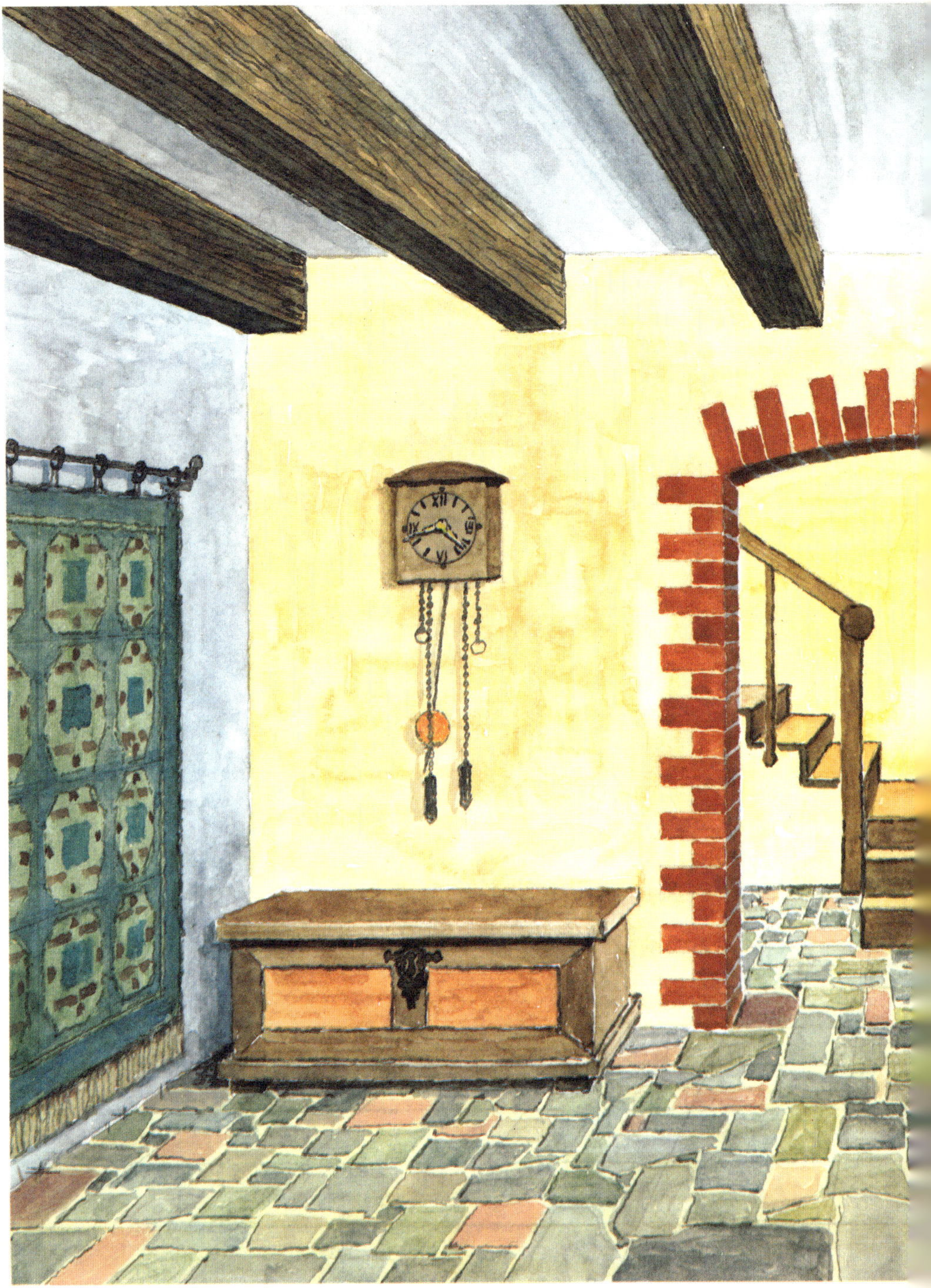

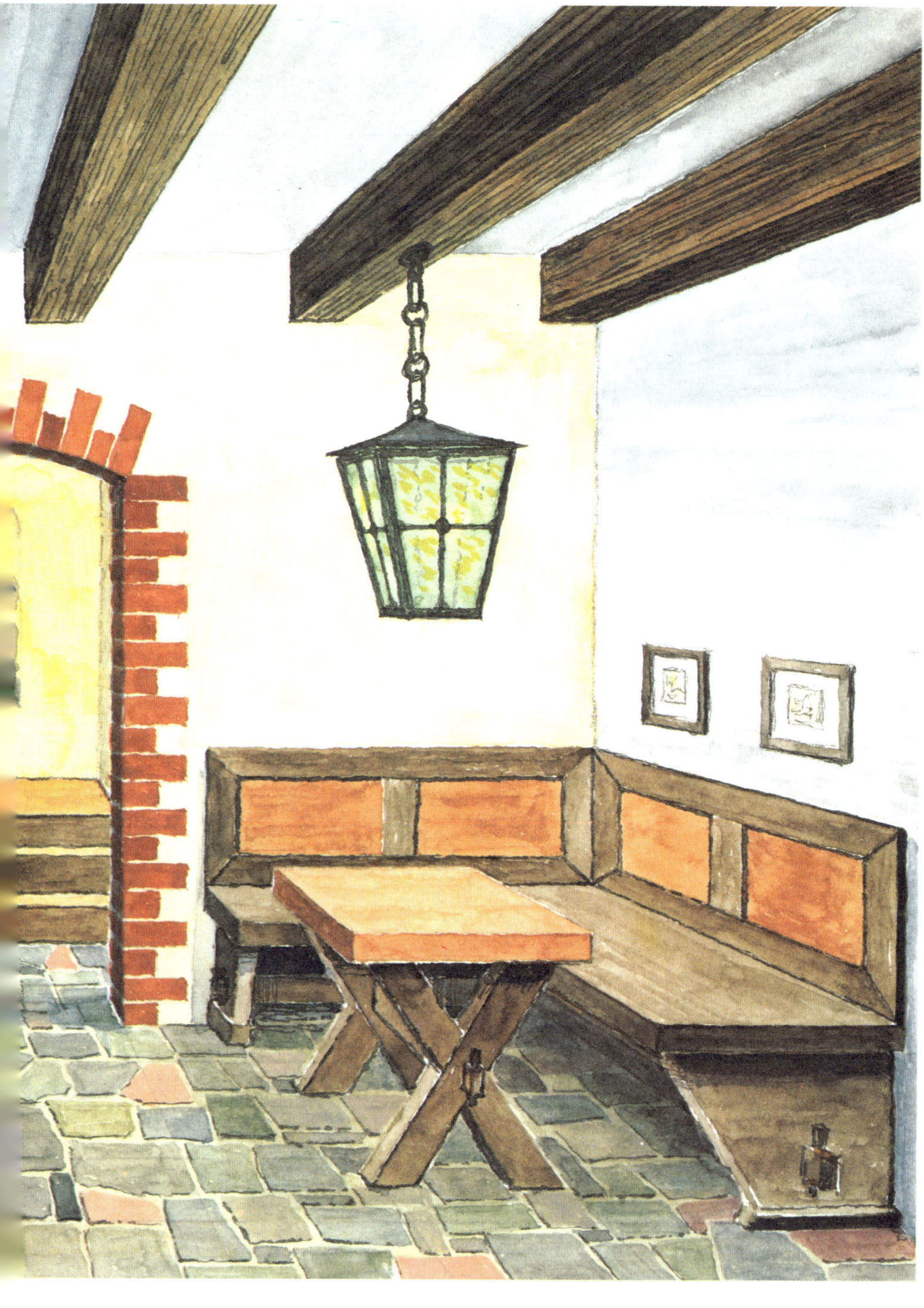

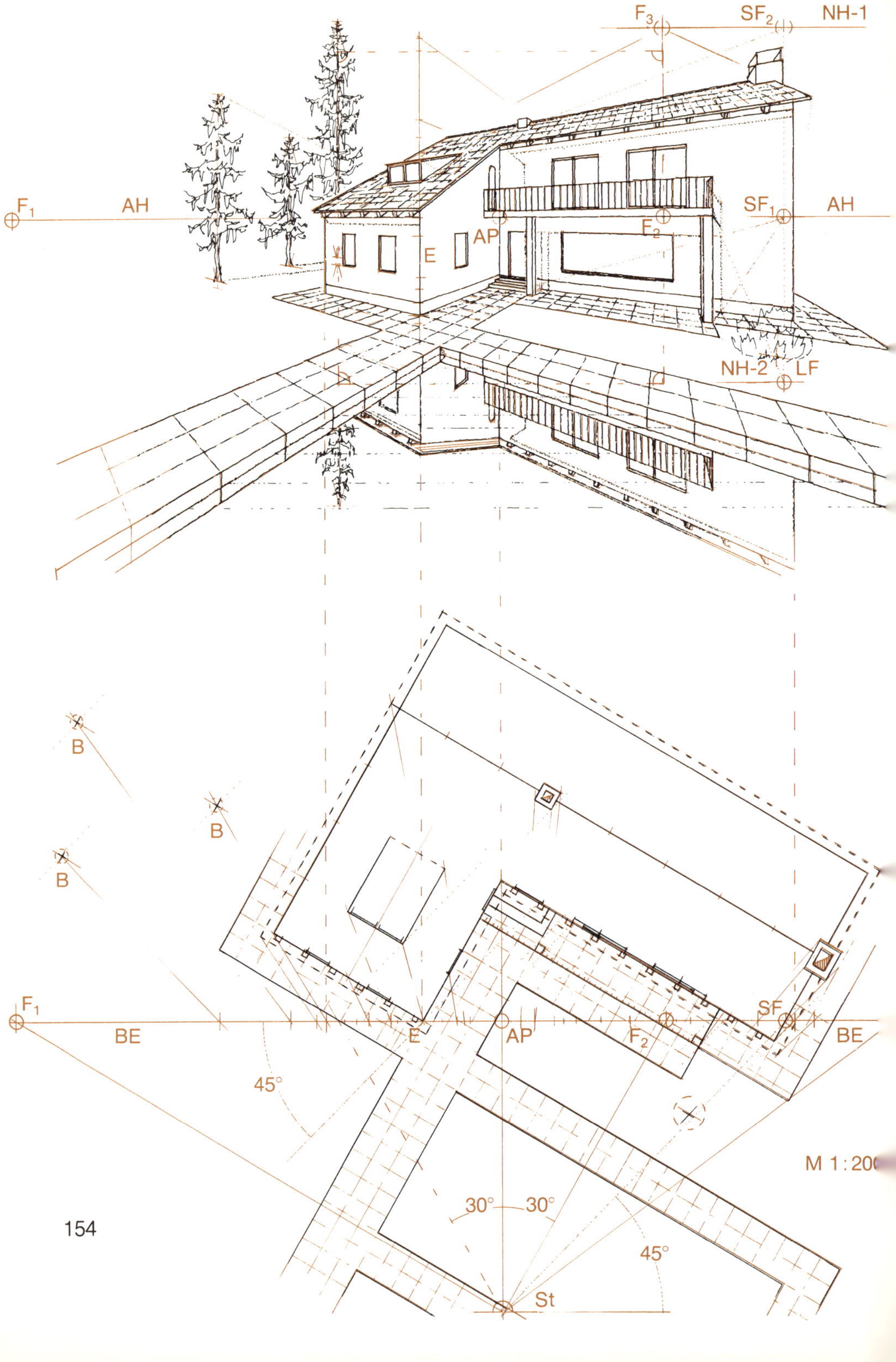
F₃
SF₂
NH-1
F₁
AH
SF₁
AH
AP
F₂
E
NH-2
LF
B
B
B
F₁
BE
E
AP
F₂
SF
BE
45°
M 1:20
30°
30°
45°
St

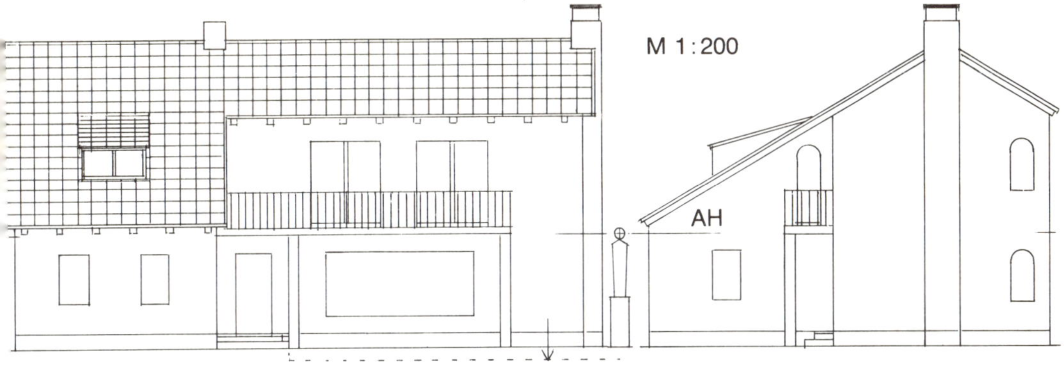

Schaubild eines Hauses mit Schwimmbecken. Für die perspektivische Konstruktion gegeben sind der Grundriß mit Standpunkt der drei Bäume (B), sowie der Frontal- und Giebelaufriß (oben), alles im Maßstab 1 : 200. Der AH ist höher als normal gewählt und identisch mit der Balkonunterkante, um noch genügend Dachdraufsicht zu haben. Die vom St nicht einzusehende Giebelseite war erforderlich, um die First- und Schornsteinhöhe besser abgreifen zu können. Im Hinblick auf ein möglichst »plastisches« Bild wurden erhebliche Verzerrungen außerhalb des Blickfeldes (Ecken durch kleine Viertelkreise markiert) in Kauf genommen, deshalb erscheint z. B. das Schwimmbecken übertrieben groß (wahres Maß 5×12 m). Bei der Spiegelung war das dem Frontalaufriß zu entnehmende Wasserniveau zu berücksichtigen! Außerdem erfolgte eine Schattenkonstruktion mit Sonnenstand rückwärts vom St unter 45 Grad gegenüber dem Sehstrahl, bzw. der BE. Der Schattenfluchtpunkt SF_1 liegt auf dem AH, die Sonnenhöhe entspricht der Distanz SF_1–LF (näheres hierzu wie zur Spiegelung ab Seite 162). Die Dachflächen-Neigungsfluchten enden in F_3 senkrecht über F_2 auf dem Nebenhorizont NH, auf dem auch ein weiterer, für Schlagschatten auf der Dachfläche gültiger Fluchtpunkt SF_2 senkrecht über SF_1 liegt. Alle Hilfs-, Konstruktions- und Grenzlinien der Schatten sind dicht punktiert. Betrachten Sie dazu die farbige Ausführung Seite 157 mit der Wirklichkeit entsprechend angelegter Schattenflächen.

Unten: Zentralperspektive eines Brückentraktes. Dessen Vorderseite ist zugleich frontaler Aufriß und die Brüstungsoberkante identisch mit dem AH. Bei zentralperspektivischen Ansichten bleiben frontal gesehene Bogenformen unverändert, hier handelt es sich um exakte Halbkreise, ebenso bei den perspektivisch verkleinerten rückwärtigen Wölbungskonturen, und beide werden durch die Spiegelung zu Vollkreisen ergänzt (Zirkeleinsätze in kleinen Kreisen). Um den Konstruktionsvorgang (farbig) deutlich zu zeigen, wurden nur zwei Wölbungen schwarz nachgezogen und in diesem Bereich die spiegelnde Wasseroberfläche strichelpunktiert angedeutet. Näheres über das Zustandekommen von Wasserspiegelungen ab Seite 158.

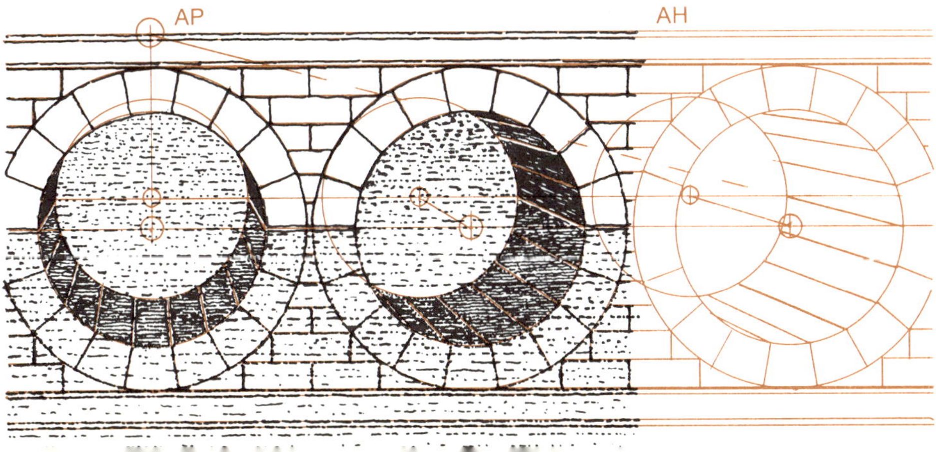

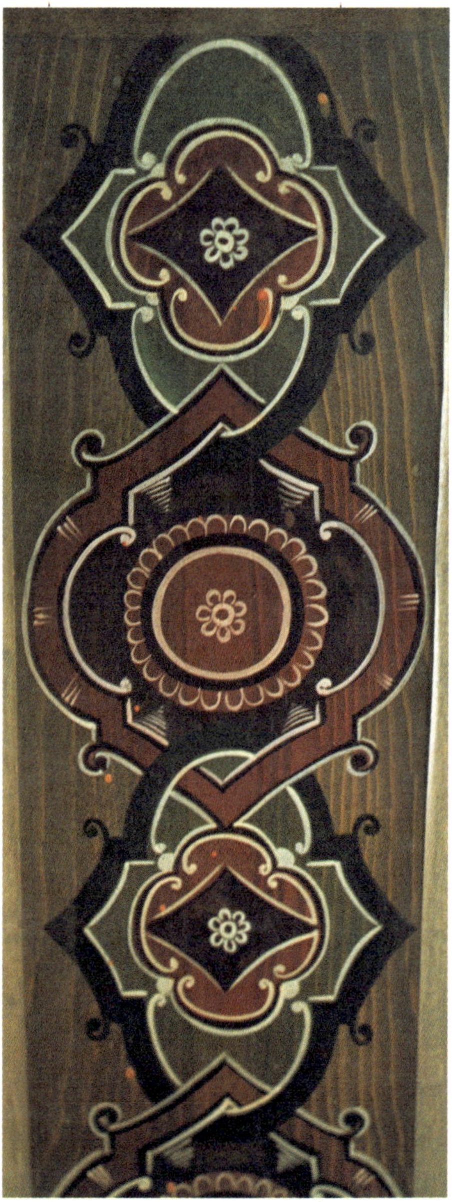

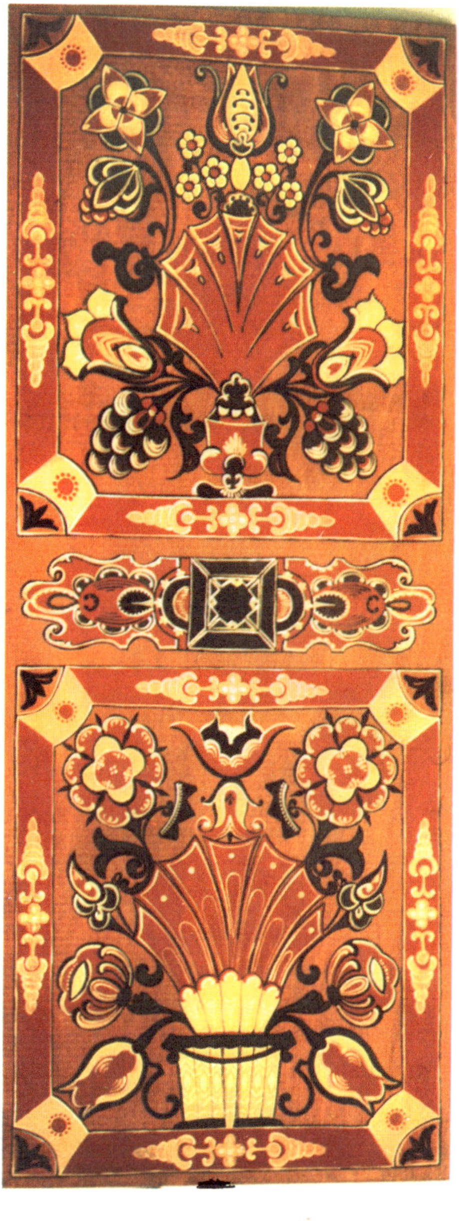

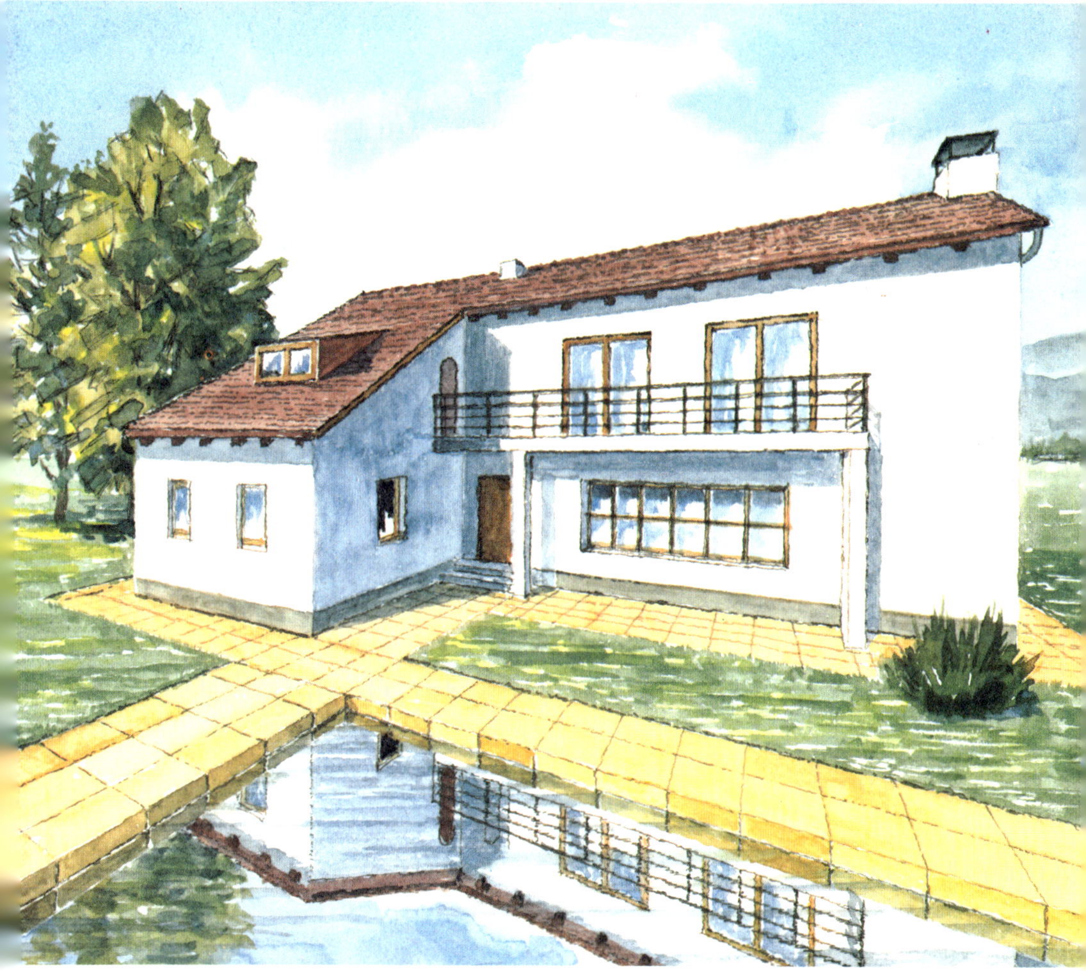

Linke Seite: *Zwei weitere Versuchstafeln (Schülerarbeiten) zu der auf Seite 143 geschilderten bäuerlichen Volkskunst aus dem Alpbachtal. Originalformate etwa 50 × 125 cm. Hier wurde das einfache Holz (meist Fichte oder Kiefer) farbig grundiert – eine Variation, die auch anderenorts und zu den verschiedensten Zeiten nicht selten vorkommt. Voraussetzung bleiben bei allen Farbgebungen zurückhaltende Töne. Ohnehin waren die zur Verfügung stehenden Pigmente im allgemeinen nicht grell, oder auf die Dauer nicht voll lichtbeständig – zum Glück, möchte man gerne sagen.*

Oben: *Farbige Ausführung der perspektivischen Konstruktion auf Seite 154, etwa ¾ der Originalgröße. Dabei konnten nun auch die Schatten flächig angelegt werden – vergleichen Sie mit den auf der Konstruktionszeichnung punktiert eingetragenen Schattenkonturen. Die Nadelbäume sind durch zwei Laubbäume ersetzt. Schaubilder versierter Architekten zeigen oft phantasievolle, höchst dekorativ wirkende Farben und Beigaben – meist enttäuschend beim Vergleich mit der späteren Wirklichkeit. Deshalb hier ein den Realitäten eher entsprechender Versuch, der auch jedem »Laien« gelingt.*

Wasserspiegelungen

Von Freihandzeichnern wie Malern wird kaum eine Naturerscheinung so oft mißverstanden und falsch wiedergegeben wie Wasserspiegelungen. Was es damit auf sich hat und wie dem konstruktiv sehr einfach beizukommen ist, verstehen Sie sogleich nach Versuchen im Sinn der Zeichnung rechts oben:

Legen Sie einen rechteckigen Wandspiegel so auf einen Tisch, daß seine Oberkante parallel zur gegenüberliegenden Zimmerwand läuft. Wenn Sie sich nun mitten vor den Spiegel setzen und auf die Wand blicken, markieren Sie dort Ihren AH mit dem AP, in dem die Seitenfluchten des Spiegels zusammentreffen. Damit haben Sie das für jede Wasserfläche geltende Modell – ganz gleich, wie sie seitlich begrenzt ist und ob sie bis zum AH reicht wie bei großen Seen und am Meer oder sich vor ihm wieder Land erhebt: In jedem Fall ist die Wasserfläche stets bis zum AH zu denken, also gewissermaßen unter allem durchlaufend, was auf ihr und hinter einem jenseitigen Ufer zu sehen ist.

Anschließend stellen Sie einen rechteckigen Kasten auf den Spiegel. Er soll nur so groß sein, daß Sie von Ihrem Sitz aus mit wie zuvor ausgerichtetem Blick das Kastenspiegelbild vollständig sehen. Wenn Sie dann genau neigungsvisierend die Fluchten sowohl des Kastens wie seiner Spiegelung bis zum AH verfolgen, erkennen Sie, daß alle Fluchten einer Kastenseite auf dem AH den gleichen Fluchtpunkt haben. Daraus läßt sich die Vorstellung ableiten, sämtliche gespiegelten Objekte seien doppelt vorhanden und stünden gegengleich-umgekehrt mit ihren Bodenflächen aufeinander – aufzufassen als ein Ganzes mit allen perspektivischen Konsequenzen.

Dabei ist vor allem zu beachten, daß unter anderem natürlich auch Bodenerhebungen mit zu diesem Ganzen aus gegengleichen Teilen zählen. Die größten Mißverständnisse ergeben sich aber aus der oft nicht in vollem Umfang verstandenen Tatsache, daß die am wirklichen Objekt beobachteten Tiefenausdehnungen, Drauf- und Einsichten in der Spiegelung nicht immer zu sehen sind, weil diese das Objekt gewissermaßen abwärtshängend wiedergibt. Daraus erklären sich auch die manchmal höchst bizarren Erscheinungsformen gespiegelter Dachaufbauten aus relativ geringem Abstand betrachteter Architekturen. Andererseits zeigt der Wasserspiegel Untersichten, die am wahren Objekt verborgen bleiben, wie bei Brükkenbogen.

Die Gesetze der Spiegelung gelten im Prinzip zwar auch für windbewegtes Wasser, jedoch erzeugen die unzähligen kleinen, unebenen und ihre Form ständig wechselnden Wellenflächen lang auseinandergezogene, hin und her schwankende Spiegelungen. Steht beispielsweise die Sonne an der Meereskimm, bildet sich vom Horizont bis zum Uferstandpunkt eine flimmernde Lichtbahn. Die Erklärung gibt das physikalische Gesetz der Strahlenreflexion, nach dem die Ein- und Ausfallwinkel an der getroffenen Fläche stets gleich sind. Durch die andauernde Neigungs- und Krümmungsänderung der Wellenflächen entstehen also nah wie fern unzählige, unaufhörlich die Form und Stelle wechselnde Spiegelungsteilstücke. Konstruktiv ist diese Erscheinung natürlich nicht zu fassen, es bleibt nur die Beobachtung, wobei die nach vorn hin zunehmend größer werdenden Spiegelungsflächen Nähe und Ferne verdeutlichen. Dazu ein Beispiel Seite 136/137.

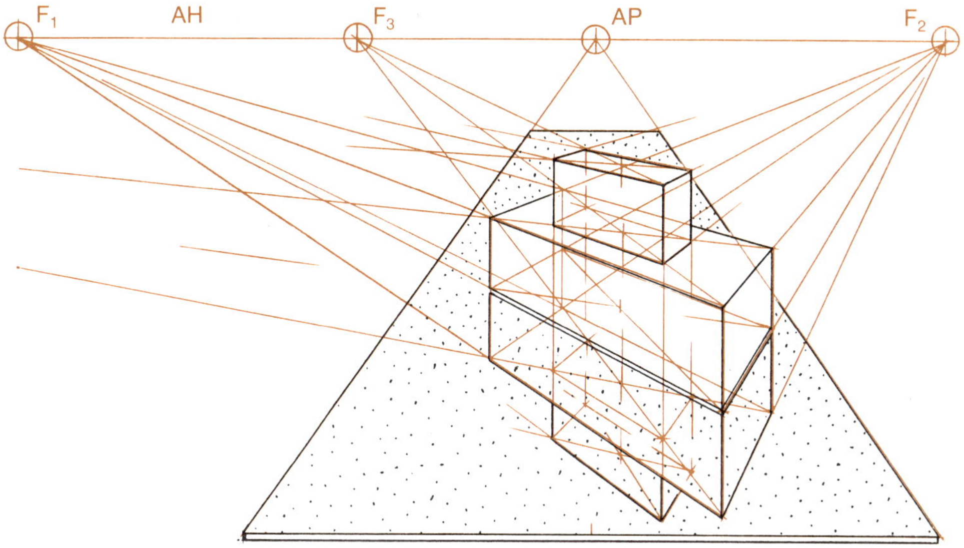

Oben: Darstellung des im Text beschriebenen Spiegelungsversuches. Hier wurden zur weitergehenden Information zwei Kästen aufeinandergestellt: der kleinere, mit proportional gleicher Grundfläche wie die des größeren, steht genau auf dessen Mitte. Infolgedessen decken sich die Grundflächen-Diagonalen. Deren Verlängerungen führen zu weiteren gemeinsamen Fluchtpunkten auf dem AH: einmal bei F_3, der andere Punkt – es wäre F_4 – fällt so weit nach links hinaus, daß er ein sehr breites Zeichenbrett erforderte. Zur Konstruktion ist er ebensowenig erforderlich wie F_3, es sollte jedoch eine der bereits angedeuteten Möglichkeiten gezeigt werden, mit der sich die Konstruktionsgenauigkeit nachprüfen läßt. Aus gleichem Grund sind die Kästen quasi durchsichtig gezeichnet – eine Hilfe, ohne die man häufig gar nicht auskommt. Zur besseren Übersicht ist die Spiegelfläche punktiert.

Unten: Schematische Darstellung (quasi Querschnitt), welche Flächen des Objekts vom Standpunkt des Betrachters (+) gesehen werden: einmal in Wirklichkeit, zum anderen in der Spiegelung des Sees (verstärkte schwarze Linien). Der Betrachter hat also im Spiegelbild Untersichten, die er am wahren Objekt nicht einsehen kann. Andererseits erscheinen im Spiegel manche Flächen überhaupt nicht (Uferböschung) oder stärker verkürzt (Dachflächen).

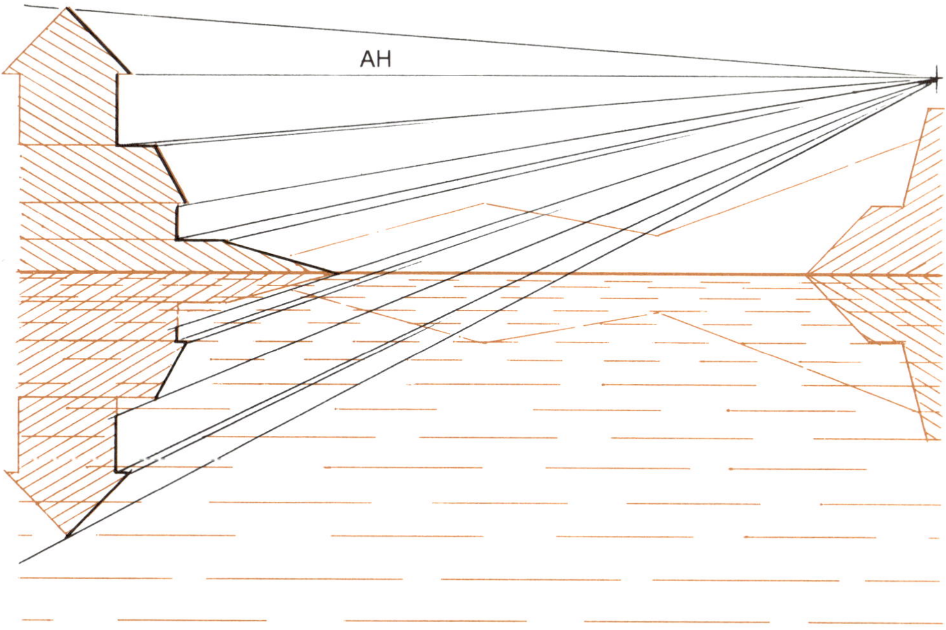

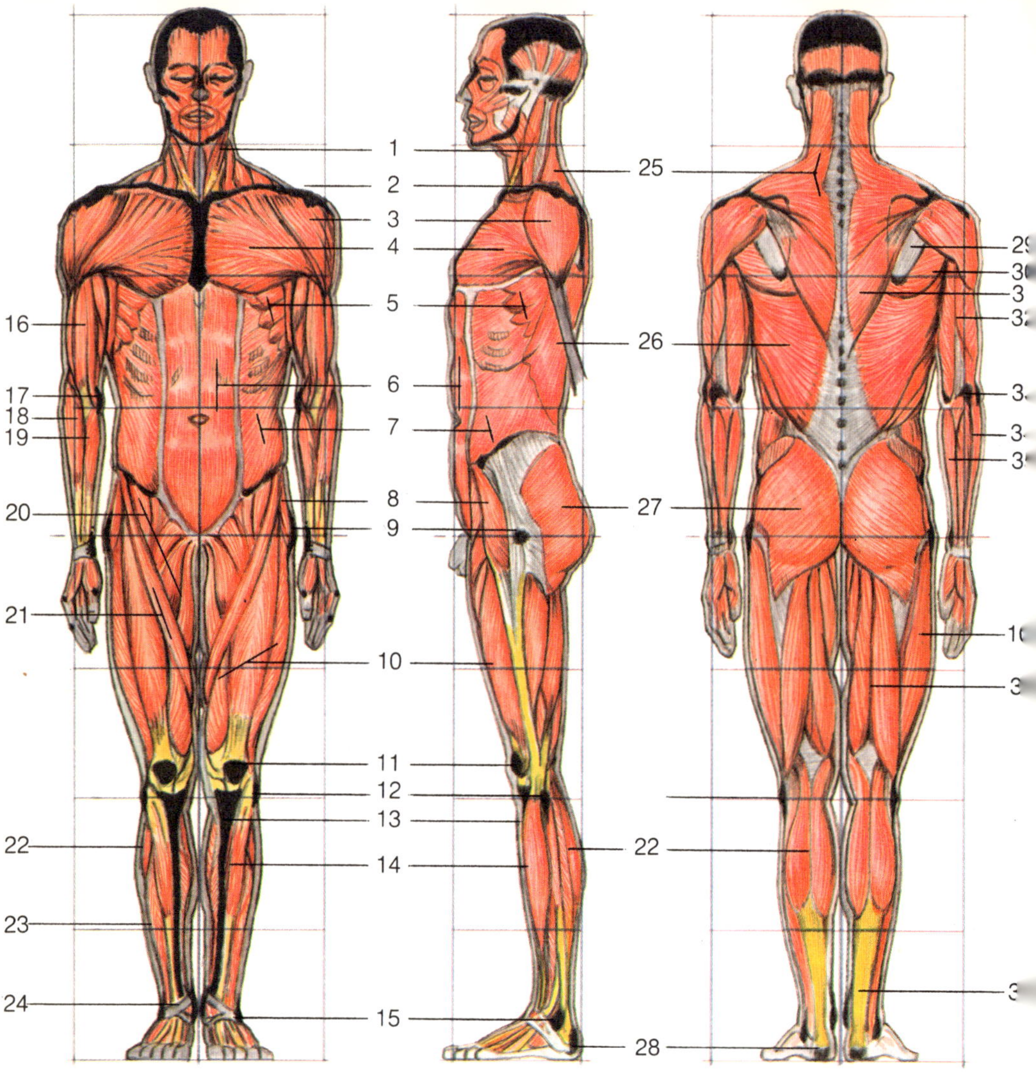

Übersicht der plastischen Anatomie des Menschen

A = *Ansätze der Muskeln*
F = *Funktionen der Muskeln*
M = *Muskel*
m = *musculus*
P = *plastische Erscheinung der Muskeln, Sehnen und Knochenteile*

Schwarz = *deutlich sicht- und fühlbare Teile des Skeletts*
Grau = *Faszien*
Gelb = *Sehnen*

1 = *Kopfnicker (m. sternocleidomastoides)*
A = *Brust- und Schlüsselbein / Hinterhaupt*
F = *hebt und dreht den Kopf*
P = *hervortretende Stränge*

2 = *Schulterhöhe (akromion)*
F = *Verbindungsstelle von Schlüsselbein und Schulterblatt*
P = *fühl- und sichtbarer Knochenhöcker*

3 = *Delta-M. (m. deltoides)*
A = *Schlüsselbein / Schulterhöhe / Schulterblattgräte*
F = *dreiteilig: Heben, Pendeln, Rotieren des Armes*
P = *Rundung um Schulter und Oberarm*

4 = *großer Brust-M. (m. pectoralis major)*
A = *Schlüsselbein / Brustbeinrand / Sehnenblatt zu 6 / Oberarmbein*
F = *senken, anziehen, vorwärts pendeln des Armes*
P = *Brustfläche*

5 = Säge-M. (m. serratus lateralis)
A = 1.–9. Rippe / Schulterblatt
F = fixiert und zieht Schulterblatt nach außen, hebt Arm vorwärts
P = »Sägezähne« auf der Brustseite

6 = gerader Bauch-M. (m. rectus abdominis)
A = Knorpel der 5.–7. Rippe / Brustbeinfortsatz / Schambeinrand
F = Rumpf beugen, Becken heben
P = Muskel- und Sehnenfelder der Bauchdecke

7 = äußerer schiefer Bauch-M. (m. obliquus abdominis ext.)
A = 5.–12. Rippe / Beckenrand / Sehnenscheide zu 6
F = Beugen und Drehen des Rumpfes
P = modelliert Rumpfseite und Taille

8 = Faszienspanner (m. fensor fasciae latae)
A = Beckenrand / Oberschenkelfaszie / Schienbein
F = Strecken des Oberschenkels, Beugen des Unterschenkels, Bein abspreizen
P = Muskelbauch der Hüfte, lineare Einbuchtung der Oberschenkel-Außenseite

9 = großer Rollhügel (trochanter major)
P = sicht- und fühlbarer, beweglicher Höcker der Hüfte

10 = vierköpfiger Schenkelmuskel (m. quadriceps femoris)
A = Becken / Oberschenkelbein / Schienbein (über Kniescheibenband)
F = Strecken des Unterschenkels, Beugen des Hüftgelenks
P = Oberschenkel-Vorderseite

11 = Kniescheibe (patella)
A = in der Sehnenscheide zwischen 10 und 13
F = Teil des Kniegelenks
P = sicht- und fühlbares Knochengebilde (»Knie«)

12 = Wadenbeinkopf (capitulum fibulae)
P = kleiner sicht- und fühlbarer Knochenhöcker

13 = Schienbein (tibia)
P = sicht- und fühlbare Knochenkante auf der Unterschenkel-Vorderseite

14 = Vorderer Schienbein-M. (m. tibialis anterior)
A = Schien- und Wadenbeinkopf / Mittelfuß / große Zehe
F = Beugen und Verkanten des Fußes, Strecken der großen Zehe
P = vordere äußere Rundung des Unterschenkels

15 = Kreuzband des Fußes (ligamentum fundiforme)
F = Führung der Fußsehnen

16 = zweiköpfiger Oberarm-M. (m. biceps brachii)
A = Schulterblattspitze / Speiche des Unterarmes
F = Unterarmbeugung
P = äußere Unterarmrundung

17 = innerer Höcker des Oberarmbeines (epicondylus ulnaris)
P = sicht- und fühlbarer Knochenhöcker

18 = Speichenbeuger (m. brachiordinalis)
A = Oberarmbein / Speichenkopf und -basis
F = beugt den Unterarm
P = äußere Unterarmrundung

19 = Unterarm- und Fingerbeuger (m. flex. antebrachii superficialis)
A = innerer Knorren des Oberarmbeines / 2.–5. Finger (Sehnenschnüre)
F = Finger- und Unterarmbeugung, Abbiegen der Hand zur Elle
P = innere Unterarmrundung

20 = Kamm-M. (m. pectineus)
A = Schambein / Oberschenkelbein
F = Oberschenkel-Anzieher und Einwärtsdreher, Hüftbeuger
P = innere Schenkelfülle

21 = Schneider-M. (m. sartorius)
A = oberer Darmbeinhöcker / Schienbeinhöcker
F = beugt, spreizt und rotiert den Oberschenkel einwärts, beugt den Unterschenkel
P = flacher spiraliger Strang

22 = äußerer Waden-Zwillings-M. (m. triceps surae)
A = Oberschenkelbein / Achillessehne-Fersenbein
F = Unterschenkelbeuger, Fersenheber
P = Wade, zweigeteilter Bauch, der äußere stets länger!

23 = langer Zehenstrecker (m. ext. digitorum longus)
A = Schienbeinkopf / vier kleine Zehen
F = Zehenstrecker, Fußanzieher
P = untere äußere Rundung des Unterschenkels

24 = Wadenbeinknöchel (sulcus malleoli fibulae)
P = sicht- und fühlbarer Knochenhöcker

25 = Trapez- oder Kapuzen-M. (m. trapecius)
A = Hinterhaupt / Dornfortsätze der Hals- und Brustwirbel / Schlüsselbein / Schulterblatt
F = dreht den Kopf, hebt Schlüsselbein und den Arm seitwärts
P = obere Rückenpartie, erscheint oft zweigeteilt

26 = breitester Rücken-M. (m. latissimus dorsi)
A = 6 unterste Rücken- und die Lendenwirbel / untere Rippen / Beckenrand / Kreuzbein / Oberarmbein
F = Anzieher und Senker des Armes, zieht ihn rückwärts und rotiert ihn brustwärts
P = Modellierung des Rückens je nach Beanspruchung

27 = großer Gesäß-M. (m. glutaeus maximus)
A = Beckenrand / Kreuzbein / Oberschenkelbein
F = hält den Rumpf aufrecht, streckt das Hüftgelenk, spreizt und rotiert das Bein rückwärts
P = Gesäßrundung

28 = Fersenbein (calcanaeus)

29 = Schulterblatt (scapula)
30 = großer runder Schulterblatt-M. (m. teres major)
A = Schulterblatt-Außenkante / Oberarmbein
F = Anzieher des Oberarmes
P = Wulst zwischen Delta- und breitestem Rücken-M.

31 = 25 (Kapuzenmuskel) unterer Teil

32 = dreiköpfiger Oberarm-M. (m. triceps brachii)
A = Schulterblatt / Oberarmbein / Ellenkopf
F = streckt den Unterarm
P = Rückseite und innere Wulst des Oberarmes

33 = Ellenbogen-Höcker (olecranon)

34 = Ellen- und Speichenstrecker (m. flex. carpi ulnaris et radialis)
A = Oberarmbein / Speiche / Handwurzel
F = streckt die Hand
P = Unterarmrundung

35 = Speichen- und Ellenbeuger (m. flex. carni radialis et ulnaris)
A = Oberarmbein / Elle / Handwurzel
F = beugt die Hand
P = Unterarmrundung

36 = zweiköpfiger Schenkel-M. (m. biceps femoris)
A = Sitzbein / Oberschenkelbein / Wadenbein
F = Beuger und Auswärtsdreher des Unterschenkels
P = Oberschenkel-Rückseite

37 = Achillessehne (tendo m. tricipitis)
A = Verbindung von 22 mit 28
P = stärkster Sehnenstrang des Menschen

Schattenperspektive

Linienperspektiven geben lediglich äußere und innere Formkonturen wieder, plastisch greifbarer erscheinen alle Dinge erst durch die Gegensätze von Licht und Schatten auf den Objekten selbst – als »Eigenschatten« ineinander übergehend oder scharf abgegrenzt. Verläufe gibt es stets bei Rundungen, zuweilen auch auf langgestreckten Flächen und allenthalben in zerstreutem Licht, bei direktem zeigen sich enger eingegrenzte Verläufe. Die Eigenschatten blankpolierter Oberflächen setzen sich aus vielen meist scharf voneinander abgesetzten Streifen und anderen Formen unterschiedlicher Tiefe zusammen – größtenteils abhängig von Reflexen und Spiegelungen der Umgebung. Darstellungen solcher Art können wohl kaum anders als aufgrund entsprechender Modellstudien überzeugend zustande kommen. Regelrecht konstruierbar sind nur »Schlagschatten«, welche die Objekte bei direktem künstlichen oder Sonnenlicht auf ebene Flächen werfen. Sie wirken in der Regel kräftiger als die Eigenschatten auf den mehr oder weniger nur von indirektem Licht getroffenen Seiten der Gegenstände. Da Tonunterschiede zwischen beiden Schattenarten die plastisch-räumliche Wirkung zu steigern vermögen, werden sie oft etwas krasser als in Wirklichkeit wiedergegeben.

Die Strahlen einer als Punkt anzunehmenden Lichtquelle gleichen den Radien einer Kugel. Perspektivisch betrachtet ist also der Licht- oder Strahlenfluchtpunkt (LF) identisch mit der Lichtquellenmitte. Senkrecht darunter liegt einer der Fluchtpunkte für die Schlagschattengrenzen (SF), weitere sind identisch mit den Fluchtpunkten der schattenwerfenden Objekte (F_1, F_2 und so weiter). Eine Schlagschattenfläche wird also bestimmt 1. durch Lichtstrahlen, welche die Objektkanten tangieren, 2. von Verbindungen zwischen Fußpunkten des Objekts mit SF, 3. durch Parallelen zu den Objektkanten auf der Schattenebene, die zwangsläufig zu den Fluchtpunkten des Objekts führen. Diese Regeln gelten für alle Punktlichtquellen, also auch für Sonne und Mond. Bei den Gestirnen sind jedoch einige Eigentümlichkeiten zu bemerken: Deren Strahlen werden wegen ihrer für uns »unendlichen« Entfernung als Parallelen aufgefaßt, was sich bei Schattenkonstruktionen aber nur dann auswirkt, wenn die Strahlenrichtung genau parallel zur Bildebene verläuft, LF also nicht in Erscheinung tritt. In allen anderen Fällen gibt es den Strahlenfluchtpunkt – entweder liegt er im Gestirn oder lotrecht unter SF, und zwar ebenso tief, wie Sonne oder Mond über dem Horizont stehen. Dieser Lotpunkt gilt dann als LF, er wird aber nur aktuell, wenn sich die Himmelslichtquelle hinter der Waagerechten durch den St befindet (Abbildung Seite 163). Im übrigen liegt der SF bei Sonnen- und Mondlicht stets auf dem AH.

Anders verhält es sich bei einer irdischen Punktlichtquelle. Deren SF liegt zwar ebenfalls lotrecht unter ihr, jedoch auf der Standebene des schattenwerfenden Objekts, also praktisch nie auf dem AH, sondern – bildlich gesehen – darunter. Ist die Position von LF nicht gegeben, etwa als Fußmitte einer Lampe oder als ihr im Grundriß markierten Aufhängepunkt wie bei der Perspektive Seite 150, muß er entweder angenommen oder als Schnittpunkt des Lampenlotes mit einer der zu ihm führenden Schattenfluchten ermittelt werden. Schließlich beweisen die abgebildeten Zeichnungen, daß einwandfreie

Schlagschatten-Konstruktionen nur bei durchsichtiger Darstellung der Objekte möglich sind.

Alle bisherigen Erörterungen gingen davon aus, daß die Schlagschatten auf horizontale Ebenen fallen. Treffen sie auf absolut senkrechte wie Gebäudewände, bedeuten die perspektivischen Folgerungen nichts Neues. Für alle anderen im Verlauf nicht eindeutig bestimmbaren, womöglich buckeligen Flächen, bleibt wieder einmal nichts übrig, als die jeweiligen Schattenformen mit den Hilfen des Freihandzeichners zu erfassen oder sie abzuschätzen.

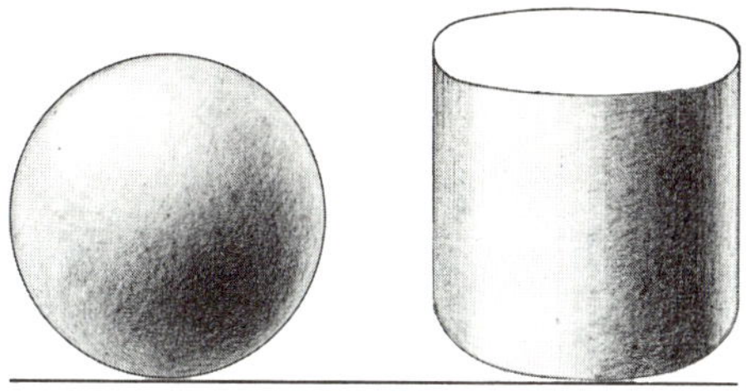

Oben: Eigenschatten einer Kugel und eines Zylinders, beide mit matter Oberfläche (z. B. rohes Holz) in zerstreutem Licht. Normalerweise steigern sich bei Vollrundungen die Eigenschaften nicht gleichmäßig zur lichtabgewandten Seite hin, sondern hellen sich dort kurz vor der Kontur wieder mehr oder weniger auf – bewirkt durch Lichtreflexe der Umgebung. Praktisch ermöglichen nur derart ausgeführte Schattierungen die Illusion von Vollrundungen. Eine Gegenprobe beweist es: Steigern Sie die Schattierung eines Kreises gleichmäßig, entsteht der Eindruck einer frontal gesehenen Halbkugel. (Beispiele für Schattierungen glänzender Gegenstände Seite 107).

Unten: Schlagschatten eines Quaders bei Sonnenlicht von links rückwärts. Die Schattengrenzen werden von der Strahlungsrichtung und der Perspektive des durchsichtig aufzufassenden Objekts bestimmt. Die Grenzen zielen infolgedessen auf drei Fluchtpunkte auf dem AH: F_1 und F_2, die auch für den Quader gelten sowie den aus der Strahlungsrichtung resultierenden Schattenfluchtpunkt SF. Lotrecht unter diesem liegt ein weiterer Strahlen- beziehungsweise Schattenfluchtpunkt, gleichzusetzen mit LF. Sein Abstand von SF entspricht genau der Sonnenhöhe über dem rückwärtigen Horizont. In der Praxis müssen SF und LF anvisiert oder – bei perspektivischen Konstruktionen wie auf Seite 154 – den Gegebenheiten entsprechend angenommen werden. Beim Visieren versucht man, eine besonders markante Schattenspitze zu fixieren, hier beispielsweise den Punkt X. Die verlängerte Verbindung mit der unteren vorderen Quaderecke führt zu SF auf dem AH, die Verbindung mit der oberen Vorderecke zu LF als Schnittpunkt mit dem Lot von SF. Die Fluchten zu F_1 und F_2 sind in Wirklichkeit (!) Parallelen zu den Quaderkanten.

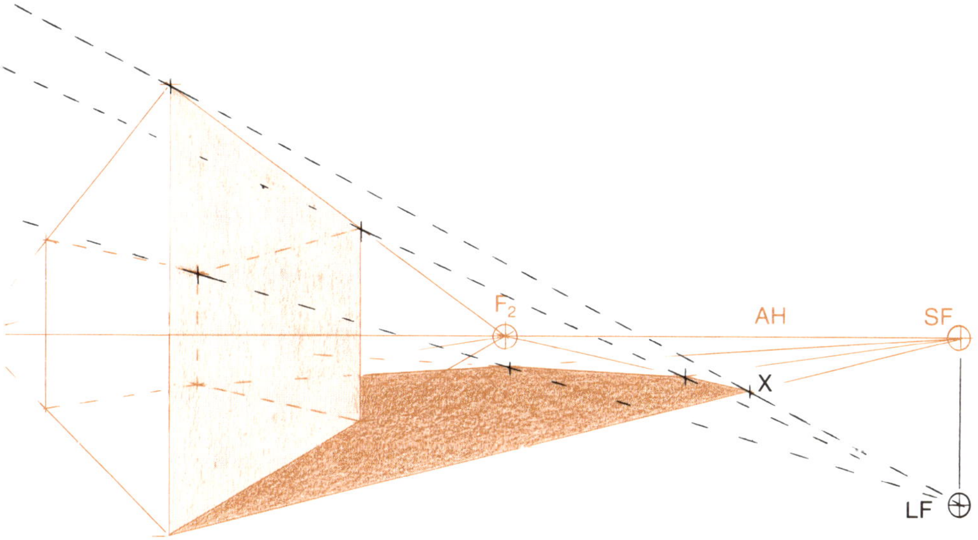

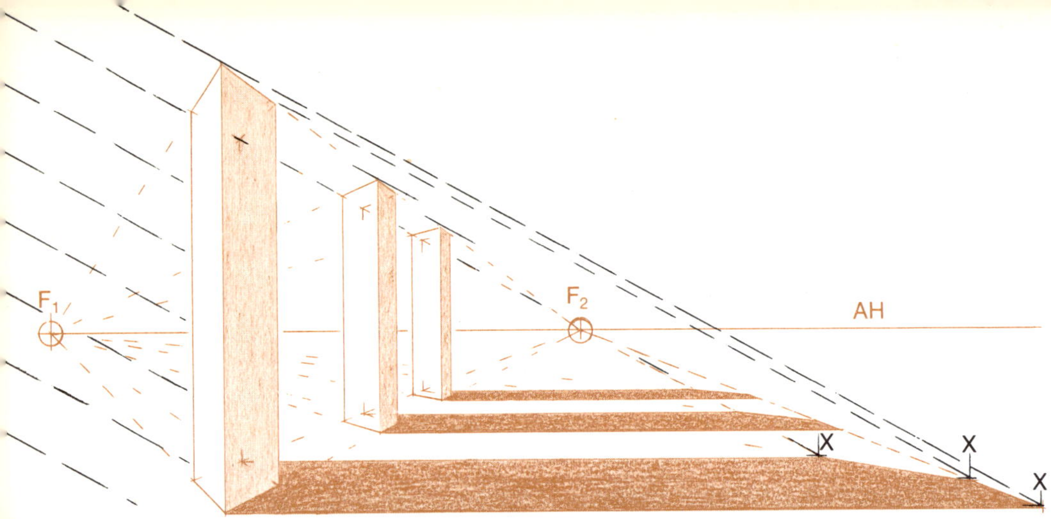

Oben: Am einfachsten ist eine Schlagschatten-Darstellung bei Sonnenstand genau rechtwinklig zur Sehstrahlrichtung: die Schatten verlaufen dann parallel zum AH, beziehungsweise zur BE und zeigen keinerlei perspektivische Verjüngung (ebensowenig wie Frontalansichten bei der Zentralperspektive). Das Beispiel zeigt drei übereck stehende Pfeiler in gleichem Abstand voneinander mit den gemeinsamen Fluchtpunkten F_1 und F_2. Die Sonnenstrahlen erscheinen unter den gegebenen Umständen tatsächlich als Parallelen, als die sie stets aufzufassen sind (regelrecht zu sehen wäre das bei starkem Dunst). Konstruktiv ergeben sich die Breiten der Schattenflächen aus Waagerechten jeweils durch die vorderen und die – unsichtbaren – hinteren Pfeilerecken. Als Anhalt für den Verlauf der Schattengrenzen rechts genügt es, die Schnittpunkte der Waagerechten durch die rechten Pfeilerecken mit den Strahlen durch die entsprechenden oberen Ecken zu ermitteln. Von diesen Schnittpunkten (X) werden dann die Fluchten zu F_1 und F_2 gezogen.

Unten: Schlagschatten bei Lampenlicht: Eine Schachtel steht mit den Fluchtpunkten F_1 und F_2 auf einer zentralperspektivisch dargestellten Fläche, verdeutlicht durch Bretterfugen. Die Schattengrenzen werden einerseits bestimmt durch Schnittpunkte der radialen Lichtstrahlen mit den Fluchten, die vom Lotpunkt der Lampe auf der Standfläche (SF) durch die unteren Ecken des Objekts verlaufen, zum anderen durch Fluchten zu F_1 und F_2. Diese sind – wie auch bei Sonnenlicht – in Wirklichkeit Parallelen zu den von der Strahlung gestreiften Kanten des Objekts. Da die Strahlen künstlicher Lichtquellen nie als Parallelen aufgefaßt werden können und der Lotpunkt praktisch niemals auf dem AH, sondern stets darunter auf der Standebene liegt, ist für dessen Fixierung meistens eine perspektivische Hilfskonstruktion erforderlich.

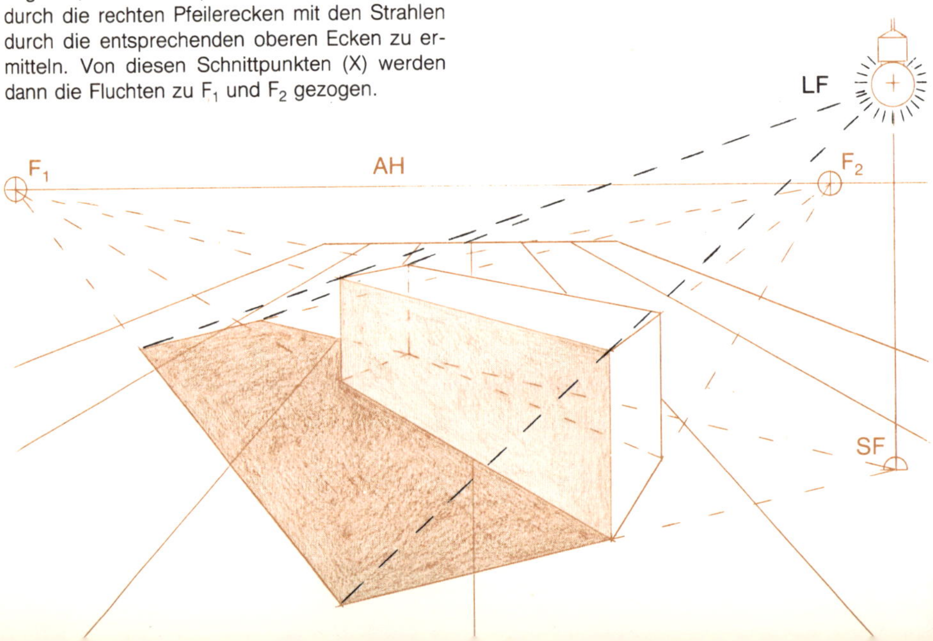

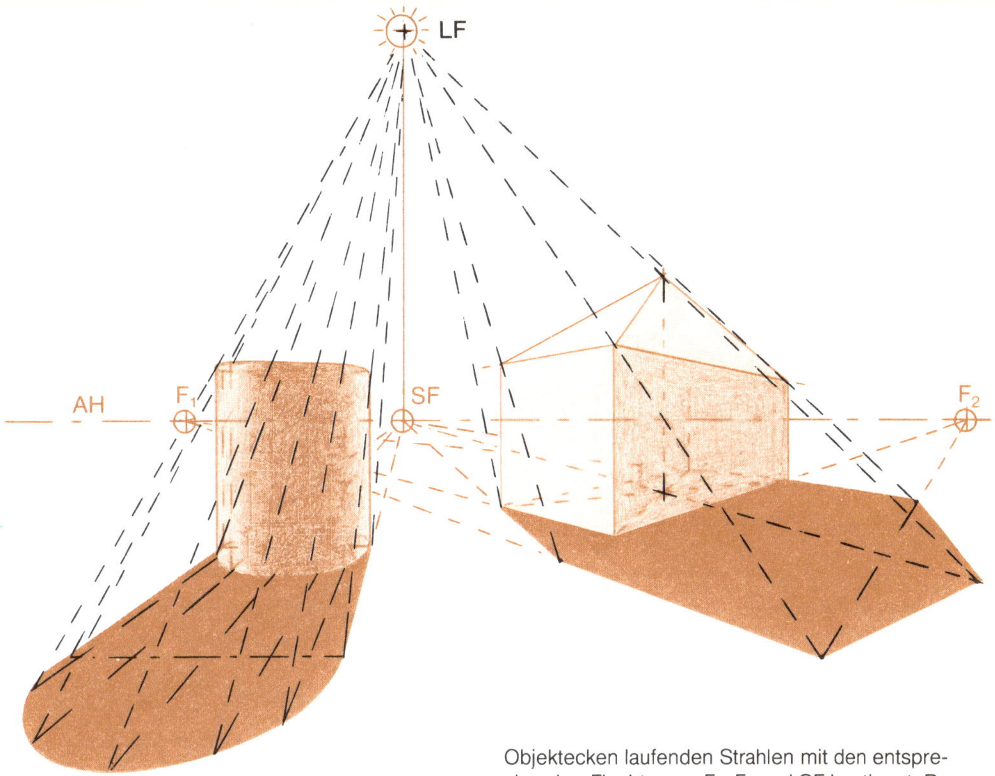

Oben: Schlagschatten eines zylindrischen Objekts und eines Quaders mit Pyramidenspitze im Gegenlicht. Die einwandfreie Konstruktion ist wiederum nur möglich bei quasi durchsichtiger Darstellung der Gegenstände. Der Quader hat die Fluchtpunkte F_1 und F_2, die Grundfläche des Zylinders ist ein Kreis und der kann unabhängig von der übrigen Situation stets zentralperspektivisch aufgefaßt werden (siehe S. 167). Der AP ist hier identisch mit SF und liegt lotrecht unter der Sonne auf dem AH wie stets, wenn das Gestirn im Wahrnehmungsbereich des Betrachters steht – gleich in welcher Höhe. Die Schattengrenzen werden durch die Schnittpunkte der durch die Objektecken laufenden Strahlen mit den entsprechenden Fluchten zu F_1, F_2 und SF bestimmt. Da die Zylinderoberfläche keine Ecken hat, ist auf deren Kante eine Reihe von Punkten zu wählen, von denen Lote zur Unterkante gefällt und von dort aus – mit Zentralpunkt SF – Fluchten weggeführt werden. Wo diese der jeweils zugehörige Strahl schneidet, verläuft die Schattengrenze. Naturgemäß ist sie um so genauer zu ziehen, je mehr Schnittpunkte ermittelt werden. In jedem Fall handelt es sich dabei um das Teilstück einer exakten Ellipse. Bei den geraden Schattengrenzen ist zu beachten, daß sie an der Querachse der perspektivisch-elliptischen Zylindergrundfläche ansetzen, nicht dort, wo deren Peripherie mit den Senkrechten optisch zusammentrifft!

Perspektive von Rundungen und Vielecken

Das zweidimensionale Abbild einer Kugel bleibt stets ein Kreis, sie ist der einzige Körper ohne perspektivische Veränderungsmöglichkeit. Dagegen werden Kreise perspektivisch zu regelmäßigen Ellipsen und diese wiederum zu ebensolchen Figuren mit lediglich veränderten Achsenproportionen – eine Folgerung aus der Kegelschnitt-Geometrie. Die exakte Ellipsenform bleibt ebenfalls gewahrt, wenn

nur eine Achse verändert wird wie bei verschiedenen Schnittneigungen durch einen Zylinder (auf simpelste Weise zu erkennen beim schrägen Durchschneiden einer Wurst mit kreisrundem Querschnitt). Die Kenntnis von diesen Tatsachen erleichtert die so häufig notwendigen Korrekturen nach Augenmaß, in der Praxis wären regelrechte Kegelschnitt-Konstruktionen viel zu umständlich, es genügen weniger komplizierte Hilfen.
Sie beruhen auf den schon beim Freihandzeichnen empfohlenen Tangentenfiguren Quadrat und Rechteck – nun selbstverständlich auszuführen mit Lineal und Winkel beziehungsweise als perspektivische Konstruktionen mit Diagonalen und Seitenhalbierungen. Das Einzeichnen der dementsprechend veränderten Rundungen geschieht zunächst freihändig nach Augenmaß. Anschließend ist es allerdings ratsam, Unsicherheiten und optischen Täuschungen an Hand einer Transparentzeichnung nur von der jeweiligen Ellipse nachzuspüren: Die separate Kontur zeigt Unregelmäßigkeiten viel deutlicher als zusammen mit den Konstruktionshilfen, zumal die Mittelpunkte und Achsenrichtungen bei perspektivisch als Ellipsen erscheinenden Kreisen und bei perspektivisch veränderten Ellipsen mit denen der Ausgangsfiguren meist nicht übereinstimmen.
Scheint die aus freier Hand vorgezeichnete Ellipse gelungen, kann sie mittels Kurvenlinealen glatt ausgezogen werden. Einfacher haben Sie es beim freihändigen Durchpausen, vorausgesetzt, daß die gesamte Zeichnung so ausgeführt werden kann. Dann fallen kleine Unstimmigkeiten bei weitem nicht so ins Auge wie bei einer durchweg mit Linealen nachgezogenen Kontur. Bereits im Geometrieunterricht lernen wir, wie sich Ellipsen auf verschiedene Weise exakt konstruieren lassen, ohne direkt vom Kegelschnitt auszugehen (siehe Seite 192). Im Zusammenhang mit den hier erörterten Perspektiven wären aber solche Konstruktionen ein Unding, allein schon wegen des meist doch sehr kleinen Formats. Ähnliches gilt für die perspektivische Wiedergabe regelmäßiger und unregelmäßiger Vielecke oder Rundungen. All diese Flächenfiguren werden zunächst wieder in Rechtecke eingespannt, mit Diagonalen, Tangenten oder anderen Schräglinien, um die erforderlichen Konturenpunkte zu erhalten und diese im Rahmen der perspektivischen Rechtecke zu fixieren.
Derartige Flächen bilden schließlich die Grundlage für die Perspektiven entsprechender plastischer Gebilde wie komplizierter Dachformen, zumal von Türmen. Bei historischen Architekturen bedeuten sie für die Zeit von der Romanik bis zum Ausklang des Barock mindestens ebenso unverwechselbare Stilmerkmale wie Säulenkapitelle und Bogenformen. Aufbau und andere Zusammenhänge werden bei den Zeichnungen hier zunächst auf der Basis von Grund- und Aufrissen verdeutlicht – gedacht als Anhalt für die Wiedergabe solcher Formzusammensetzungen ohne Planzeichnungen. Denn praktisch müssen Sie ja wohl meistens vom perspektivischen Anblick ausgehen und dann die Hilfen quasi rekonstruierend anwenden, um Beobachtungsfehler auszuschalten. Diese sind selbst bei hervorragenden Zeichnern an der Tagesordnung, weil sich so Vieles nur in stark verzerrter Untersicht mit all den naheliegenden optischen Täuschungen darbietet. Wieder bringt dann die transparente Auffassung die einzig verläßliche Abhilfe.

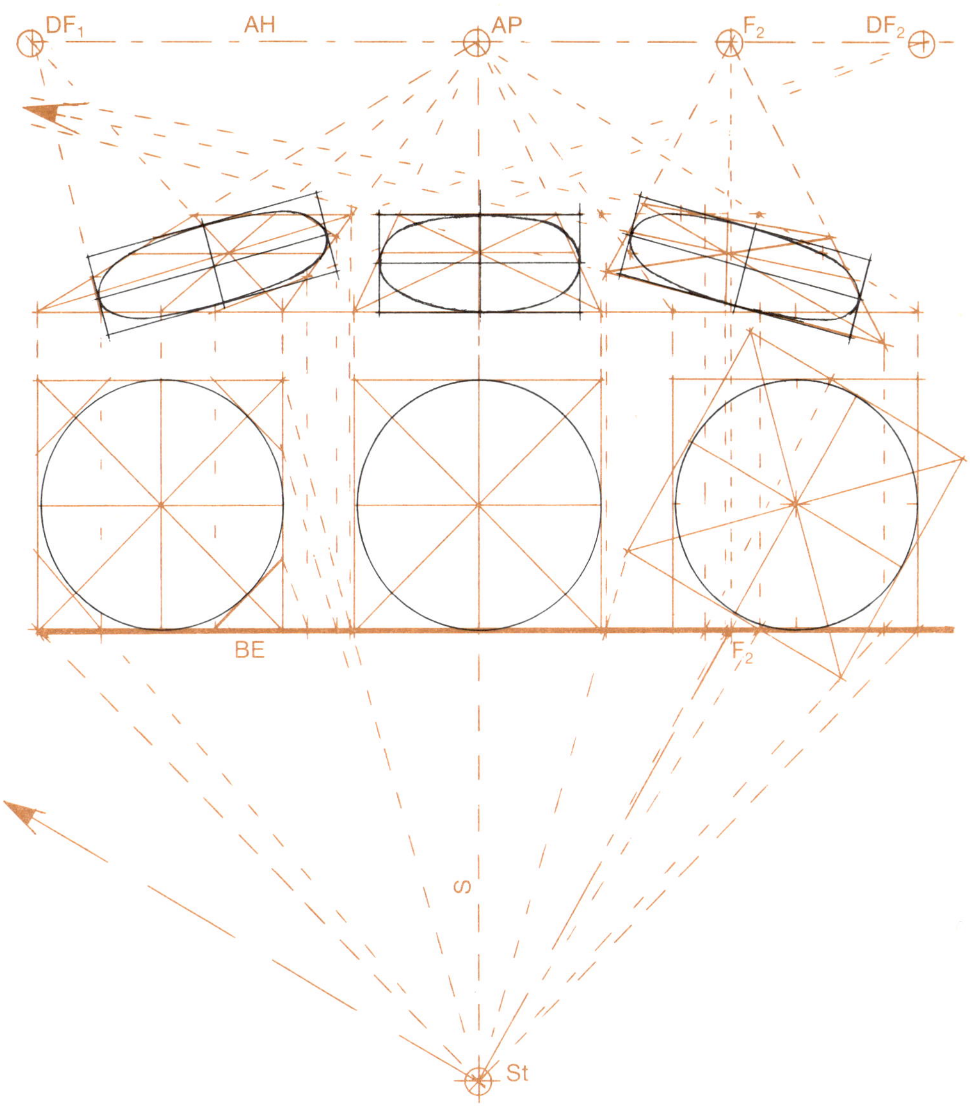

Kreisperspektiven. Hilfsfigur ist das Tangentenquadrat mit Seitenhalbierungen und Diagonalen, die linke und mittlere Hilfsfigur sind zentralperspektivisch angeordnet mit den Diagonal-Fluchtpunkten DF_1 und DF_2 – im Gegensatz zur Hilfsfigur des rechten Kreises mit dem Fluchtpunkt F_2 (F_1 fällt weit nach links heraus, Pfeil!). Trotzdem sind die Ellipsen rechts und links kongruent, die zugehörigen Tangenten-Rechtecke und Achsenlagen beweisen es. Daraus folgt, daß ein Kreis unabhängig von der Situation stets zentralperspektivisch aufgefaßt und wiedergegeben werden kann – oft eine Erleichterung beim Architekturzeichen, z. B. von Säulenbasen und -Kapitellen. Ein Vergleich der Hilfsfiguren zeigt die Art der Verlagerung von Achsen und Mittelpunkten.

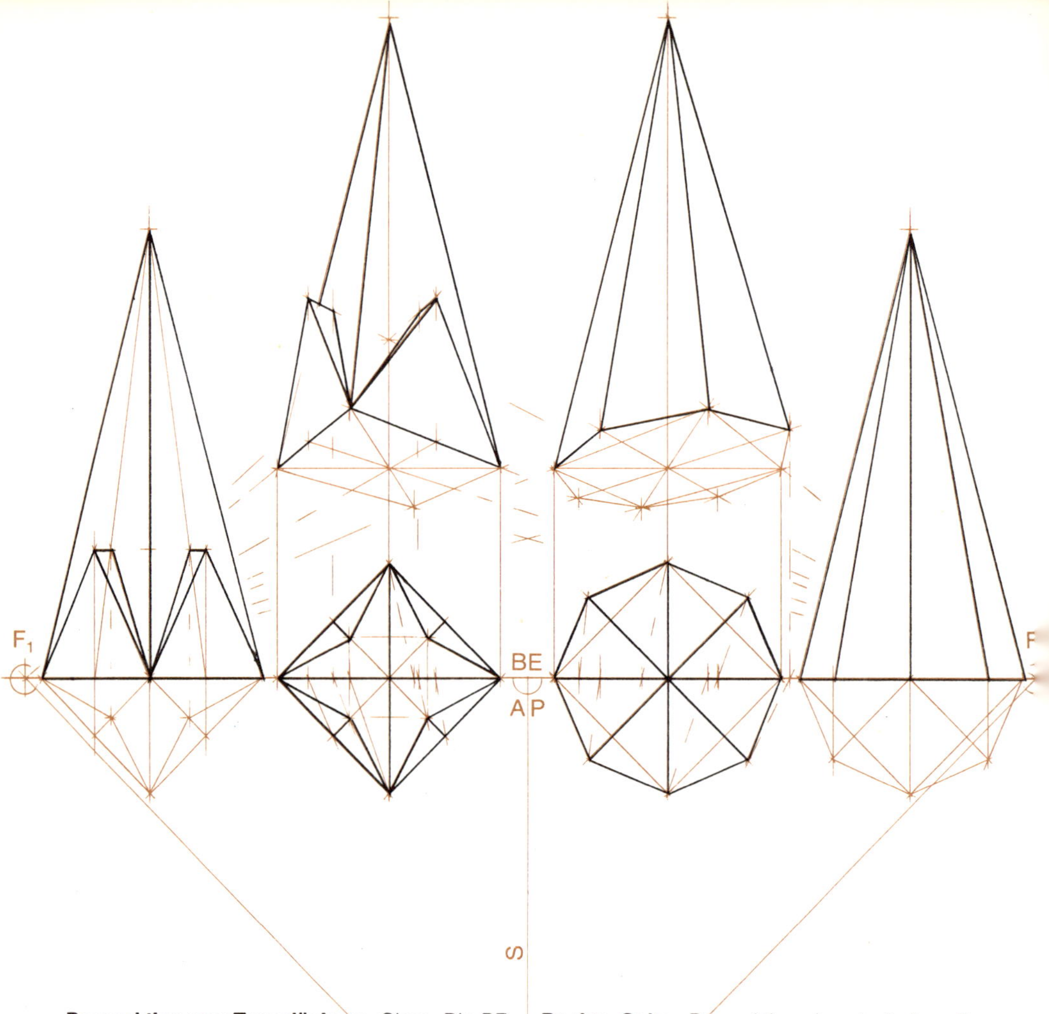

Perspektive von Turmdächern. Oben: Die BE ist hier identisch mit dem AH und fällt außerdem mit den Diagonalen der Grundrißquadrate zusammen. Schwarz: die Grund- und Aufrisse sowie beide perspektivischen Ergebnisse. Farbig: alle notwendigen Konstruktions- und sonstigen Hilfslinien, zur Verdeutlichung der Zusammenhänge wurde unter die Aufrisse nochmals je ein halber Grundriß gesetzt. Bei derartigen Perspektiven sind zuerst die Mittelachsen zu fixieren, als Lote auf den Diagonalen-Schnittpunkten der Grundflächen. Da durch diese die BE läuft, entsprechen die Lotlängen den wahren Dachhöhen. Linke Hälfte: vierseitiges Pyramidendach mit Frontgiebeln. Rechte Hälfte: achtseitiges Pyramidendach, dessen Perspektive »schief« wirkt.

Rechte Seite: Perspektive eines typischen Barockhelmes (Vorbild: Dorfkirche in Kastl bei Kemnath/Oberpfalz). Gegeben – oder zu rekonstruieren aus einer von entsprechend hohem Standpunkt betrachteten Frontalansicht – sind der Grundriß und ein Aufriß, der bei solchen Objekten ja von allen vier Seiten gleich ist. Hier läuft der AH durch die Grundrißunterkante. Der dort angedeutete Fluchtpunkt F_3 gilt für zwei Parallelgruppen der aus dem Grundrißquadrat hervorgehenden Achteckseiten, zwei weitere Gruppen verlaufen horizontparallel, für die übrigen beiden gelten die Fluchtpunkte F_1 und F_2, wobei F_1 122 mm links von F_3 liegt. Hier besonders zu beachten: Die Lage des Grundrisses entspricht nur dem Aufriß, für die Perspektive wurde die Grundrißlage so ange-

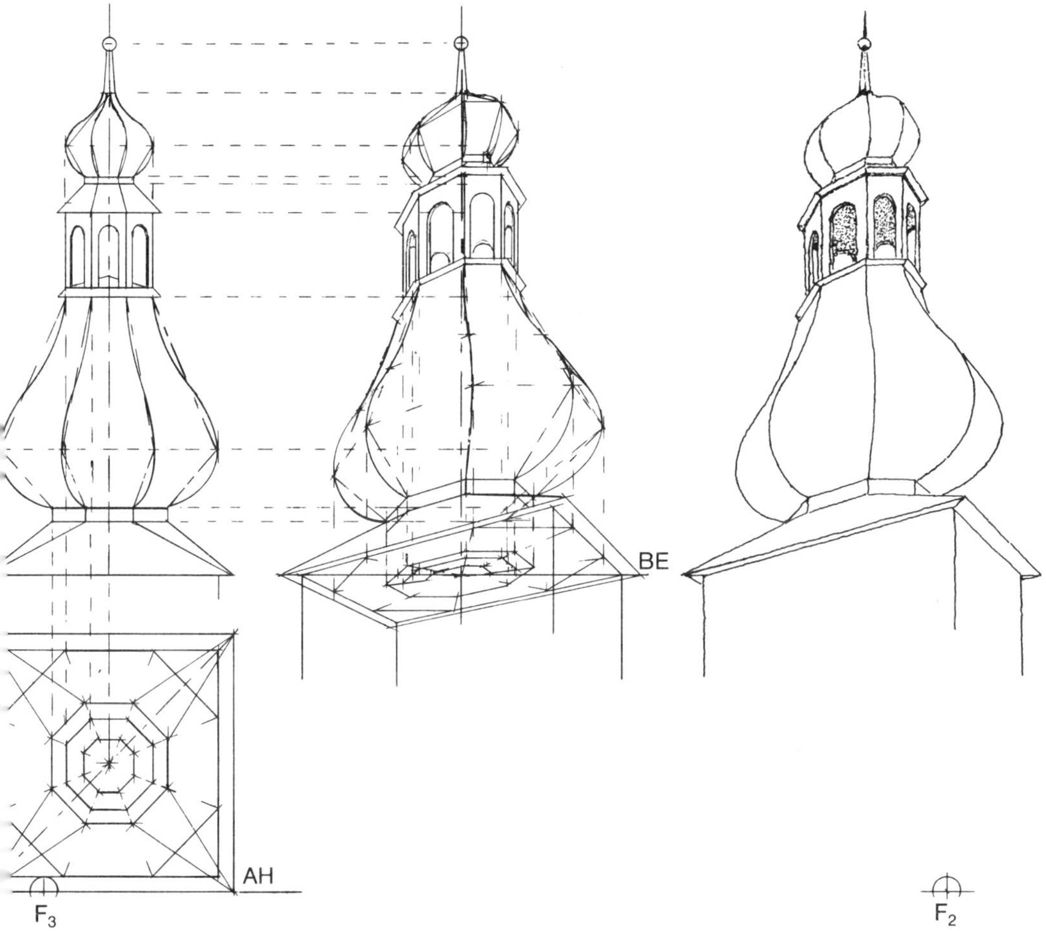

nommen, daß eine Diagonale identisch mit der BE ist! Eine weitere Grundrißzeichnung dieser Position war insofern nicht notwendig, weil F_1 und F_2 festliegen, die Mittelachse auf der BE fußt und alle Höhen- wie Breitenmaße dem Auf- und Grundriß zu entnehmen sind. Senkrechte Strichellinien verdeutlichen den Zusammenhang der vier regelmäßigen Achtecke des Grundrisses mit deren Frontalansichten – dementsprechend auch bei der Perspektive. Waagerechte Strichelungen zeigen die Übertragung der Höhenmaße auf die Mittelachse der Perspektive, von der aus die einzelnen Achteckformen durch Herumwinkeln zu konstruieren sind. Um für den konkav-konvexen Verlauf der Helmkonturen »Richtschnuren« zu haben, wurden gerade Verbindungen zwischen den jeweiligen Ausladungs- und Einschnürungspunkten gezogen, sodann die Konturen erst freihändig, hernach mit Kurvenlinealen gezeichnet. Ein langwieriges Verfahren (ich brauchte alles in allem etwa acht Stunden), bei dem es auf Präzision mit zahlreichen Kontrollen ankommt. Es empfiehlt sich, zuweilen ähnliche Versuche in größerem Format zu unternehmen – als reizvolles Spiel, vergleichbar der Lösung eines komplizierteren Rätsels mit mancherlei Überraschungen, vor allem aber zur Erklärung des Zustandekommens so vielfältiger Verzerrungen und Überschneidungen beim Freihandzeichnen derartiger Objekte wie beispielsweise bei der Klosterkirche Grüssau, Seite 111. Rechts die freihändig überpauste Nachzeichnung des Konstruktionsergebnisses.

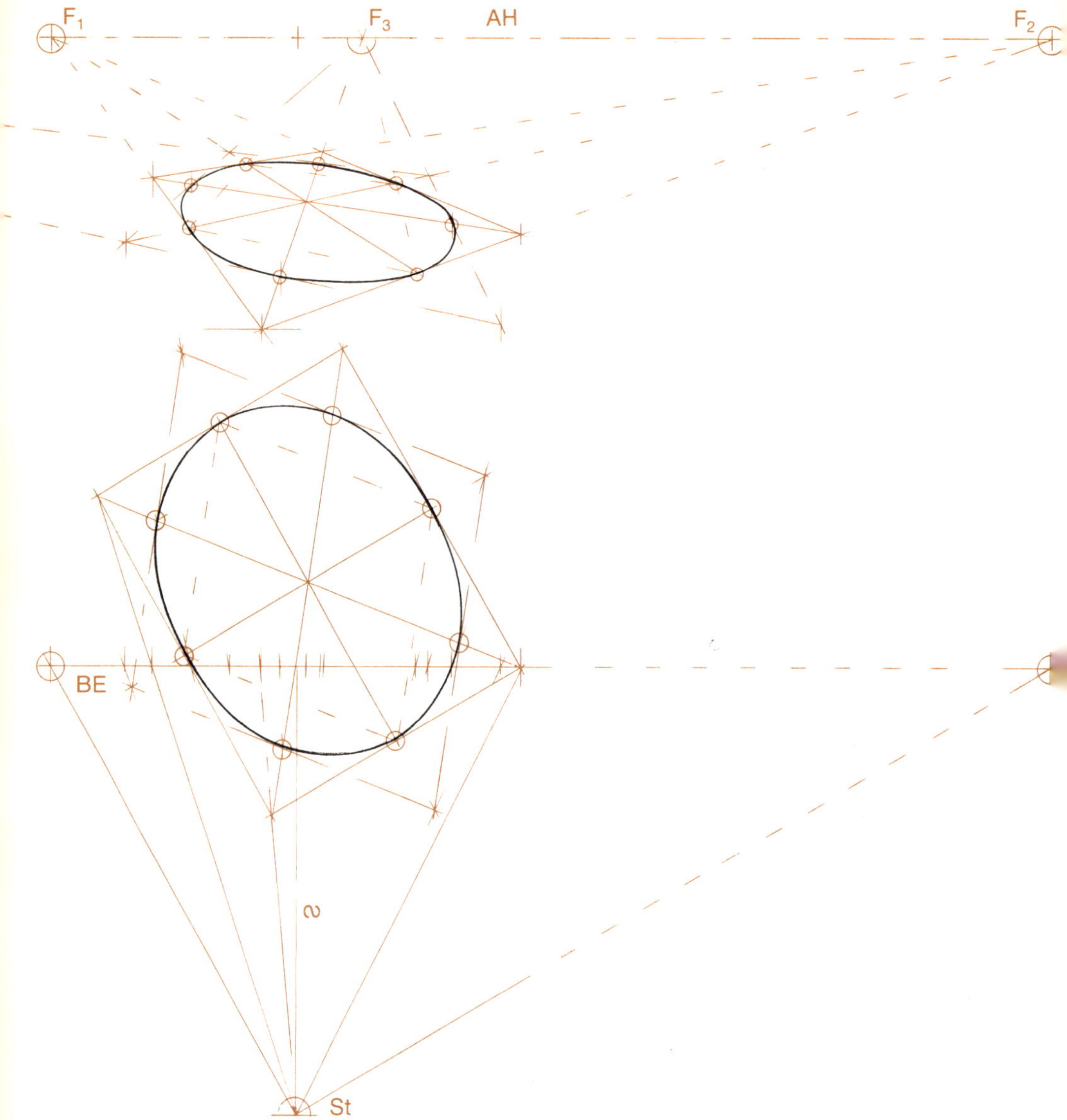

Ellipsenperspektive. Die BE geht durch eine Ecke des Tangenten-Rechtecks mit Diagonalen, Seitenhalbierungen und der einzubeschreibenden Raute. Zu dieser seitenparallel gibt es eine zweite, die Ellipsenkontur tangierende Raute – wichtig als »Richtschnur« für den Verlauf der perspektivischen Ellipsenkontur, der zunächst durch die Lage der eingekreisten Punkte bestimmt wird.

Entwerfen

Der endgültige, zur unmittelbaren Ausführung bestimmte Entwurf kann erst in Angriff genommen werden, nachdem die Formen des Bild- oder Schmuckmotivs durchgearbeitet und die notwendigen oder wünschenswerten Abmessungen im wesentlichen bestimmt sind. Bei Gebrauchsgegenständen hängen Form und Maße grundlegend vom Verwendungszweck ab. Hinzu kommen konstruktive Überlegungen und ästhetische Gesichtspunkte. Infolgedessen verlangen solche Entwürfe meist einen Kompromiß zwischen technischen Notwendigkeiten und Formvorstellungen. Das endgültige Ergebnis ist schließlich die Werkzeichnung. Ob sie zur erhofften Gesamtwirkung führt, wäre im Zweifelsfall aus einer exakten perspektivischen Darstellung zu ersehen, bevor mit der praktischen Ausführung begonnen wird.

Handelt es sich um ein künstlerisches Vorhaben ohne eigentlichen Nutzwert, so dürften die Abmessungen im allgemeinen, insbesondere aber das Flächenformat in erster Linie davon abhängen, wie das Motiv am wirkungsvollsten zum Ausdruck zu bringen ist. Entscheidend ist also die Komposition. In der Regel führt sie jeweils zu einer bestimmten Flächenproportion, damit das Bildgeschehen als in sich geschlossenes Ganzes erscheint, nicht in sich verzettelndem oder in zu knappem Raum. Bei Kompositionsversuchen aufgrund von Ideenskizzen und Einzelstudien spielt die Arbeitsgröße zunächst keine entscheidende Rolle, denn der Entwurf kann nach seiner Vollendung mittels Quadratnetz proportionsgetreu beliebig verkleinert oder vergrößert werden. Das endgültige Ergebnis ist dann die originalgroße Konturenzeichnung – am besten auf Transparentpapier zur anschließenden Pausübertragung auf den Zeichen- oder Malgrund. Verlangt die Ausführung Tonflächen oder Farben, so empfiehlt sich zunächst ein entsprechender originalgroßer Zwischenversuch auf Karton, denn die Linienzeichnung allein erlaubt nie eine zuverlässige Beurteilung der späteren Wirkung mit Tonstufen oder Farben. Überflüssig ist das nur, wenn der Ausgangsentwurf bereits alle Flächenwerte einwandfrei wiedergibt und seine Größe nicht mehr als um etwa die Hälfte beziehungsweise das Doppelte vom Ausführungsformat abweicht.

Wesentlich anders liegen die Voraussetzungen bei kunsthandwerklichen Entwürfen. Mit der fertigen Arbeit verbindet sich entweder ein praktischer Zweck, oder es geht lediglich darum, eine vorhandene kahle Fläche dekorativ auszugestalten. In beiden Fällen sind bestimmte Abmessungen bereits unabänderlich gegeben, denen die Ausschmückung anzupassen ist. Deren Motivwahl hängt wiederum eng mit dem jeweiligen Verwendungszweck zusammen und im Prinzip erscheinen dann individuell-naturgetreue Darstellungen unangebracht. Das Gegebene sind entweder nahezu gleichartige Typformen bis zur ornamentalen Stilisierung und Abstraktion oder – bei freieren Kompositionen – Konturvereinfachungen, die freilich nicht in ein primitives Schema verfallen sollten.

Entwürfe für kunsthandwerkliche Arbeiten entstehen im allgemeinen getrennt vom Objekt, oft auch die Ausführungen, wenn zum Beispiel das Werkstück eine separate technische Behandlung erfordert und infolgedessen erst später eingefügt werden kann (Email- und Intarsienplatten oder dergleichen). Wieder wäre dann die endgültige Wirkung anhand eines provisorisch angehefteten Zwischenversuchs zu beurteilen. Ähnlich verhält es sich beim Entwurf fortlaufender Muster. Davon zeichnet man ja nur das eine gleichartig zu wiederholende Teilstück oder die mehrere Motive umfassende Einheit, den »Rapport«, etwa zur Anfertigung von »Modeln« oder Schablonen. Abermals lassen sich dann Paßgenauigkeiten und Gesamtwirkung nur über einen Zwischenversuch mit einer größeren Anzahl aneinandergefügter Rapporte kontrollieren (Seite 204).

Vermessen, Vergrößern, Verkleinern

Bei Größenbestimmungen jeder Art kann man nur von Streckenmaßen ausgehen, sie liegen bekanntlich auch der Umfang- und Flächenberechnung von Kreisen zugrunde (Umfang = Durchmesser $\times \pi$, Fläche = Radius $\times$ Radius $\times$ π, für π genügt der Näherungswert 3,14). Wer kein Abrollmeßgerät zur Verfügung hat, muß versuchen, die Länge unregelmäßig gekrümmter Linien zu ermitteln, indem er diese aus gleichen, möglichst kleinen Teilstücken zusammensetzt beziehungsweise abträgt. Deren Summe bleibt freilich immer unter der wahren Länge und verlangt eine Zugabe, die jedoch bei einfachen praktischen Vorhaben meist einigermaßen richtig abzuschätzen ist. Sehen Sie hierzu die Zeichnungen auf Seite 194/195. Differenzen gibt es zuweilen auch bei der abwechselnden Verwendung von Meßstäben und Bandmaßen – vergleichen Sie im Zweifelsfall! »Schneider-Bandmaße« taugen zum Vermessen absolut nicht.

Beim Abtragen gleicher oder verschiedener Meßeinheiten fügen Sie diese niemals Stück für Stück aneinander, sondern lesen die Längen fortlaufend vom einmal angelegten Meßstab ab. Manchmal empfiehlt sich zuvor die rechnerische Addition mit Notiz aller Zwischenergebnisse für den Abtrag. Bei getrenntem Aneinandersetzen entstünde unweigerlich eine Fehler-Summierung, die Sie völlig aus dem Konzept bringt.

Entsprechendes gilt auch für Aufmessungen, zum Beispiel von Zimmerwänden mit Fensternischen, Vorsprüngen, eventuell auch mit festliegender Einrichtung: Zuerst nehmen Sie das Gesamtmaß, dann erst jedes einzelne. Praktischerweise zeichnen Sie dabei gleich den Grund- oder Aufriß auf einen blaßfarbenen Millimetervordruck in bequem umrechenbarer Verkleinerung, setzen aber die Originalmaße hinzu wie bei jeder Planzeichnung. Meist ergibt der Vergleich des Gesamtmaßes mit der Summe aller Gerade-aus-Einzelmaße eine Differenz. Sie beruht darauf, daß Vor- und Rücksprünge der Wand oft nicht absolut rechtwinklig gemauert und verputzt sind. Ebensowenig ist auf die genau waagerechte Ausrichtung von Dekken und Fußböden Verlaß, es können also auch Höhenmaße schwanken. Infolgedessen sollten für Einbauten in jeder Richtung kleine Korrekturmöglichkeiten an Ort und Stelle vorgesehen werden. Als Einrichtungsgrundlage überhaupt nicht zu verwenden sind Rohbaumaße, die Sie Werkzeichnungen entnehmen. Die Maurerarbeit gerät nie zentimeter- oder gar millimetergenau nach Plan, der zudem keine Verputzstärken berücksichtigt.

Ist eine größere Fläche aufzuteilen, etwa zur Gestaltung eines ausgedehnten Ziergartens mit Wegen, Blumenbeeten und Gehölzgruppen, erreichen Sie das treffsicher nur über ein Quadratnetz mit Kantenlängen von ein bis drei Metern – je nach Erfordernis. Die Quadratecken markieren Sie im Gelände durch eingeschlagene Pflöcke und zeichnen danach das umgrenzte Netz in passender maßstäblicher Verkleinerung auf weißen Karton. Auf darübergehefteten Transparentblättern können Sie dann die Planung verschiedentlich ausprobieren. Erst wenn alles endgültig festliegt, fügen Sie auch das Quadratnetz hinzu und nehmen etliche Lichtpausen – für unterwegs wie bei der Gartenarbeit. Anhand einer Lichtpause erläutern Sie auch den Gewächslieferanten Art und Umfang Ihrer Wünsche und tragen gleich die empfohlenen Setzabstände ein.

Das Aufmessen der Planquadrate ist natürlich sehr einfach bei einem genau rechtwinkligen Grundstück: Sie messen lediglich ringsum die gewählten Meter-Einheiten ab, setzen dort Pflöcke, spannen zwischen zwei gegenüberliegenden eine Schnur, tun dasselbe mit zweien der anderen Richtung und markieren den Schnittpunkt beider Schnüre als erste Quadratecke. Für alle weiteren ist der Vorgang sinngemäß zu wiederholen. Durch Visieren mit einem Helfer und zwei Richtstäben wird das Ganze etwas bequemer, weniger zeitraubend, und Sie brauchen nur eine Richtschnur.

Das Vermessen schiefwinkliger Grundstücke ist ohne Helfer recht mühsam, zudem sind zwei Bandmaße nötig, oder Sie ersetzen das zweite durch eine mit genauen Einheitsabständen markierte, dehnungssichere Leine. Als erstes muß dem Gelände ein exaktes Rechteck einbeschrieben werden. Da Sie ja nicht mit Lineal und Winkel hantieren können, bedienen Sie sich des nach Pythagoras benannten Dreiecks, dessen System freilich schon vor rund 6000 Jahren bei Bauten im alten Ägypten angewendet wurde – wie manchmal heute noch zur Ausrichtung eines Gebäudefundamentes, wenn kein optisches Instrument zur Hand ist. Das einfachste pythagoreische Verfahren beruht auf der Tatsache, daß drei Strekken der Länge von 3, 4 und 5 Maßeinheiten zusammenstoßend stets ein rechtwinkliges Dreieck bilden, dessen rechter Winkel der längsten Strecke gegenüberliegt. Nehmen Sie als Maßeinheit 2 m, müssen die Strecken also 6, 8 und 10 m lang sein. Wie dann im einzelnen zu verfahren ist, zeigt die Konstruktionsfolge auf Seite 177.

Die eigentliche Entwurfszeichnung beginnt häufig damit, die erarbeitete Vorlage auf das Ausführungsformat zu vergrößern oder zu verkleinern. Bei Bildentwürfen geschieht das seit alters her mittels eines Quadratnetzverfahrens, obwohl es längst schon mechanisch arbeitende Instrumente gibt (Storchschnabel, Pantograph). Sie lohnen sich jedoch nur für den ständigen Gebrauch und komplizierte Übertragungen, zum Beispiel in der Kartographie. Gebrauchsgrafiker verwenden zuweilen optische Geräte (Epidiaskop, Antiskop)

und zeichnen die vergrößerte Bildprojektion freihändig nach, Verkleinerungen sind mittels Umkehrlinse nur in sehr geringem Umfang möglich.
Dagegen ist der Größenumwandlung keine Grenze gesetzt, wenn Sie die vorhandene Zeichnung und das Blatt für die neue mit Quadratnetzen versehen, deren Kantenlängen dem jeweiligen Umwandlungsverhältnis entsprechen. Gehen Sie beispielsweise von Zentimeterquadraten aus, setzt sich das neue Netz bei linear dreifacher Vergrößerung aus drei Zentimeter messenden Quadraten zusammen. Dann wird nacheinander jeder Quadratinhalt, nach Augenmaß vergrößert, übertragen. Versuchen Sie dabei keinesfalls schon Formkorrekturen, sonst paßt bald gar nichts mehr aneinander! Änderungen nimmt man erst vor, wenn alle Konturen vorlagegetreu übertragen und beide Quadratnetze entfernt sind, die deshalb am besten auf Transparentbogen ausgeführt und über- oder untergeheftet werden. Dann lassen sich beide Zeichnungen auch zwischendurch ohne Netze vergleichen, indem Sie einen weißen Bogen einschieben beziehungsweise das Netzblatt hochklappen.

Rechte Seite: Aufmessen eines Zimmerteilstükkes mit Blumenerker, Tür zur Terrasse und offenem Durchgang zu einem zweiten Raum – als Einrichtungsgrundlage, eventuell auch für zwei Perspektiven: einmal mit den Wandteilen A und B, zum andern mit A und C. Für den hier benutzten Maßstab 1 : 50 eignet sich am besten ein Vordruck mit 2-mm-Karos, zu haben als »Patronenpapier« für die Webereitechnik. Beim Erker ist ein zweiteiliger Vorhangabschluß vorgesehen, ebenso für den offenen Durchgang in Wandteil C. Bei den Aufrissen A und B wurde der Erker jeweils mit einbezogen (zum Teil als Querschnitt aufzufassen), mit nur 210 cm hoher Decke, dem Anlauf des kleinen Walmdaches an die Außenwände und mit den Innenmaßen des Pflanzenbehälters. Im rechten Teil der Wand A ist ein fest eingebautes Bücherregal vorgesehen. Zur perspektivischen Konstruktion müßte das Grundrißteilstück als präzise Linealzeichnung ausgeführt werden, bei den Aufrissen wäre das nicht notwendig, es genügt die Übertragung der genauen Maße auf die von der BE geschnittenen Raumkante oder -ecke (Durchschnittshöhe des AH = 165 cm). Dient das Aufmaß als Grundlage für Werkzeichnungen zur Inneneinrichtung, sind alle Längen der bezugsfertigen Räume vergleichend zu kontrollieren und von Grund- wie Aufrissen Linealzeichnungen möglichst im Maßstab 1 : 20 auszuführen.

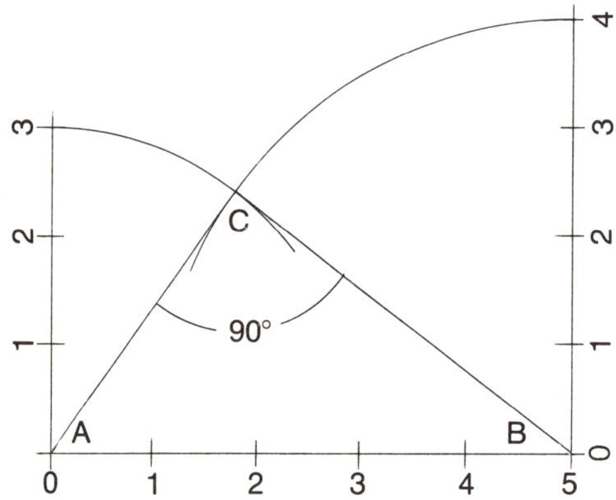

Links: Das pythagoreische Dreieck. Drei Strecken von je drei, vier und fünf gleichen Maßeinheiten ergeben zusammenstoßend stets ein rechtwinkliges Dreieck, dessen kürzere »Lotseiten« (Katheten) den rechten Winkel einschließen. Diesem gegenüber liegt die längste oder »Spannseite« (Hypothenuse, A–B). Bei der Konstruktion ist es gleichgültig, welche der drei Strecken als Basis dient. Hier ist es die 5teilige, infolgedessen setzt an ihren Enden der Zirkel einerseits mit der 3teiligen, andererseits mit der 4teiligen Strecke zu Bogenschlägen ein. Verbindungen ihres Schnittpunktes mit den Basisenden ergeben das rechtwinklige Dreieck A–B–C.

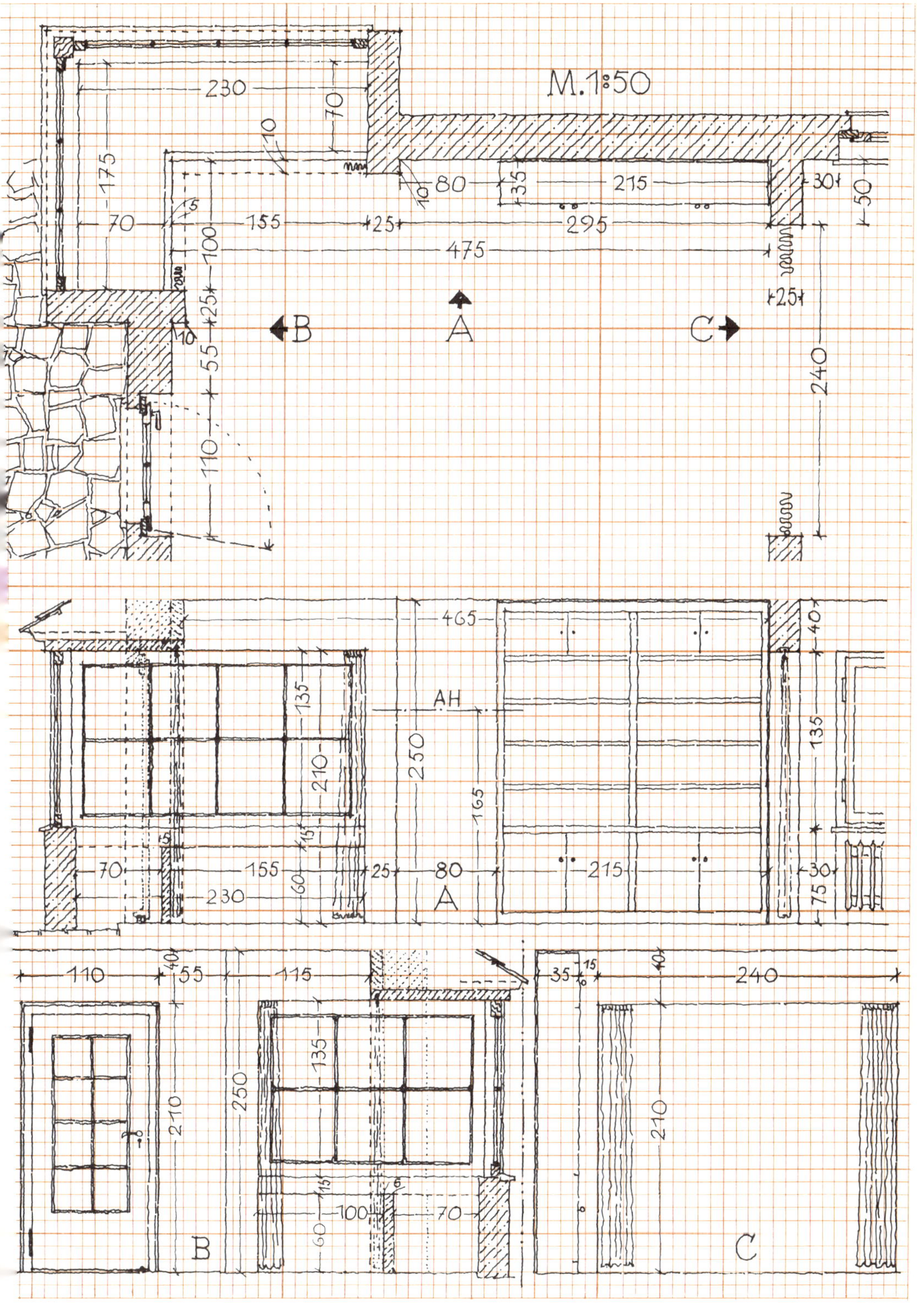

M.1:50
230
70
175
10
70
155
25
295
80
35
215
30
50
475
100
25
55
110
5
240
B
A
C
465
AH
135
210
250
165
15
60
40
75
110
55
115
100
210
35
B
C

Natürlich geschehen die Quadrateinteilungen exakt mit Lineal und Winkel. Für das Ausgangsnetz können Sie immer eine gut ablesbare und einfach zu addierende Kantenlänge wählen, die in beiden Formatseiten nicht restlos aufzugehen braucht. Mit Rechnen und Messen kommen Sie jedoch schwerlich zum Ziel, wenn das Umwandlungsverhältnis nicht auf einer glatten Zahl beruht und zu Maßeinheiten mit Millimeterbruchteilen führt, die vom Meßstab kaum abzulesen und höchst umständlich zu addieren wären. In solchen Fällen hilft nur eine planimetrische Konstruktion aufgrund der Tatsache, daß die Schenkel eines Winkels von Parallelen stets proportionsgleich geteilt werden. Damit hängt auch die Proportionsgleichheit von Rechtecken mit Diagonalen gleicher Neigung zusammen. Wie zeichnerisch vorzugehen ist, zeigen die Konstruktionsfolgen auf Seite 178f.

Bei diesen wie zuvor habe ich absichtlich Formate gewählt, in deren Seiten bequem abzulesende Einheiten nicht voll aufgehen. So bleiben in beiden Netzen Restrechtecke, jedoch gleicher Proportion. Für die Zeichnungsübertragung ist das belanglos, erlaubt aber ein klar ablesbares Grundmaß. Dessen Größe richtet sich nach der Vorlage: je kleiner und detaillierter sie ist, um so enger deren Quadratnetz. Bei Verkleinerungen werden die geschilderten Verfahren lediglich umgekehrt angewendet.

Erfordert der formatgerechte Entwurf noch einige Formkorrekturen, treffen Sie diese bei Vergrößerungen vor der Übertragung, bei Verkleinerungen aber erst hernach. Der Grund: Seien Sie stets auf großzügige Formen bedacht, verzichten Sie auf alles Kleinliche, zumal bei kunsthandwerklichen Arbeiten. Vorbild könnte unter anderem die Gepflogenheit eines berühmten Plakatgrafikers sein, Entwurfsvorlagen manchmal kaum größer als eine Streichholzschachtel aufs Papier zu setzen, um sie danach getreu dem Entwurf ins Großformat übertragen zu lassen. Allenfalls wurden danach entscheidende Details noch ein wenig nachgearbeitet.

Das Quadratnetz leistet nicht nur beim Aufmessen, Vergrößern, Verkleinern und bei Ortsbestimmungen die beste Hilfe, sondern bereits schon bei ersten Versuchen, die Idee zu Papier zu bringen: Heften Sie einen Transparentbogen über einen üblichen Vordruck mit Karos von 1, 2 oder 5 mm Kantenlänge, so gewinnen Sie schon beim Skizzieren eine exakte Grundlage sowohl für bestimmte Maßverhältnisse wie proportionsgerechte Größenumwandlungen. Obendrein wird das auch beim freien Zeichnen manchmal notwendige Hantieren mit Lineal und Winkel überflüssig und Sie bleiben dennoch im Lot. Wollen Sie das Entstehende zwischendurch ohne Quadratnetz beurteilen, schieben Sie ein weißes Blatt zwischen Vordruck und Transparentbogen.

Wie gesagt, gelingen beliebige proportionsgerechte Größenveränderungen von Rechtecken jeglicher Seitenverhältnisse mittels der Diagonale. Beim Rechteck nach dem Goldenen Schnitt und vom DIN-Format gibt es jeweils noch ein anderes Umwandlungsverfahren, allerdings nur in wohlbemessenen Stufen. Die nächstkleinere des GS-Rechtecks entsteht durch Subtraktion der kurzen von der langen Kante: Aus der Differenzstrecke und der kurzen Kante setzt sich das gesuchte Rechteck zusammen. Das nächstgrößere beruht auf der Summe beider Kanten und der langen des Ausgangsformates.

Vermessen eines schiefwinkligen Grundstückes, hier der 5eckigen Fläche ABCDE. Einfachste Vermessungs- und spätere Verwendungsgrundlage ist die Quadrataufteilung. Dabei geht man am besten von der längsten Flächenkante aus, hier also von AB. Von ihr müssen mindestens zwei Linien rechtwinklig weggeführt werden – als Basis für das Quadratnetz – und das gelingt wiederum am einfachsten mit Hilfe pythagoreischer Dreiecke auf folgende Weise: Die Strecke AB wird in glatte Maßeinheiten aufgeteilt (hier anzunehmen mit je 2 m plus dem kleineren Reststück 9–B) und jeder Punkt durch einen in die Erde gesetzten Pflock markiert. Dann schlägt man um A einen Kreisbogen mit Radius von 10 m (Bandmaß oder genau abgemessene Leine), einen zweiten um Punkt 3 mit 8 m und erhält mit dem Schnittpunkt A/3 das erste pythagoreische Dreieck. In entsprechender Weise entstehen auch die Dreiecke 3 – 6 – 3/6 und 5 – 9 – 5/9. Nun werden alle Lotseiten bis zur Kante DE verlängert, vermessen und die Einheitsabstände wiederum mit Pflöcken markiert (in der Zeichnung Diagonalkreuze). Anschließend gilt es, die Lage der Eckpunkte C, D und E für die spätere Planzeichnung zu fixieren – als Schnittpunkte von Kreisbogen: für C um B und D, für D um 5/9 und 3/6, für E um A und A/3, wobei die ermittelten sechs Radienlängen notiert werden. Auf dem Gelände ergeben längs- und quergeführte Schnurverbindungen nebst Abtragung der Maßeinheiten das Quadratnetz, von dem nun alle Knotenpunkte mit Pflöcken zu markieren sind. Anhand der ermittelten Geradeaus- und Radienmaße ist dann die Anfertigung der maßstäblich verkleinerten Planzeichnung sehr einfach. Wie gesagt, wäre an sich mit nur zwei Dreiecken auszukommen, weitere dienen lediglich zur Kontrolle, zumal bei größeren, womöglich durch Baumgruppen oder dergleichen nicht im ganzen zu überblickenden Grundstücken.

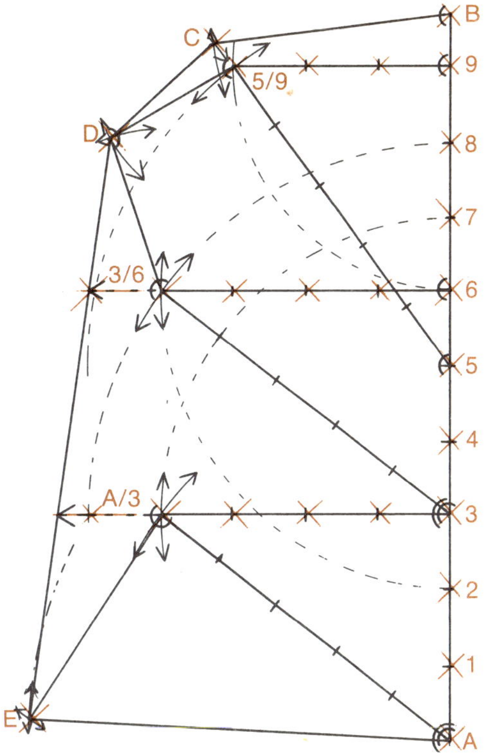

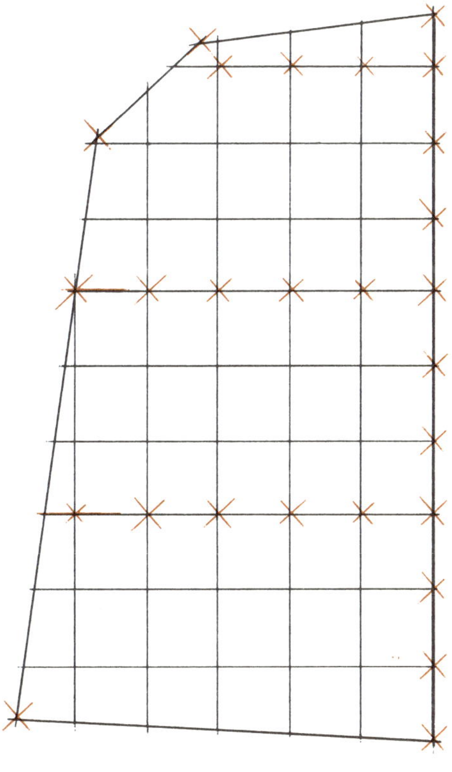

Rechtecke nach dem GS haben – vom klassischen Altertum abgesehen – weit geringere praktische Bedeutung als solche der DIN-Proportionen. Diese entstanden unter anderem aus dem Bedürfnis, auf der Grundlage des metrischen Maß- und Gewichtssystems für Wirtschaft und Verkehr einheitlich praktische Papierformate festzulegen. Danach sollte das Ausgangs- oder Urformat, DIN A 0 benannt, die Fläche von einem Quadratmeter umfassen. Das ergab für die kurze Kante (x) 0,841 m, für die lange (y) 1,189 m. Bei der Multiplikation erhält man allerdings statt 1,0 m² nur den Näherungswert 0,999949 m². Für die Praxis ist diese winzige Differenz belanglos, und das gilt auch für errechnete Kantenlängen, wenn man von einer Strecke beliebiger Abmessungen ausgeht. Es ist dann $x = \frac{y}{\sqrt{2}}$, und $y = x \cdot \sqrt{2}$, wobei für die Quadratwurzel aus 2 der Näherungswert 1,414 genügt. Durch fortlaufendes Halbieren beziehungsweise Verdoppeln derartiger Flächen entstehen Rechtecke stets gleicher Proportion, und so verhält es sich auch bei Formaten der DIN-Reihen B und C. Sie gelten für von DIN-A-Bogen abhängige Größen (Mappen, Ordner, Briefumschläge), und danach richten sich wiederum Arbeitsmöbel und dergleichen.

All diese, sowohl für den täglichen Gebrauch wie für eine wohlausgewogene Wirkung monumentaler Architekturen so wichtigen Normmaße spielen bei freien bildlichen Kompositionen natürlich keine Rolle. Entscheidend für das Format ist in erster Linie eine möglichst kompakte Zusammenfassung des Bildgeschehens, auch wenn eine gewisse »Leere« dazugehört, um eine dem Motiv zugrunde liegende Stimmung hervorzurufen.

Untere Reihe: Planimetrische Vergrößerung. Links: Gegeben ist das Rechteck ABCD, es soll proportionsgetreu nach Maßgabe der Kante AB_1 vergrößert werden. Die dazugehörige Höhe ermitteln Sie durch Verlängerung der Diagonale AC, sie schneidet die Lotlinie auf B_1 in C_1. Von diesem Punkt ziehen Sie die Parallele zu CD, sie trifft in Punkt D_1 auf die Verlängerung von AD und damit haben Sie das gesuchte Rechteck $AB_1C_1D_1$. (Allgemein gesagt, sind Rechtecke mit Diagonalen gleicher Neigung stets proportionsgleich.) Dann überziehen Sie das Ausgangsrechteck mit einem bequem abzumessenden Quadratnetz.

Mitte: Sie verbinden C mit B_1 und ziehen zu dieser Linie Parallelen durch die Schnittpunkte der Diagonalen AC mit den Senkrechten des Quadratnetzes. Die Parallelen teilen die Kante AB_1 proportionsgetreu zu AB. Auf den Teilpunkten errichten Sie Lote bis zur Kante C_1D_1.

Rechts: Von A ziehen Sie eine 45-Grad-Linie, als Quadratdiagonale teilt sie die Senkrechten staffelnd in Quadratlängen. Ansätze für die noch fehlenden Waagerechten finden Sie durch eine weitere, von E ausgehende 45-Grad-Linie. Die hier getrennt wiedergegebenen Entstehungsphasen zeichnet man in der Praxis natürlich übereinander und nimmt zum Schluß lediglich eine Transparentpause vom vergrößerten Netz als Grundlage für die Vergrößerung. Reiben Sie zuvor die Rückseite des Netzblattes mit Pastellkreide ein, so entsteht gleichzeitig mit der Vergrößerung eine Durchzeichnung auf dem untergelegten Blatt ohne störende Netzlinien.

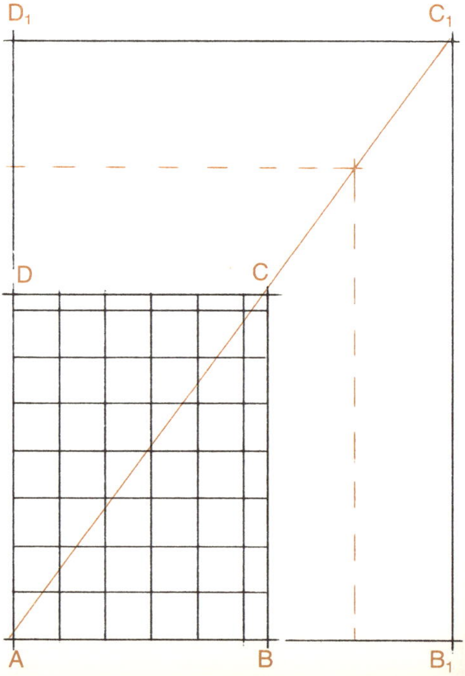

Vergrößern – rechnend und messend. Unten: Das Rokoko-Ornament ist samt der Grundfläche von 58 × 62 mm auf linear doppelte Größe = 116 × 124 mm zu bringen. Rechts: die angefangene Ausführung. Zunächst wurde die Ausgangsfläche mit einem 6-mm-Quadratnetz bedeckt, wobei es keine Rolle spielt, daß an den Rändern rechts und oben Restrechtecke entstehen: Sie bleiben auch bei der Vergrößerung im 12-mm-Quadratnetz proportionsgleich. Verkleinerungen erfolgen umgekehrt, wobei die Ausgangsquadrate so zu wählen sind, daß sich deren Kantenlänge bequem teilen und das neue Maß noch einwandfrei vom Meßstab ablesen läßt.

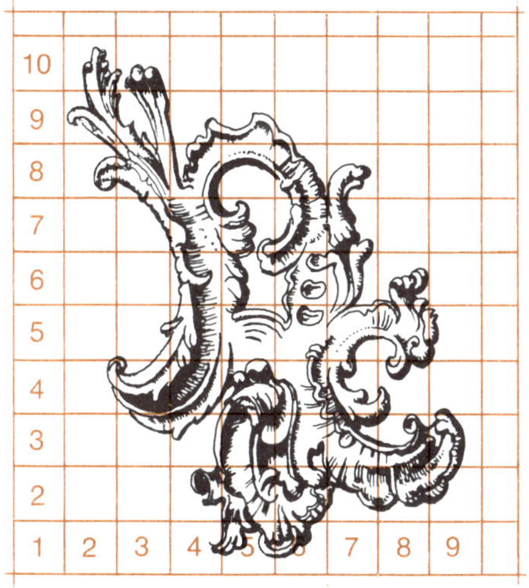

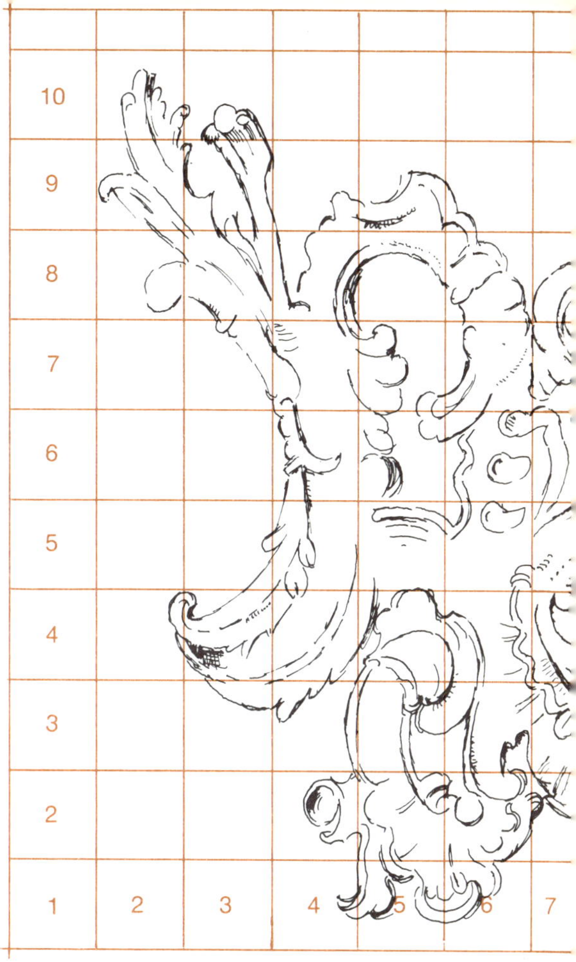

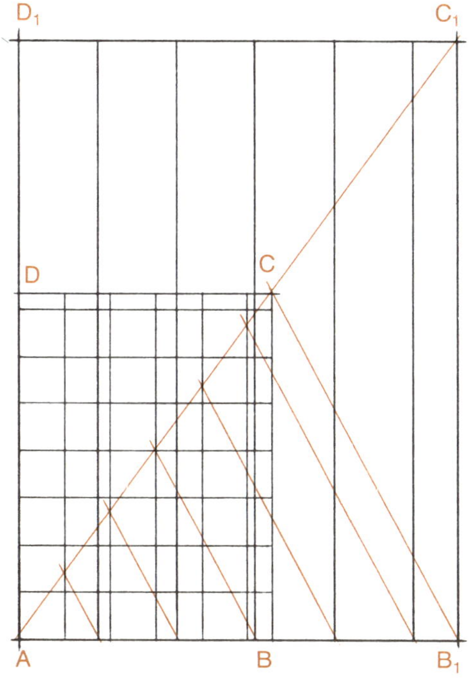

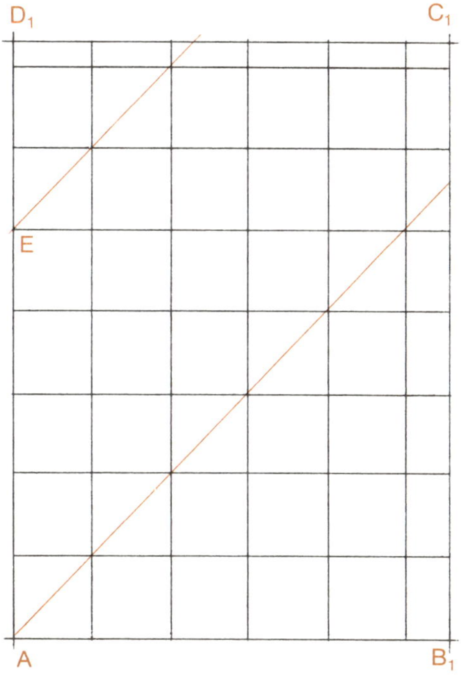

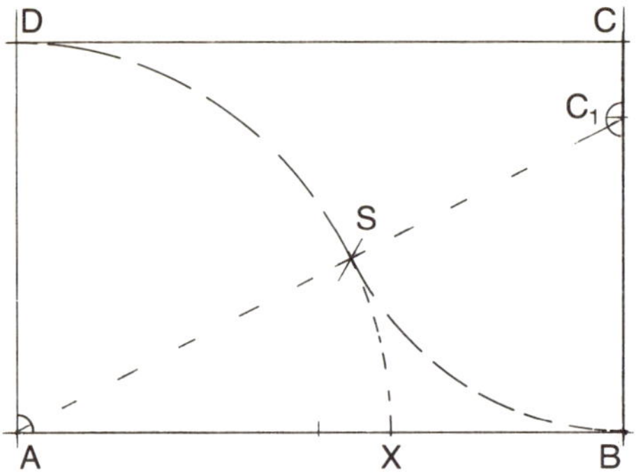

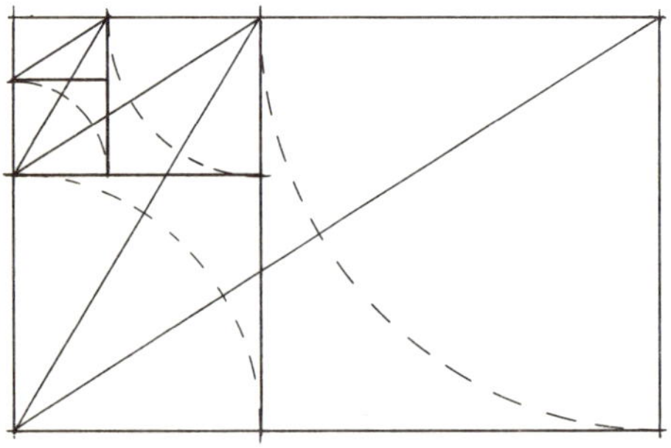

Rechts: Konstruktion eines Rechtecks der DIN-A-Proportion, gegeben ist die längere Seite AB. Sie errichten Lote über A und B, ziehen von A aus die 45-Grad-Linie, schlagen um A mit Radius AB einen Kreisbogen, der die 45-Grad-Linie in Q schneidet und ziehen zur Vollendung des gesuchten Rechtecks ABCD durch Q die Parallele zu AB. Ist die kürzere Rechteckseite gegeben, errichten Sie ebenfalls die Endpunktlote, von denen eines die vom anderen Endpunkt ausgehende 45-Grad-Linie schneidet und diese auf die Länge der gesuchten zweiten Rechteckseite begrenzt. Beachten Sie, daß bei Konstruktionen mit beliebiger Ausgangslänge Rechtecke entstehen, die DIN-A-Formaten lediglich *proportionsgleich* sind. Übliche Formate sind nur zu erhalten, wenn Sie von normgerechten Längen ausgehen. Das Urformat DIN A 0 mißt 841 × 1189 mm und hat den Flächeninhalt von einem Quadratmeter. Die übrigen DIN-A-Formate von 1 bis 12 erhält man durch fortlaufendes Halbieren des Urformats.

Darunter: Stufenweise Unterteilung des Rechtecks der DIN-A-Proportion durch Halbieren der jeweils größeren Kante. Vergleiche dieses Rechtecks mit dem des GS von gleicher Grundbreite (oben) zeigen sowohl die Proportionsunterschiede als auch die Verschiedenheit der Stufenfolge.

Links: Konstruktion eines Rechtecks nach dem Goldenen Schnitt (GS), gegeben ist die längere Seite AB. Über deren Endpunkten errichten Sie Lote, tragen auf dem über B die halbe Länge von AB ab und schlagen um den Endpunkt C_1 mit dem Radius C_1B einen Kreisbogen, der die Verbindung C_1A in S schneidet. Ein Kreisbogen um A mit dem Radius AS teilt einerseits AB in X nach dem GS, andererseits trifft er in D auf das Lot über A. Die Parallele durch D zu AB vollendet das gesuchte Rechteck ABCD. Ist die kürzere Rechteckseite gegeben, teilen Sie diese nach dem GS wie zuvor AB, fügen das kürzere Teilstück der gegebenen Seite an und erhalten ebenfalls ein GS-Rechteck.

Darunter: Die stufenweise Unterteilung des GS-Rechtecks geschieht durch jeweils Abtragen der kleineren Kante auf der größeren mittels Zirkelschlag. Anschließend zieht man vom Teilpunkt aus die Kantenparallele. Die Konstruktion stufenweise größerer Rechtecke erfolgt umgekehrt, also durch Addition der kleineren zur größeren Kante.

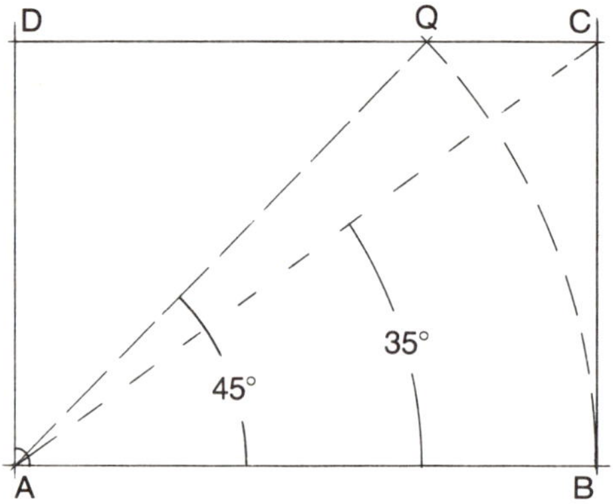

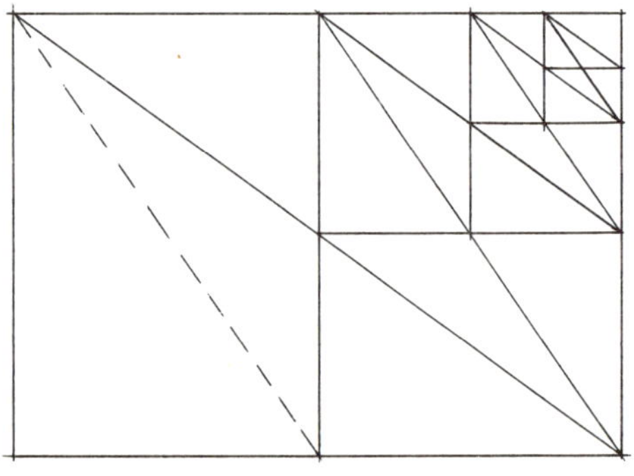

Stilisierung und Ornament

Allgemein gesagt haben Stilisierungen straffende Formvereinfachungen zum Ziel, vor allem bei Gebilden der Natur. Im Grund genommen bedeutet schon impressionistisches Abzeichnen eine Art Stilisierung, solange detaillierte Formen einstweilen mit mehr oder weniger pauschalen Linien umrissen werden. Der Vorgang läßt sich indessen auch umkehren, indem man versucht, minuziös fixierte Individualformen mit all ihren untypischen Zufälligkeiten gewissermaßen zu glätten, bis schließlich eine für die jeweilige Art allgemeingültige Typform erreicht wird. Meisterhafte Beispiele dafür finden Sie vor allem auf Wandbildern und kunsthandwerklichen Arbeiten des alten Orients wie der griechischen Antike. Die Konturen der dort wiedergegebenen Menschen- und Tiergestalten lassen sich fast durchweg mit geraden und Kurvenlinealen nachvollziehen. Dasselbe gelingt sogar bei entsprechenden Fotos nach der Natur, und vielleicht führen Ihnen solche Versuche erst recht vor Augen, wie straff und prall insbesondere jugendliche Wuchsformen sind. Die Natur hat also – einfühlend betrachtet – Stilisierungen bereits »vorprogrammiert«. Wer allerdings oberflächlich-grob vorgeht, gerät alsbald auf den Stand heutiger Spielzeugindustrien, die mit ihren Klischees Kindern allzuoft nur den unbefangenen Blick für ursprüngliche Formen der Natur verbauen.

Aus einschlägigen Vorbildern des Altertums ist noch eine wichtige Lehre zu ziehen: Erscheinen Mensch- oder Tiergestalten in vorwiegend dekorativ gemeinten Wiederholungen, entstehen reizvolle Wirkungen nur dann, wenn sich die Figuren jeweils gleichartig aneinanderreihen. Dagegen ergäben lauter individuelle, also deutlich voneinander abweichende Formen ein unruhiges, auf die Dauer unerträgliches Gesamtbild. Das braucht, ja soll gar nicht in schablonengenaue Wiederholungen ausarten! Wie immer sind kleine, bei der freihändigen Ausführung unvermeidliche Abweichungen ein auch ästhetisch ansprechender Beweis für die einmalige Handarbeit.

Absolute Formengleichheit wird dagegen zur zwingenden Voraussetzung bei ornamentalen Reihungen und flächenfüllenden Wiederholungen – etwa durch Spiegelungen oder auf der Basis eines Rapportes. Wie reizvoll absolut formkongruente Spiegelungen wirken, zeigen bereits Scherenschnitte aus einfach oder mehrfach gefaltetem Papier. Rapporte entstehen für Druckstöcke oder Schablonen, die abweichende Wiederholungen ebenfalls ausschließen. Bei Bandornamenten beruht die Einheit in der Regel auf einer planimetrischen Konstruktion im Rahmen einer Rechteck- oder Kreisfläche – entweder als Grundlage strenger Stilisierungen von Pflanzenformen oder für geometrisch-abstrakte Linien- und Flächengebilde. Früheste Bandornamente entwickelten sich zweifellos aus einfachsten Flecht- und Webtechniken, bei denen ohne zeichnerischen Entwurf waagerecht-lotrechte wie diagonale Linienmuster unter Verwendung kontrastfarbiger Ruten und Garne entstehen können, indem man die Folge der Windungen lediglich durch Abzählen ermittelt: Das stets rechtwinklig verflochtene Material bildet zwangsläufig ein Quadratnetz, das infolgedessen auch die Grundlage für entsprechende Entwürfe abgibt (Gewebemuster zeichnet man auf Vordrucke mit 2-mm-Karos, »Patronenpapier« genannt, die Längsfäden heißen »Kette«, die querlaufenden »Schuß«, die Verflechtungsarten »Bindungen«. Stilisierungen oder geometrische Muster auf der Basis von Rechtecken orientieren sich an Halbierungslinien, Diagonalen und schrägen Verbindungen zwischen gleichmäßigen oder rhythmischen Unterteilungen der Kanten, und immer entstehen Ornamente mit waagerechter oder senkrechter Tendenz. Der Kreis wie das ihm einbeschreibbare Quadrat sind dagegen richtungslos, und so verhält es sich auch meist mit in der Peripherie bleibenden Figuren. Ausnahmen machen nur Formen mit ungerader Eckenzahl, wie etwa der 5strahlige Stern, das Pentagramm. Wer vom Kreis ausgeht, sieht sich alsbald vor einem Hexenspiel ohne Ende, und es geht noch weiter, wenn der geschlossene Kreis verlassen und mit »Ankreisen« oder entsprechenden Bogenschlägen operiert wird. So ist das gesamte »Maßwerk« der Gotik nichts als eine grandiose Zirkel-Virtuosität, die auch dem »Flammenmaßwerk« der Spätzeit dieser Epoche zugrunde liegt – so unglaublich das auf den ersten Blick erscheinen mag.

Diese und andere Hexereien sind freilich nur zu durchschauen, wenn man konstruktiv vorgeht, also Zirkel und Lineal benutzt. Deshalb wird diese Methode hier relativ ausführlich gezeigt, obwohl sich viele Figuren einfacher und rascher mittels Meßstab und Transporteur zeichnen lassen – falls die errechneten Winkel- und Streckenmaße noch einwandfrei abzulesen sind.

Auf Grundrißkreisen basiert auch die Oberflächenabwickelung plastischer Pyramiden und Kegel beziehungsweise ihrer Stümpfe (häufigste Lampenschirmform!). Beim Entwerfen solcher und anderer regelmäßiger Körper mit schrägen Oberflächen übersieht der Anfänger manchmal, daß in diesen Fällen Aufriß (Frontalansicht) und Abwickelung nicht dasselbe sind wie bei lotrechten Wänden, weil die Schrägen verkürzt erscheinen. Die wahre Kantenlänge einer vier- oder mehrseitigen Pyramide geht nur dann aus dem Aufriß hervor, wenn eine Grundrißdiagonale parallel zur Aufrißgrundlinie verläuft. Andernfalls ist die Seitenlänge des umschreibenden Kegels maßgebend.

Handelt es sich um die Anfertigung plastischer Modelle, zum Beispiel von Gebäuden, braucht man zunächst komplette Werkpläne, um die einzelnen Teilstücke zu zeichnen, von denen Dächer zuweilen ähnliche Abwickelungskonstruktionen erfordern wie Pyramiden oder Kegel.

Schließlich können aus Zirkelschlägen auch Spiralen und der exakten Ellipse mehr oder weniger angenäherte Figuren entstehen. Die umständlichen Konstruktionen erweisen sich aber lediglich dann als sinnvoll, wenn die Figuren verhältnismäßig groß zur Anwendung kommen oder Sie im Miniatur-Präzisionszeichnen wohl geübt sind. Andernfalls bleibt nur der freihändige Versuch, eventuell unter Zuhilfenahme konzentrischer Kreise, beziehungsweise des Rechtecks mit einbeschriebener Raute.

Antike Bandornamente. 1: Einfacher Mäander, er geht – wie alle aus waagerechten und senkrechten Balken mit gleichbreiten Zwischenräumen zusammengesetzte Ornamente – auf Flecht- oder Webmuster zurück. Entwurfschema ist dann stets ein Quadratnetz – entsprechend den längs- und querlaufenden Webfäden oder dem ebenso verwendeten Flechtmaterial. Entwerfen Sie zunächst eine Linienskizze zur Orientierung, wie der Mäander gewunden sein soll, und zählen Sie aufwärts wie seitwärts ab, wie viele Balken und Zwischenräume die Mustereinheit umfaßt. Daraus und aus der vorgegebenen Bandhöhe ergibt sich die Quadratgröße des Netzes, von der wiederum das Endmaß der Bandlänge abhängt: Prinzipiell soll ein Mäander mit einem die ganze Höhe durchlaufenden Balken beginnen und enden. Ist das bei vorgegebener Länge nicht zu erreichen, wählt man eventuell ein etwas engeres Quadratnetz und läßt bei der Bandhöhe oben wie unten entsprechend leeren Raum. Die Bezeichnung »Mäander« ist auf einen nachträglichen Formvergleich mit dem vielgewundenen Lauf des Flusses Maiandros in West-Kleinasien (türkisch: Böjük Menderes) zurückzuführen. Später verwendete der Klassizismus das Ornament besonders häufig, u. a. auch als Kleiderborte »à la grèque« im Empire, eingedeutscht »Grek-Kante«.

2: Doppelmäander. Für den Entwurf und die Ausführung gilt dasselbe wie bei 1, jedoch ist hier nirgends ein die ganze Höhe durchlaufender Balken gegeben. Die sinnvollste Lösung von Anfang und Endung wäre wohl eine Balkenschlinge, gebildet durch Ausfüllung eines zusätzlichen Quadrates (beim Anfang links punktiert).

3: »Laufender Hund«, linear. Bei diesem Ornament handelte es sich ursprünglich wohl nicht um eine zeichnerische Abwandlung des einfachen Mäanders, wie oft vermutet wird, sondern um die Wiedergabe der zuweilen von Hunden beim Niederlegen und Weiterlaufen präzis »gezeichneten« Spur. Indessen bildet auch für dieses Ornament das Quadratnetz die verläßlichste Grundlage, ergänzt durch drei konzentrische Kreispaare, deren Mittelpunkte gewissermaßen gegenläufig-diagonal aufeinanderfolgend mit Quadratecken identisch sind – als einfachste Richtschnur gegenüber der komplizierten Konstruktion einer Doppelspirale.

4: »Laufender Hund», flächig. Auf diese Ausführung geht wohl die auch für das zuvor dargestellte Ornament manchmal übliche Bezeichnung »laufende Welle« zurück (quasi Querschnitte überkippender Meereswogen). Als Entwurfsgrundlage genügen neben dem Quadratnetz zwei diagonal versetzte konzentrische Kreispaare. Die kleinen positiv-negativen, um eine Karobreite versetzten Kreisflecken dienen lediglich zur Auflockerung der relativ großen Flächeneinheiten und könnten auch wegfallen. Anders ist es mit dem breiten oberen Balken, er fungiert als Gegengewicht zur Dunkelmasse unten und bildet den oberen Abschluß des Ornamentbandes.

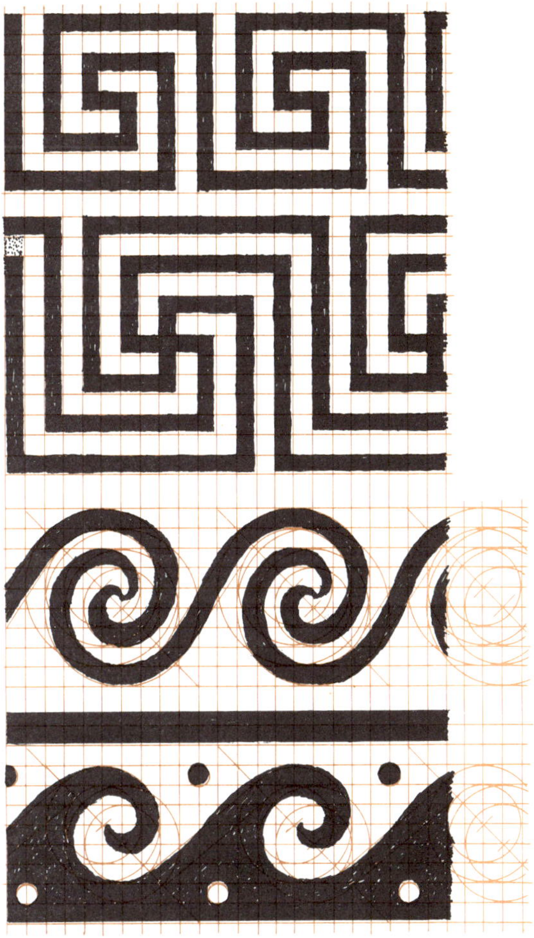

Allen Zeichnungen lag übliches 5-mm-Karopapier zugrunde, das Buchformat erforderte die Verkleinerung auf fast die Hälfte.

1

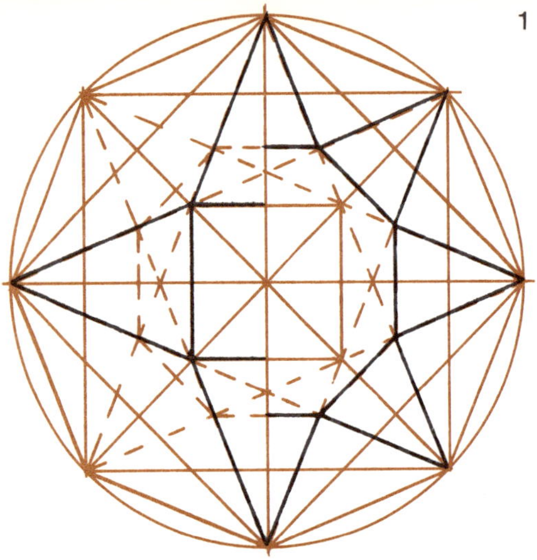

Aus dem Kreis entwickelte geometrische Ornamente.

1: Vier- und achteckige Formen. Als Grundlage fungieren zwei einbeschriebene, um 45 Grad gegeneinander gedrehte Quadrate mit ihren Diagonalen (Kreisdurchmesser). Die damit gegebenen Ecken und Schnittpunkte führen allein schon zu einer ganzen Reihe von Figuren, die sich dann aufgrund weiterer Linienverbindungen und der dabei entstehenden neuen Schnittpunkte noch vielfältig variieren lassen. Linke Hälfte der Darstellung: vierstrahliger Stern mit quadratischer Mitte; rechte Hälfte: achtstrahliger Stern mit achteckigem Zentrum.

2

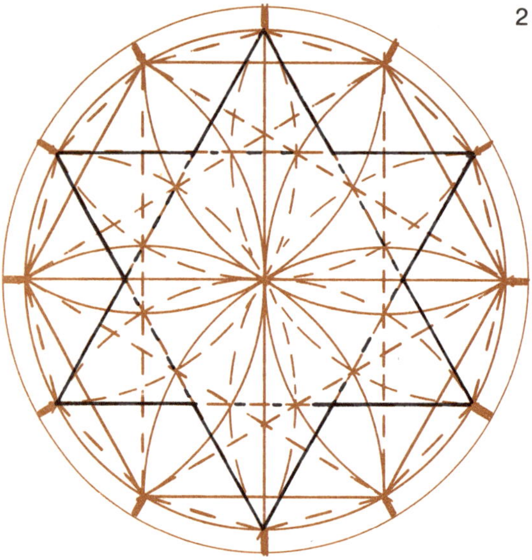

2: Sechs- und zwölfteilige Formen. Die Grundlage bildet das Sehnensechseck aus Kreisradien: Von einem beliebigen Punkt der Peripherie schlagen Sie Kreisbogen durch den Mittelpunkt und wiederholen das reihum von den erhaltenen Peripherie-Schnittpunkten. Dabei entsteht ein Sechsstern aus Lanzettformen, Verbindungen der Spitzen ergeben das Sechseck aus Sehnen, Durchmesser durch deren Halbierungspunkte führen zum Zwölfeck (häufigste Anwendung bei der Stundeneinteilung auf Uhrzifferblättern). Wird je eine Spitze des Sechsecks übersprungen, ergeben die Verbindungen zwei gleichseitige Dreiekke und bilden das Hexagramm (Symbol der Pythagoreer, des Judentums als »Davidstern«). Die übrigen Hilfslinien deuten einige der unzähligen möglichen Formen an, z. B. die eines in acht Spitzen auslaufenden gleicharmigen (griechischen) Kreuzes.

3

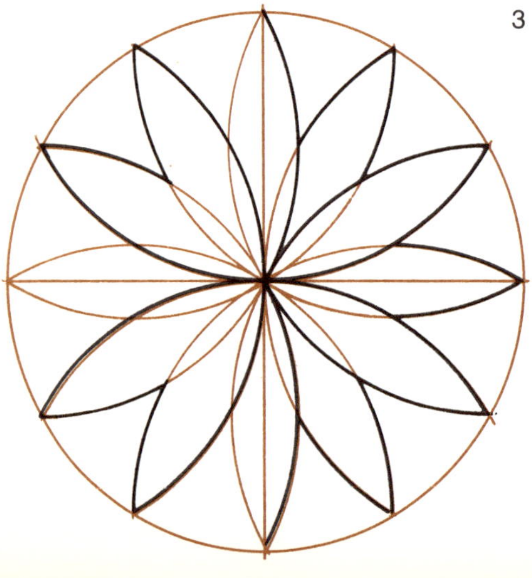

3: Stilisierte Blütendraufsichten auf Zwölfeckbasis. Linke Hälfte: Durch Zusammenfassung entsteht im ganzen eine Rosette aus vier eingebuchteten Blättern – eventuell mit vier darunter ansetzenden Lanzettblättern. Rechte Hälfte: Als Ganzes ergibt sich das Bild von sechs oberen und sechs darunter liegenden Lanzettblättern.

4: Zehneck und Fünfeck. Die Zehneckseite ist gleich der größeren Strecke des nach dem Goldenen Schnitt (GS) geteilten Kreisradius, abzutragen durch Zirkelschläge, einsetzend an einem beliebigen Peripheriepunkt. Es entsteht ein zehnstrahliges Ornament aus Bogen, deren Scheitel den konzentrischen Kreis mit der kleineren GS-Teilstrecke als Radius tangieren, während die mittleren Bogenschnittpunkte auf dem Mittelkreis mit Bogenradius liegen. Das Fünfeck erhalten Sie durch Überspringen je einer Zehneckspitze. Bei der Anfangskonstruktion (schwarz) ist die größere GS-Teilstrecke übersichtshalber separat dargestellt.

4

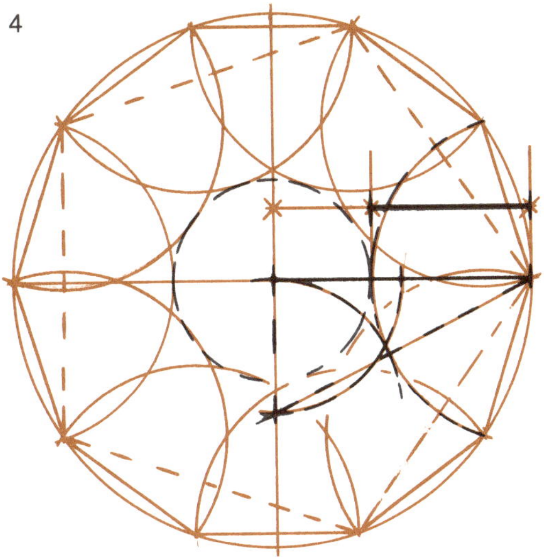

5. Ausgangsfigur ist das Fünfeck. Dessen Seitenlänge bildet den Radius der Bogen, die sich zu einem zahlreichen Blüten zugrundeliegenden Stern zusammenfügen. Durch Halbieren der Fünfeckseiten beziehungsweise der entsprechenden Teile der Kreisperipherie erhält man die Zirkeleinsätze für einen 10teiligen Stern mit den gleichen Radien wie zuvor.

5

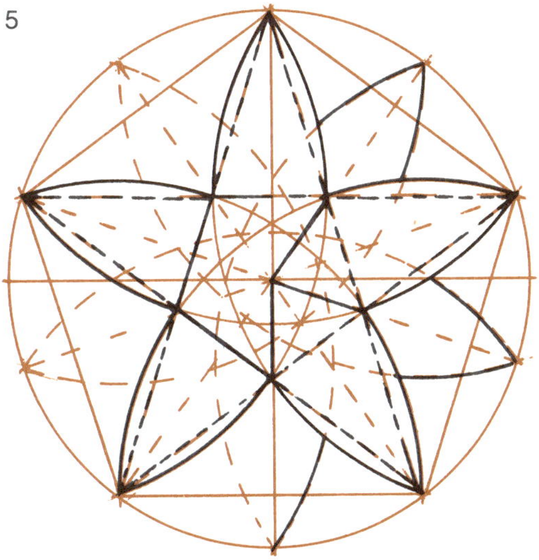

6. Konstruktive Grundlage ist das Zehneck. Dessen Seite fungiert sowohl als Radius des Innenkreises, als auch der Bogenschläge für den großen und den kleinen 5teiligen Blütenstern. Sämtliche Zirkeleinsätze liegen auf dem Innenkreis – zu finden als Schnittpunkte mit den fünf auf jeden zweiten Zehneckpunkt gerichteten Durchmesserkreuzen. Sie teilen beide Kreisperipherien in 20 gleiche Abschnitte.

6

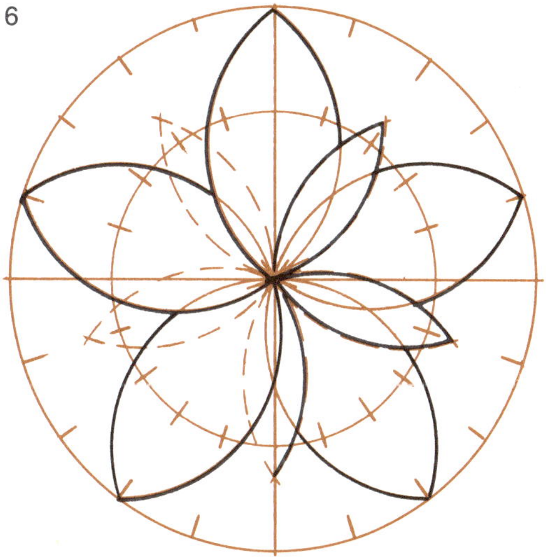

Nächste Seite: Fortsetzung der aus dem Kreis entwickelten Ornamente.

7

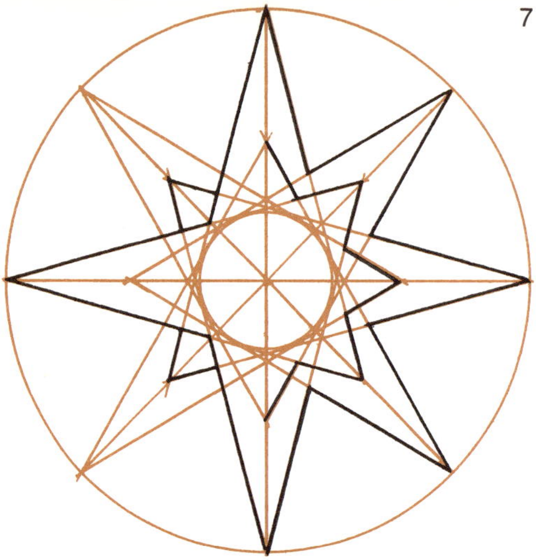

Links: Fortsetzung der aus dem Kreis entwickelten Ornamente.

7 und 8: Formentwicklungen auf Acht- und Sechseckbasis unter Anlehnung an einen Mittelkreis. Bei 7 kann dessen Radius beliebig gewählt werden, bei 8 wird sein Durchmesser von den Tangenten durchlaufender Verbindungen des zwölfstrahligen Sterns bestimmt.

9: Ineinanderstehende Fünfecksterne. Die stetige Teilung nach dem GS führt konstruktiv zu ständig formgleichen, jedoch dem GS-Verhältnis entsprechend gestaffelten kleineren Figuren – abwechselnd aufrecht und kopfstehend. Hier wurde die Reihenfolge wegen des kleinen Darstellungsformats nicht konsequent eingehalten, versuchen Sie die kontinuierliche Lösung auf der Grundlage eines möglichst großen Kreises! Der Fünfeckstern (Pentagramm, »Drudenfuß«) galt schon in uralten Zeiten als magisches Symbol (in neuerer Zeit als »Freiheitsstern«), das übrigens wohl als einzige der regelmäßigen Figuren auch freihändig in einem Zug relativ einwandfrei gelingt. (Unten die fünf Entstehungsphasen.)

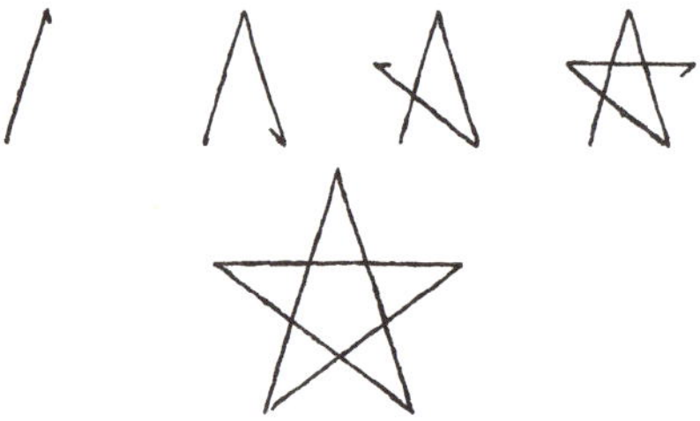

8

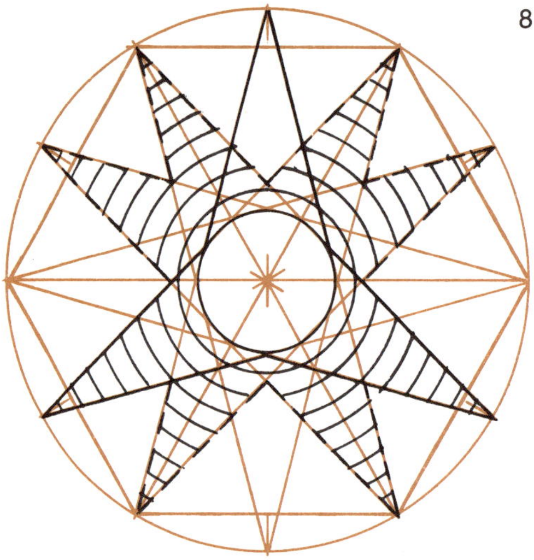

9

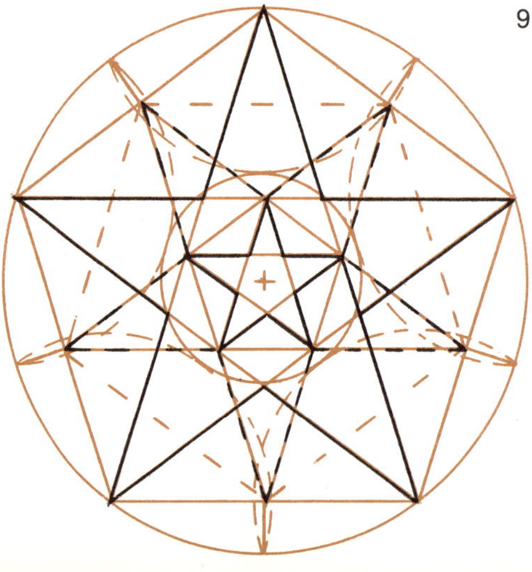

Rechts: Stilisierung einer Akeleiblüte in Draufsicht. Oben: Naturstudie mit Einteilungshilfslinien. Mitte: Geometrische Konstruktion aufgrund der Zeichnungen 4 bis 6 auf Seite 185, wobei die Radien der konzentrischen Kreise jeweils GS-Teilungen entsprechen, die – durchschnittlich genommen – in der Natur häufig vorkommen. Schwarze Linien zeigen den Beginn beim Aussondern der endgültigen Umrisse. Unten: Vereinfachte Ausführung in Schwarz-weiß, bei der Zusammensetzung aus verschiedenfarbigen Flächen könnten einige Konturen wegfallen.

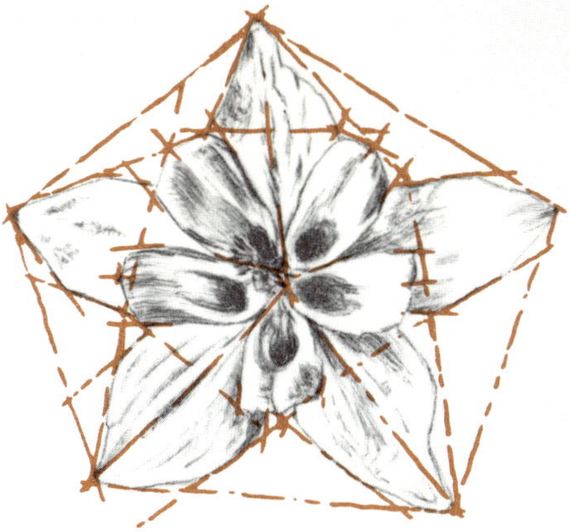

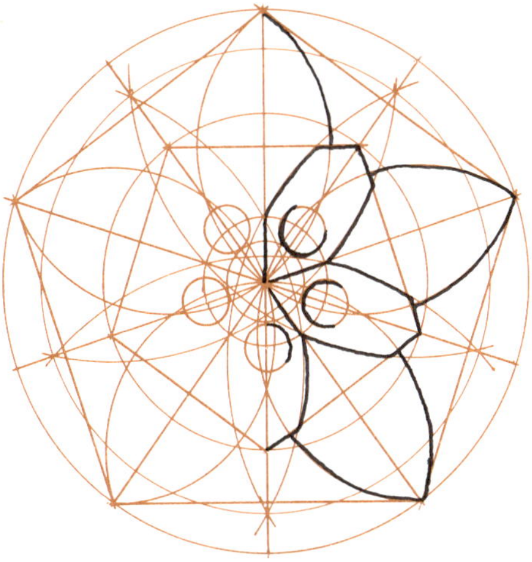

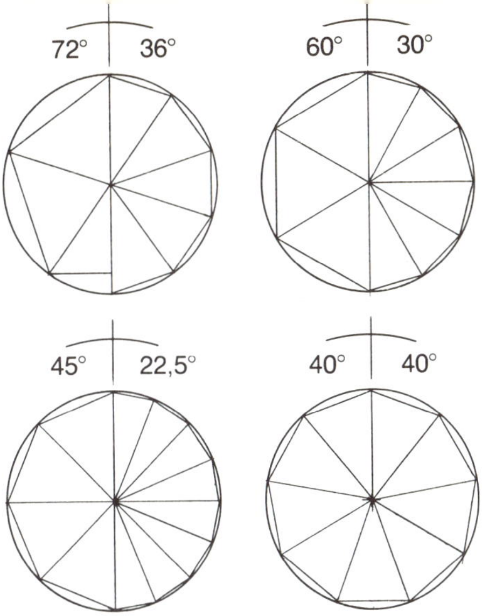

Oben: Vereinfachtes Zeichnen regelmäßiger Vielecke im Kreis. Man braucht außer Lineal und Zirkel einen präzisen Winkelmesser (Transporteur), um die dem gewünschten Vieleck entsprechenden Radienwinkel um die Kreismitte abzutragen. Zunächst sind die 360 Grad des vollen Winkels um die Kreismitte durch die Eckenzahl zu dividieren: 5eck = 72 Grad, 10eck = 36 Grad, 6eck = 60 Grad, 12eck = 30 Grad, 8eck = 45 Grad, 16eck = 22,5 Grad, 9eck = 40 Grad. Das Verfahren ist aber nur dann brauchbar, wenn die Rechnung glatt aufgeht. Nicht der Fall ist das u. a. beim 7eck, dessen Zentrumwinkel messen 360 : 7 = 51,428 .. Grad.

Unten: Konstruktion des 7ecks: Sie schlagen mit dem Radius SM einen Bogen um S, erhalten den Peripherie-Schnittpunkt A und fällen von ihm aus das Lot auf SM mit Fußpunkt B. AB ist dann die gesuchte, reihum als Kreissehne abzutragende 7eck-Seite.

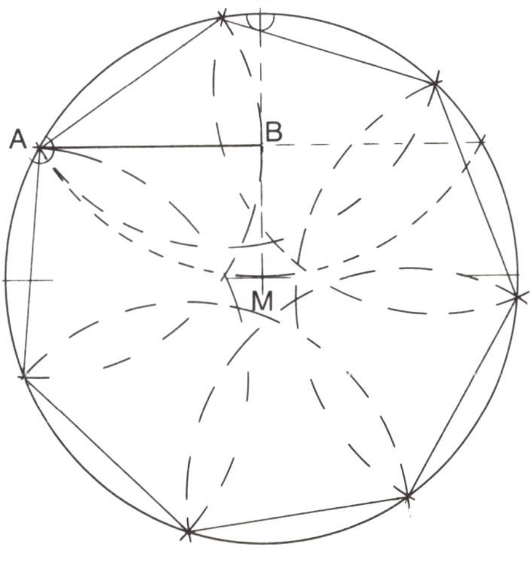

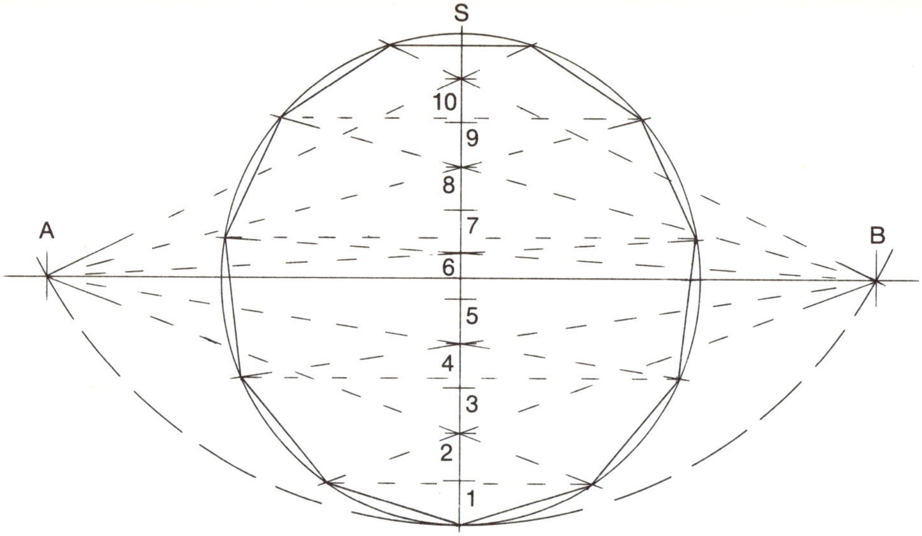

Oben: Universalkonstruktion für sämtliche regelmäßigen Vielecke, gezeigt am 11eck. Die Waagerechte des Durchmesserkreuzes wird beiderseits verlängert, so daß sie ein Kreisbogen um S mit dem Durchmesser als Radius in A und B schneidet. Dann teilen Sie den senkrechten Durchmesser in ebenso viele gleiche Abschnitte, wie die gewünschte Figur Ecken haben soll und ziehen von A wie B durch jeden zweiten Teilpunkt Linien, deren Schnittpunkte mit der Peripherie die Spitzen des Vielecks markieren. Es genügt auch, nur Punkt A (oder B) zu fixieren, von dort aus die Verbindungen einseitig zu ziehen und die Lage der übrigen Vieleckpunkte durch waagerechte Schnittlinien zu finden. Tun Sie beides, kommen Sie sogleich etwaigen Konstruktionsfehlern oder Ungenauigkeiten auf die Spur. Ermöglicht die Durchmesserlänge keine vom Meßstab einwandfrei ablesbare Teilung, ist das auf Seite 116 geschilderte Verfahren anzuwenden.

Rechte Seite. Obere Reihe: »Fischblasen« und »Pässe« im Kreis. 1. Zweischweifige Fischblase: Die Innenhalbkreise beruhen auf dem geviertelten Durchmesser des Umkreises. 2. Dreischweifige Fischblase: Zuerst werden drei Sechseck-Durchmesser gezogen, dann ist der Winkel zu halbieren, der durch die obere waagerechte Tangente und die Verlängerung eines schrägen Durchmessers entsteht und folglich 30 Grad mißt. Die Halbierungslinie schneidet den lotrechten Durchmesser im Mittelpunkt eines der drei Kreisbogen mit gleichen Radien. 3. Dreipaß: Die Grundlage bildet der regelmäßige Sechsstern mit seinen drei Durchmessern, die Schnittpunkte dieser Linien liefern die Zirkeleinsätze der drei Kreisbogen. 4. Vierpaß: Ausgangsfigur ist das dem Umkreis einbeschriebene Quadrat mit Diagonalen, Halbierungsachsen und dem übereck (hier waagerecht-senkrecht) eingezeichneten Innenquadrat. Schnittpunkte dieser Linien bilden die Zirkeleinsätze der vier Halbkreise.

Untere Reihe: »Anschlußkreise«. 1. Gleichmäßige Abrundung von Ecken (hier einer rechtwinkligen): Gegeben ist entweder der Radius des Abrundungskreises oder einer der Punkte, an dem die Rundung beginnen soll (der andere ist von der Ecke stets gleich weit entfernt). Der geometrische Ort für den Mittelpunkt des abrundenden Kreises ist je nach den Gegebenheiten zu ermitteln, er liegt einmal auf der Halbierungslinie des Eckwinkels, zum anderen auf Loten über den Punkten des Rundungsbeginns und – wenn der Rundungsradius gegeben ist – auf Parallelen zu den Winkelschenkeln im Abstand dieses Radius. Naturgemäß gilt dies alles für die gleichmäßige Abrundung jeglicher Ecken, also auch für spitz- und stumpfwinklige. 2. Zwei einander berührende Kreise: Voraussetzung sind die Radien beider Kreise. Ist der erste gezeichnet, schlägt man um dessen Mittelpunkt mit der Summe beider Radien einen Bogen, auf dem der Mittelpunkt des zweiten Kreises beliebig eingesetzt wird. Hier liegen

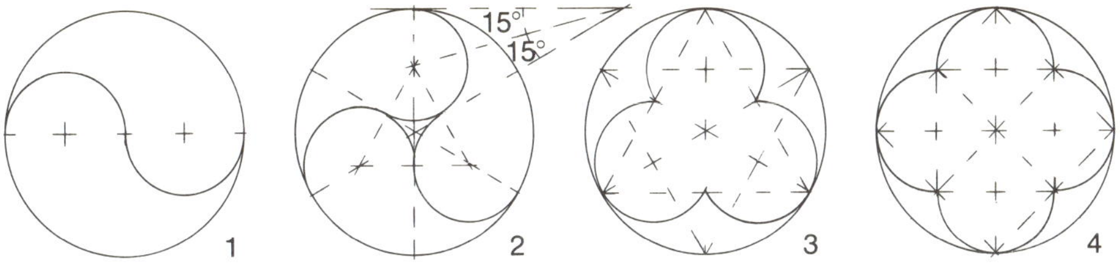

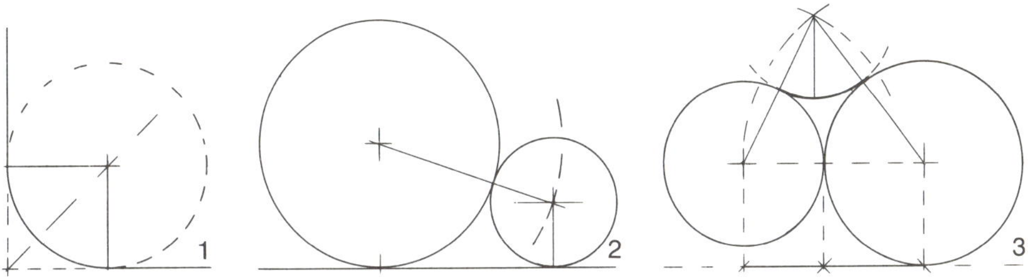

beide Kreise auf einer waagerechten Tangente, infolgedessen war zu dieser eine Parallele im Abstand des zweiten Radius zu ziehen, die den Bogen im Mittelpunkt des zweiten Kreises schneidet. 3. Verbindung zweier einander berührender Kreise durch einen Bogen, dessen Radius ebenso lang ist wie der des kleineren Kreises. Der geometrische Ort des Bogen-Zirkeleinsatzes ist der Schnittpunkt zweier Bogen um die Kreismittelpunkte mit Radien gleich der Summe aus dem jeweiligen Kreisradius und dem des gewünschten Bogens. Das Verfahren gilt ebenso für einander nicht berührende Kreise.

Unten. Links: sogenanntes »Flammenmaßwerk« (Flamboyant-Stil) der Spätgotik. Dazu gehört auch der links außen hervorgehobene »Esels-« oder »Kielbogen«. Aus diesen noch sehr einfachen Formen entwickelten sich Anfang des 16. Jh. optisch kaum noch entwirrbare Flammenfiguren, die dennoch sämtlich auf Zirkelschlägen beruhen. Rechts: Konstruktion der vollendeten Doppelfischblase. Die Bezeichnung gibt einen treffenden Formvergleich mit dem Organ der Fische, während für die einfache Form (oben 1) eher der Begriff »Schneuß« (mundartlich gleich Schnabel) zutrifft.

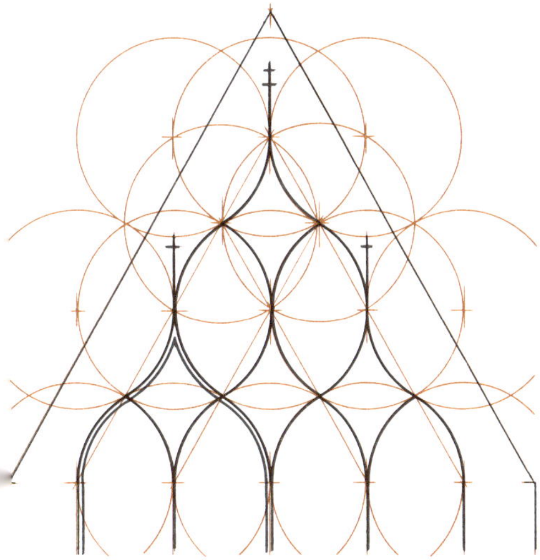

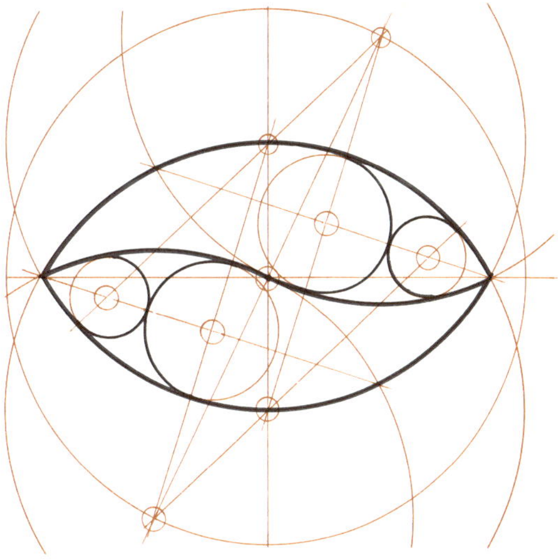

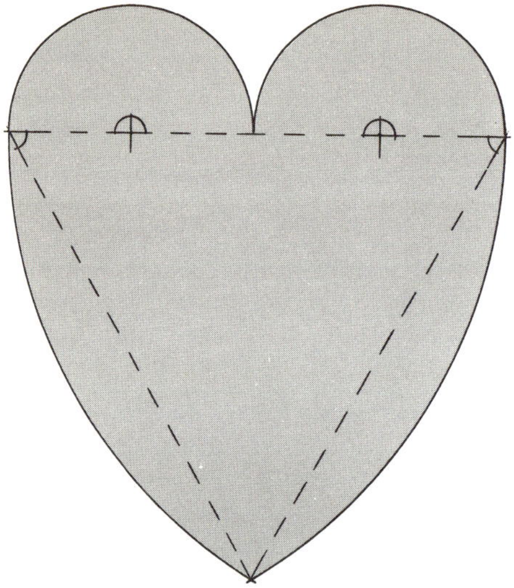

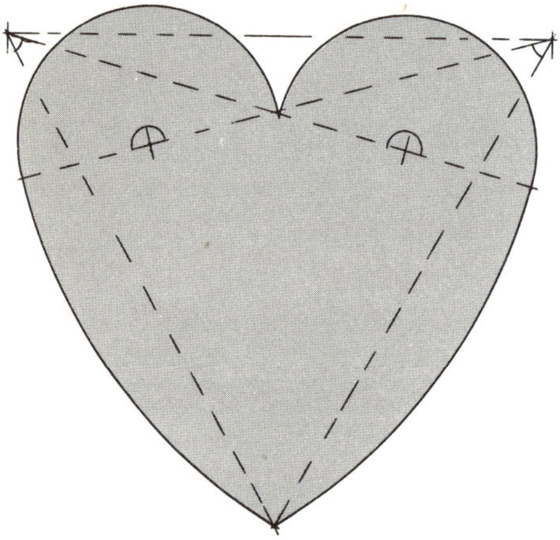

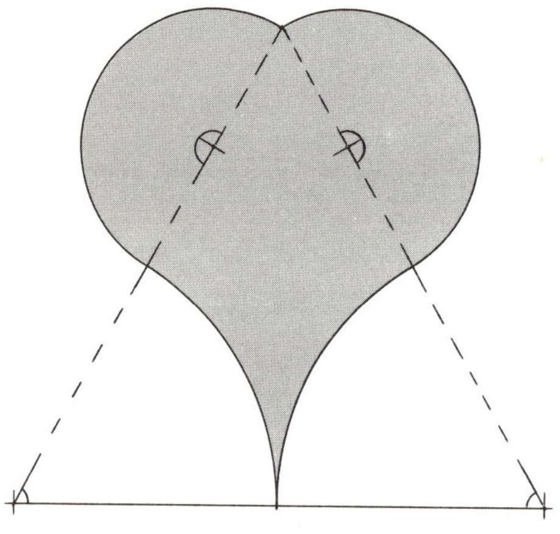

Links: Zirkelkonstruktionen von Herzformen. 1: Über der halbierten waagerechten Kante eines gleichseitigen Dreiecks werden zwei einander tangierende Halbkreise geschlagen sowie zwei Kreisbogen von den Endpunkten der Waagerechten mit dieser als Radius.

2. Grundfigur ist hier wieder das gleichseitige Dreieck mit Schrägen beliebiger, jeweils aber gleicher Neigung durch die Endpunkte der Waagerechten. Sie ist der Radius von Bogen, die sowohl die Länge der Schrägen wie den unteren Teil der Herzform bestimmen. Ihren oberen Teil bilden zwei Halbkreise über den Schrägenhälften.

Schlankere Herzformen erhalten Sie durch Verlegung der Bogen-Zirkeleinsätze nach außen: bei 1 auf der beiderseitigen Waagerechtenverlängerung, bei 2 auf entsprechenden Schrägenverlängerungen. Gedrungenere Formen entstehen durch Verlagerung der beiden Bogenzentren nach innen – auf der Waagerechten bzw. auf den Schrägen.

3. Über den oberen Teilen der halbierten Schenkel des auf der Waagerechten ruhenden gleichseitigen Dreiecks werden Halbkreise geschlagen. Sie gehen in zwei um die Basisendpunkte geschlagene Bogen über, deren Radien halbe Seitenlängen dieses Dreiecks sind. Wählen Sie als Ausgangsfigur ein nur gleichschenkliges Dreieck, halbieren Sie zuerst die Basis, schlagen um ihre Endpunkte zwei einander tangierende Bogen und errichten über den oberen Schenkelreststrecken die Halbkreise.

Rechte Seite: Bogenformen. Oben links: Der Segment- oder »Stichbogen«; er ist quasi ein Teilstück des Halbkreis- oder »Rundbogens«. Vorauszusetzen sind die Spannweite A-B und die Scheitel- oder »Stichhöhe« M-S. Zirkeleinsatz für den Bogenschlag ist dann der Schnittpunkt des Halbierungslotes von A-B mit dem Mittellot der Bogensehne S-B oder S-A. Hier wurde dieses Mittellot beispielsweise exakt konstruiert: als Verbindungslinie der Schnittpunkte zweier gleichweiter Zirkelschläge um B und S. Während der Halbkreisbogen in der Regel konisch zugearbeitete Steine erfordert (Seite 155), setzt man den Stichbogen gewöhnlich aus regelrechten Quadern zusammen und zwar meist aus Ziegeln. Die dabei entstehenden konischen Zwischenräume werden

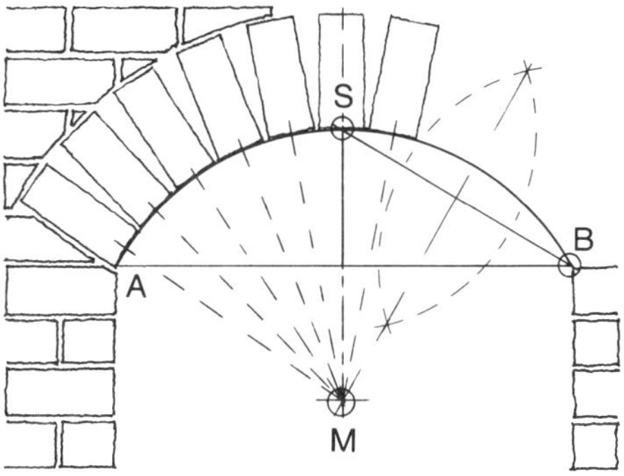

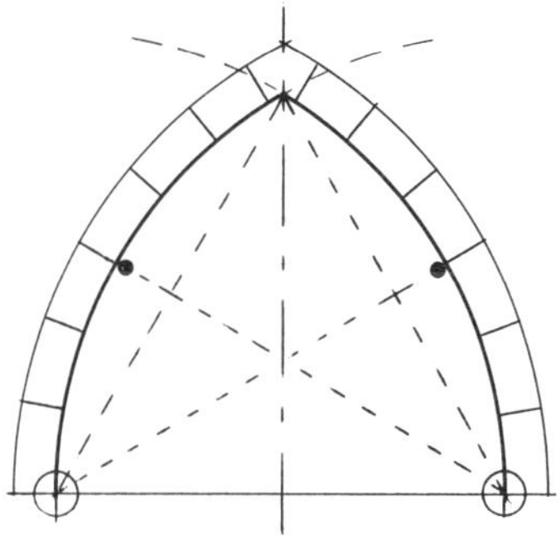

mit Mörtel ausgeglichen (zur Verdeutlichung wurde hier eine extrem kleine Spannweite mit relativ hohem Stich dargestellt). Folgendes gilt für sämtliche Bogenarten: Die Steine, beziehungsweise Fugen, sind genau nach dem Bogenzentrum auszurichten, und im Bogenscheitel sitzt symmetrisch zu den Hälften stets ein Stein (manchmal als »Schlußstein« extra hervorgehoben), nie eine Fuge! Der Korbbogen (Seite 192) wird entweder von einem Stichbogen überspannt und seine Form nachträglich mit Mörtel anmodelliert, oder man gießt ihn als Ganzes aus mit Stahlstäben »moniertem« Beton.

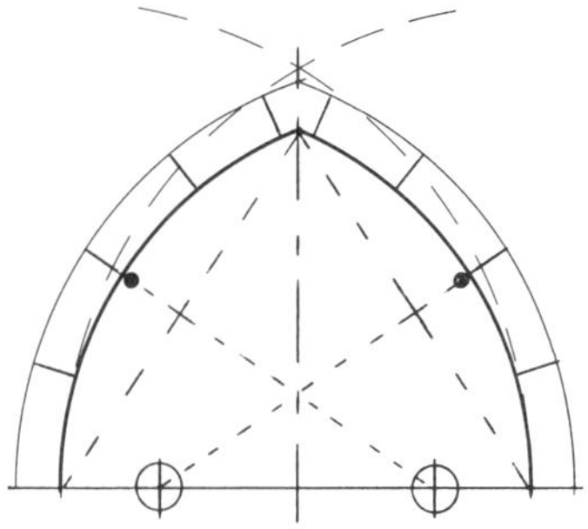

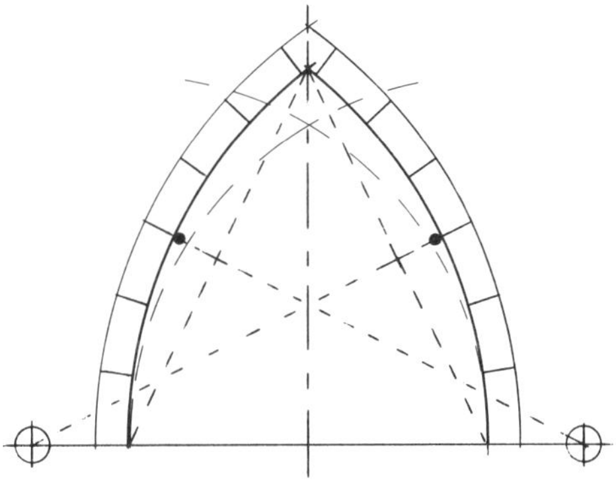

Rechts: Spitzbogen, er setzt sich stets aus zwei Kreisbogen zusammen. Oben: die »klassische« hochgotische und konstruktiv einfachste Form. Sie wird allein von der Spannweite bestimmt, die als Radius fungiert und an deren Endpunkten der Zirkel einsetzt. Infolgedessen umschließt das Bogenfeld ein gleichseitiges Dreieck. Mitte: Die gedrückte, frühgotische Form. Außer der Spannweite ist nun auch die Scheitelhöhe anzugeben. Die beiden Zirkeleinsätze liegen innerhalb der Basislinie als Schnittpunkte mit den Mittelloten durch die beiden Bogensehnen. Zum Vergleich sind die »klassischen« Zirkelschläge gestrichelt angedeutet. Unten: Die überhöhte spätgotische Form. Im Prinzip gilt das gleiche wie für den gedrückten Spitzbogen, wegen des überhöhten Scheitels liegen nun jedoch die Zirkeleinsätze außen auf den Verlängerungen der Basislinie.

Für Spitzbogen benötigt man stets Formsteine (auch bei der »Backsteingotik«!), deren konische Seiten auf die Zirkeleinsätze weisen müssen, so daß die dünnen Mörtelfugen praktisch als parallel begrenzte Flächen erscheinen. Der »Schlußstein« wurde bei Verwendung von Naturstein zunächst als Rohling eingepaßt und später erst den meist profilierten Bogenstücken entsprechend ausgemeißelt. Dabei ließen sich auch die kaum vermeidbaren kleinen Unstimmigkeiten des Zusammenstoßes der Bogenhälften ausgleichen.

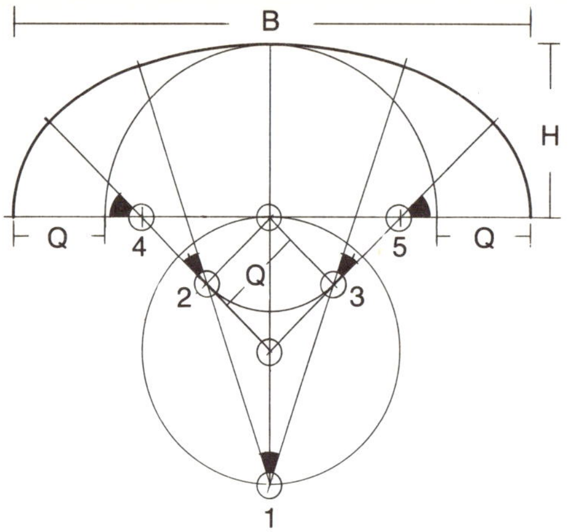

Oben: Der »Korbbogen«: Eine der Halbellipse ähnliche, u. a. für das Rokoko und den Jugendstil typische Wölbungsform, die sich aus Kreisbogen zusammensetzt. Sie erreicht zwar nie eine exakte Ellipsenkontur, bietet aber in der Architektur sowohl optische wie technische Vorteile. Auszugehen ist von der gewünschten Scheitelhöhe (H) und Spannweite (B) des Bogens. Zur Konstruktion schlägt man um die Grundlinienmitte mit Radius H einen Halbkreis, der von der Spannweite beiderseits die Strecken Q abteilt. Sie bilden die Kanten eines an der Grundlinienmitte ansetzenden Übereckquadrates, dessen Diagonale nochmals auf dem Bogenmittellot abgetragen wird (Kreis), um das Zentrum (1) für den ersten Zirkelschlag durch den Bogenscheitel zu erhalten. Die nächsten Zirkelschläge setzen in den seitlichen Quadratecken ein (2 und 3) und fügen sich dem ersten Bogenstück an. Sie werden fortgeführt durch zwei weitere Kreisbogen, deren Zentren Schnittpunkte der verlängerten Quadratkanten mit der Grundlinie sind (4 und 5).

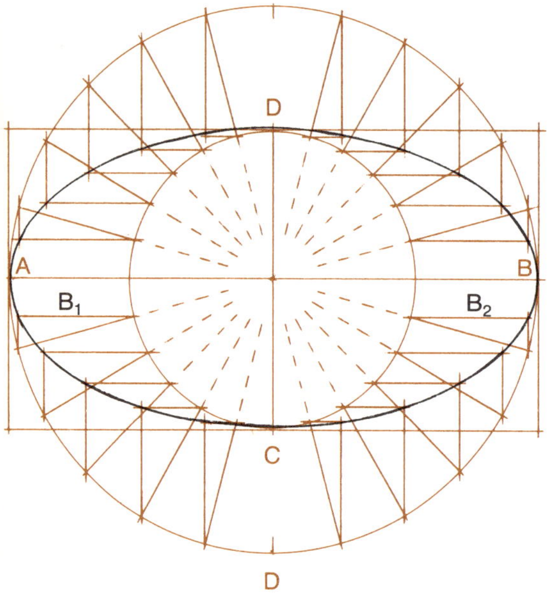

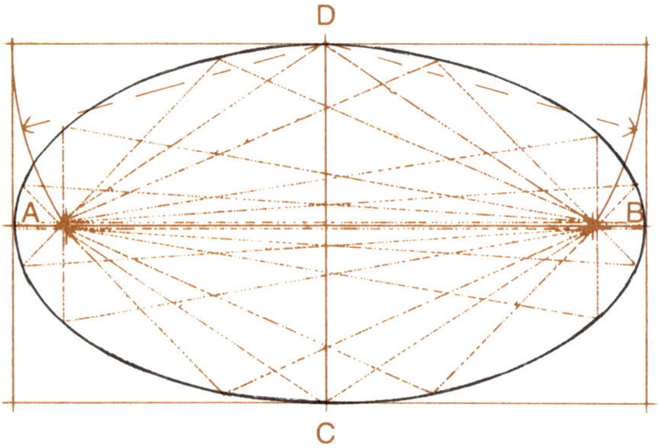

Mitte und unten: Ellipsenkonstruktionen. Gegeben sind die Achsen AB und CD, bzw. das dadurch bestimmte Tangentenrechteck. Oben: Durch zwei konzentrische, die Rechteckseiten tangierende Kreise legen Sie beliebig viele gemeinsame Durchmesser. Dann ziehen Sie durch je zwei benachbarte Schnittpunkte der Durchmesser mit den Kreisen Parallelen zu den Rechteckkanten, die jeweils auf dem gesuchten Ellipsenumriß im rechten Winkel zusammentreffen. Die erhaltenen Winkelspitzen werden freihändig oder mit passend angesetzten Kurvenlinealen verbunden. Unten: Um C oder D schlagen Sie mit dem Radius gleich der Hälfte von AB zwei Kreisbogen, die AB in den beiden Ellipsen-»Brennpunkten« B_1 und B_2 schneiden. Da die Summe der Abstände beider Brennpunkte zur Ellipsenkontur stets gleich der Länge AB ist, können Sie die Kontur folgendermaßen in einem Zug zeichnen: Um Stifte in den Brennpunkten legen Sie eine Schlinge der Fadenlänge $2 \times B_1B$ (oder $2 \times B_2A$); ein in der straffen Schlinge geführter Stift reißt dann die Ellipsenkontur einwandfrei an. Das Verfahren eignet sich besonders zum Zeichnen größerer Ellipsen, z. B. bei Gartenanlagen, deshalb auch die Bezeichnung »Gärtnerellipse«.

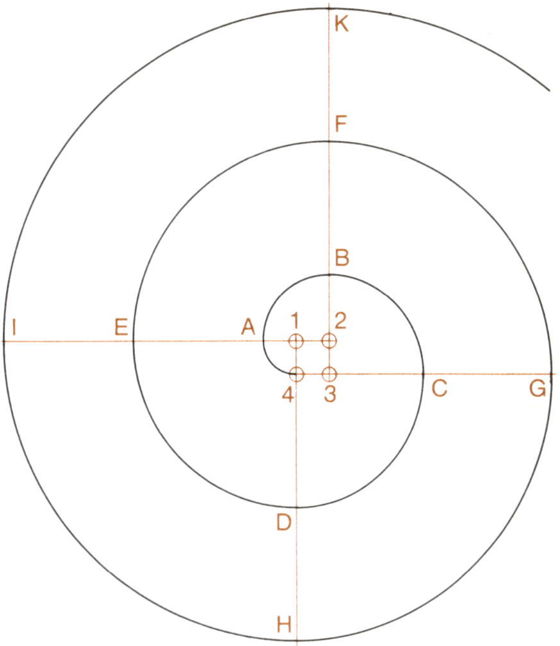

Oben: Einfachste Konstruktion einer Spirale aus Viertelkreisen auf der Basis eines Zentrumquadrates. An seinen vier Ecken setzt in gleichbleibender Reihenfolge der Zirkel ein, der Quadratumfang – hier 4 × 4,5 = 18 mm – ist gleich dem Abstand der Spiralwindungen, ihrer »Steighöhe«. Zunächst werden die Quadratseiten bis zur gewünschten Spiralausdehnung verlängert. Dann schlägt der Zirkel um 1 mit Radius 1–4 den ersten Viertelkreis 4/A, weiter um 2 mit 2–A den Bogen A/B, um 3 mit 3–B den Bogen B/C, um 4 mit 4–C den Bogen C/D. Danach beginnt man wieder in 1 mit Radius 1–D, in 2 mit 2–E und so beliebig fort, bis die gewünschte Windungszahl erreicht ist. Hier geschah der letzte Zirkeleinsatz in 2 mit Radius 2–K. Das Quadrat kann auch durch ein regelmäßiges Vieleck ersetzt werden: je höher die Zahl der Ecken und Seitenverlängerungen, um so gleichmäßiger die Spiralwindung, z. B. aus 6tel, 8el, 12tel-Kreisen usw. Dabei bleibt die Steighöhe ebenfalls gleich dem Vieleckumfang. Die Zentrumsfigur erfordert also wegen ihrer Kleinheit im Vergleich zur Steighöhe jeweils höchste zeichnerische Präzision. Exakteste Spiralen entstehen, wenn Sie um einen in der Mitte fixierten Rundstab einen Faden mit Zeichenstift auf- oder abwickeln.

Unten: Typisches Schmiedeeisen-Ornament der Renaissance, Nachzeichnung eines Fenstergitters aus St. Nicolaus in Aachen, entstanden um 1610. Für eine ähnliche Arbeit wären zunächst vier verschiedene Spiralen in den längs halbierten Umriß im Maßstab 1 : 1 zu zeichnen – nach Berechnung der vier Steighöhen, aus denen wiederum die Kantenlängen der Zentrumsquadrate hervorgehen. Zusammen mit Spiegelungen der vier Spiralen entsteht dann die Flächenfüllung. Sie wird nochmals freihändig als Ganzes überpaust, um dabei noch etwaige Unstimmigkeiten nach Augenmaß zu korrigieren. Schließlich erfolgt der Eintrag aller Steck- und Ringverbindungen sowie der angesetzten Schweifstücke.

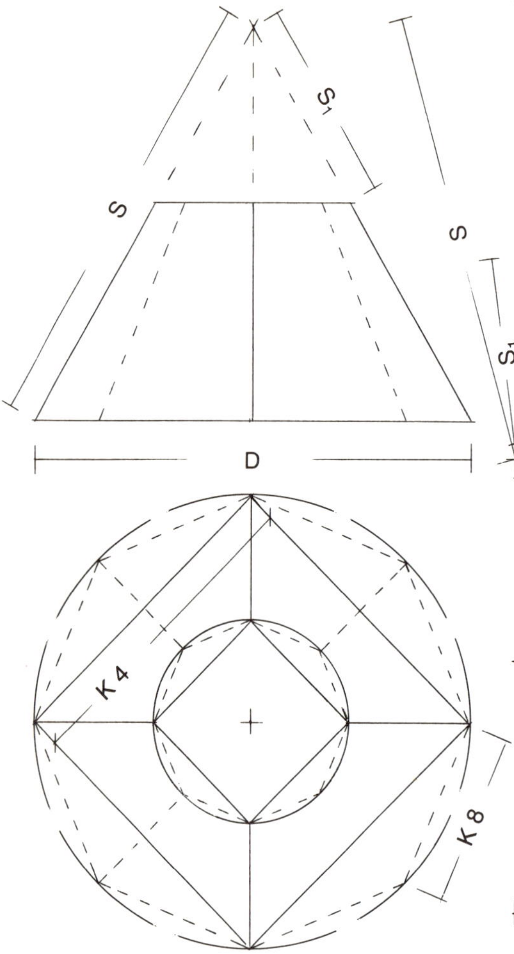

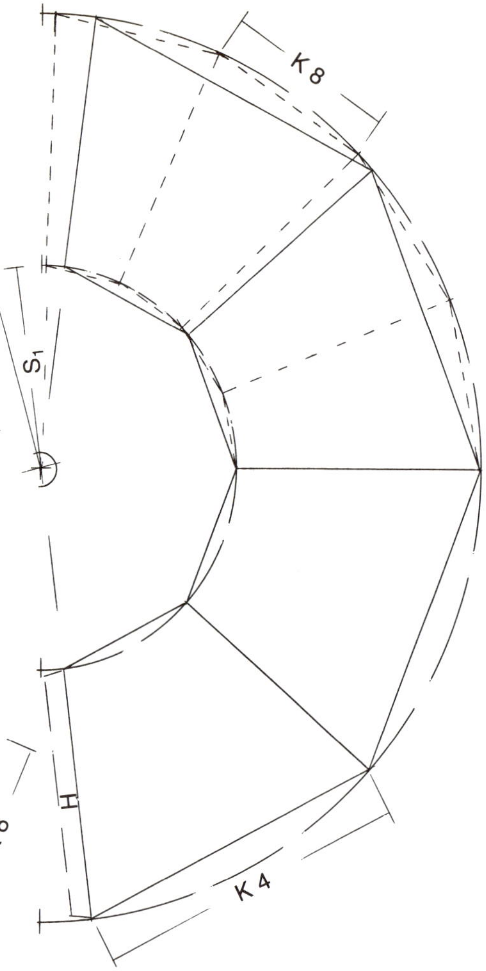

Linke und rechte Seite: Oberflächenabtragung (Abwickelung) von Pyramide und Kegel bzw. ihrer Stümpfe – etwa zum Basteln von Lampenschirmen (dafür gibt es vorgefertigte Drahtgestelle oder sie müssen nach Entwurf hergestellt werden). Voraussetzung für die Abwicklung sind der Grundriß (gleich Draufsicht) und eine Frontalansicht, um die Maße des Durchmessers (D), der ganzen Kegelseitenlänge (S) und Spitzenseitenlänge (S_1), sowie – bei Pyramiden – die untere Kantenlänge zu ermitteln. Daraus ergibt sich die Abwicklungs-Planzeichnung für den Materialzuschnitt. Der Ausführungsplan samt Grundriß und Ansicht ist originalgroß zu zeichnen, um gleich die Zuschnittvorlage auf Packpapier zu erhalten. Mit ihr wird vor der Übertragung auf das Ausführungsmaterial sicherheitshalber die Paßgenauigkeit am Drahtgestell überprüft.

Linke Seite: Vier- und achtseitiger Pyramidenstumpf. Dabei ist der Grundriß praktischerweise so anzuordnen, daß von der dazugehörigen Frontalansicht die wahre Seitenlänge abzulesen ist (das wäre nicht möglich, wenn Sie z. B. das Grundrißquadrat waagerecht-senkrecht in den Kreis zeichnen!). Im übrigen fungieren die Draufsicht- und Zuschnittkreisschläge bei Pyramidenabwicklungen nur als unentbehrliche Hilfe. Bei der Frontalansicht von Stümpfen müssen die Profilkanten in jedem Fall bis zur Spitze verlängert werden, um die Radien S und S_1 für die Zu-

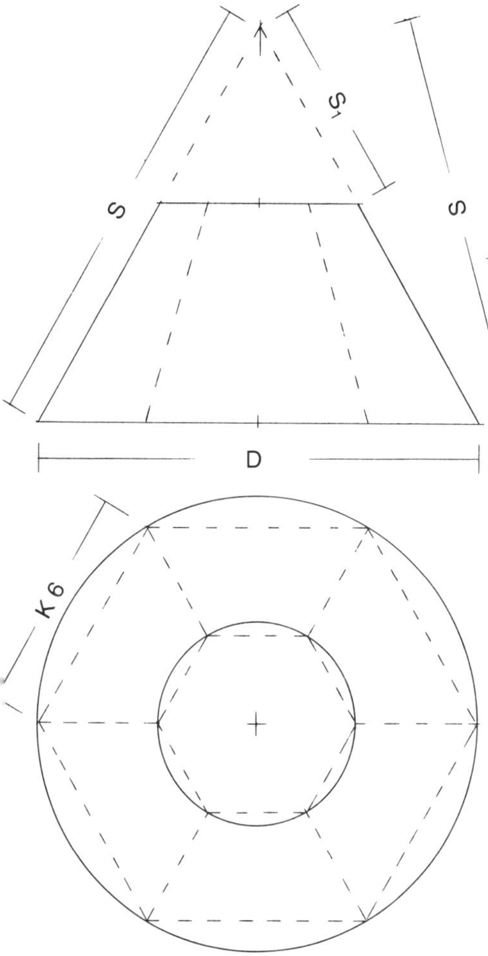

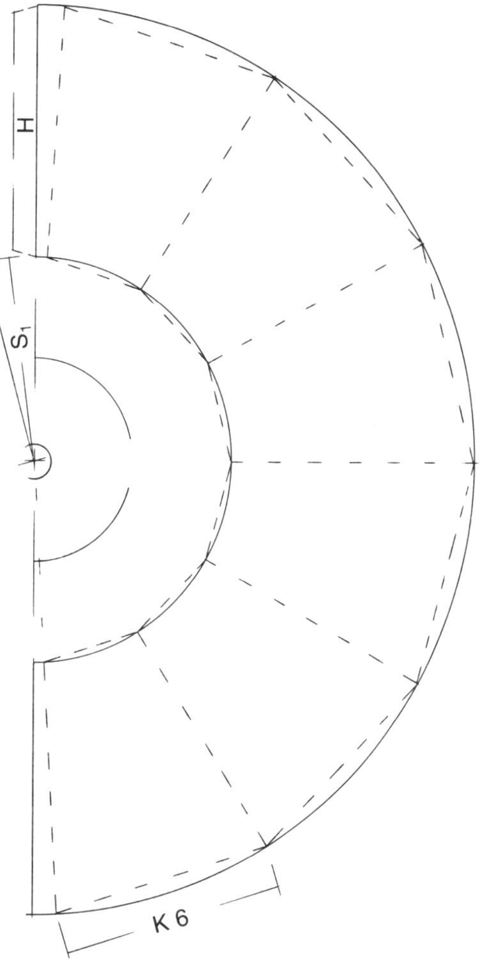

schnittkreisbogen zu erhalten. Auf dem mit Radius S tragen Sie dann die dem Grundriß entnommenen unteren Kantenlängen als Sehnen ab: K4 für den Vierflächner oder K8 für den Achtflächner. Die oberen Kanten ergeben sich nun aus Eckpunktverbindungen zur Kreisbogenmitte (Radien). Wird der zugeschnittene und gefaltete Schirm zusammengeklebt, ist einerseits ein schmaler Heftstreifen (H) zuzugeben.

Rechte Seite: Kegelstumpf mit eingezeichnetem sechsseitigen Pyramidenstumpf. Zunächst ist ebenso vorzugehen wie zuvor, jedoch wäre es schwierig, die Länge des großen Zuschnittkreisbogens abzutragen, sie ist gleich dem Umfang der unteren Kegelfläche, also gleich $D \times 3{,}14$. Zum Abtragen brauchen Sie entweder ein Abrollgerät (»Rollmaß«) oder Sie müßten möglichst kleine Teilstücke reihum mittels Stechzirkel auf dem Bogen aneinandersetzen, was kaum zu einem genauen Resultat führt. Einfacher und absolut zuverlässig ist es, die Winkelöffnung des Zuschnittkreissektors zu berechnen nach der Formel $\frac{D \times 180}{S}$. Hier ist die Seitenlänge S gleich D, infolgedessen umfaßt der Kreissektor einen gestreckten Winkel, also 180 Grad. Ein Vergleich der Zuschnittfläche für den sechsseitigen Pyramidenstumpf zeigt ebenso wie die obige Darstellung, daß der Mantel eines Kegels stets mehr Fläche hat als der einer einbeschriebenen Pyramide.

Komposition

Wörtlich bedeutet dieser Begriff »Zusammensetzung«. In der bildenden Kunst mit allen ihren Sparten ist damit der Aufbau einer Darstellung, die aufeinander bezogene Gruppierung der Bildobjekte gemeint. Zu ihnen kann aber auch durchaus der »leere« Raum zählen (Himmel, ferner Hintergrund, eine weite Wasserfläche), wenn er wesentlichen Anteil am Bildgeschehen hat – denken Sie beispielsweise an gegenständlich nicht ausdrückbare Stimmungen wie »Einsamkeit« oder »Stille«. Im allgemeinen ist die Komposition eine Angelegenheit des persönlichen Empfindens, und sie erscheint im Prinzip als befriedigend gelöst, wenn sich ein zweidimensional dargestelltes Bildgeschehen ganz und gar innerhalb der gegebenen oder frei gewählten Fläche abspielt und außerhalb davon eine Fortsetzung weder zu vermuten noch zu wünschen bleibt. Das gilt auch für »dekorative« Kompositionen, sofern für diese nicht andere Umstände maßgebend sind.

Indessen unterscheidet die analysierende Kunstbetrachtung zumindest drei Anordnungssysteme: die pyramidale, die diagonale und die dreieckige Komposition. Ich erwähne das nur, falls Sie dieser Klassifizierung einige Anregungen entnehmen wollen. Für die Praxis entscheidet natürlich in erster Linie, was mit der Komposition zum Ausdruck kommen soll und wie gleichzeitig eine in sich geschlossene Gesamtwirkung erreicht wird. Dazu die wichtigsten Gesichtspunkte, geltend sowohl für die freie wie angewandte Kunst:

1. Komposition mit einem einzigen, allseits ausstrahlenden oder zu sich hinziehenden Schwerpunkt. Dabei geht es um ein in sich bewegtes oder ruhendes Motiv in relativ weiter Fläche als unbestimmter Hintergrund. Handelt es sich beispielsweise um einen aus dem Dunkel herausleuchtenden Kopf (wie etwa bei einigen späten Selbstporträts Rembrandts), um eine Landschaft oder Architekturszene mit stark dominierendem, gleichsam saugendem Fluchtenzentrum, so braucht solch ein Schwerpunkt durchaus nicht mit der Bildflächenmitte identisch zu sein. Denn wie schon bemerkt, können mehr oder weniger »leer« erscheinende Flächen oftmals erst den eigentlichen Sinn der Darstellung im Schwerpunkt interpretieren. Es ist wie mit einem Tisch, den ein aus dem Zentrum gerücktes Gefäß mit Blumen schmückt: er lädt ein. Stehen die Blumen in der Mitte, mutet der Tisch fast ebenso unnahbar feierlich an wie ein Altar. Ähnlich wirkt die auf absolut symmetrischer Steigerung zur Hauptfigur beruhende Pyramidenkomposition. Deshalb kam sie seit alters her eigentlich nur für sakrale Darstellungen in Betracht.

Symmetrisch und zudem im stabilen Gleichgewicht wäre auch ein bildliches oder ornamentales, nur dekorativ gemeintes Schwerpunktmotiv in einer relativ weiten, jedoch klar und regelmäßig begrenzten Fläche anzuordnen. Oft verlangt eine kahle Fläche geradezu nach irgendeinem Schmuck oder er dient zugleich als symbolischer Hinweis, etwa durch ein Stillleben, ein Wappen, einen Vers oder eine kalligraphische Inschrift. Reizvollste Beispiele finden sich allenthalben bei Architekturen des Rokoko: Die frei gestalteten Einzelornamente dieser Stilperiode sind in sich nie symmetrisch und fungieren dennoch unverkennbar als Schwerpunkt in Bogenscheiteln oder klar umgrenzten Flächen.

Schwieriger zu ermitteln und zu plazieren ist der Schwerpunkt innerhalb einer nicht

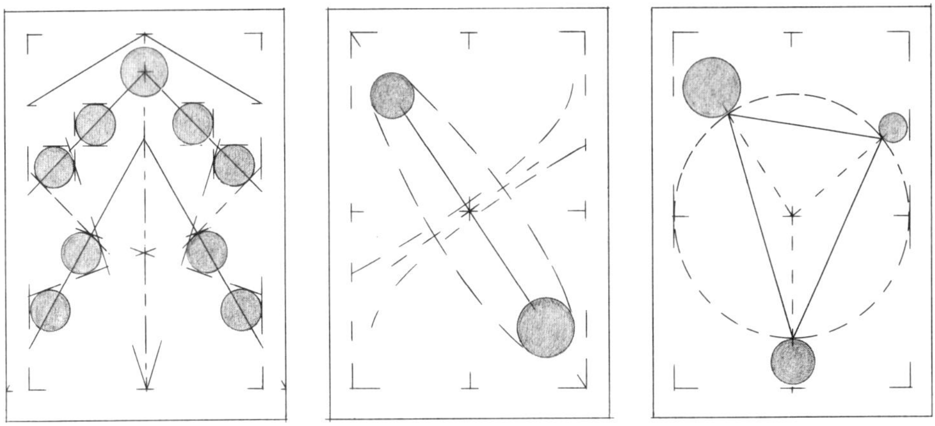

Schematischer Aufbau der Pyramiden-, Diagonal- und Dreieckskomposition. Als »Bildobjekte« gelten die Kreisflächen. Bei figürlichen Darstellungen wären sie als Köpfe aufzufassen, die dann ja das wesentlichste der Szene sind und durch entsprechende Blickrichtungen den Zusammenhang ausdrücken, eventuell unterstützt durch Gesten oder sonstige Bewegungen. Mit völlig richtungslosen Kreisflecken ließe sich bei fast allen Bildmotiven beginnen, um zunächst eine wohlausgewogene Verteilung der Hauptmassen zu erreichen. Anschließend würden die Kreisflächen durch individuelle und infolgedessen weniger regelmäßige Formen ersetzt, die jeweils schon eine bestimmte Richtungstendenz aufweisen – denken Sie an einen Krug mit Henkel und Gießnase, an Zweige, perspektivisch gesehene Flächen und dergleichen. Das kompositionelle Zusammenspiel entsteht entweder aus einem passenden Arrangement der Objekte oder aus entsprechender Wahl des Betrachtungsstandpunktes. Bei gegebenen, nicht willkürlich zu verändernden Situationen haben Sie – im Gegensatz zum Fotografen – aber immer noch die Möglichkeit, Einzelheiten zeichnerisch zusammen- oder auseinanderzurücken, wegzulassen oder abzuändern oder gar nicht Vorhandenes hinzuzufügen. Am freiesten ist man natürlich beim Gestalten abstrakter Bildvisionen, andererseits verlangen derartige Kompositionen wohl noch sensibleres Vorgehen als andere Motive. Auf den obigen Flächen in DIN-A-Proportion sind ringsum Ränder angedeutet: Oben und beiderseits gleich, unten etwas breiter – so, wie man nach bewährter Erfahrung auch Passepartouts einrichtet, damit sie der Darstellung ein stabiles Anschauungsgleichgewicht verleihen.

Links: Ähnliche, an strenge Symmetrie gebundene Aufbauten gibt es häufig bei italienischen Malern des frühen Mittelalters. Hier wurde versucht, die Kreisflächen nicht nur wie früher etwa die Köpfe von Heiligenfiguren unter einem »Dach« und ihre Zentren auf pyramidalen Linien anzuordnen, sondern obendrein in ein symmetrisches Tangentennetz zu spannen (natürlich nur bei der Vorzeichnung!). Solche »Geometrie« garantiert geradezu eine ebenso strenge wie ruhige Gesamtwirkung bei gleichzeitiger Konzentration auf das Wesentliche: den Gesichtsausdruck jeder der stehend bis knieend zu denkenden Gestalten.

Mitte: Die betont einseitige Neigung bei Diagonalkompositionen verlangt in der Regel eine, wenn auch schwächere Gegenbewegung – hier angedeutet durch gegengleich gekrümmte Linien, orientiert an der Neigung ihrer Mittelachse.

Rechts: Der die Bildobjekte einer Dreieckskomposition verbindende Kreis – tangential oder durch die Zentren verlaufend – kann auch über die Flächengrenzen hinausgehen, ohne an zusammenhaltender Wirkung einzubüßen, die ja nur empfunden wird – vorausgesetzt, daß sein Zentrum auf oder doch sehr nahe bei der lotrechten Mittelachse des Bildes liegt. Im übrigen drücken dreieckige Kompositionen vornehmlich im Fluß befindliche Bildgeschehen aus und waren geradezu typisch für die Geisteshaltung zwischen dem frühesten Beginn und dem Ausklang des Barock im Rokoko.

eindeutig begrenzten Fläche: Da sie keinen geometrischen Anhalt bietet, bleibt die Anordnung allein dem persönlichen Empfinden überlassen. Häufig stellt sich diese Aufgabe an Fassaden, wenn ein leerer Raum im Anschluß an Fenster und Eingang durch ein Sgraffito, Mosaik, eine Putzintarsie oder Schmiedearbeit belebt werden soll. Dann bildet eine Zeichnung der gesamten Fassade die Entwurfsgrundlage, über der das gesondert auf Transparentpapier in maßstäblich passender Größe ausgearbeitete Motiv hin und her geschoben wird, bis eine mit dem Ganzen harmonierende Plazierung gefunden ist.

2. Komposition mit zwei oder mehr Schwerpunkten. Dazu gehören zunächst diagonale und dreieckige Anordnungen der Bildobjekte. Zwischen diesen müssen stets Verbindungen bestehen, andernfalls erscheinen sie lediglich als beziehungslos angebrachte Einzelstücke. Die Verbindung kann durch Blickrichtungen, Gesten, angehaltene oder im Fluß befindliche Bewegungen zustande kommen. Oder allein schon durch Formen, die eine bestimmte Richtung ausdrücken im Sinne von Pfeilspitzen – gegeneinander oder auf ein imaginäres Zentrum gerichtet, das dann als Darstellungsschwerpunkt empfunden wird. Bei Diagonalkompositionen verlangt der wohlausgewogene Bildeindruck in der Regel eine Gegenbewegung zur dominierenden Schräge. Ergeben die Schwerpunkte der Komposition ein Dreieck, dessen Spitzen bekanntlich immer durch einen Kreis zu verbinden sind, so entsteht meist schon ohne weiteres Zutun der Eindruck eines zirkulierenden Ablaufes – falls wiederum von den drei Punkten gegeneinander oder zentral gerichtete Verbindungen ausgehen.

3. Eingespannte und Anschnittkompositionen. Erfahrungsgemäß gewinnen manche ohne langwierige Überlegung vor der Natur entstandene Zeichnungen und Malereien, wenn man sie einengt, die Ränder also mit neutralgrauen Kartonstreifen mehr oder weniger abdeckt und hernach das Passepartout oder den Rahmen dementsprechend zurichtet. Eine Konsequenz daraus führte – vornehmlich in der neueren Malerei – zur Anschnitt-Komposition in der Absicht, sich nur auf das Wesentlichste eines Motivs zu beschränken. Als gewisse Parallele dazu könnte man die Methode vor allem mancher Landschaftsmaler und -radierer ansehen, die Bildfläche, zu den Rändern hin verlaufend, ein wenig abzudunkeln – durchaus logisch, zieht man unser natürliches Blickfeld in Betracht (Seite 131). Dem lediglich genießenden Betrachter wird diese Abdunkelung kaum bewußt, er empfindet jedoch die Härte und Enge des Rahmenausschnittes weniger kategorisch und konzentriert sich mehr auf den helleren Mittelraum. Vielleicht noch reizvoller ist das Umgekehrte, insbesondere bei Zeichnungen und Radierungen: Die Linien und Tönungen verschwinden zu den Rändern hin gleichsam im hellen Nebel des Papiers, so daß allein der Passepartout-Ausschnitt das kompositionell beabsichtigte Format markiert (Seite 23).

Einspannungen in einen festen Rahmen, aber ohne Anschnitt der Bildobjekte, spielen im Kunsthandwerk vor allem dann eine wesentliche Rolle, wenn nahezu gleichwertige Flächen mit ihren unterschiedlichen Farben oder Materialstrukturen gegeneinander ausgespielt oder Linien unwillkürlich als Flächenkonturen empfunden werden. Für Scherenschnitte und schmiedeeiserne Arbeiten sind zudem einspannende Rahmen auch technisch das Gegebene. Kompositionell recht interessant sind in diesem Zusammenhang die meisten Zeichnungen und Malereien von Kindern. In ihrem unbekümmerten Eifer füllen sie selbst das größte Blatt bis zum Rand, und wenn es trotzdem nicht reicht, wird mancher Gegenstand kurzerhand umgebogen oder zusammengestaucht. Zuweilen mag es »erlaubt« und reizvoll sein, ähnlich vorzugehen, nur darf dieses Tun nicht in eine billige, gewollt-naive »Mache« ausarten!

Bei regelrechten Kompositionsentwicklungen sollten Sie sich von vornherein niemals auf lineares Vorgehen beschränken, wie es durchweg bei der analysierenden Kunstbetrachtung üblich ist, sondern alsbald Flächen einbauen. Denn die Linie bleibt bei den meisten zweidimensionalen Darstellungen nur Behelf. Infolgedessen bringt einen oftmals die Komposition mittels Papierstücken verschiedener Tonwerte am verläßlichsten zum Ziel. Ganz besonders gilt das für Darstellungen auf der Wand und für Schmuck auf kunsthandwerklichen Gebrauchsgegenständen. In solchen Fällen bedeutet die ebene Fläche die eigentliche Existenzgrundlage der Darstellung. Wird die Fläche optisch »zerschlagen«, etwa durch Plastik vortäuschende Schattierungen, malerische Farbverläufe oder linearperspektivische Mittel, entsteht eine unangenehme Zwitterwirkung. Diese Erkenntnis ist zwar uralt, sie wurde trotzdem häufig vergessen oder mißachtet. Unter anderem beweisen das zahllose bunte Fassadenmalereien aus früherer Zeit wie der Gegenwart (im Alpenraum »Lüftelmalerei« genannt). Es gibt nur eine einzige wahrhaft bewunderungswürdige Ausnahme wider die Regel: die nicht wiederholbaren Meisterwerke der Deckenmalerei des 18. Jahrhunderts.

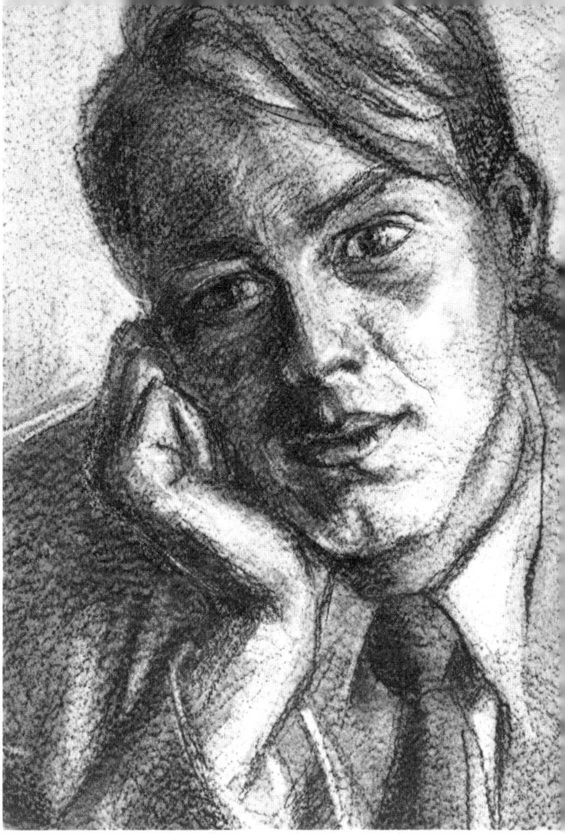

Anschnittkomposition: Portraitstudie »Haie Grau«, Kreide auf extra rauhem Aquarellpapier, die beim Zeichnen total überriebene Fläche zum Schluß mit dem Radiergummi stellenweise aufgelichtet (1/3 der Originalgröße).

Für betont flächenhafte Entwürfe ist also die Papierschnitt-Montage das zuverlässigste und in vieler Hinsicht auch reizvollste Verfahren – mag auch der systematische, in mehrere Stufen aufgeteilte Vorgang zunächst allem künstlerischen Elan zuwider sein und als mühseliger Umweg erscheinen. In Wahrheit gleicht er einer glatten Straße zum nahezu sicheren Erfolg. Dagegen bleibt der auf Anhieb gelingende »genialische Wurf« immer ein seltener Zufall. In der »hohen Kunst« ist es nicht anders: Die gesamte Malerei der großen Meister des Mittelalters beruhte im Prinzip auf einer dreifachen Arbeitsteilung: Komposition und Konturzeichnung / plastische Formmodellierung in Grau aus mattem Grün und Rot / Farbgebung. Und jede dieser Phasen erforderte noch weitere, das ganze Bild umfassende Arbeitsgänge. Wer es den alten Meistern wenigstens im Hinblick auf ähnlich subtile Formen und Farbengluten nachtun will, kann das schwerlich auf kürzerem Weg erreichen.

Die Papierschnitt-Montage vollzieht sich, wie gesagt, ebenfalls in mehreren Phasen. Sie eignet sich besonders für flächenhaft-grafisch aufgefaßte Darstellungen – sowohl auf Innen- und Außenwänden wie im Zusammenhang mit der gesamten Gebrauchskunst. Das Verfahren kann zwar je nach Motiv und Eigenart der Umstände vielfältig variiert werden, im Prinzip aber gilt folgendes:

Zunächst bringen Sie die bereits vorliegenden Einzelstudien auf zueinander passende Größen, pausen sie jeweils auf Transparentpapier und schieben die Stükke neben- oder übereinander – entweder um sie in vorgegebenen Grenzen unterzubringen oder um dafür ein geeignetes Format zu finden. Scheint das gelungen, heften Sie die Teile mit Klebstreifen zusammen und machen davon eine Gesamtpause. Diese – oder sicherheitshalber eine Lichtpause – dient als Grundlage, auf der nochmals die einzelnen nun auf Tonpapier übertragenen und ausgeschnittenen Bildobjekte gruppiert und mit leicht wieder trennbarer Gummilösung (etwa »Fixogum«) angeheftet werden. Es bleiben also bei der damit erzielten Flächenwirkung immer noch Korrekturmöglichkeiten. Eine aufgelegte Klarsichtfolie oder Glasscheibe verleiht dem Ganzen optisch mehr Geschlossenheit und dient gleichzeitig als Unterlage für die endgültige auf die Ausführungsfläche zu übertragende Konturenpauszeichnung.

Der Scherenzuschnitt der verschiedenen Bildobjekte aus Papier führt quasi von selbst zur Straffung der Formen, wobei man die einzelnen Figuren und Gegenstände aus weiteren, überlappenden Teilstücken zusammenfügen kann. Dadurch bleibt nochmals Spielraum für Änderungen, zum Beispiel durch Nuancierung der Haltungsposen bei figürlichen Szenen. Oftmals bringt einen die Beweglichkeit der Einzelpartien überhaupt erst auf die wirkungsstärkste Pose oder Geste. Würden Sie Änderungsversuche mit dem Tusch- oder Farbpinsel direkt auf der Konturen-Lichtpause vornehmen, müßten Sie im Zweifelsfall jedesmal von vorn beginnen.

Für den Zuschnitt eignet sich zwar durchaus handelsübliches »Tonpapier«, das es in mehreren Graustufen bis Schwarz und in wohl einem Dutzend, meist aber sehr grellen Farben gibt. Viel reizvoller gestaltet sich indessen die Montage mittels selbstgestrichenem Papier: Tönungen und Farben lassen sich schon weitestgehend der beabsichtigten Ausführung anpassen, auch im Hinblick auf Materialstrukturen, zumal die Aufstriche ohnehin mehr oder weniger streifig oder wolkig geraten. Sie müssen übrigens beiderseits aufgebracht werden, damit sich das Papier nicht hohl zieht.

Regelrechte Papierschnitt-Montagen kamen erst in den letzten Jahrzehnten auf. Zunächst befaßten sich hin und wieder größere Architekturbüros damit, etwa um die farbige Gestaltung ganzer Straßenzüge in mehreren Versionen vergleichend abzuwägen – samt eventuellem, als Silhouetten aufgeheftetem Baumbestand in erst später zu erwartenden Größenordnungen. Ebenso variabel und informativ sind Montagen von Wandabwickelungen samt Inneneinrichtung, vor allem im Hinblick auf die strukturelle und farbige Zusammenstimmung von Hölzern und Textilien mit Anstrichen oder Tapeten. Als nicht minder reizvoll erweist sich das Verfahren bei originalgroßen Entwürfen zur Ausschmückung kunsthandwerklicher Gegenstände. Allgemein beruht der Vorteil von Papierschnitt-Montagen gegenüber nur »gemalten« Entwürfen wohl darauf, daß sogleich ein der späteren Materialwirkung nahekommender Eindruck entsteht, zumal bei Verwendung handgestrichenen Papieres.

Unten: Landschaftsskizze mit perspektivischem Verschwindepunkt als optisches Darstellungszentrum – nicht identisch mit der Flächenmitte. Da der Weg weder völlig eben noch geradlinig verläuft, haben die Fluchten seiner Ränder und Furchen sowie die der ihn begleitenden Pappeln zwar mehrere Zielpunkte auf und geringfügig unter oder über dem Augenhorizont, dennoch spürt wohl jeder nur das Ende des Weges als Zentrum des Bildgeschehens, obwohl dort alles im fernen Dunst untergeht. Standpunkt und Bildausschnitt wurden so gewählt, daß die Konturen der Gelände- und Bergrücken einen kompositionellen Ausgleich zur allgemeinen Wegrichtung bilden.

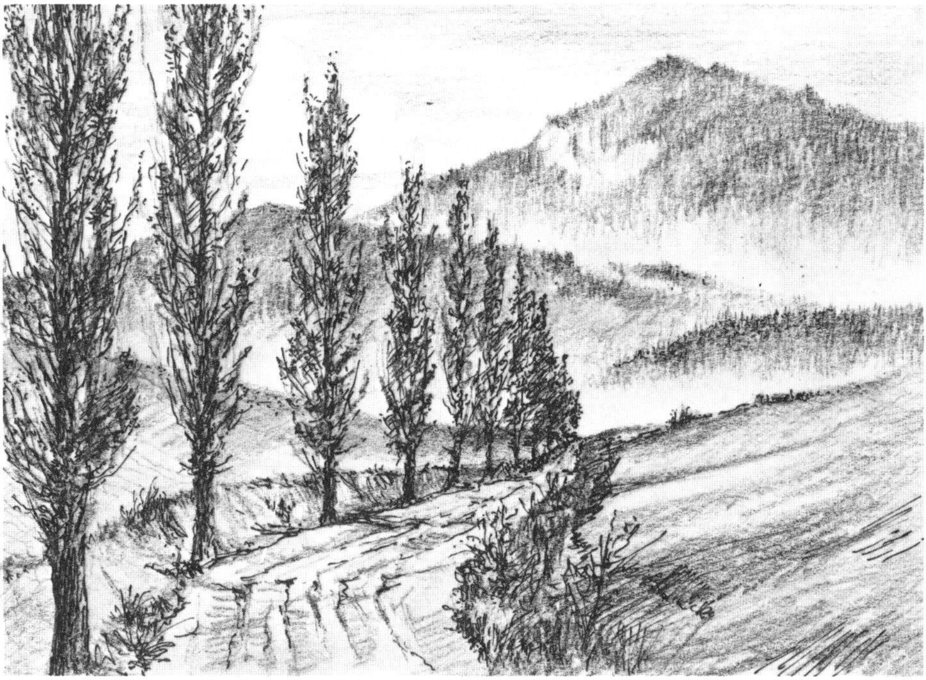

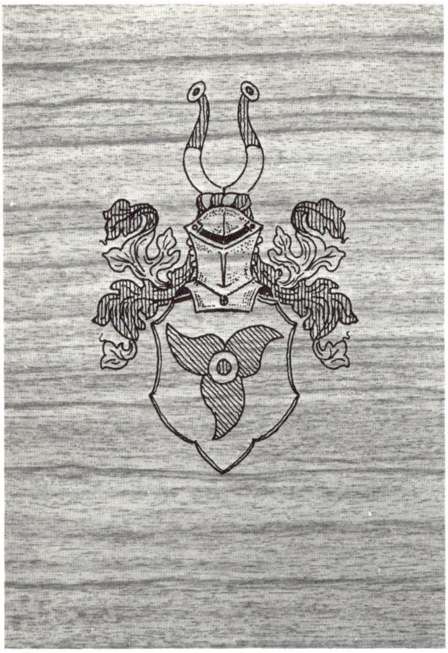

Links: Komposition mit symmetrisch-stabilem Schwerpunkt in einer Strukturfläche: Wappen meiner Familie in der Darstellungsweise des 15. Jahrhunderts, gedacht als Zeichnung mit elektrischem Brennstift auf einer Türfüllung mit querlaufender Holzmaserung, die als »Gegenrichtung« zum Hochformat des Wappens fungiert. Voraussetzung für Ausführungen ähnlicher Art – es könnte z. B. auch ein symbolisches Stilleben, eine Inschrift oder dergleichen sein – ist eine originalgroße, zum Aufpausen bestimmte Zeichnung. Zuvor probiert man ihre Position auf einem, der vorgesehenen Fläche gleichen Karton aus. Das ist besonders dann wichtig, wenn die äußeren Konturen des Objekts frei in die Fläche übergehen und mangels klarer Liniengrenzen sein optisches Zentrum eine Sache des Empfindens bleibt. Hier geben die senkrechten Symmetrieachsen sowohl des Wappens wie der Türfüllung bereits einen zwingenden Anhalt für die Plazierung.

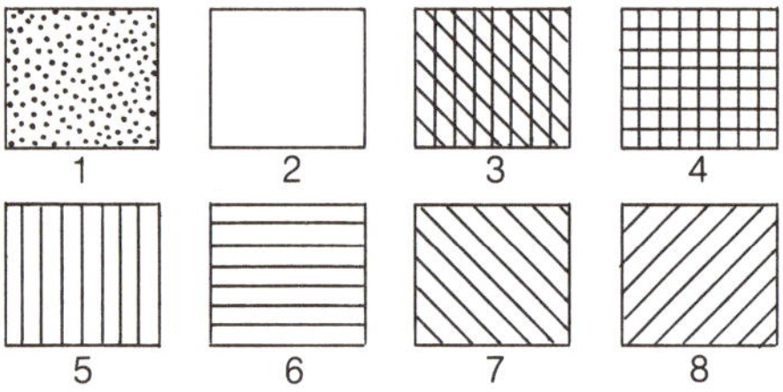

Darunter: Die grafische Wiedergabe heraldischer Darstellungen (Wappen, Zunftschilder, Hausmarken) unterliegt bestimmten Regeln, vor allem hinsichtlich der Farben. Es bedeuten: 1 = Gold oder Gelb (Kadmiumgelb mittel), 2 = Silber oder Weiß, 3 = Braun (Umbra natur), 4 = Schwarz, 5 = Rot (Kadmiumrot mittel), 6 = Blau (Ultramarinblau hell), 7 = Grün (Kobaltgrün), 8 = Purpur (Alizarinrot purpur). Ferner soll Farbe stets auf Metall stehen (oder umgekehrt), niemals Farbe auf Farbe gesetzt werden. Die Formen des Wappenschildes, des Helmes und der »Helmdekke« paßten sich meist der jeweiligen Stilrichtung an, nur die Symbole blieben unverändert.

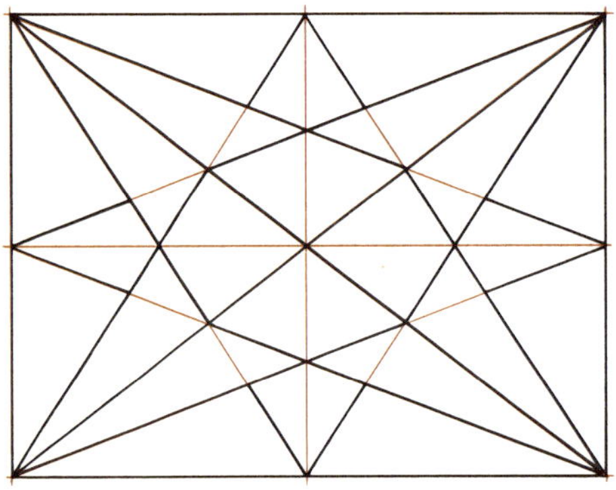

Links: Zweifach gespiegeltes, aus dem Rechteck entwickeltes Ornament mit zentralem Schwerpunkt. Die Grundlage bilden in diesem Fall das Seitenhalbierungskreuz, die Diagonalen des ganzen Rechtecks und die der beiden entstandenen Quer- wie Hochformate. Als Zentralfigur ergibt sich ein in die Breite gezogenes Achteck mit zweierlei Kantenlängen. Auf der Basis des farbigen Linienschemas lassen sich zahlreiche Ornamente ableiten. Die schwarzen Linien zeigen eines, das für die Deckelintarsie der »Schatulle« auf Seite 121 verwendet wurde. Versuchen Sie auch andere regelmäßige Seitenunterteilungen!

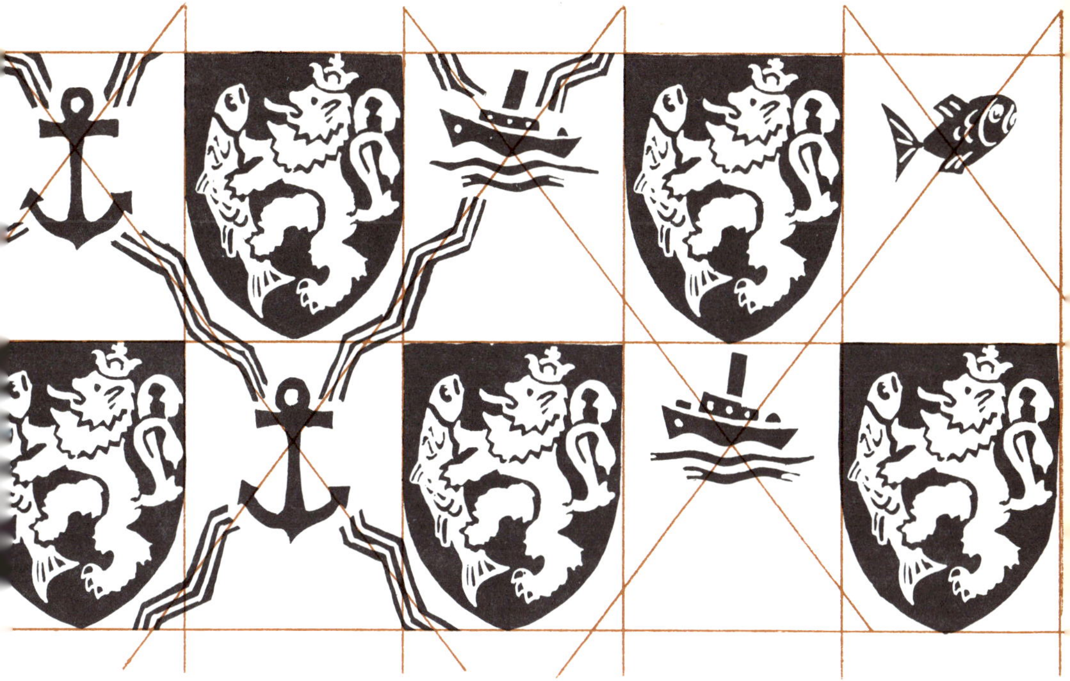

Rapport-Entwurf. Unten: Originalgroßer Ausschnitt, im ganzen als Einband für eine Novellensammlung verwendet (Buchformat 12×19 cm). Zunächst zeichnete ich die vier Motive: das Wappen von Tetschen a. d. Elbe, das Schiff, den Anker und den Fisch. Dann pauste ich sie in jeweils gleicher, diagonal versetzter Anordnung in ein entsprechendes Rechtecknetz (oben) und legte sie mit schwarzer Deckfarbe flächig an. Für die verbindenden Wellenlinien zog ich mit dem Lineal Diagonalstriche als »Richtschnur« und setzte die Wellen frei mit dem Pinsel hinzu. Nach der auf 30×22 cm erweiterten Vorlage wurde fotomechanisch ein Druckstock hergestellt. Soll ein ähnliches Muster für Handdruck mit Linolstempeln entstehen, z. B. auf Vorhangstoff, wären vier Model in entsprechend größerem, jedoch durchweg gleichem Rechteckformat anzufertigen. Allerdings müßten dann die Wellenlinien über eine zusammenfassende Pauszeichnung ebenso aneinandergepaßt werden wie das Rankenmotiv beim Schablonenmuster auf der folgenden Seite.

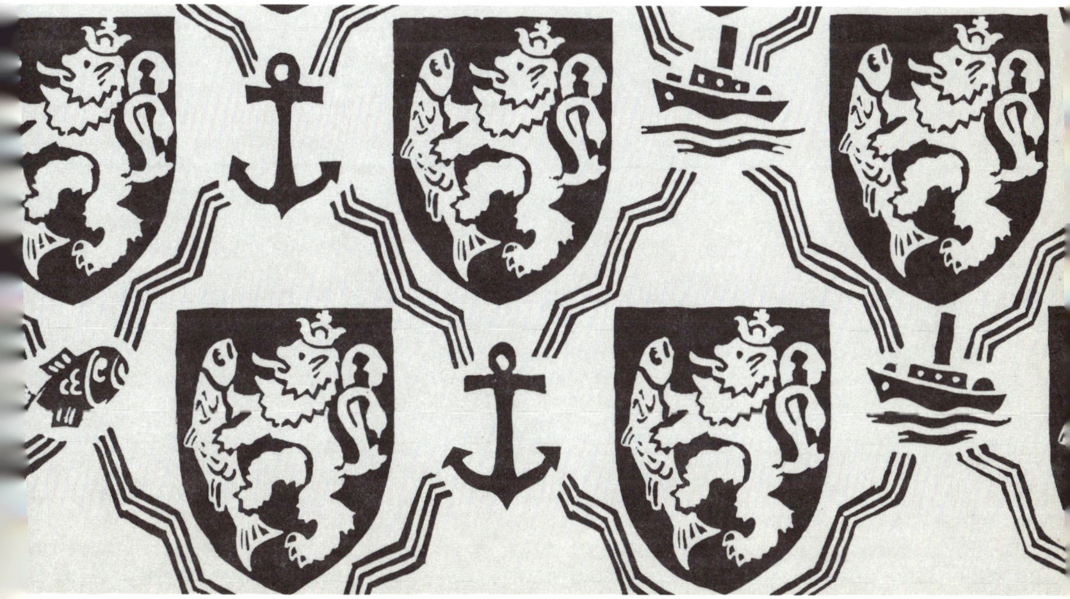

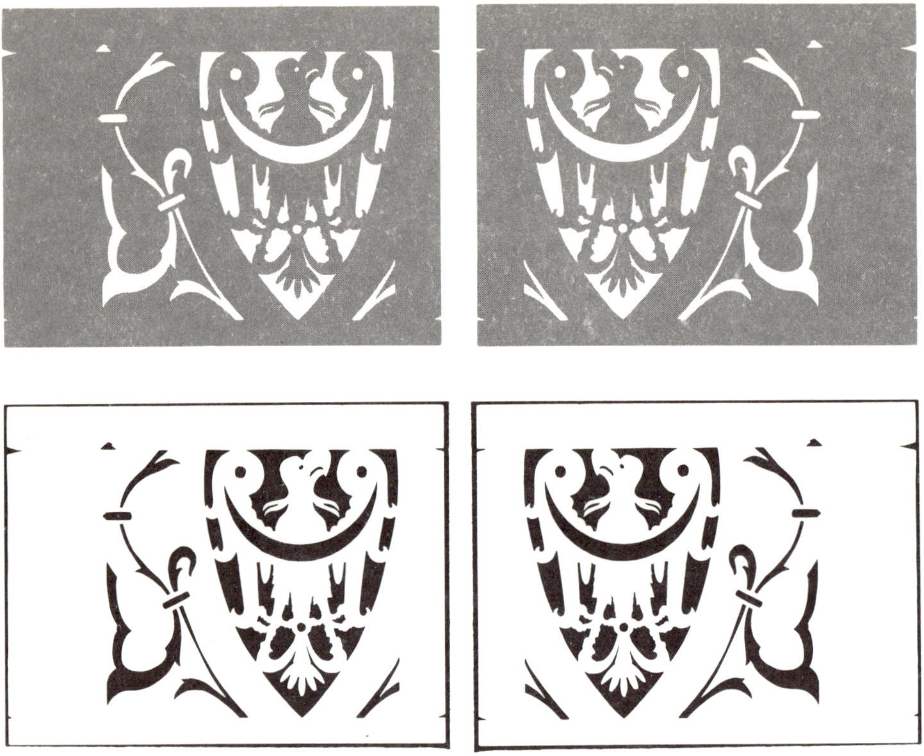

Linke und rechte Seite: Schablone für ein Tapeten- oder Vorhangmuster, auszuführen mit Handaufstrichen. Die Schablone wird beiderseitig aufgelegt, die Abbildung oben zeigt deren vordere wie die umgewendete Seite, darunter die entsprechenden Probeaufstriche. Um jedem Mißverständnis vorzubeugen sei noch einmal ausdrücklich darauf hingewiesen, daß nur eine einzige, beiderseits zu verwendende Schablone benötigt wird! Originalformat des ausgeschnittenen Musters = 15×13,5 cm.

Der Entwurf: Als Hauptmotiv nahm ich die hochgotische Version des schlesischen Adlers, zeichnete zunächst das Wappen und pauste es entsprechend versetzt und gegenwendig in ein Rechtecknetz mit den Kantenlängen 10×13,5 cm. Insgesamt waren mindestens 6 Netzrechtecke nötig, um genügend Anschlüsse für das durchlaufende, ebenfalls hochgotisch stilisierte Rankenmuster zu haben. Nach einigen skizzierenden Versuchen zeichnete ich es zunächst als Ganzes ein und korrigierte anhand von hin- und hergewendeten Teilpausen so lange, bis die Anschlüsse allenthalben glatt ineinander übergingen. Nun nahm ich die endgültige Pause, die außer dem Wappen also nur die Hälfte des symmetrischen Rankenmusters zu enthalten brauchte, übertrug sie auf Schablonenkarton mit sowohl haltgebendem wie schützendem Überstand und schnitt die Zeichnung mit einem scharfen Bastelmesser aus.

Bereits beim Entwurf ist darauf zu achten, daß zum einen der innere Zusammenhalt des Schablonenkartons gewahrt bleibt, zum andern, daß die Anschlußstellen ein wenig überlappen. Dadurch werden sichtbare Zusammenstöße vermieden, außerdem erleichtert es das paßgenaue Anlegen. Dem dienen ferner einige kleine Paßmarken am Schablonenrand (evtl. auch mittendrin), vor allem, um die Waagerechten und Senkrechten des Rechtecknetzes einzuhalten, das mit Schneiderkreide oder weichem Blei genauestens

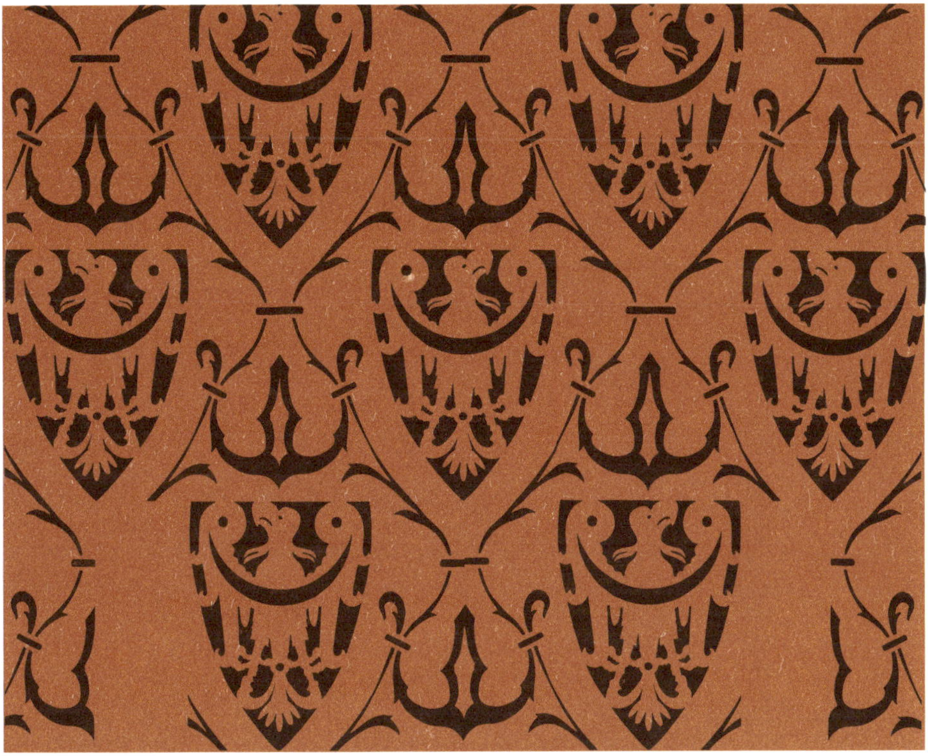

auf dem Gewebe vorzuzeichnen ist (die Marken werden später selbstverständlich nicht schabloniert!). Dann ist die Schablone beiderseits mit wasserfestem Lack einzustreichen, denn sie muß häufig abgewaschen werden. Zur letzten Kontrolle wird ein Versuch auf Papier in ausreichendem Umfang vorgenommen. Sollten sich dabei Unstimmigkeiten herausstellen, die man nicht durch Nachschneiden der Schablone beseitigen kann, bleibt nichts übrig, als nach entsprechender zeichnerischer Korrektur eine neue anzufertigen.

Der Farbauftrag geschieht am besten mit einem kleinen, steifen »Ringpinsel«, der die flach verteilte Farbe senkrecht »stupfend« aufnimmt und nun ebenso durch die auf das Gewebe gepreßte Schablone wieder abgibt, und zwar immer so dünn wie möglich! Das Verfahren hat gegenüber dem Hand- oder besser »Fuß-Drucken« mit Linolstempeln mehrere Vorteile: 1. braucht man bei diesem Muster nur eine Schablone, beim Stempeldruck müßten es drei Model sein: einen mit dem nach rechts, den zweiten mit dem nach links gewendeten Adler (und beide mit den gleichen kurzen Rankenanschlußstücken), dann der dritte Model mit dem Rankenmittelstück; 2. geht es rascher, weil man gleich hintereinander eine diagonale Serie aufbringen kann – genaue Netzzeichnung vorausgesetzt (diagonal deshalb, um die Schablone nicht fortgesetzt abwaschen und umwenden zu müssen, sondern erst beim zweiten, entgegengesetzt laufenden Arbeitsgang; 3. gelingt der »Schablonendruck« fast auf Anhieb einwandfrei, auch auf relativ grobem Gewebe, das sich für Stempeldruck überhaupt nicht eignet.

Die Abbildung oben gibt eine Probe auf Papier wieder. In der untersten Reihe sind zwei halbe Rechtecke leer gelassen, um zu zeigen, daß das Rankenmittelstück lediglich aus dem entsprechenden Teil der Schablone zusammengesetzt und dabei das Wappenrechteck nicht mitschabloniert wird.

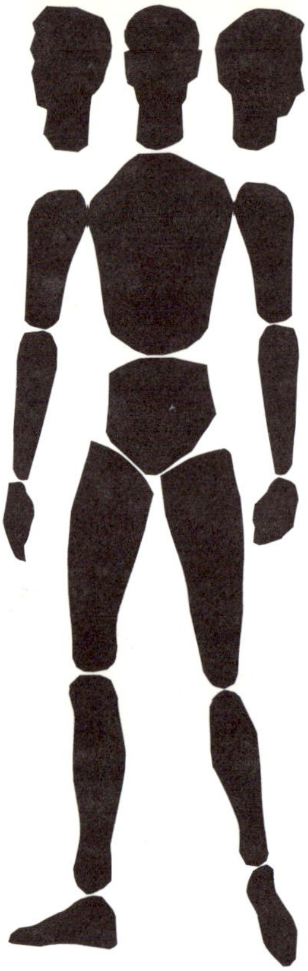

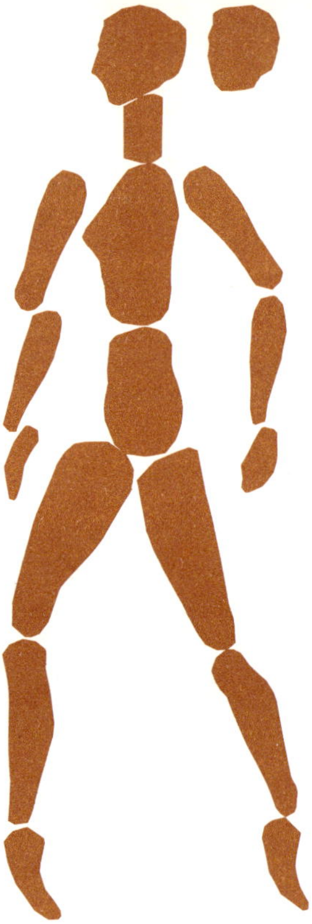

Linke und rechte Seite: Figürliche Papierschnittversuche. Als Material diente schwarzes und rotes Tonpapier und als Proportionsgrundlage das 8stufige Quadratnetz. Als Motive wählte ich Szenen aus einem Ballettsaal, weil dafür zahlreiche Freihandskizzen vorlagen und die eng anliegende Trainingskleidung alle Körperformen noch deutlich erkennen läßt. Auch bei Figuren in Alltagskleidung ist es sicherer, von ähnlichen oder gar Aktsilhouetten auszugehen und erst später die Kleidung in Form von weiteren Papierstücken hinzuzufügen – samt Hut, Tasche, Schirm, Arbeitsgerät oder was auch immer notwendig sein mag. Hier galt es nun, nach den Skizzen die eine oder andere Tanzpose nachzuvollziehen und sie durch Verschieben der Papierstücke möglichst ausdrucksvoll zu arrangieren. Gleichzeitig war dabei ein »Totpunkt« anzustreben (Seite 49), also ein winziger Augenblick des Verharrens, nicht eine Phase mitten im Fluß befindlicher Bewegungen.

Oben: Zunächst waren die einzelnen Körperteile voneinander getrennt auf die Tonpapiere zu zeichnen und zwar nach Maßgabe des bekannten Proportionsgerüstes. Dabei mußte jedem Stück an beiden Enden eine ausreichende »Überlappung« angefügt werden, damit bei Beugungen und anderen Bewegungen zwischen den Teilen keine oder nur geringfügige Lücken entstehen. Beim Ausschneiden kommt es auf differenzierte Konturen und Details gar nicht an, sondern lediglich auf eine unverwechselbare Charakteristik. Außerdem empfiehlt es sich, das Papier doppelt bis dreifach zusammenzuheften, damit man jedes Stück mehrfach zur Verfügung hat und gleich gespiegelte Einzelbewegungen oder ganze Posen in Gegenrichtung montieren und miteinander vergleichen kann. Ebenso praktisch ist es, jeweils mehrere Kopf- und Rumpfwendungen vorzusehen, denn der Reiz des ganzen Verfahrens liegt im Probieren und Vergleichen mit all den damit verbundenen Überraschungen.

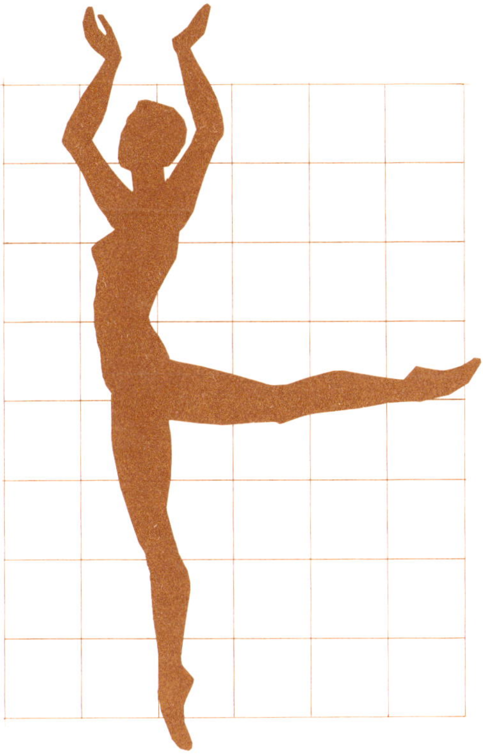

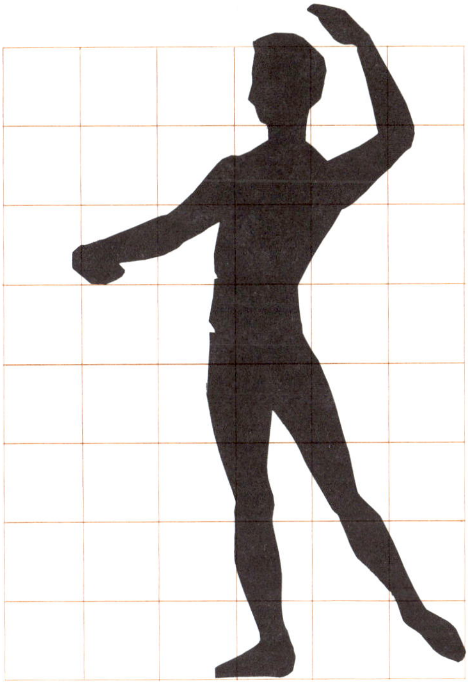

Links oben: Montage der weiblichen Gestalt, am besten auf Transparentpapier oder Klarsichtfolie. Dabei ist in jedem Fall das Quadratnetz unterzulegen. Ohne dieses würde allein schon wegen der Überlappungen eine proportionsgerechte Zusammenstellung schwerlich gelingen.
Rechts oben: Montage der männlichen Figur nach gleichem Verfahren. Es ist unerläßlich, die Figuren zunächst einzeln zusammenzukleben, sie dann erst übereinandergelegt zu betrachten und durch Verschieben die günstigste Zusammenstellung zu erproben. Dabei ergeben sich oft noch Haltungskorrekturen der einzelnen Gestalten, die bei der Montage in einem zu mühsam wären.
Rechts unten: Das Ergebnis nach Ummontieren der die Tänzerin stützenden Hand der männlichen Figur. Anschließend wird von der Klebearbeit (nach Abdecken mit Klarsichtfolie) eine Transparentpause genommen – als Grundlage zur eventuellen Detailarbeit und endgültigen Ausführung.

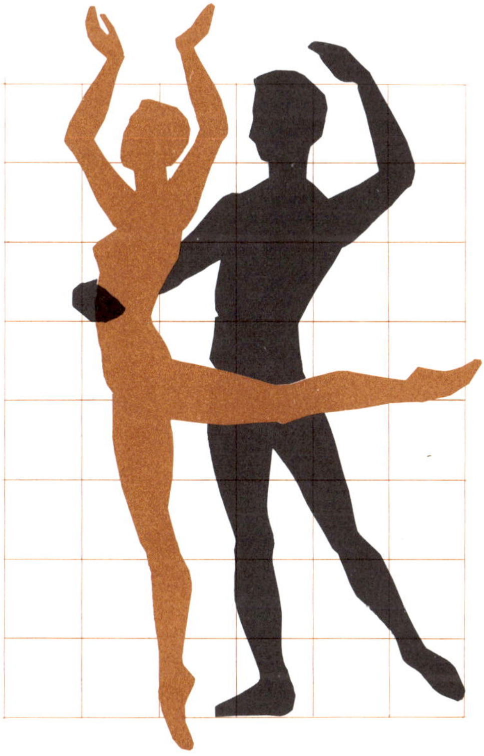

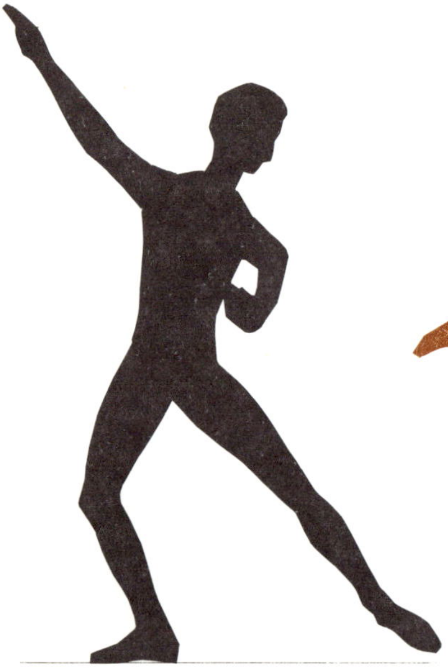

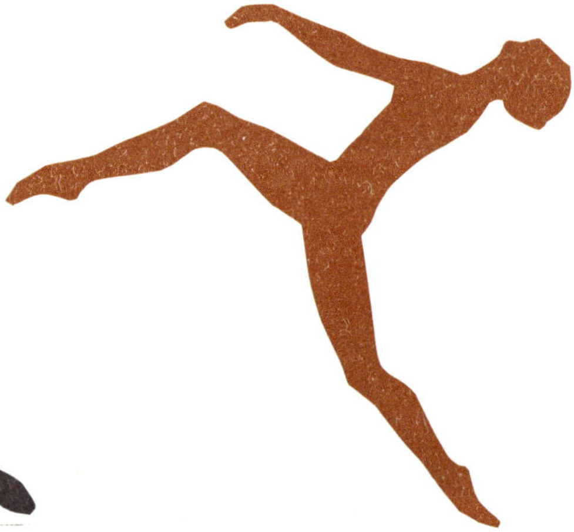

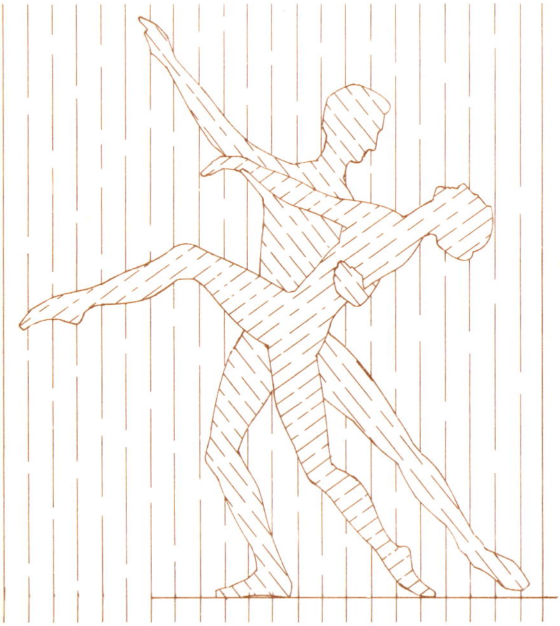

Auf dieser Seite: Entwurf einer weiteren Ballettszene unter Verwendung der gleichen Papierstücke von Seite 206 und nach zuvor geschildertem Verfahren.

Oben: Die beiden Einzelfiguren nach Abnahme vom Quadratnetz. Bei der Montage war zu beachten, daß wegen der stärkeren Körperneigungen die Höhenlinien des Quadratnetzes nicht mehr maßgebend sein können und man die wahren Längen der einzelnen Körperteile auf den Papierstücken vor dem Zusammenfügen markieren und dabei die Überlappungen zum Teil nachschneiden muß.

Unten links: Transparentpause der zusammengefügten Figuren mit entsprechend ummontierter Hand. Lichtpausen von der Durchzeichnung dienten als Werkzeichnung für die Intarsie auf Seite 125. Die eingetragenen Strichelungen galten als Richtschnur für die Wahl der Furnierlaufrichtungen. Ausführung der Intarsie in Rio-Palisander, Esche und Rüster: Schreinermeister Georg Sirch – gedacht als Füllung der Eingangstür zum Übungsraum einer Ballettschule.

Material, Geräte, Einrichtungen

Papier

Die Wahl unter den zahlreichen Arten von Zeichenpapieren richtet sich nach dem Verwendungszweck, dem Zeicheninstrument und der beabsichtigten Wirkung, die unter anderem wesentlich von der Oberflächenstruktur abhängt. In jedem Fall soll das Papier »holzfrei« sein, das heißt, nicht mehr als 15% Holzschliff enthalten, höhere Anteile führen zum vorzeitigen Gilben und Brüchigwerden. Ferner muß es – von wenigen Ausnahmen abgesehen – eine gute Leimung aufweisen, damit Tusche-, Filzschreiber- und Farbstriche nicht ausfließen wie auf Löschpapier, Stifte schon bei leichtestem Druck deutliche Spuren hinterlassen, Radiergummi die Oberfläche kaum angreift. Dabei spielt die Papierstärke zunächst keine Rolle. Sie wird in Gramm pro Quadratmeter angegeben. Ab 250 g/m^2 spricht man von Karton, ab etwa 600 g/m^2 von Pappe mit gleichzeitiger Angabe ihrer Stärke in Millimetern. Im allgemeinen empfiehlt es sich, zum Zeichnen nur Papiere von mindestens 90 g/m^2 zu verwenden.

Glatte Oberflächen eignen sich vornehmlich für technische Zeichnungen, zumal mit sehr dünnen Linien. Rauhe Sorten sind in erster Linie für künstlerische Arbeiten mit gröberen Stift- und Pinselaufträgen gedacht. Im übrigen hat die Oberflächenstruktur nichts mit der Papierqualität zu tun, eher schon Wasserzeichen und Prägestempel. Seitenrichtig betrachtet, weisen diese zuweilen auf die bevorzugt zu verwendende Qualität hin. Fehlen die Zeichen, kann es sich trotzdem um gutes, zudem beiderseits gleich brauchbares Papier handeln.

Verzichten Sie möglichst auf Bahnen von der Rolle (110 bis 157 cm breit), weil die Hantierung mit ihnen unbequem ist und sie ihre Krümmungstendenz erst nach längerer Lagerung und Pressung in kleineren Abschnitten verlieren. Bogen sind wesentlich praktischer, ihre Formate bewegen sich meist zwischen DIN A 0 und A 2. Sie sollten nicht einmal beim Transport eingerollt werden, um kaum mehr entfernbare Knicke zu vermeiden.

Für Skizzen und Studien eignen sich vornehmlich Blocks jeder Größe mit steifer Pappunterlage und Spiralheftung. Für anspruchsvolle Arbeiten sowie flüssige Pinselzeichnungen nehmen Sie besser einen ringsum verklebten »Aquarellblock«, dessen Blätter – fast glatt bis extra rauh – nach vorübergehender Wellung durch schwimmend-nasse Aufträge wieder völlig plan auftrocknen – im Gegensatz zu nur lose eingehefteten Bogen. Ständig eben bleiben nur »kaschierte«, aus mehreren Papierlagen geklebte Zeichenkartons, allerdings kosten sie das 5- bis 20fache einfacher Bogen gleicher Qualität.

Als beste Bogensorten gelten »Büttenpapiere«, die lediglich für künstlerische Zwecke in Betracht kommen. Der Name rührt von der ursprünglichen, zuweilen

1

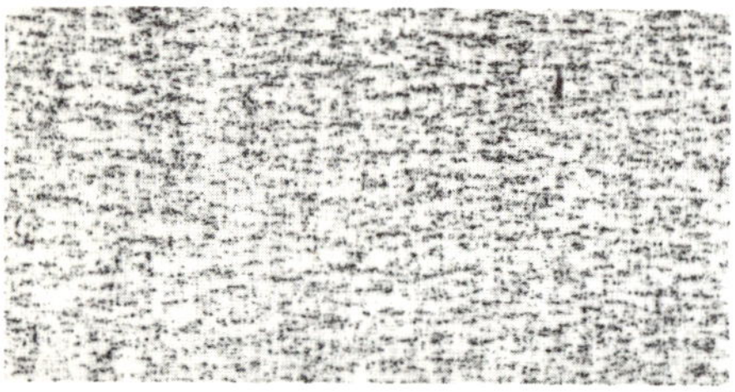

2

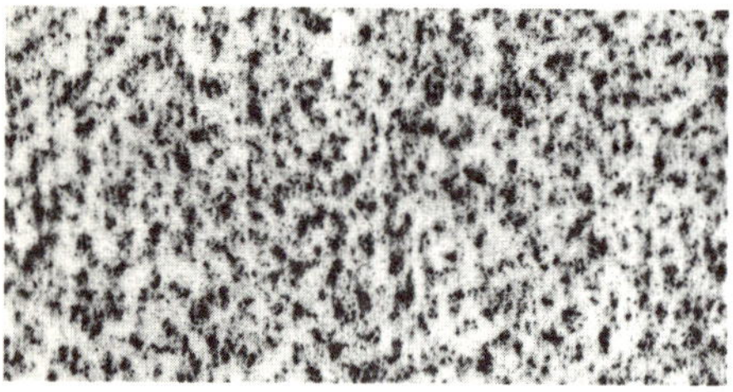

3

4

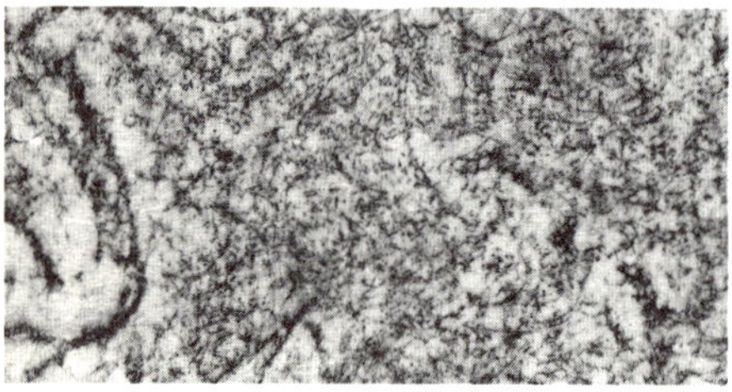

5

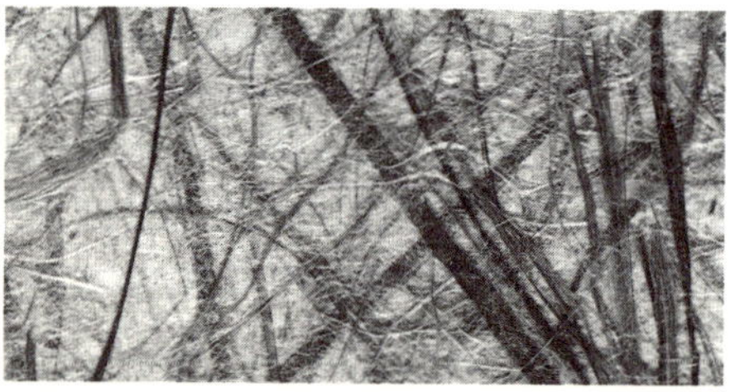

6

Papierarten, zur Verdeutlichung der Oberflächenstruktur mit schwarzer, breit aufgesetzter Kreide überrieben (Originalgrößen). 1 = glattes Zeichenpapier für technische Pläne. 2 = mittelrauhes Papier, geeignet für Zeichnungen aller Art und – bei entsprechender, mindestens 100 g/m² starker Qualität – auch für Aquarell- und Deckfarbenmalerei. 3 = extra rauhe Sorte, für sehr großzügige Kreidezeichnungen (Seite 199) und flotte, »schwimmende« Aquarellaufträge mit dann häufig porös ausfallenden Farbverläufen. 4 = »Ingrespapier« (benannt nach dem französischen Zeichner und Maler J. A. D. Ingres, 1780–1867), praktisch wohl nur für Kreide, evtl. auch grobe Filzschreiber geeignet. Charakteristisch ist die einerseits enge, andererseits etwa 27 mm weite Rippenstruktur, die selbst in deckend zugestrichenen Flächen immer noch erkennbar bleibt. 5 = Japan-Hadernpapier, gut brauchbar nur für flotte Pinselzeichnungen und vom Motiv her zur Struktur passende Linoldrucke. 6 = Japanpapier mit groben Strohhadern (in Wirklichkeit naturbraun auf gelblichem Grund, nicht mit Kreide überrieben). Die beste Wirkung ergeben großzügige, ausgesprochen flächenhafte Darstellungen mit Deckschwarz.

aber auch heute noch üblichen Handfertigung her: Der Papierbrei aus Wasser mit zerkleinerten Baumwoll- und Leinenabfällen wird aus der Bütte auf feinmaschige rechteckige Siebe geschöpft und ergibt nach Trocknung und Pressung jeweils einen Bogen – kenntlich am faserigen, dünn auslaufenden Rand. Dem Sieb eingeflochtene Symbole oder Schriftzüge bewirken eine leichte, im Gegenlicht gut erkennbare Verdünnung der Masse: das Wasserzeichen. Es entsteht bei Maschinenpapieren auf ähnliche Weise.
Immer noch handgeschöpft werden unter anderem echte »Japan-Bütten«, die aber auch aus anderen ostasiatischen Ländern kommen. Sie bestehen im allgemeinen aus Fasern einer Maulbeerbaum- oder Ginsterart und haben niemals Wasserzei-

chen. Manche Sorten enthalten feine bis grobe, weiße oder braune Hadern von Weizen- beziehungsweise Reisstroh. Da die Bogenränder sehr unregelmäßig ausfallen, kommen sie häufig schon beschnitten in den Handel. Alle Japan-Bütten eignen sich vorzüglich für Pinselzeichnungen, glatte Sorten auch für Kreideaufträge und Linoldrucke, kaum aber für Blei- und Federzeichnungen. In vielen Fällen reichen schon Stärken von 30 g/m^2, dickste Sorten wiegen bis zu 400 g/m^2.

Manche Maschinenpapiere enthalten fluoreszierende »Aufheller«, damit sie »blütenweiß« aussehen. Für Pinselzeichnungen mit Verlauftönen sind sie ungeeignet, weil deren Ränder dunkel zusammenrinnen und Farben an Klarheit einbüßen. Wählen Sie für solche Arbeiten aufhellerfreie Sorten, zum Teil sind sie mit der Prägung »profluoro« versehen. Ihr leichter Grau- oder Gelbstich wird oft sogar angenehmer empfunden als grelles Weiß, zumindest bei künstlerischen Zeichnungen. Dafür sind auch in der Masse gefärbte »Tonpapiere« gedacht, die aber aufgrund ihrer geringen Qualität bald ausbleichen oder vergrauen. Lichtechte Tönungen stellen Sie durch breitflächigflotte Aufstriche mit Künstler-Aquarellfarben auf hochwertigen Bogen her. Die unvermeidbaren feinen Pinselspuren erscheinen zudem lebendiger als einheitlich glatte Färbungen.

Transparentpapiere dienen nur zum Durchzeichnen und für Lichtpausen-Originale. Sie sind äußerst feuchtigkeitsempfindlich, wellen sich bereits unter der aufliegenden Hand und werden unrettbar beulig bei flüssigen Aufträgen, außerdem vertragen sie keine ständige Lichteinwirkung. Die meisten Transparentsorten nehmen nur Blei-, Tusche- und Filzschreiberstriche gut an, Kugelschreiber färben schlechter ab und klecksen alsbald. Zum Durchzeichnen eignen sich Stärken um 80 g/m^2 besser als die schwereren, für wertvolle Lichtpausen-Originale bestimmten Sorten. Lichtpauspapier besitzt eine ähnliche Beschichtung wie Fotopapier, die Kopie erscheint jedoch ebenso positiv wie das transparente Original und ist in wenigen Sekunden herzustellen. Da die Pausen meist nur vorübergehenden Zwecken dienen, wird gewöhnlich kein hochwertiges Papier angeboten. Allerdings gibt es bessere, wenig gilbende und entsprechend teuere Qualitäten, etwa für Architektur-Schaubilder. Lassen Sie sich bei Bedarf an Hand von Proben beraten.

Zum Schluß noch einige Tips für den Papierzuschnitt: Von der Rolle nimmt man zunächst Teilstücke zum Lagern und Pressen und schneidet dann erst nach winkelrechter Anzeichnung an. Bogen sind bereits genau rechtwinklig und so genügt es, die gewünschte Teilung einseitig abzumessen und den Bogen dort kantenparallel zu falten, den Bruch fest anzudrücken und mit einem großen, flach geführten Messer durchzutrennen. Der faserige Rand wird gegebenenfalls mit der Schere begradigt. Zur unmittelbar linealgeraden Trennung messen Sie beiderseits genau ab, legen einen längeren, mindestens 10 cm breiten Streifen aus absolut eben stehender, kaschierter Pappe auf (den linealgeraden Zuschnitt besorgt jede Druckerei oder Buchbinderei auf der Maschine), drücken ihn kräftig an und trennen mit einem kantendicht geführten scharfen Bastlermesser durch. Schmale Stahllineale lassen sich viel weniger sicher anpressen als breite, etwa 3 mm dicke Pappstreifen.

Zeichenstifte und Fixative

Meistbenutztes Zeicheninstrument ist immer noch der »Bleistift«, dessen abfärbende Substanz aber schon längst nur noch aus Graphit besteht (kristalliner Kohlenstoff), mit Zusätzen von Tonerde. Sie bestimmen den jeweiligen Härtegrad des sehr weichen Ausgangsmaterials, eingeteilt in etwa 16 Stufen: Ein H mit ansteigender Ziffer weist auf zunehmende Härte, ein B in gleicher Weise auf zunehmende Weichheit, die Härten H, HB und B stehen in der Mitte der Skala. Wesentlich praktischer als die fast schon museumsreifen Holzfassungen sind Halter (»Fall-« oder »Druckstifte«) für auswechselbare Minen. Da sie ab 3B etwas stärker ausfallen als die härteren, brauchen Sie zweierlei Halter oder ein Universalinstrument. Das Anschleifen der Minen geschieht mit einer Feile oder feinem Glaspapier (zum Abreißen auf einem Handgriffbrettchen im Handel). Für technisches Zeichnen mit nahezu gleichmäßig dünnen Linien gibt es halbautomatisch funktionierende Feinminen-Druckstifte für 0,2 bis 0,9 mm dikke Bleieinsätze aller Härtegrade. Fingerdicke, sehr weiche Graphitminen ohne Fassung sind für künstlerische Arbeiten in impressionistisch-flotter Manier gedacht. Das gilt ebenso für holzgefaßte, breite Stifte ähnlich denen, die Zimmerleute verwenden, jedoch weicher, etwa um 4B. Die vielseitige Verwendung von Bleistiften beruht auf der bequemen Radierfähigkeit mittlerer Härten, während weiche schmieren und die härtesten oft untilgbare Rillen im Papier hinterlassen.

Am weichsten und heikelsten unter allen Zeichenstiften ist die Holzkohle, beste Sorten bestehen aus unter Luftabschluß geglühten Lindenzweigen. Der Umgang damit hat nicht zuletzt großen Übungswert und wird deshalb allen Anfängern im künstlerischen Zeichenunterricht fast aufgezwungen: Kein anderes Material verlangt so viel Fingerspitzengefühl und Zügelung des Temperaments trotz flottester Arbeitsweise, um sowohl lichteste Grautöne wie tiefste Schwärzen zu erzielen. Kohle verführt allerdings von vornherein zum Schmieren und gerade das soll vermieden werden – nur äußerst behutsames, sparsames Wischen mag gelegentlich »erlaubt« sein. Anschließend kann man mit dem spitz geformten Knetgummi wieder auflichten, wo es angebracht erscheint. Eine wirklich »gekonnte« Kohlezeichnung beweist schon eine gewisse Meisterschaft im zeichnerischen Handwerk.

Weniger weich und präziser zu handhaben als Kohle sind schwarze Kreideminen, passend in den stärkeren Druckstift, zu haben aber auch als etwa 6 mm dicke Stücke mit quadratischem oder rundem Querschnitt. Die Bezeichnung »Kreide« hat sich seit jeher für alle »Weichzeichner« eingebürgert. Dazu gehören noch der Rötel (ebenfalls auch als Druckstift-Mine erhältlich) und die in etwa 1000 Farbtönen angebotenen zentimeterdicken Pastellstifte. Als schwarze Substanz dient reiner Kohlenstoff, Rötel ist ein natürlicher Rotocker, Pastellkreiden enthalten die gleichen natürlichen oder künstlich hergestellten Pigmente wie all unsere Mal- und Anstrichfarben, jedoch versetzt mit hellen Füllstoffen (Tonerde, Naturkreide). Sie bewirken den sprichwörtlich sanftfarbigen Pastellcharakter. Die Stifte werden zwar überwiegend in fertigen Sortimenten angeboten, sind aber auch einzeln zu haben. Achten Sie bei der Auswahl nach Katalog auf die jeweiligen Lichtbeständigkeits-Vermerke.

Schließlich gibt es noch eine Anzahl Farbstifte anderer Art – holzgefaßt oder als zentimeterdicke Minen, versetzt mit Öl, Wachs oder Leim als Haftmittel und dementsprechend verwaschbar mit Terpentin oder Wasser. All diese Stifte dienen entweder zum »Kolorieren«, dem farbigen Antönen insbesondere von Federzeichnungen oder Lichtpausen – oder zum freien Skizzieren, weniger für anspruchsvolle Malereien, zumal über die Lichtechtheit nichts zu erfahren ist.

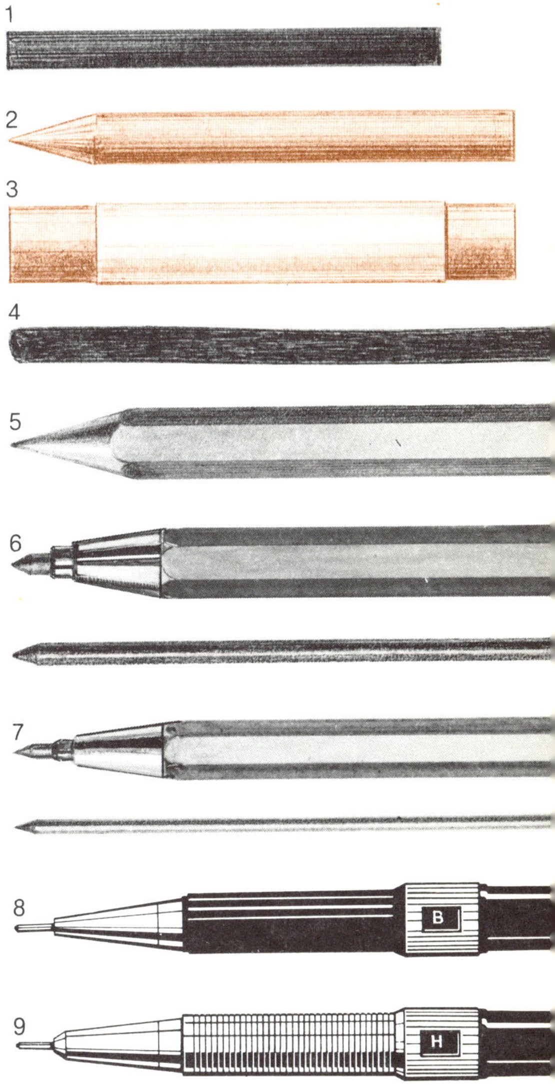

Rechts: Zeichenstifte in Originalgröße. 1 = »sibirische« Preßkohle oder »Pittkreide«. Der Stift mit quadratischem Querschnitt ist auch als »Sepia« (Umbrapigment) erhältlich. 2 = Rötel, ein schon im Altertum häufig gebrauchter Zeichenstift aus natürlichem Rotocker. 3 = üblicher Pastellstift in Papierhülle, die Stücke muß man nötigenfalls selbst anspitzen. 4 = natürliche Holzkohle, beste Qualität ergeben unter Luftabschluß geglühte Lindenzweige. 5 = massiver Graphitstift (meist 3 bis 6B), geeignet für großformatige Zeichnungen in flotter impressionistischer Auffassung.

6 = »Druck«- oder »Fallstift« für Bleiminen ab 3B sowie für schwarze, weiße und Rötelminen. Darunter eine Mine entsprechender Dicke (etwa 3,2 bis 3,5 mm). Seit einiger Zeit gibt es solche Minen auch in etwa 20 Buntfarben, hauptsächlich gedacht für farbig anzulegende technische Zeichnungen. 7 = die gleiche Stiftart wie 6, jedoch nur geeignet für dünne Bleiminen (darunter) zwischen B und 8H von durchweg 2 mm Durchmesser. Es gibt zwar Universal-Fallstifte für Minen von 2,0 bis 3,5 mm, sie haben sich jedoch bislang in der Praxis nicht immer bewährt: zuweilen halten dünne Minen nicht sicher oder dicke brechen durch. Im übrigen müssen beide Minenarten für feine Linien häufig mit Sandpapier oder in einem Spezialgerät zugeschliffen werden.

8 = Feinminen-Fallstift. Davon gibt es jeweils vier Ausführungen, weil die in einem winzigen Röhrchen geführten, relativ bruchfesten Polymer-Minen in neun Härtegraden vier Stärken von nur 0,3, 0,5, 0,7 und 0,9 mm aufweisen; deshalb ist auch jedes Anspitzen überflüssig! Aus einer drehbaren Anzeige geht hervor, welche Minen im Stift zu verwenden beziehungsweise vorhanden sind. 9 = im Prinzip wie 8, jedoch geht das Führungsröhrchen beim Zeichnen etwas zurück, so daß man die Mine nicht so oft wie bei 8 nachdrücken muß. (8 und 9: Werkzeichnungen der Firma Faber-Castell.)

Während die eben genannten Stifte sogleich oder nach kurzer Zeit wischfest haften, bleiben Weichzeichner- und Bleistriche ständig verwischbar. Fertige Zeichnungen mit diesen Instrumenten müssen also »fixiert« werden. Als Fixativ dienen heutzutage vornehmlich Kunstharzlösungen, gebrauchsfertig in Sprühdosen zu haben. Besonders praktisch sind Fabrikate, die für sämtliche Weichzeichner geeignet sind, nicht nur für einzelne, wie etwa für Pastell. Es gibt auch Flaschenabfüllungen und dazu ein Blasröhrchen, beides bringt aber kaum Vorteile und zudem gelingt die Sprühung damit nie so gleichmäßig fein wie mit der Gasdruck-Dose.

Fixiert wird folgendermaßen: Sie legen die Zeichnung waagerecht auf ein ringsum reichlich überstehendes Schutzpapier und sprühen aus etwa 40 cm Abstand schräg auf – flott hin- und herfahrend, gleichmäßig und vor allem sehr dünn! Schwimmend nasse Aufträge könnten verlaufen, es soll nur jedesmal ein Hauch aufgebracht werden – wiederholt nach 15 bis 20 Minuten, bis auch dickste Strichlagen wischfest sind. Prüfen Sie das durch kräftiges Aufdrücken weißen Zellstoffes und fixieren Sie bei seitlich einfallendem Licht, um an der Spiegelung die jeweilige Sprühmenge zu kontrollieren. Unter den Universalfixativen können Sie zwischen matt oder seidenglänzend auftrocknenden wählen.

Gewarnt sei schließlich vor einem unbedachten Fixieren von Zeichnungen aus verschiedenem Material, zum Beispiel Kombinationen von Farbstiften aller Art mit Tinten, löslich bleibenden Tuschen, Filz- oder Kugelschreibern, die das Fixativ zuweilen auslaufen läßt. Machen Sie dann zuvor Versuche an Probeaufstrichen.

Federn, Füller, Tuschen

Als urtümlichstes Zeichengerät ist wohl die Bambus- oder Rohrfeder anzusehen, die man auch selbst aus heimischen Schilfarten zurechtschneiden kann. Besser und dauerhafter sind jedoch die gebrauchsfertig erhältlichen aus Ostasien. Allesamt lassen sie nur relativ grobe, wenig differenzierbare Striche zu, dennoch gibt es Künstler, die Rohrfedern allen anderen vorziehen – wie seinerzeit van Gogh.

Dagegen erlauben die erst im 19. Jahrhundert erfundenen Stahlfedern ähnlich ausdrucksvoll an- und abschwellende Linien wie einst die ähnlich zugerichteten Gänse- oder Truthahnkiele – falls hochelastischer Stahl verwendet wird wie etwa für »Stenofedern«. Sie eignen sich zum flotten Zeichnen oft besser als all die anderen großen und kleinen, nadel- oder kugelspitzen Spezialarten.

Seit geraumer Zeit gibt es auch Zeichen-Füllhalter mit auswechselbaren Federn mannigfacher Art. Alles in allem finde ich diese Instrumente jedoch weder sonderlich bequem noch verläßlich, zudem sind sie erheblich teurer als etwa ein halbes Dutzend einfacher Halter mit einem ganzen Sortiment gewöhnlicher Zeichenfedern. Hervorragend funktionieren indessen Füllhalter mit »Trichter-Federn« für technisches Zeichnen. Die auswechselbaren Kopfstücke enden in feinen Röhrchen und ergeben jeweils gleichbleibende Strichstärken von 0,18 bis 2,0 mm. Die Tusche-Nachfüllung geschieht durch Einträufeln oder Einsatz einer Spezialpatrone.

Während man mit den Trichter-Instrumenten auch recht gut freihändig arbeiten kann, eignen sich »Ziehfedern« nur für Linealstriche und als Zirkeleinsätze. Ein erstklassiges Fabrikat mit ausschwenkbarer Zunge zur bequemen Reinigung sowie Skalen-Einstellschraube für bestimmte Strichstärken ersetzt einen Trichterfüller mit sämtlichen Kopfstücken, die sich eigentlich nur bei täglichem Gebrauch und für Präzisionszeichnungen mit genormten Linienbreiten lohnen. Warnen möchte ich jedenfalls vor »billigen«, nichts als Verdruß bereitenden Ziehfedern. Die öfter vorzunehmende Füllung geschieht mittels einer Tropfpatrone – ähnlich aussehend wie eine winzige Preßluftflasche. Die Tusche kann in Ziehfedern auch nicht versacken wie ab und zu bei anderen Füllfedern.

Als »Tuschen« bezeichnet man alle Zeichen- und Schreibflüssigkeiten, die außer schwarzen oder farbigen Pigmenten ein Bindemittel enthalten – im Gegensatz zu »Tinten«, die lediglich aus in Wasser gelösten Farbstoffen bestehen und auf dem Papier chemische, mehr oder weniger löslich bleibende Niederschläge bilden. Unlösbar auftrocknende Tuschen sind mit Schellackseife gebunden, jederzeit wieder anlösbare mit Leim. Radierfest werden beide Arten, sie lassen sich auch be-

Unten: Zeichenfedern originalgroß. 1 = Rohrfeder in Draufsicht (Ostasien). 2 = dieselbe im Profil – zu verwenden mit Scribtol oder etwas verdünnter Ausziehtusche.
3 = elastische Steno- und Schreibfeder in üblichem Halter. 4 = spitzeste Zeichenfeder in dünnerem Halter.
5 = »Reiß«- oder »Ziehfeder« mit ausschwenkbarer Zunge und Skalenschraube zur Einstellung auf bestimmte Strichstärken (Profilansicht). Die Tusche wird etwa 1 cm lang in den obersten Zungenzwischenraum getropft. 6 = Draufsicht der Ziehfeder mit ausgeschwenkter Zunge zur besseren Reinigung. Zu normalen Zirkeln gehört außer dem Einsatzstück für Bleiminen auch eines mit Ziehfederkopf ohne ausschwenkbare Zunge.
7 = »Trichterfeder« oder »Tuschezeichner« (Werkzeichnung der Firma Faber-Castell), hier mit durchsichtigem »Steckkegel« für Strichstärke 0,35 mm. Solche Kegel ermöglichen die ständige Kontrolle des Tuschezuflusses, erhältlich für Strichstärken von 0,13 bis 2,0 mm. Für Steckkegel nur mit angesetztem Tuschebehälter gibt es kleine Zusatzgeräte zum Zirkeleinsatz (Seite 222). Wichtig für alle Tuschezeichner ist die genaue Beachtung der beigegebenen Gebrauchsanweisung, ferner die ausschließliche Verwendung der empfohlenen Spezialtuschen. Normale Ausziehtuschen sind ungeeignet, weil sie die feinen Röhrchen verstopfen!

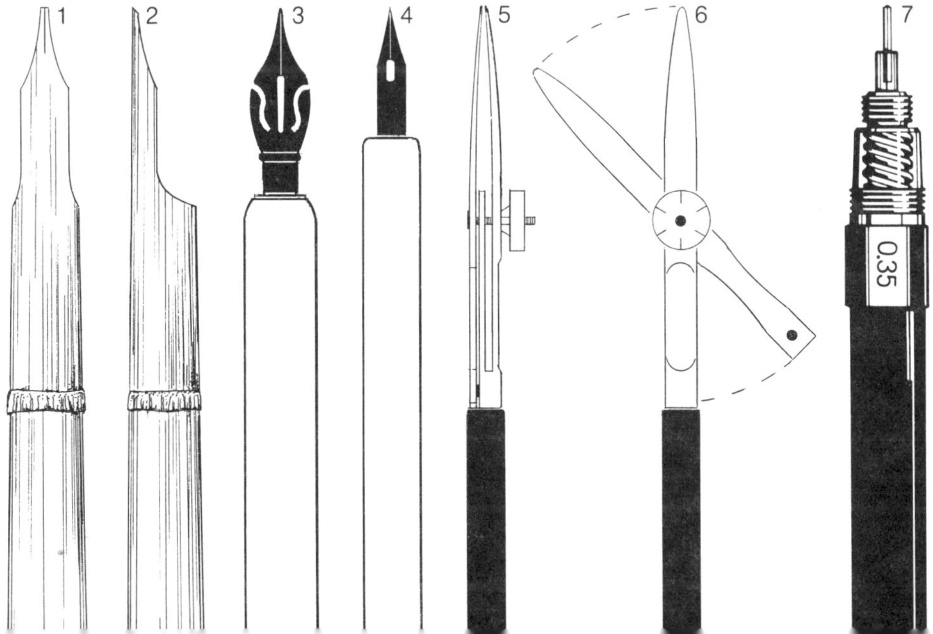

liebig mit Wasser verdünnen, wobei die absolut lichtechten schwarzen in bräunliche oder bläuliche Grautöne übergehen. Nicht immer lichtbeständig bleiben die grellen Farben bunter Tuschen.
Tiefste, völlig deckende Schwärze ergeben »Auszieh-« oder »chinesische Perltusche«. Diese heute willkürliche Bezeichnung geht auf die Gepflogenheit altchinesischer Hersteller zurück, in ihre festen, vor dem Gebrauch jedesmal erst mit Wasser anzureibenden Tusche-Brettchen eine echte Perle einzubetten. Ohne dieses reizende Gütemerkmal ist »Stangentusche« auch heute noch erhältlich, sie eignet sich aber nur für Aufträge mit dem Pinsel, weil sie in Stahlfedern alsbald gerinnt. Nur wenige Spezialisten verwenden sie noch. Tuschen in Fläschchen braucht man zum Eintunken von Federn und dazu gehört auch das »Scribtol« – eine dünner fließende, erst nach etwa einer Stunde radierfest austrocknende Tusche, die besonders für Federzeichnungen und künstlerische oder technische Schriften gedacht ist.
Schwarze oder dunkelbraune, mit Wasser wieder anlösbare Tuschen und Tinten lassen sich – noch feucht oder bereits trokken – mit wasserhaltigen Pinseln zu vielfältigen Halbtönen verwaschen, so daß die zunächst mit der Feder angelegte Zeichnung mehr Substanz und Plastik gewinnt. Das vornehmlich im 18. und frühen 19. Jahrhundert gern angewendete Verfahren heißt »Lavieren« (vom französischen laver = waschen) und eignet sich unter anderem besonders für eilige Skizzen: Man braucht sich dann nicht mit umständlichem Schraffieren aufzuhalten, um subtile Helldunkel-Abstufungen zu erreichen und behält trotzdem das Gerüst präziser Federstriche.

Kugel- und Filzschreiber

Das immer etwas umständliche Hantieren mit Federn und Tuschen kann in vielen Fällen durch die Verwendung von Kugel- und Filzschreibern überflüssig werden. Zum Zeichnen eignen sich praktisch nur schwarze, »dokumentenechte« Fabrikate, die angebotenen Buntfarben sind meist viel zu grell.
Mit Kugelschreiber-Feinstrichminen lassen sich auf glattem Papier Wirkungen erzielen, die denen von Tuschfedern praktisch gleichen. Auf rauhen Blättern entstehen bei leichtester Stiftführung poröse Striche von eigentümlichem Reiz – eventuell ebenso zart wie die Spinnweblinien harter Bleiminen. Die abfärbende, dickflüssige Substanz verbindet sich in wenigen Minuten wischfest mit normal saugfähigem Papier, innerhalb etwa einer Stunde auch radier- und wasserfest. Auf Transparentpapier haftet sie schlecht und beginnt alsbald zu klecksen, was sonst erst vorkommt, wenn die Flüssigkeit größtenteils verbraucht ist.
Filzschreiber ergeben schon bei schwächstem Druck tiefschwarze Linien, auch auf Transparentpapier; bis zur Radierfestigkeit können aber mehrere Stunden vergehen. Neuerdings gibt es sogar Schreiber mit längere Zeit gleichbleibender Linienstärke von nur knapp 0,5 mm oder noch weniger. Mit zunehmender Abnutzung der Filzspitze zeigen jedoch alle Sorten die Tendenz zu breiteren, porösen Strichen – schließlich so hell und weich wie zarte Kohle-Aufträge. Die spezifische Eignung und Beständigkeit der zahllosen Fabrikate muß man selbst ausprobieren, weil zuverlässige Angaben kaum zu erhalten sind. Oft zeigt sich erst nach Tagen, ob die Striche klar stehenbleiben oder verblassen.

Pinsel und Wasserfarben

Wie schon angedeutet, können Pinsel für künstlerische Zeichnungen die ausdruckvollsten Instrumente sein. Abgesehen von den miserablen »Schulpinseln« eignen sich zum Zeichnen alle besseren Haar-Rundpinsel. Ausschlaggebend sind die Haarsorten und deren fachgerechte Verarbeitung. Recht brauchbar erscheinen unter anderen die aus Rindshaar sowie eine neue, aus weißen Kunstfasern hergestellte Art (»Polaris«). Etwas geschmeidiger sind Feh-Pinsel (sibirisches Eichhörnchen) und »Fisch-Pinsel«, die Bezeichnung beruht auf einer Entstellung des englischen Wortes fitchew für den

Unten: Pipette und Pinsel in Originalgrößen. Besonders praktisch ist eine Pipette mit zugehörigem »Augentropfenfläschchen« (Apotheke), gefüllt mit destilliertem Wasser, um beim häufigen Anlösen bester Aquarellfarben in Näpfen diese nicht durch Kalk und Chlor des Leitungswassers zu schädigen, das jedoch zum Vermalen verwendbar ist. Völlig unbrauchbar ist Salzwasser, es hebt die Bindekraft jeglichen Leimes auf. Infolgedessen darf man niemals Meerwasser verwenden!

1 = Rotmarder-Rundpinsel Nr. 10 in trockenem, ungeleimtem Zustand. 2 = derselbe angefeuchtet und ausgeschleudert zur »Nadelspitze«. 3 = Rindshaar-Plattpinsel Nr. 12 (frontal). 4 = derselbe im Profil. Plattpinsel werden beim Zeichnen zwar seltener gebraucht, sie ermöglichen jedoch – fast senkrecht aufstoßend und wenig Farbe enthaltend – zarte poröse Strichteile von Pinselbreite. Aneinandergesetzt, ergeben sie eine sehr eigenartige Vortragsweise, die jedoch nicht zur übertriebenen »Mache« ausarten sollte.

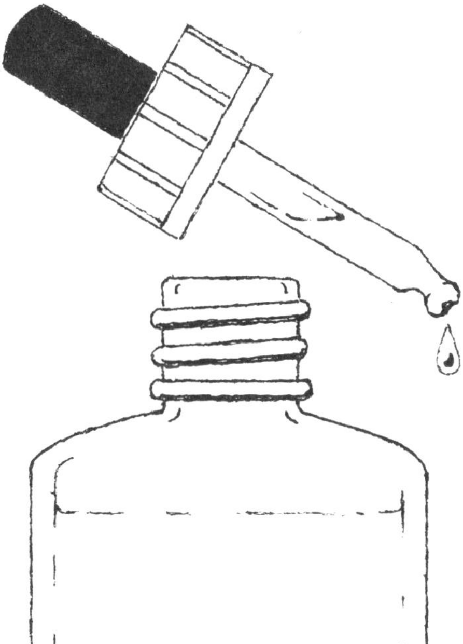

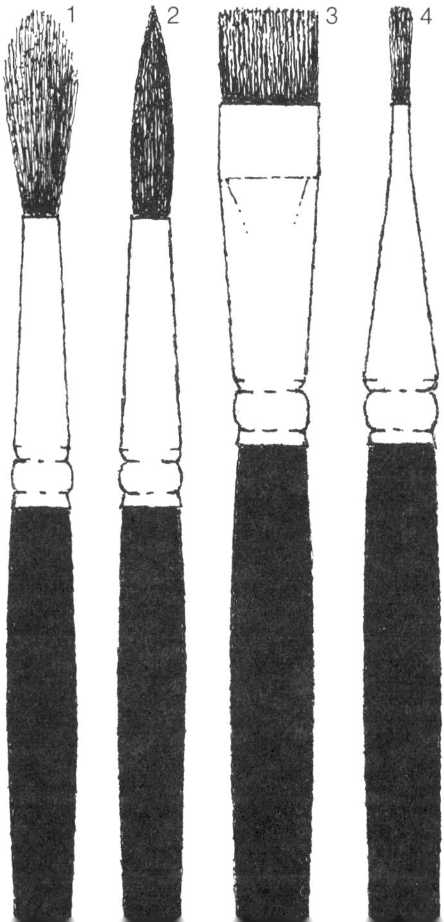

Iltis, der die Haare für diesen Pinsel liefert. Die hochwertigste und weitaus teuerste Pinselsorte besteht aus Rotmarder-Schweifhaaren. Damit lassen sich wirklich haarfeine Linien ziehen, zumal mit einem sehr dicken, nadelspitz auslaufenden Rundpinsel. Die Quaste guter Fabrikate erhalten zur Vorbeugung gegen Transport- und Lagerungsschäden eine versteifende Leimung, die sich rasch in Wasser löst, und wenn Sie danach das Instrument einmal kräftig ausschleudern, müssen sich die Haare sogleich zur besagten Nadelspitze schließen, sonst taugt der Pinsel nichts. Im trockenen Zustand ohne Leimung endet der Quast in einer gleichmäßigen Ovalrundung.

Damit sowohl feinste wie breite Striche in einem Zug gelingen, muß der Quast viel Flüssigkeit halten, also möglichst dick und lang sein wie etwa bei den Nummern 10 bis 12 oder 14. Die Verwendung dünnerer Pinsel (0 bis 3) ist eigentlich nur bei Miniaturformaten und winzigen Korrekturen angebracht. Sämtliche Haarsorten werden auch zu Plattpinseln verarbeitet, die hauptsächlich zum Malen gedacht sind. Beim Zeichnen führen sie fast zwangsläufig zu einer kubisch-flächigen Vortragsweise oder – bei senkrecht aufstoßender Haarkante – zu bröckeligen Strichgebilden. Beides ist nicht ohne Reiz, es kann aber auch allzu leicht in eine gekünstelte Mache ausarten.

Sämtliche Haarpinsel, besonders die kostbaren Rotmarderpinsel, werden struppig und zum Ziehen klarer Linien unbrauchbar, wenn sie mit unlöslich auftrocknender Tusche oder ebenso haftender Deckfarbe auf Kaseinbasis in Berührung kommen. Da hilft auch kein noch so gründliches Auswaschen unmittelbar nach Gebrauch, sondern nur die Verwendung bester Aquarellfarben oder frisch angeriebener Stangentusche. Indessen ist nicht einzusehen, weshalb Pinselzeichnungen wasserfest auftrocknen sollten, denn gegebenenfalls verlangt schon die Ausführung auf Papier eine Rahmung unter Glas.

Aquarellfarben für lasierende bis schwach deckende und Guaschfarben (häufig noch unzutreffend als »Tempera« angeboten) für dichtere Aufträge enthalten wasserlöslich bleibenden Leim. Sie sind deshalb bequemer zu verdünnen als unlösbar haftende Tuschen und lassen sich auch nach dem Trocknen auflichten und verwaschen. Für grafische Arbeiten kommen neben Schwarz vorwiegend lichtechte Braun- und Röteltöne in Betracht. Subtiler bis zum hellsten Grau abstufbar als Elfenbein- und Rebenschwarz sind die Aquarellfarben Paynesgrau und Neutraltinte. Ihre organischen Pigmente ergeben schon bei geringer Verdünnung ein Grau mit bläulich-violettem Stich, während die Kohle-Schwarz entweder neutral bleiben oder zu Braun neigen, oft auch ein wenig »rußig« wirken.

Aquarellfarben gibt es in Tuben und wohlverpackten Kunststoffnäpfchen, die am wirtschaftlichsten sind. Tropfen Sie mittels einer Pipette Wasser zu Anlösung auf und übertragen Sie das Nötige mit einem abgenutzten oder billigen, sauberen Pinsel auf eine Porzellanschale, etwa eine Untertasse. Sie rutscht beim Verdünnen, Mischen und Aufnehmen mit dem Zeichenpinsel nicht umher wie federleichte Kunststoffschalen. Probieren Sie den Ausfall der Mixtur auf einem Stück gleichen Papieres wie das Ihres Zeichengrundes, es erspart manche Enttäuschung und Korrektur beim endgültigen Auftrag.

Zeichenbretter, Lineale, Winkel, Zirkel

Wer nicht auf einen Block mit steifer Unterlage zeichnen will oder kann, braucht zum Aufspannen von Einzelbogen eine feste Pappe oder Zeichentafel. Für technisches Zeichnen ist ein »Reißbrett« unerläßlich, versehen mit konischen, rutschsicheren Auflegeleisten und einer linken linealgeraden Kante zur Reisschienenführung. Das Brett sollte mit Kunststoff beschichtet sein (es gibt auch Folien zum nachträglichen Aufkleben), um das Papier mit selbstklebenden Streifen anzuheften. Dadurch werden die lästigen Reißzwekken überflüssig. Befestigt werden meist nur die Bogenecken, und zwar in diagonaler Reihenfolge und unter Glattstreifen des Papiers mit einem Zellstoffbausch. Es verhindert die unmittelbare Handberührung mit den bereits geschilderten unliebsamen Folgen.

Die mit der linken Hand kantendicht geführte Reißschiene – eventuell mit verstellbarem Kopf – dient zum Ziehen von Waagerechten oder verstellt zum Anreißen schräger Parallelen, ferner zum Anlegen der Winkel: einem von 90/45/45 und einem zweiten mit 90/60/30 Grad. Andere Winkel müssen erst mittels Transporteur (Winkelmesser) angezeichnet und dann mit einem losen Lineal ausgezogen werden, das man auch als Meßstab braucht. All diese Geräte sollten aus maßbeständigem Plexiglas bestehen und cm/mm-Einteilung haben, auch einerseits angehobene Kanten, die das klecksende Ausfließen entlanggeführter Trichter- oder Ziehfedern verhindern. Die Genauigkeit rechter Winkel prüfen Sie durch seitenrichtiges und seitenverkehrtes Anlegen am gleichen Schienenpunkt: die von dort aus errichteten Lote müssen sich absolut decken, sonst ist der Winkel unbrauchbar.

Alle bisher aufgezählten Geräte werden überflüssig durch die Anschaffung einer Universal-Zeichenplatte mit »Zeichenkopf«. Zu haben ist sie allerdings nur mit Nutzflächen vom Format DIN A 4 und 3, wobei ich gleich zur größeren rate: Die Preisdifferenz ist relativ gering und die kleinere reicht kaum noch für Heimwerker-Pläne aus. Es gibt mehrere Fabrikate mit im Prinzip gleicher Ausstattung. Bei allen wird der Zeichenbogen mittels Klemmvorrichtung befestigt, eine Plattensorte besitzt sogar ein vorgedrucktes Millimeter-Netz – sehr bequem für bereits maßstabgerechte Skizzen und Vermessungen auf Transparentblättern. Die Reißschiene ersetzt ein parallel geführtes, in beliebiger Höhe arretierbares Lineal. Ihm kann ein Zeichenkopf mit Linealen aufgesetzt werden, der stufenlos jede Winkeleinstellung erlaubt – beliebig feststellbar oder in 15-Grad-Abständen einrastend. Dadurch erübrigen sich Anlegewinkel und Transporteur. Alle Geräte sind abnehmbar, so daß sich die Platte auch als Unterlage für Freihandzeichnungen bestens eignet, zumal mit einer zusätzlichen Schrägstell-Vorrichtung.

Für größere Zeichnungen als DIN A 3 gibt es – abgesehen von Reißbrettern – unzählige Zeichenplatten-Konstruktionen bis zu stufenlos schwenk- und höhenverstellbaren Tischen mit »Zeichenmaschinen«, bei denen zwei rechtwinklig zueinanderstehende Lineale vom Zeichenkopf aus beliebig bewegt, um ihn gedreht und gleichbleibend arretiert werden können. Derartige Geräte haben Plattengrößen ab etwa 80 × 100 cm aufwärts und sind natürlich für den beruflichen Dauergebrauch gedacht, zumal sie ihren ständigen Platz

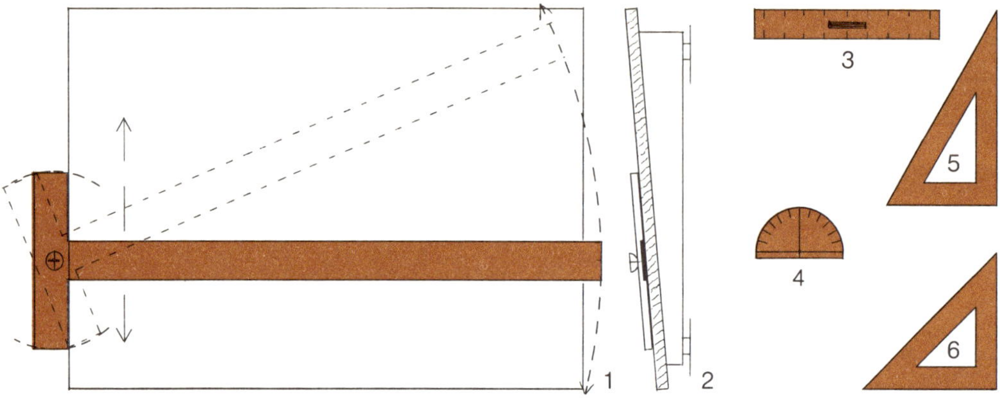

Oben: Einfachste Ausrüstung zum technischen Zeichnen. 1 = Reißbrett mit angelegter Reißschiene, deren doppelter »Kopf« verstellbar und mittels Flügelmutter beliebig arretierbar ist – zum Ziehen schräger Parallelen. 2 = Seitenansicht mit eingeschobenen Auflegeleisten, die dem Brett eine leichte Neigung geben. 3 = Meßstab mit cm/mm-Skala und Handgriff. 4 = Winkelmesser (»Transporteur«) über 180 Grad. 5 = Zeichenwinkel von 30/60/90 Grad. 6 = Zeichenwinkel von 45/45/90 Grad. Diese Geräte genügen im Prinzip zur Ausführung jeder technischen Zeichnung, auch mit nicht verstellbarer Reißschiene. Das Brett sollte jedoch eine spezielle Kunststoffbeschichtung oder -auflage haben, um Papiere mit Klebstreifen anzuheften – anstelle der einst üblichen Heftzwecken. Schiene, Winkel, Transporteur und Meßstab wählt man am besten aus Plexiglas.

Unten: Links eine »Zeichenplatte« aus Kunststoff mit Nutzfläche DIN A3. In der linksseitigen Nut gleitet das waagerecht bleibende Schablonenlineal, durch Stoptaste in jeder Höhe feststellbar. Es hat wiederum oben und unten eine Nut, darin der rechts (proportional vergrößert) abgebildete »System-Zeichenkopf« gleiten kann. Er ermöglicht jede Einstellung im Bereich von 180 Grad, ist beliebig arretierbar, aber rastet auch in 15-Grad-Abständen ein. Durch umgekehrten Einsatz in der unteren Nut wird der Schwenkbereich von insgesamt 360 Grad erreicht. Zeichenwinkel und Transporteur sind somit überflüssig. Die Zeichentafel hat Klemmleisten zum Einspannen der Bogen, verschiebbare, magnetisch haftende Meßskalen und ist überdies mit aufgedrücktem Millimeter-Karonetz zu haben.
(Werkzeichnungen der Firma Faber-Castell.)

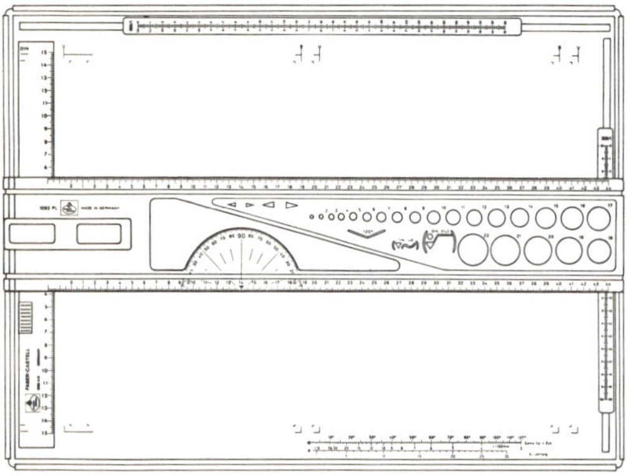

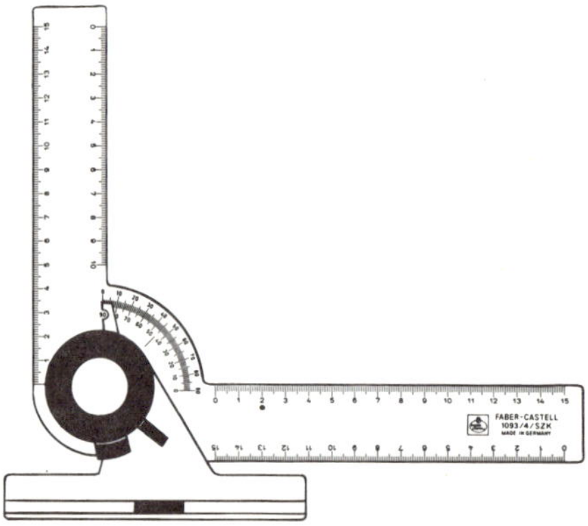

brauchen. Für Amateure bedeuten sie einen etwas kostspieligen Luxus, der allerdings technisches Präzisionszeichnen fast schon zum Vergnügen macht.
Zwei Dinge kann Ihnen jedoch kein noch so raffiniertes Universalgerät ersparen: Kurvenlineale und Zirkel. Kurvenlineale dienen dazu, beliebige Bogenformen glattlinig auszuziehen, meist kommt man mit einem bewährten, drei Stück umfassenden Satz aus. Tuschezeichnungen erfordern wiederum die erwähnten angehobenen Kanten oder kleine Höcker auf einer Linealseite.
Unter dem großen Zirkelangebot wählen Sie ein erstklassiges Präzisionsinstrument mit Schnellverstellung und Schraube zur Feinregulierung, Bleiminen- und Ziehfeder-Einsatz. Ergänzend kommen eventuell noch die Halterung für Trichterfedern und eine Verlängerungsstange für besonders weite Kreisschläge in Betracht. Dies alles samt Ziehfeder, Extra-Zirkeln und mancherlei Einsatzstücken wird auch als »komplettes Reißzeug« in eleganten Kästen angeboten. Prüfen Sie zunächst, was Sie wirklich brauchen, und von dem sei – als einmalige Anschaffung – das Beste gerade gut genug.
Kleinste Kreise gelingen präzis nur mit einem »Nullenzirkel«, meist aber genügen dafür Plexi-Schablonen, die gleichzeitig noch andere winzige Lochformen aufweisen. Ferner gibt es vielerlei Zahlen- und Buchstabenschablonen für technische Beschriftungen, die aus freier Hand kaum ansehnlich gelingen. Für den Heimwerker mag das zwar belanglos sein, andererseits bleibt die Werkzeichnung mit allem Drum und Dran doch ein wesentlicher Teil seiner Arbeit, und die sollte vom Beginn bis zum fertigen Stück Vergnügen bereiten.

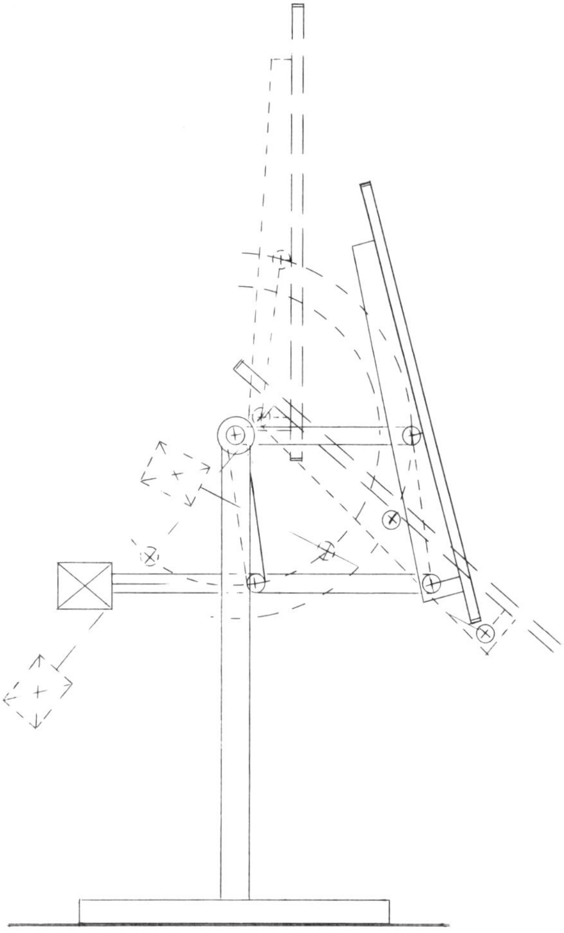

Oben: Profilfunktionsschema eines Zeichentisches mit beliebig arretierbarer Höhen- und Neigungsverstellung mittels Gewichtsausgleich. Es gibt auch einfache, nur etwa sechs verschiedene Neigungen erlaubende Klapptische, sowie aufwendigere Modelle mit Hydraulik. Sämtliche Geräte eignen sich zur Anbringung einer »Zeichenmaschine«, bestehend aus einem Zeichenkopf – ähnlich wie links gezeigt – jedoch mit größeren Linealen und direktem Schwenkbereich um 360 Grad. Der Kopf wird entweder durch ein Gleitschienen- oder Parallelogrammsystem frei über das ganze Brett bewegt. Das hier gezeigte Modell gibt auch eine geradezu ideale Staffelei ab, wenn man zwei einfache Halterungen bastelt und diese nebst einem Zusatzgewicht einhängt, das dem der Maltafel entspricht.

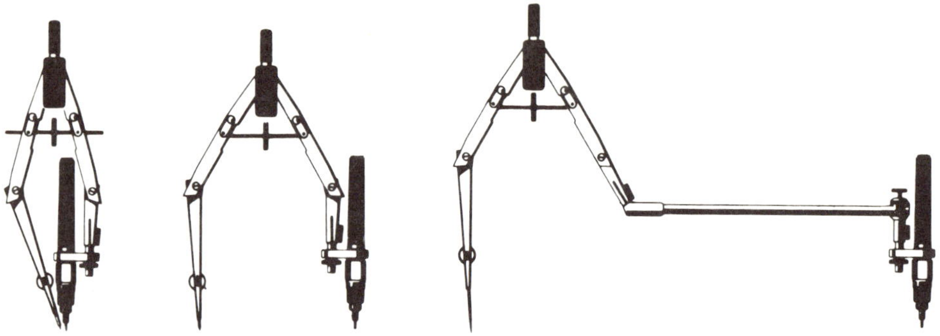

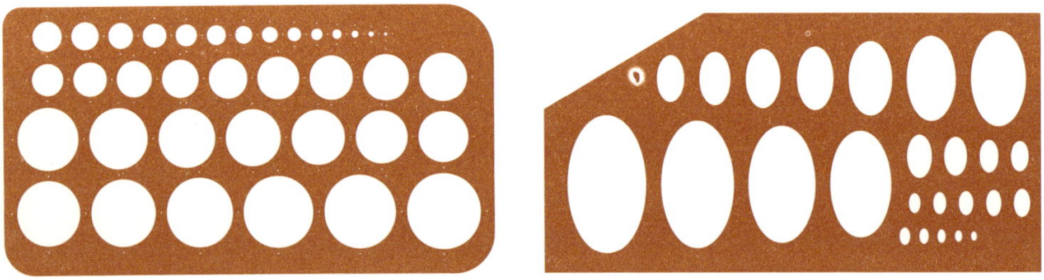

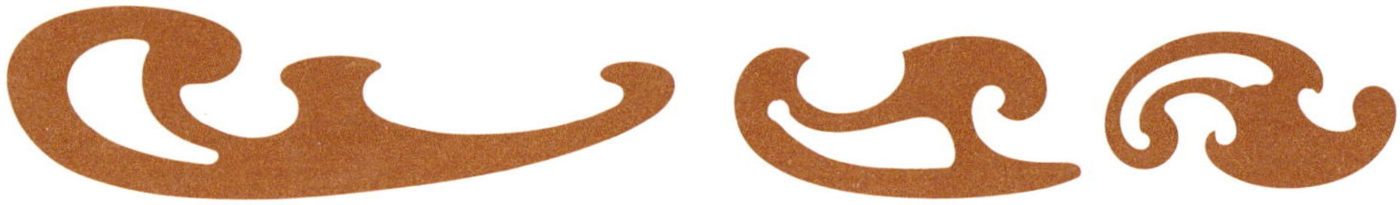

Oberste Reihe: Zirkel mit Schnellverstellung und eingesetzten Tuschezeichnern.
Links: Der übliche Blei- oder Ziehfedereinsatz ist gegen die Halterung für Tuschezeichner vertauscht und dieser zum Schlagen kleinster Kreise nach innen gewendet.
Mitte: Für größere Kreise wird die Halterung nach außen gewendet.
Rechts: Als Zwischenstück ist ein Verlängerungsstab eingefügt, der Kreise bis zu 42 cm Durchmesser ermöglicht. Es gibt auch ausziehbare Stangen, mit denen Kreise bis zu 72 cm Durchmesser möglich sind. (Werkzeichnungen der Firma Faber-Castell.)

Mittlere Reihe: Kreis- und Ellipsenschablone. Die Kreisschablone hat Lochungen mit Durchmessern von 1 bis 36 mm. Die Schablone daneben besitzt Lochungen für Ellipsen mit dem Achsenverhältnis 1 : 1,7 und Längsachsen von 4 bis 65 mm. Es handelt sich also durchweg um Ellipsen, die isometrischen, unter den Winkeln 30 und 150 Grad dargestellten Quadraten einbeschreibbar sind. Von technischen Zeichnungen auf dieser Basis abgesehen, ist die Ellipsenschablone im übrigen nur zu brauchen, wenn man bei Entwürfen beim Achsenverhältnis 1 : 1,7 bleiben kann, zum Beispiel bei frei entwickelten Ornamenten. Für Perspektiven kann man die Schablone nicht verwenden, weil in der Regel jede der entstehenden Ellipsen ein eigenes, anderes Achsenverhältnis hat.
Außer den gezeigten Schablonen gibt es noch zahllose andere für Symbole und häufig sich wiederholende Formen bestimmter Abmessungen in der Technik sowie zum Zeichnen von Beschriftungen aller Art.

Unterste Reihe: Satz der drei meist verwendeten, im allgemeinen auch ausreichenden Kurvenlineale.

Letzte Hilfen

Alles Radieren ist vom Übel, aber oft genug nicht zu umgehen. Zum Beispiel bei technischen Plänen, wenn man erst mit Blei vorzeichnet und dann die endgültigen Linien auf dem Originalblatt gleich mit Tusche oder Kugelschreiber auszieht. Zum nachfolgenden Radieren nehmen Sie einen weichen, das Papier nicht verletzenden »Speckgummi«. Plastikradierer in Stücken oder Faserradierer im Halter greifen stärker an und beseitigen sogar hart eingravierte Bleistriche. Tusche-, Filz- und Kugelschreiber-Linien können nur mit einem scharfen Radier- oder Bastlermesser weggeschabt werden, wobei die Papieroberfläche meist derart leidet, daß Tusche-Korrekturen ausfließen. Letzte Hilfe wäre allenfalls der Feinstrich-Kugelschreiber. Radierkrümel beseitigen Sie mit einem kleinen handlichen »Zeichenbesen«. Denn, wie schon mehrfach gesagt, soll die Hand Papieroberflächen möglichst nicht berühren. Legen Sie also bei der Arbeit ein glattes Kartonstück unter oder benutzen Sie zum Aufstützen der stift- oder pinselführenden Hand einen »Malstock«.

Unten: Anfertigung eines Passepartouts. Zuerst bestimmt man durch Umlegen mit Kartonstreifen den günstigsten Bildausschnitt, das »Fenster«. Dann wählt man entsprechend den gewünschten Rahmenmindestbreiten einen DIN-Bogen doppelter Breite, zeichnet auf dessen Rückseite die Halbierung an und schneidet aus der linken Hälfte das Fenster nach genauer Vorzeichnung. Anschließend wird die linke auf die rechte Hälfte geklappt (nach linealgerader Einkerbung mittels Falzbein), das Bild eingeschoben und in der gewünschten Position mit Klebstreifen auf der rechten Hälfte fixiert. Sammlungen lassen sich besser ordnen, wenn Sie sich auf nur zwei bis drei normgerechte Passepartout-Formate beschränken. Im übrigen wirken breite Rahmen dekorativer als zu schmale. Grundsätzlich sollten sie unten breiter sein als oben und seitlich.

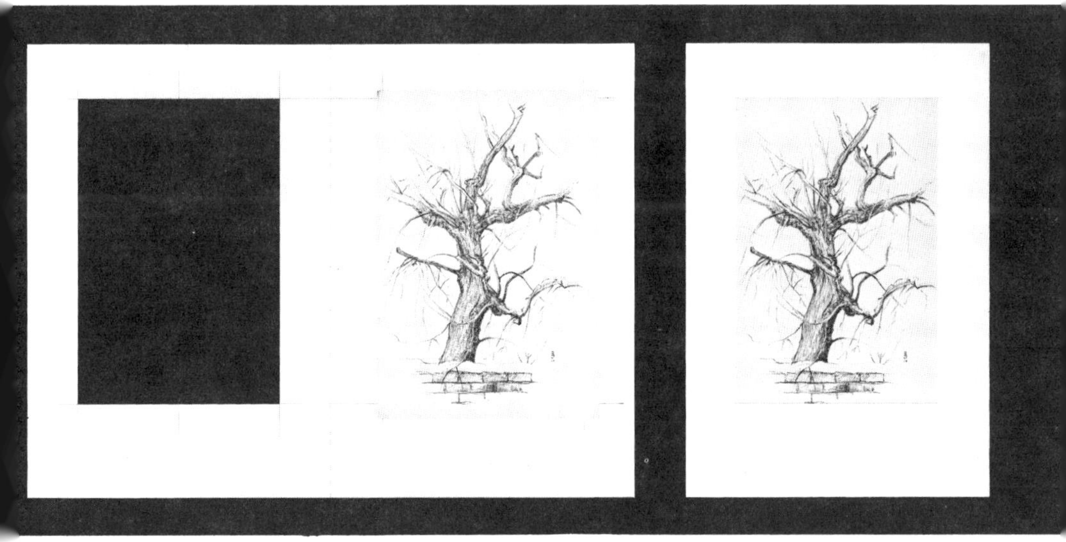

Künstlerische Zeichnungen gehören alsbald in ein Passepartout – nicht nur zum Schutz, sie wirken in breiter weißer Umrahmung auch wesentlich ansehnlicher. Sogar manch mißachtete Skizze gewinnt dadurch, wird plötzlich zur bedeutungsvollen Anregung. Trotz unterschiedlicher Bildgrößen sollten Sie möglichst einheitliche Passepartout-Formate wählen, also Normbogen unbeschnitten im Sinne der Abbildung verwenden. Papierbogen und Zeichnungen verwahren Sie wohlgeordnet in entsprechend großen Mappen, Einrollen bringt nichts als Verdruß. Haben Sie einen ständigen Werkraum zur Verfügung, befestigen Sie auf einer gut beleuchteten Wand eine große, vielleicht sogar deckenhohe Zelluloseplatte – erhältlich als »Dämmplatte« im Bau- oder Bastlergeschäft, das auch den winkelrechten Zuschnitt besorgt. Darauf heften Sie mit Reißzwecken oder Stecknadeln Ihre Arbeiten zur eigenen oder fremden Betrachtung. Die rasch vergilbende Platte streichen Sie mit Dispersionsfarbe an, am neutralsten wird ein helles Grau.

Der »Malstock«: Wie der Name sagt, dient er vor allem beim Malen zur Ausführung feiner Einzelheiten, die präzis nur mit aufliegender Handkante gelingen. Da das auf der Bildfläche mit noch feuchter Ölfarbe nicht möglich ist, griff man besonders in früheren Zeiten zu einem langen, mit der linken Hand gehaltenen und an die Bildkante gelehnten Stab, um darauf die pinselführende Hand zu stützen. Gleichzeitig ermöglicht die Distanz zur Bildfläche einen besseren Überblick – ebenso ist es beim Zeichnen winziger Details oder Ausführen heikler Korrekturen. Papiere sollten ohnehin nie mit Hautfett in Berührung kommen und verwischbare Stiftaufträge schmieren unter einem aufgelegten Zwischenblatt. Da kleine Malstöcke kaum im Handel sind, basteln Sie selbst einen in wenigen Minuten: An einen dünnen Stab – ich nehme am liebsten Bambus – kleben Sie einen Wattebausch, umhüllen ihn mit einem Leinen- oder Waschlederfleck und befestigen diesen mit Leukoplast.

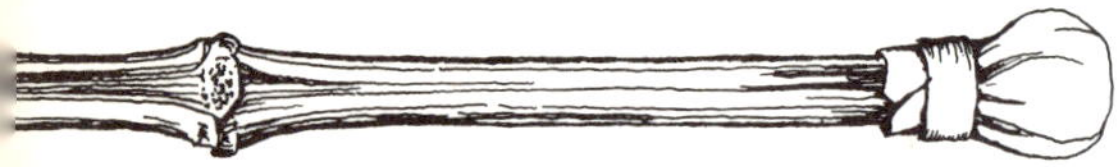

Lexikon der Fachbegriffe

Hier nicht aufgeführte Stichwörter finden Sie im Register mit Seitenangabe der ausführlichen Erläuterungen, (R) = zusätzlicher Hinweis auf das Register.

Abstraktion → Expressionismus.
Abwickelung = maß- und formgetreue, zusammenhängende Darstellung der Außenhaut eines von ebenen oder einseitig gekrümmten Flächen begrenzten Körpers.
Altertum = sämtliche Epochen seit den historisch erfaßbaren Kulturen Kleinasiens und Europas bis zum Beginn der Völkerwanderungen oder dem Ende des Römischen Reiches.
Anatomie = Lehre vom Körper und seiner Teile bei Menschen und Tieren; plastische A. = Lehre vom Skelett und dessen Muskulatur.
Angewandte Kunst → Kunsthandwerk.
Applikation im Kunsthandwerk = bildliche Darstellung aus aufeinander geklebten oder genähten Textilstücken nach zeichnerischem oder Papierschnitt-Entwurf. Zur A. kann man eigentlich auch die → Collage rechnen.
Aquarell → Maltechniken.
Arabeske → Ornament.
Archaisch = frühester Beginn der Entwicklung einer bestimmten Stilrichtung – gebräuchlich meist nur für Epochen des Altertums.
Architekt → Baumeister.
Architektur = Baukunst, eigentlich nur zutreffend für Bauwerke mit über den Gebrauchszweck hinausgehendem ästhetischen Anspruch.
Architrav (gr.: Epistylion) = Haupttragbalken, bei antiken Bauwerken, z. B. der durchlaufende Steinbalken auf Säulen.
Archivolte = Stirn- und Laibungsverzierung eines Halbkreis- oder »Rundbogens« durch Profile, Ornamente oder Figuren (»Archivoltenfiguren«).
Atelier = Werkstatt eines Künstlers; ursprünglich (frz.) »artelier« = Werkstatt eines Kunsttischlers.
Atrium = ursprünglich Hauptraum des römischen Hauses. Später: von Wandelgängen umgebener Vorhof eines meist sakralen Bauwerks, gewöhnlich mit einem künstlerisch gestalteten Brunnen. Atrium-Haus = vier Gebäudetrakte um einen Hof.
Ätzkunst = Radierung (R).
Aufriß = Planzeichnung einer Frontalansicht. Besonders zu beachten: Der A. gibt nicht genau im Profil gesehene Schrägen verkürzt wieder!

Batik = Reservefärbung, d. h.: Ein Gewebe wird entsprechend der vorausgehenden Entwurfszeichnung mit einer wasserabweisenden Substanz (meist heißflüssigem Wachs) bedeckt und dann in ein Farbbad (»Küpe«) getaucht, wobei die »reservierten« Partien keine Farblösung annehmen. Durch nach genauem Plan wiederholtes Abdecken können vielfarbige Muster entstehen. Da die Wachsaufträge beim Erkalten steif werden und beim weiteren Hantieren Sprünge bekommen, erscheinen diese später im echten Batik als feine farbige Craqueluren – Kennzeichen der kostbaren, aus der Südsee stammenden Technik. Eine berühmte Abart war der schlesische »Blaudruck« zwischen dem 16. und 19. Jahrhundert: Man druckte mit aus Holz oder teilweise aus Messingstreifen und -nägeln gefertigten Stempeln (»Model« genannt) wasserabweisenden Kleister (»Papp«) auf Leinen, färbte es anschließend in der mit Natur-Indigo angesetzten »Küpe« und erhielt nicht nur gemusterte Kleidungsstoffe, sondern zuweilen auch grafisch hervorragende Ortsansichten (»Veduten«) als Wandbehänge oder Tischdecken.
Barock = Stilrichtung zwischen dem Ende des 16. und Ende des 18. Jahrhunderts. Die Endphase der Epoche heißt »Rokoko«, sie betrifft vorwiegend die Raumausstattung des 18. Jahrhunderts. Auffälligstes Stilmerkmal des Barock sind die »Zwiebelkuppeln« auf Kirchtürmen.
Bauelemente = die einzelnen Konstruktionsteile (auch Konstruktionsattrappen, z. B. zum Zweck der architektonischen Aufgliederung kahler Flächen). Die Ausbildung der B. entspringt meist

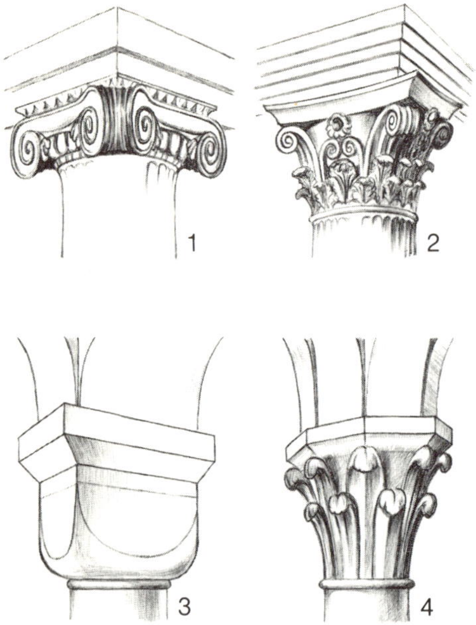

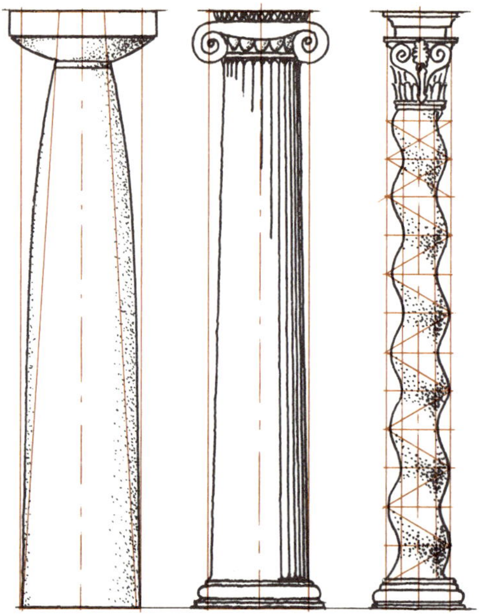

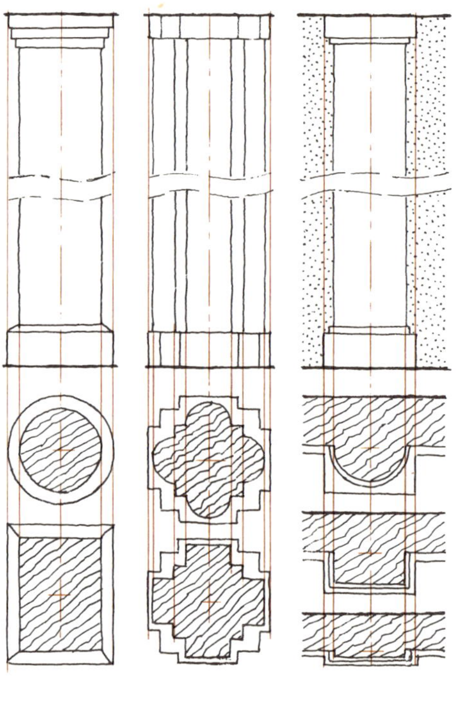

dem Zeitgeschmack und charakterisiert im harmonischen Zusammenklang den jeweiligen Baustil.

Oben: Die Ausbildung der Säulenkapitelle war seit jeher charakteristisch für die jeweilige Stilepoche. Auf die im europäischen Bereich früheste Form des dorischen folgten im Altertum das ionische (1) und das korinthische Kapitell (2 – siehe auch Seite 100). Die Romanik beginnt mit dem einfachen, zur Rundung des Säulenschaftes hin abgedrehten »Würfelkapitell« (3), während in der Gotik oft eine zum Achteck überleitende Form notwendig wurde (4), umhüllt von sich aufrollenden Blättern oder naturalistisch wiedergegebenem, spitzigem Laub (Ahorn, Efeu, Wein). Im übrigen entstanden aus den gezeigten »klassischen« Formen immer wieder zahlreiche Abwandlungen oder Kombinationen.

Kapitell-ähnliche Glieder zwischen senkrechter Portaleinfassung und Bogenansatz heißen »Kämpfer«.

Rechts: Zu den wichtigsten Bauelementen zählen vor allem die Stützglieder. Oben links = dorische Säule mit stark »geschwelltem« Schaft (Tempel in Pästum); typisch sind das einfache Kapitell und das Fehlen einer Säulenbasis. Mitte

= ionische Säule mit konischem, kanneliertem Schaft. Rechts = allein für den Barock typische Säule mit Schraubenschaft, die Windungen verlieren nach oben hin zunehmend an Steighöhe. Unten: Pfeiler, im Gegensatz zur Säule ist der Pfeilerschaft niemals geschwellt oder konisch, sondern durchgehend lotrecht. Unter den Aufrissen einige der möglichen Querschnitte. Links = runder oder rechteckiger Pfeiler. Mitte = Profil- oder »Bündelpfeiler«, setzen sich einzelne Profile um den Kern im Gewölbe als »Gurte« fort, nennt man sie »Dienste« (Gotik). Rechts = eine Abart des Pfeilers ist der die Tragfähigkeit einer Mauer stellenweise verstärkende »Pilaster«, als lediglich gliedernde Anblendung heißt er »Lisene« (unterster Querschnitt).

Bauform = die Gesamterscheinung eines Bauwerks außen und innen. Sie wird bestimmt vom Zweck, der Konstruktionsart und dem Zeitgeschmack.

Bauhütte = weltliche Werkgemeinschaft (Bruderschaft) am gotischen Kirchenbau seit dem 13. Jahrhundert (Ursprung in Frankreich). Sie umfaßte Baumeister, Bildhauer und Steinmetzen, sorgte für einen wohlorganisierten Arbeitsablauf und hütete ihre technischen Kenntnisse und Erfahrungen als »Hüttengeheimnis«, das allenfalls an Bruderschaften anderenorts weitergegeben wurde. Die übrigen Baufachleute und Hilfskräfte gehörten nicht dazu, sie unterstanden auch nicht dem strengen ethischen Hüttenreglement.

Bauernmalerei → Volkskunst.

Baumeister = Handwerksmeister des Baugewerbes, der sich mit der fachgerechten Ausführung von Planungen durch Architekten und Ingenieure befaßt – gewöhnlich Inhaber oder Leiter eines Baubetriebes. In früheren Zeiten, wie im Mittelalter, stand der Titel B. allein Personen zu, die nicht nur Techniker, sondern zugleich hervorragende Baukünstler waren und oftmals auch noch bedeutende Steinbildhauer. Ihre gesellschaftliche Stellung glich der des höfischen Adels. Heutzutage nennt sich lediglich ein planender Baufachmann mit künstlerischer Ausbildung »Architekt«.

Bauplastik = im eigentlichen Sinn die plastische innere wie äußere Gliederung eines Gebäudes durch → Bauelemente, im weiteren auch die unmittelbar damit verbundene Verzierung. Zusätzliches, wie Figuren oder anderer fest eingeplanter bildhauerischer Schmuck, wäre eher als »Plastik am Bau« zu bezeichnen.

Biedermeier = Einrichtungsstil der ersten Hälfte des 19. Jahrhunderts: hell, behaglich, »gutbürgerlich«, praktisch. Die handwerkliche Ausführung der Möbel aus meist hellem, goldgelb poliertem Holz ist durchweg von hervorragender Qualität. Furniere für größere Flächen wurden gern aus Wurzelstöcken geschnitten, besonders von Pappeln. Typisch sind ferner Textilmuster aus kleinen, weitgehend naturgetreu wiedergegebenen Blüten (»Streublümchen«). Ähnliche Muster finden sich auf Gebrauchsporzellan.

Bildende Künste = Sammelbegriff für Baukunst, Bildhauerei, Grafik, Kunsthandwerk und Malerei.

Blaupause = Lichtpause (R).

Blend-Arkade, -Fenster, -Maßwerk, -Tür usw. = nur zur Dekoration vorgetäuschte Architekturteile, die an tragenden Mauern oder Baugliedern lediglich »angeblendet«, also angesetzt, sind.

Chippendale = englischer Möbelstil seit 1750, nach dem Kunsttischler Thomas C. Er verband Elemente des Rokoko, der Gotik und chinesische Motive mit zweckmäßigen Gebrauchsformen. Bevorzugtes Holz war Mahagoni.

Collage = Klebebild aus allen möglichen, oft unbeständigen Materialien mit mehr oder weniger reliefartiger Oberfläche, zuweilen kombiniert mit Zeichnungen oder Farbaufträgen. Diese etwa um 1900 beginnende »Kunst« hat bislang kaum zu nachhaltig-eindrucksvollen Werken geführt (frz.: coller = leimen).

Craquelé (Krakelee) = feine Haarrisse in keramischen Glasuren. Sie entstehen durch Spannungsunterschiede zwischen »Scherben« und Glasur beim Erkalten nach dem Brand – sogleich und absichtlich, oder ungewollt, manchmal erst im Lauf längerer Zeiten durch einen gewissen Substanzschwund (ähnlich wie Ölmalereien). Seit geraumer Zeit gibt es auch »Reißlack« zum Auftragen auf die verschiedensten Materialien, der schon beim Trocknen springt und dem Gegenstand ein »altertümliches« Aussehen gibt, zumal, wenn man in die Risse dunkle Tusche oder Farbe reibt.

Dachreiter = kleiner Zierturm auf dem Dachfirst.

Dächer → Bauform.

Darstellende Künste = oft falsch angewendeter Sammelbegriff für Zeichnung, Malerei und Plastik – zum Unterschied von Architektur und Kunsthandwerk.

Deckfarben → Maltechniken.
Dekor = schmückende Bemalung keramischer Gegenstände. Der Begriff wird zuweilen auch auf andere Verzierungen angewendet.
Dekoration = verschwommener Sammelbegriff für Verzierungen jeder Art, wozu man oft auch Einrichtungsgegenstände zählt wie Teppiche, Vorhänge, Bilder und dergleichen.
del. = lelineavit (lat.), für »zeichnete es« – Zusatz besonders auf Kupferstichen zur Signatur des eigentlichen Urhebers, wenn die Arbeit mit dem Stichel von anderer Hand ausgeführt wurde.
Designer (engl.) = Musterzeichner.
Dessin (frz.) = Muster, Musterung besonders von Textilien.
Dienst = Teil eines Bündelpfeilers (→ Bauelemente), der als »Gurt« oder »Rippe« im Gewölbe weiterläuft.

Eglomesieren = Abart der Hinterglasgrafik oder -malerei, benannt nach dem Pariser Rahmenmacher J.-B. Glomy Ende des 18. Jahrhunderts: Man trägt auf die Glastafel schwarzen Lack und schabt Verzierungen oder dergleichen aus, die anschließend mit Metallfolie oder »Bronzefarben« hinterlegt werden. Einst quasi als zweiter Rahmen innerhalb des hölzernen gedacht, können auf ähnliche Weise auch zweifarbige Hinterglaszeichnungen entstehen. Das Wesentliche beim E. bleibt stets die eingeritzte oder flächig ausgeschabte Zeichnung in einer durchgehenden Deckschicht – ähnlich der Arbeitsweise auf Schabkarton (R).
Einlegearbeiten = Sammelbegriff für kunsthandwerkliche Verfahren, bei denen gleichartige oder verschiedene Materialien flächenhaft ineinandergefügt werden. Dazu zählt vor allem die Intarsie (R) aus → Furnieren gleicher Stärke, in früheren Jahrhunderten oft auch kombiniert mit Metall, Perlmutt und Schildpatt. Zu den E. gehört ferner die »Inkrustation« (R) – eine Mörteltechnik, die praktisch jedem auf Anhieb gelingt, wenn er zum Mörtelauftrag einen verständnisvollen Maurer herbeizieht: Aus einer frisch verputzten Mauer- oder Bodenfläche werden – solange der Mörtel noch weich ist – Ornamente oder Figuren vertieft ausgehoben und sogleich mit andersfarbigem Mörtel ausgefüllt. Anschließend überschabt oder überschleift man das Ganze zur glatten Fläche, wobei der Mörtel immer noch nicht erhärtet sein darf (Abdecken mit feuchten Tüchern und Plastikfolie).
Ähnlich wie die Inkrustation geht auch das »Tauschieren« vor sich, wobei Metall in Metall gefügt wird. Das schon im Altertum wohlbekannte, viel handwerkliches Können erfordernde Verfahren beherrschen heutzutage noch vornehmlich arabische Völker. Voraussetzung für sämtliche E. ist eine präzise Werkzeichnung.
Email = durch Metalloxyde gefärbter Glasfluß, im Ofen eingebrannt auf Metall. Die wichtigsten, zum Teil schon im ägyptischen Altertum angewendeten Verfahren sind: 1. Furchenschmelz, bei dem in Bronze gegrabene Vertiefungen ursprünglich nur roter Glasfluß eingebrannt wurde (»Blutemail« der Kelten im 1. bis 3. Jahrhundert). 2. Der mehrfarbige »römische« Grubenschmelz auf Kupferplatten mit entsprechenden Vertiefungen. 3. Zellenschmelz: Auf eine Grundplatte werden gleich einer Konturzeichnung Stege gelötet und in die entstandenen Zellen das Email eingeschmolzen. 4. Maleremail. Der feinst pulverisierte Glasfluß wird flüssig angerührt (ähnlich wie für Porzellanmalerei), mit dem Pinsel auf einen bereits vorhandenen Emailgrund aufgetragen und bei relativ geringer Hitze eingebrannt (Seite 129). Auf diese Weise entstanden besonders vom 17. bis 19. Jahrhundert u. a. Miniaturbilder, Zifferblätter für Taschenuhren, Dosendeckel oder Medaillons. Heutzutage sind Emailarbeiten ein beliebtes Hobby, zumal es kleine elektrische Brennöfen für den Hausgebrauch gibt.
Expressionismus = »Ausdruckskunst« seit etwa 1900 – im reaktionären Gegensatz zum Naturalismus, Realismus und Impressionismus des 19. Jahrhunderts. Die Absicht des E.: Das innere Wesen von Dingen oder geistig-seelischen Erlebnissen zum Ausdruck zu bringen und dementsprechend die äußeren Formen mehr oder weniger umzugestalten. In letzter Konsequenz führte das zur Abstraktion. Innerhalb des E. der ersten Jahrzehnte gab es geradezu programmatisch bestimmte Richtungen, z. B. den »Kubismus« (R).

Fachwerk = Bautechnik, bei der die gesamte Wandkonstruktion zunächst aus einem kunstvoll verzapften Balkengerüst besteht, dessen Zwischenfelder man anschließend mit Rutengeflecht und Lehmverstrich »ausfachte« (bereits um 2000 vor Christus praktiziert). Im Mittelalter, aber auch noch lange danach, entstanden Bürger- und größere Bauernhäuser oft als Fachwerke; die noch vorhandenen Reste gehören zu den reizvollsten Motiven der Architekturzeichnung (Seite 113).

Farben → Maltechniken.
Feston (frz.) = Bogengehänge aus Blüten, Blättern, Früchten und Bändern als Bauornament aus Stein oder Stuck, auch gemalt oder als Tonzeichnung.
Formsteine = Backsteine für Fassadenverzierungen (z. B. der »Backsteingotik«). Aufgrund genauer Werkzeichnungen entstehen zunächst hölzerne Kastenformen zum Ausdrücken mit Lehm, der beim Trocknen schwindet und sich dann zum Brand leicht herausnehmen läßt.
Furnier = dünne Edelholzblätter zum Aufleimen auf weniger wertvolles Brettholz oder Spanplatten. Aus F. entstehen u. a. die zunächst separat ineinandergefügten, vorderseitig zusammengeklebten Intarsien (R), ehe sie auf die Unterlage geleimt werden. Voraussetzung sind gleichstarke Furniere, heutzutage nur noch Bruchteile von Millimetern dick. In früheren Jahrhunderten waren Stärken von 2 bis 3 mm üblich.

Gewände → Laibung.
Glasmalerei = eigentlich die Zusammensetzung von Fensterscheiben aus in der Masse gefärbten oder mit einer Farbschicht »überfangenen« Glasstücken, die durch Bleistege zusammengehalten werden und gleichzeitig die Konturzeichnung bilden. Es handelt sich also eigentlich um eine Art → Mosaik. In späterer Zeit lernte man, den einzelnen Glasstücken durch schwarze bis farbige, anschließend schwach eingebrannte Aufträge weitere Formdetails zu geben. Mit regelrechter »Malerei« hat das Verfahren aber kaum etwas zu tun, richtiger wäre es, von Glasgrafik zu sprechen.
Gobelin → Teppich.
Goldgrund → Ikone.
Gotik = europäische Stilepoche von etwa Anfang des 12. Jh. (in Frankreich) bis Ende des 15. Jh. Formbestimmend auch für alle anderen bildenden Künste war die Architektur, sie brachte die kühnsten Steinbauwerke aller Zeiten hervor. Zum »Wahrzeichen« wurde der Spitzbogen (R).
Grisaille (auch Camaïeu genannt) = Pinsel-Tonzeichnung in Grautönen oder einer einzigen Farbe, sowohl auf Papier wie Holz oder Leinwand und auf Wandputz. Infolgedessen bezeichnet man Grisaillen meist (sachlich unzutreffend) als Malereien. In früheren Zeiten täuschte man mit G. zuweilen plastische Figuren oder Verzierungen vor.
Guasch → Maltechniken.

Haustein = aus gewachsenem Fels gebrochener, zum regelmäßigen Quader gemeißelter (»gehauener«) Mauerstein.
Helldunkel (frz. Clairobscur) = vorwiegend auf die Kontraste zwischen starkem Licht und tiefem Schatten abzielende Darstellungsweise – in Grafik wie Malerei. In der Malerei schließt betontes H. vielfältige Buntheit aus – zugunsten einer einzigen dominierenden Farbe. Zur höchsten Vollendung gelangte diese um 1500 in Italien beginnende Auffassung in Radierungen und späteren Gemälden Rembrandts.
Hinterglasmalerei → Maltechniken.
Höhlenmalerei → Höhlenbilder (R).

Ikone (griech. »Bild«) = Heiligendarstellung der griechisch-orthodoxen Kirche auf Holztafel (zum Unterschied vom Wandbild). Die ältesten überlieferten Werke stammen aus dem 6. bis 7. Jahrhundert und zeigen bis ins hohe Mittelalter eine ausgesprochen grafische Auffassung: Die verschiedenen Farben sind durch schwarze Konturen gegeneinander abgegrenzt und in sich wenig moduliert. Ferner betont der blattvergoldete, zuweilen noch ziselierte Hintergrund (Symbol des Überirdischen) den grafischen Charakter. Überdies erfolgte die Farbgebung nach bestimmten, auf religiösen Vorstellungen beruhenden Riten. In späteren Jahrhunderten ging dies alles im Bemühen um eine zunehmend malerische Darstellungsweise verloren. Heute ist die Ikonenmalerei kaum noch mehr als dürftigste Mache – ähnlich der gewollt »naiven« Malerei.
Ikonographie (griech.: »Bildbeschreibung«) = Erforschung des Sinngehaltes figürlicher, insbesondere sakraler Darstellungen.
Inkrustation → Einlegearbeiten.
Innenarchitektur = die Gliederung von Innenräumen durch bauplastische Elemente. Heute wird I. ständig mit Raumgestaltung beziehungsweise Raumausstattung verwechselt, infolgedessen ist die Bezeichnung »Innenarchitekt« sachlich falsch.
Intarsie (R) → Einlegearbeiten.

Jacquardweberei = »Gebildweberei«, benannt nach dem Erfinder Jacquard, der gegen Ende des 18. Jahrhunderts in der berühmten Seidenstadt Lyon zunächst eine Handweberei für Damast betrieb. Ihm gelang es, eine aus Flächen und Linien bestehende Zeichnung auf Lochkarten zu übertragen und diese, zu einem dutzende Meter lan-

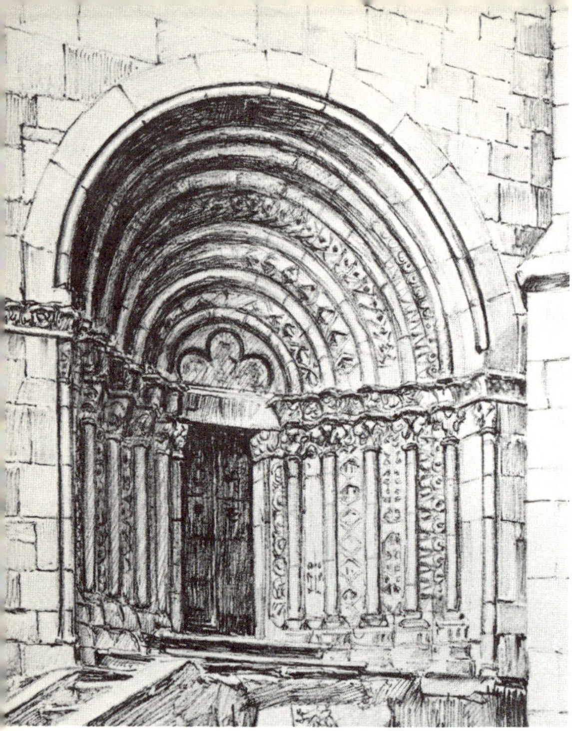

gen Band verknotet, durch einen Walzenapparat per Fußhebel zu treiben, so daß jeder »Schuß« (R) sich in dem »Bild« auf entsprechende Weise mit der »Kette« (R) verflocht. Allmählich entstand daraus die halbmechanische Herstellung farbiger → »Gobelins«, die es freilich nicht mit den kostbaren, von Hand gearbeiteten Einzelstücken in hunderten von Farbnuancen aufnehmen konnten. Immerhin: Jacquard war offenbar der erste, der eine Zeichnung über Lochkarten beliebig oft zu reproduzieren vermochte.

Kämpfer → Bauelemente.
Karton = originalgroße Konturen- oder Tonzeichnung auf starkem Papier für monumentale Darstellungen auf der Wand. Vom K. wurden Transparentpausen genommen (ehemals half man sich mit dünnem, nachträglich durch Einfetten durchsichtig gemachtem Papier), perforierte die Konturen und »puderte« durch die Lochungen mittels eines Gazebeutels pulverisierte Holzkohle auf die Wand. Das Verfahren wird zuweilen heute noch praktiziert (→ Sgraffito).
Klassizismus = europäische Pseudo-Stilepoche zwischen etwa 1770 und 1830. Im Zusammenhang mit dem Verfall kirchlicher und weltlicher Machttraditionen suchte man im Bereich der bildenden Kunst Halt und Vorbild an der »klassischen« griechischen Antike, mißverstand diese aber weitestgehend. So wurde – besonders in der Architektur – alles nur toter Abklatsch ohne jede Eigenschöpfung. Ähnlich verhielt es sich mit den von Frankreich ausgehenden Einrichtungsmoden »Louis-seize«, »Directoire« und »Empire«.
Kolorieren = vorwiegend glattfarbiges »Austuschen« von Konturzeichnungen, insbesondere von linearen Holz- und Linolschnitten.
Kunsthandwerk (Kunstgewerbe) = künstlerisches Durchbilden oder Ausgestalten von Gebrauchsgegenständen, besonders im Bereich des auf die Herstellung individueller Einzelstücke spezialisierten Handwerks.
Kuppel → Bauform.

Laibung = nicht abgeschrägte Innenfläche von Fenster- und Türeinfassungen, abgeschrägt heißen sie »Gewände« (besonders ausgeprägt in der romanischen und gotischen Architektur).
Links: Romanisches, mit Profilien und Ornamenten verziertes Portalgewände. Auf diese Weise erlaubten es die damals meterdicken Mauern, den Eingang größer und prachtvoller erscheinen zu lassen oder – bei Fenstern – einen breiteren Lichteinfall. (Portal der Gruftkapelle [»Karner«] in Tulln/Niederösterreich, Ende des 13. Jahrhunderts. Studie mit Kugel- und Filzschreiber, etwa 1/2 der Originalgröße.)
Lasur = transparenter Lack- oder Farbauftrag (»Lasieren«).
Laterne = mit Fenstern versehener zylindrischer Kuppelaufsatz oder -zwischenstock.

Maltechniken. Die einzelnen Verfahren richten sich nach dem im gebrauchsfertigen Produkt enthaltenen Bindemittel, die Wahl des Produkts nach dem Verwendungszweck und der beabsichtigten Wirkung. Die mehlartigen Farbsubstanzen sind für Malzwecke oder Anstriche gleichartig und heißen »Pigmente«. Allerdings gibt es erhebliche Qualitätsunterschiede, am besten sind »Künstlerfarben« – sofern sie von einem vertrauenswürdigen Hersteller stammen, der jeweils auf dem einzelnen Produkt einen Vermerk über die Lichtbeständigkeit anbringt: 1 Stern = »ausreichend«, 2 Sterne = gut beständig, 3 Sterne = höchst lichtbeständig.
Rechts oben: Tabelle der wichtigsten Fertigfabrikate und ihrer Eigenschaften.

Bezeichnung	*Eigenschaft und Wirkung*	*Bindemittel*	*Mal- und Verdünnungsmittel*	*Beständigkeit*
Acrylfarbe	lasierend, transparent, bis pastos deckend, matt	Kunstharz-Dispersion	Wasser, auch Spezialmittel	absolut wasserfest
Aquarellfarbe	lasierend, absolut transparent, matt	feinster Pflanzenleim	Wasser	bleibt stets wasserlöslich
Guaschfarbe (Gouache)	deckend-stumpfmatt	Leim	Wasser	bleibt stets wasserlöslich
Temperafarbe (echte)	lasierend bis dekkend, ähnlich wie Ölfarbe, seidenglänzend	Emulsion aus Leinöl und Leimlösung (muß der Maler selbst herstellen)	entweder Wasser *oder* Leinöl, evtl. verdünnt mit Terpentin	wasserfest
Kaseinfarbe (viele Hobbyfarben)	deckend, evtl. halblasierend, stumpfmatt	Milchleim (Magerquark) mit Kalk, oder Borax u. a.	Wasser	absolut wasserfest
Ölfarbe	höchst lasierend bis pastos deckend, glänzend	Leinöl, Sonnenblumenöl, Naturharze, Bienenwachs	Öle, Harzlösungen, Terpentinöl	bedingt wasserfest
Pastellfarbe (Stifte)	je nach Auftragsweise durchschimmernd bis halbdekkend	Leim, nur zum Zusammenhalt der Stiftmasse!	–	verwischbar, muß mit Natur- oder Kunstharzlösung »fixiert« werden
Ölpastellfarbe (Stifte)	wie Pastell, jedoch verwaschbar mit Terpentin	Kunstwachs und Öl	–	nach 2 bis 3 Tagen nahezu wischfest

Maureske → Ornament.
Miniatur = sehr kleine Darstellung. Der Begriff hat nichts mit dem lat. minor (kleiner, klein) zu tun, sondern geht auf die einst bei Buchinitialen meist verwendete rote, allgemein »minium« genannte Farbe zurück (Zinnober, Mennige oder Rotocker). Der mit solchen Ausschmückungen befaßte Künstler hieß »miniator«.
Modul = willkürlich gewählte, oft proportionsbestimmende Maßeinheit: beim dorischen Tempel z. B. Radius der Säulenbasis, zur Zeit der Gotik eine meist dem landesüblichen »Fuß« entsprechende Länge.
Modulieren = abwandeln, in der Grafik Abstufung eines bestimmten Tonwertes, beim Malen die Abwandlung einer Haupt- oder »Lokalfarbe« durch verwandte Farbtöne (»Valeurs«).
Mosaik = aus kleinen Materialstücken zusammengesetzte Darstellung. Die bereits im frühen Altertum häufig angewendete Technik (zuerst als ornamentaler oder figürlicher Fußbodenbelag [meist Wassertiere], bald aber auch als monumentales Wandbild) erlaubt zahlreiche Material- und Ausführungsarten. Als »klassisch« gelten Einbettungen von eigens dafür hergestellten Glas- und Keramiksteinchen (es gibt hunderte von Farbtönen, auch »Gold« und »Silber«) in Mörtel. Nicht minder reizvoll ist die Verwendung von Flußkieseln aller Schattierungen oder von mit der Zange passend gebrochenen Wandfliesen

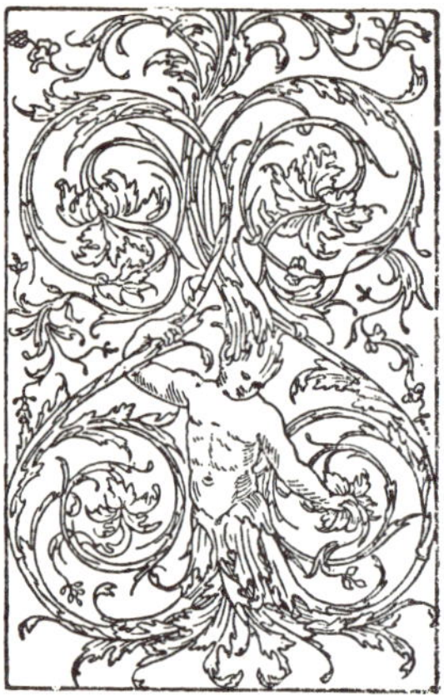

(meist kostenlos aus überzähligen Musterbeständen zu haben). Dagegen sind regelrechte Mosaiksteine recht teuer, außerdem erfordert das Verfahren Fachkenntnisse und Übung. Je nach Ausführungsart ist eine genaue, zumindest aber skizzenhafte Entwurfszeichnung in Originalgröße erforderlich, auch mit ungefähren Farbaufträgen. Bei Naturstein- und Fliesenmosaiken (Seite 132) sollte man sich farbig nicht allzusehr festlegen, weitaus anregender ist die Auseinandersetzung mit dem gerade zur Verfügung stehenden Material. Erste Versuche machen Sie am besten auf einer kräftigen, waagerecht aufliegenden Bauplatte und verwenden Gips oder Styroporkitt als »Mörtel«. Nur für Arbeiten direkt auf senkrechten Flächen und Außenwänden ist Kalk/Zementmörtel unerläßlich.

Naturalismus = Bemühung um absolut vorbildgetreue zeichnerische, malerische oder plastische Wiedergabe.

Ölmalerei → Maltechniken.

Ornament (lat.) = Verzierung, gemeint ist das einzelne Motiv. Die Gesamtheit der Motive innerhalb einer bestimmten Stilepoche heißt Ornamentik (z. B. der Romanik, Gotik, Renaissance usw.). Jedes echte O. ist entweder einer allgemeingültigen Formel für bestimmte Naturformen vergleichbar, die bis zur geometrischen Abstraktion gehen kann, oder es handelt sich um ein gedankliches Sinnbild (Kreuz) oder ein Spiel mit konstruktiven Linien (Maßwerk).

Oben: traditionsgebundene Einzelornamente. Links = »Arabeske«, naturalistische Nachbildung von Ranken und Blättern, zuerst in der spätgriechisch-orientalischen Kunst (»Hellenismus«, etwa von 300 v. Chr. bis zur Zeitenwende), dann von der italienischen Frührenaissance wieder aufgenommen und häufig mit Köpfen, Masken oder Figuren kombiniert und Fortsetzung in dieser Form bis zum Klassizismus. Mitte = »Palmette«, streng stilisierte, silhouettenhafte Draufsichten (besonders von Blättern der Fächerpalme), stets gespiegelt an der lotrechten Mittelachse. Ursprung und häufigste Anwendung im Altertum, wieder aufgenommen in der Romanik. Rechts = »Maureske«, eine zur Arabeske parallele, aber absolut flächenhafte und Sonderentwicklung der islamischen Kunst. Jedes Motiv ist am Mittelachsenkreuz – also doppelt – gespiegelt. Wiederaufnahme in der Renaissance mit reizvollen Abwandlungen für schmiedeeiserne Gitter (S. 193). Rechts oben: Links = »Rosenfenster« (Rosette), typisch für die Romanik, meist angeordnet über dem Hauptportal einer Kirche. Die Zeichnung ist eine Nachkonstruktion der »Rose« am Dom zu Limburg, zusammengesetzt aus paßgenau zugearbeiteten Hausteinen. Daneben = »Radfenster«, gotische Fortentwicklung des romanischen Rosenfensters, angeordnet wie dieses, zuweilen aber auch noch zusätzlich im Bogenfeld des Portals. Die Zeichnung zeigt den Versuch einer schematischen Nachkonstruktion des Radfensters am Straßburger Münster mit 16 (32) Speichen, rund 14 m Durchmesser.

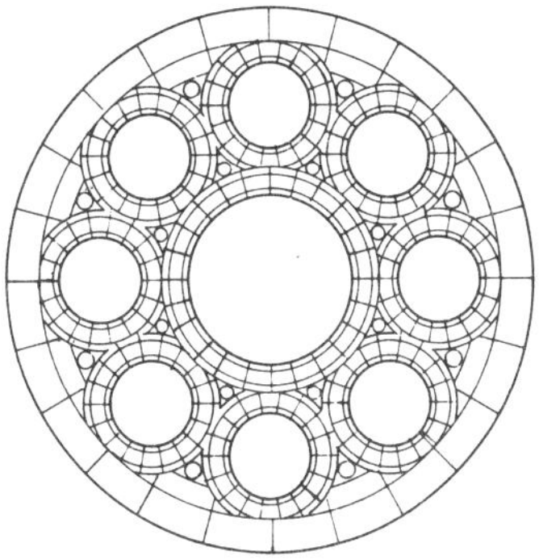

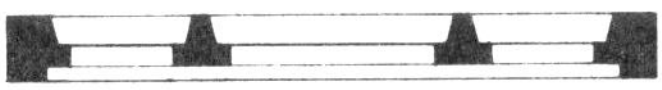

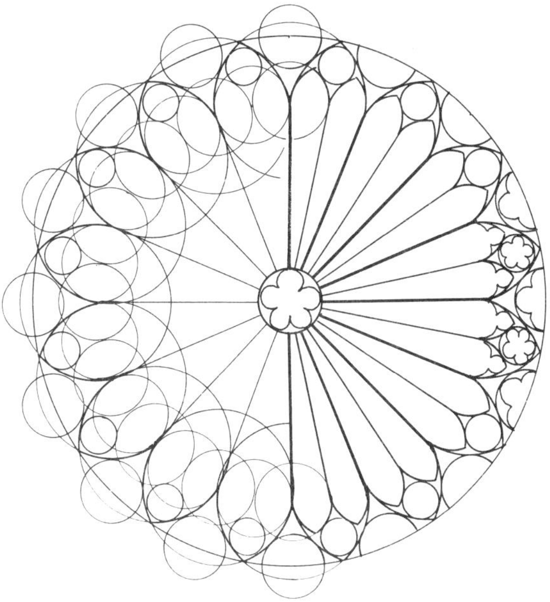

Palmette → Ornament.
Parallelperspektive = Isometrie (R).

Radfenster → Ornament.
Raumkunst = Planung der Gesamtausstattung eines Raumes unter einheitlichem künstlerischem Gesichtspunkt.
Redisfeder = Feder zum Schriftzeichnen mit kreisrunder Platte an der Spitze, die gleichstarke Striche bis zu mehreren Millimetern Breite erlaubt.
Renaissance = europäische Stilepoche zwischen dem Anfang des 15. Jahrhunderts (Italien) und dem Ende des 16. Jahrhunderts allenthalben.
Replik = originalgetreue Wiederholung eines Kunstwerks vom Urheber selbst, bei Abweichungen spricht man von zweiter, dritter usw. »Fassung«. Im Gegensatz dazu ist die Kopie eine möglichst originalgetreue Wiederholung von zweiter Hand. Der Begriff R. wird neuerdings irreführend auch auf bessere Reproduktionen (Drukke oder maschinell hergestellte Plastiken) angewendet.
Rocaille → Ornament.
Riß = früher, besonders im Mittelalter, aber auch heute noch gleichbedeutend mit Zeichnung. Vornehmlich wohl zu erklären aus dem Umstand, daß vor der europäischen Papierherstellung und noch lange danach Werkzeichnungen, insbesondere originalgroße Detailpläne für Baukonstruktionen mit spitzem Griffel in gegossene Gipsplatten geritzt wurden. Einige dieser Platten blieben erhalten, sie sind jedoch nicht mehr zu enträtseln, weil man sie mehrfach benutzte. Ich nehme an, daß die frische oder bereits gebrauchte Platte mit Holzkohle eingerieben wurde, so daß die eben eingeritzte Zeichnung stets weiß und deutlich erkennbar auf dunkelgrauem Grund stand. Die Begriffe Riß und reißen blieben bekanntlich in Verbindung mit vielen Zeichengeräten geläufig (Reißbrett, Reißfeder, Reißnagel, Reißzeug), ebenso mit Werkplänen (anreißen, Auf- und Grundriß, Seitenriß).
Romanik = europäische Stilepoche, deren Anfänge allenthalben mit der Ausbreitung des Christentums zusammenhängen und dementsprechend zu verschiedenen Zeitpunkten einsetzten. Etwa um 1200 ging die Epoche zu Ende, ihr Wahrzeichen ist der Halbkreisbogen.
Romantik = eine Teilparellele zum → Klassizismus (seit etwa 1800), ihre künstlerisch einmalige Bedeutung liegt im Bereich der Malerei.
Rose, Rosette → Ornament.

Schabkunst = Abart des Kupferstichs, nicht zu verwechseln mit Schabtechnik! (R).
Scherenschnitt (Schattenbild oder -riß) = Wiedergabe charakteristischer Silhouetten von Men-

schen (insbesondere Profilportraits), Tieren oder Pflanzen durch Ausschneiden aus dünnem schwarzem Papier (bereits gummiert zu haben) – entweder nach genauer Vorzeichnung mit weißer, leicht wieder entfernbarer Kreide oder ohne diese Hilfe. Der freie Scherenschnitt gelingt allerdings nicht jedem, selbst hervorragenden Zeichnern nicht, sondern scheint tatsächlich eine Sache der Veranlagung zu sein. Auf ein untrügliches Augenmaß, ein treffsicheres Empfinden für waagerecht, senkrecht und die Standsicherheit (Statik) von Figuren kommt es an. Hauptzeit des Sch.: Ende des 17. bis in die zweite Hälfte des 19. Jahrhunderts. Trotz aller »Nostalgie« hat kaum noch jemand entdeckt, daß der Sch. heute ein sehr reizvolles Hobby sein könnte, das keinerlei Anleitung bedarf.

Schwarze Kunst = Druckgrafik, früher allgemein das Druckerhandwerk.

Sgraffito (ital.) = grafische Technik auf Innen- und Außenwänden, bekannt seit dem 13. Jahrhundert. Das Prinzip: Über einer dunkeln Putzschicht wird der hellere, durchgehende Wandputz aufgetragen und aus diesem die Darstellung so tief herausgehoben, daß die dunklere Schicht wieder zum Vorschein kommt. Voraussetzung ist außer dem Konturenentwurf eine ausreichende Information über Putzarten, die Auftragsweise und den Erhärtungsvorgang – kein Problem, wenn man einem erfahrenen Maurer bei Putzarbeiten zusieht und ihn um Erläuterungen bittet. Das Wesentliche des Verfahrens: Die Schneide- und Kratzarbeit muß beendet sein, ehe der Mörtel fest wird. Die Übertragung des Entwurfs geschieht entweder durch einen originalgroßen, perforierten → »Karton« oder mittels Quadratnetz-Vergrößerung direkt auf die Wand nach maßstabgerecht kleinerer Zeichnung – für halbwegs geübte Zeichner das weitaus praktischere Verfahren (eingehende Schilderung der Technik, ihrer Möglichkeiten und Abarten in »Knaurs Mal- und Zeichenbuch«).

Tempera → Maltechniken.

Teppich = Wandbehang oder Fußbodenbelag. Die Musterung und bildlichen Darstellungen sind grundsätzlich grafischer Art. Zu unterscheiden sind: 1. Der gewebte Teppich, bei dem im allgemeinen nur waagerechte und senkrechte, eventuell auch diagonale »Fischgräten-« und Rautenmuster entstehen können. Zur Ausführung erforderlich ist ein »Flachwebstuhl« oder Flachwebrahmen (für kleine Stücke), bei beiden liegt die »Kette« (= Längsfäden) waagerecht. 2. Der Wirkteppich. Er entsteht gewöhnlich auf einem »Hochwebstuhl« mit senkrechter Kette, der »Schuß« (= Querfäden) wird mit Nadeln oder kleinen Spulen eingeflochten, besteht meist aus dünnem Wollgarn und verdeckt die stärkere Kette aus Baumwoll- oder Leinengarn, woraus sich eine Längsrippenstruktur ergibt (»Rips«). Durch den stückweise aneinandergefügten Schuß in verschiedenen Farben können regelrechte Bilder zustande kommen – »Gobelin« genannt nach der Färber- und Weberfamilie gleichen Namens in Paris, deren Manufaktur 1662 »königlich« wurde. Wirkteppiche gab es jedoch schon im ägyptischen Altertum. 3. Der Knüpfteppich. Auch er entsteht im allgemeinen auf einem Hochwebstuhl, und zwar meist ohne durchlaufenden »Schuß«: In je zwei Kettfäden wird ein kurzer Woll- oder Seidenfaden eingeschlungen (nicht eigentlich geknotet), dessen zwei Enden aus der Kette herausragen und den die Kette vollständig zudekkenden »Flor« bilden. Auch dabei ist jede Musterung möglich bis zur bildlichen Darstellung, sie ist jedoch nicht üblich, weil der Knüpfteppich seit jeher als Fußbodenbelag diente und im übrigen ein uraltes Kunsthandwerk der Nomadenvölker ist: Der einfache Webstuhl läßt sich samt dem angefangenen Stück ohne weiteres zusammenlegen und auf ein Tragtier packen. 4. Der gestickte Teppich. Grundlage bildet stets ein fertiges, einfarbiges Gewebe, und eigentlich kommt er nur mit bildlichen Darstellungen als Wandbehang in Betracht. Das großartigste Werk dieser Art ist der 1000 Jahre alte, schmale, jedoch über 70 m lange Stickteppich im Stadtmuseum von Bayeux. Er schildert die Eroberung Englands durch den Normannenherzog Wilhelm und zeigt über 1100 Einzelheiten: Krieger, Pferde, Schiffe und vieles andere. Die wenigen, wohlabgestimmt sanften Farben sind durchweg flächig aufgestickt, umgrenzt oder durchzogen von einheitlich dunklen Konturen – vorbildlich für jede vielfarbige Grafik.

Tudor-Stil = englische Spätgotik unter der Tudor-Dynastie ab 1485; Wahrzeichen ist der »Tudor-Bogen«.

Verkröpfen = Herumführen eines Gesimses oder einer Zierleiste um einen profilierten Pfeiler oder eine stufig vor- und zurückspringende Wand. Bei Außenmauern solcher Art muß meist auch die Dachhaut verkröpft werden. In größter

Vielfalt zeigen sich Verkröpfungen im Innern spätbarocker Kirchen – zeichnerisch recht schwierig wiederzugeben, weil die Gesimse usw. den oft konkav-konvex gebogenen Pfeilern und Mauern folgen und infolgedessen perspektivische Fluchtlinien kaum zu finden sind. Es hilft dann nur die möglichst genau abschätzende Beobachtung.
Rechts: Geschwungene und verkröpfte Gesimse in der Klosterkirche »Vierzehnheiligen« am Main, 1743 bis 1771 erbaut von Balthasar Neumann. Die inneren Grundrißkonturen ergeben sich aus exakten, einander berührenden Kreisen und Ellipsen, infolgedessen verläuft keine der weit durchbrochenen Innenwände eben. Ausschnitt einer Studie mit Kreide und Deckweiß-Pinsel (»Weißhöhung«) auf hellgrau überstrichenem Papier, 2/3 der Originalgröße.

Vignette (frz.) = »Weinranke« – ursprünglich als Randverzierung spätmittelalterlicher Handschriften. Später bürgerte sich der Begriff allgemein für kleine figürliche oder ornamentale Buchzeichnungen ein, meist am Kapitelanfang oder -ende, auch im gedruckten Buch.

Volkskunst = außerberufliches Kunsthandwerk vorwiegend der ländlichen und kleinstädtischen Bevölkerung ohne einschlägige Vorbildung, jedoch oft basierend auf einer weit zurückreichenden örtlichen oder familiären Tradition. Deshalb gab es auch kaum Wandlungen im Rahmen der jeweiligen Stilepochen. Der Anwendungsbereich erstreckte sich praktisch auf sämtliche Gebrauchsgegenstände – von der Kleidung bis zum Arbeitsgerät und Mobiliar (im Zusammenhang mit diesem die sogenannte »Bauernmalerei«). Bei all dem blieben grafische Auffassungen und einfache Stilisierungen stets das Gegebene, zumal auch die meisten Arbeitstechniken gar nichts anderes zuließen.
Zur V. ist auch die »naive«, von Laien ausgeübte

Grundriß Vierzehnheiligen.

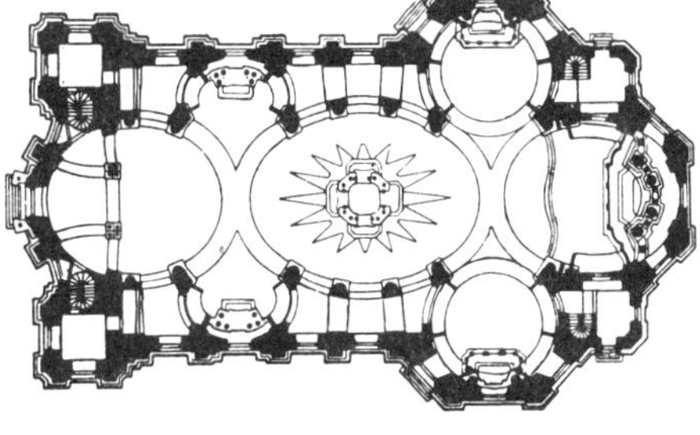

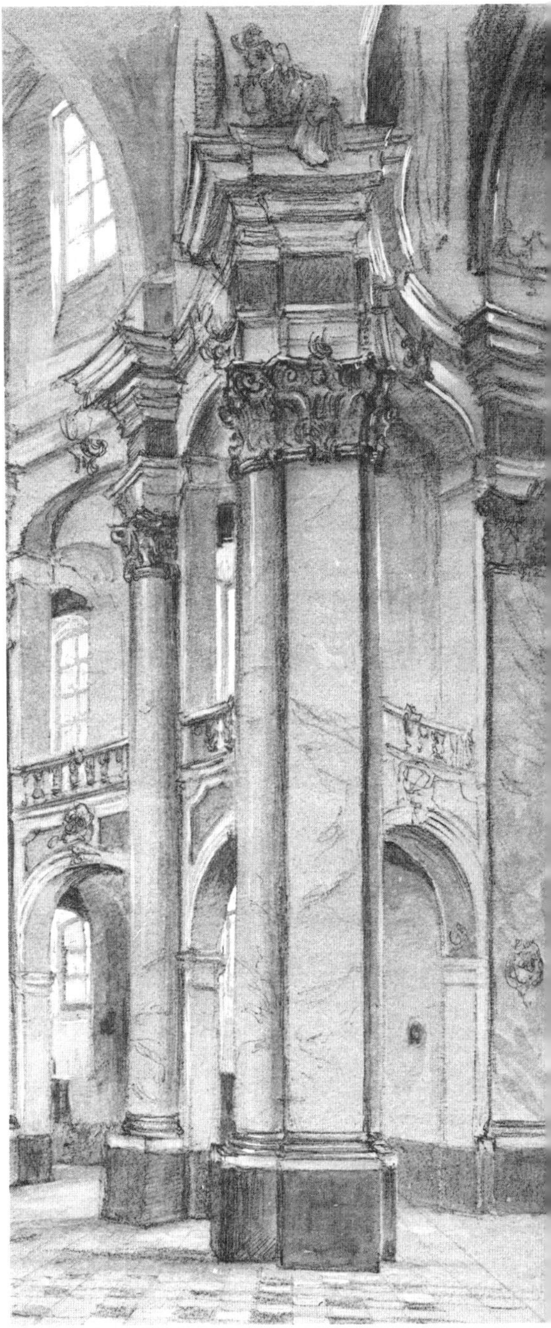

Malerei zu rechnen, entstanden aus Langeweile etwa zur Winterszeit und getragen von frommer Einfalt. Dem, was heutzutage in dieser Richtung massenhaft fabriziert wird, fehlt zumeist diese unabdingbare Grundlage. Ähnlich verhält es sich mit dem gegenwärtigen Rummel um die »Bauernmalerei«. Wer sich damit befassen möchte und keine fachgerechte Anleitung findet, sollte sich keinesfalls an die durchweg miserablen Pausvordrucke halten, sondern an Vorbilder in einschlägigen Museen und zuwarten, bis er eine selbständige Nachschöpfung erarbeitet hat. Etwas anderes bleibt uns innerhalb der gesamten Volkskunst nicht, weil der Faden fortlaufender Tradition längst und endgültig abgerissen ist.

Volute = spiralige End-Einrollung im übrigen gradliniger Architektur- oder Möbelverzierungen.

Verzinken = bei Holzkonstruktionen die solideste Eckverbindung zweier Wandteile (→ Seite 121).

Wandmalerei → Wandgrafik (R).

Weißhöhung = Auflichten einer Zeichnung auf grau oder farbig getöntem Papier mit dem Deckweiß-Pinsel.

Zellenschmelz → Emailarbeiten.

Ziegel = aus Ton oder Lehm geformter, handlicher Mauerquader – entweder nur luftgetrocknet (alter Orient) oder im Ofen gebrannt (Backstein).

Ziselieren = zeichnerischer Schmuck auf Edelmetallen mittels Stichel und Punze (Punktvertiefungen), sonst die Beseitigung von »Gußnähten« an Bronzeplastiken.

Register

Kursive Zahlen weisen auf Abbildungen hin